Cases in
Intelligence

情报战例

孙建民　汪明敏 主编

金城出版社
GOLD WALL PRESS
· 北京 ·

图书在版编目（CIP）数据

情报战例 / 孙建民，汪明敏主编 . —北京：金城出版社有限公司，2020.8（2023.11 重印）
ISBN 978-7-5155-2031-5

Ⅰ. ①情… Ⅱ. ①孙… ②汪… Ⅲ. ①情报活动－史料－世界 Ⅳ. ① D526

中国版本图书馆 CIP 数据核字（2020）第 108487 号

情报战例

作　　者	孙建民　汪明敏
责任编辑	蔡传聪
文字编辑	王　璐
责任校对	陈珊珊
责任印制	李仕杰
开　　本	710 毫米 ×1000 毫米　1/16
印　　张	27.25
字　　数	470 千字
版　　次	2020 年 8 月第 1 版
印　　次	2023 年 11 月第 4 次印刷
印　　刷	天津旭丰源印刷有限公司
书　　号	ISBN 978-7-5155-2031-5
定　　价	78.00 元

出版发行	**金城出版社有限公司**　北京市朝阳区利泽东二路 3 号 邮政编码：100102
发 行 部	（010）84254364
编 辑 部	（010）64222699
总 编 室	（010）64228516
网　　址	http：//www.jccb.com.cn
电子邮箱	jinchengchuban@163.com
法律顾问	北京植德律师事务所　（电话）18911105819

《情报战例》课题组

课题负责人：孙建民　汪明敏

课题组成员：杨传英　王　谦　梁晓燕　穆亮龙

倪海宁　孙路明　孙亚利　任珊珊

目录

导论　情报战概说

历史上人类在情报领域的活动，尤其是斗争与对抗，构成了一部丰富生动的历史，可称为情报史。正如历史首先是一个过程一样，情报史就是关于人类情报活动的历史。过去的一切情报活动，包括时间、空间、事件、制度、人物等，都是情报历史的内容。然而，“历史不是，也从来不曾是为了本身的事实和知识的单纯积累”[①]。仅仅将上述因素进行罗列和简单叠加，并不构成情报史。因为历史是人类过往社会的客观存在，是人类自古到今每时每刻的发展过程。所以真正的情报史也就是人类情报实践从古到今的发展过程。

为了认识和研究方便，我们必须将情报史这一整体进行分解和细化，从而确立具体的研究对象。具体来说，情报史研究大致包括以下几个方面：战争史上各个时期的情报活动、情报工作研究；历史上的情报理论与情报思想研究；情报组织（机构）发展演变史与情报力量建设史研究；情报侦察技术发展史研究；情报战史尤其是具体的情报战战例研究；当代西方情报史学派及其主要成果研究，等等。但无论情报史的具体研究对象为何，其中心任务始终是对人类的情报活动进行科学的解释，以揭示情报史的本质和发展规律。

①〔英〕哈里特·斯万主编：《大师讲述历史中的20个大问题》，郑良勇等译，民主与建设出版社2006年版，第5页。

一、“情报战”的概念探析

正如战争史是军事历史学研究的主体一样，在情报史研究的众多领域中，情报战史无疑是情报史研究的主体内容，并一直受到军事史学者和情报史学者的关注，以“情报战”命题的著作和论文更是汗牛充栋。

但截至目前，中外军事学术界对情报战的本质和内涵的认识并不一致，分歧主要反映在两个方面：

一是情报战是战时敌对双方在情报领域的对抗，还是既包括战时又包括平时的情报活动。一种观点认为，情报战是在军事危机、军事冲突尤其是战争时期敌对双方在情报领域所采取的作战行动，即“战时敌我双方在情报领域的对抗和较量”。如李显尧、周碧松在《信息战争》一书中就提出：“情报作战是指一个国家或集团为满足战争的需要，采取各种手段，有意识、有目的地搜集和窃取敌人情报，为其制定战争政策、方略、计划和行动方案提供依据，为作战行动提供遂行任务的手段，同时防止敌方的类似行动而展开的一种作战样式。”[①] 另一种观点认为，平时的情报对抗也属情报战范畴。如郑文翰、蒋顺学主编的《军事辞海》认为：“情报战是以获取情报为目的的斗争活动的统称。在军事斗争中，情报战是其他一切作战活动的先导，是决定斗争胜负的重要因素。其主要特点：在形态上是隐蔽的，战线是无形的；在时态上是连续的，情报战线无和平，无战时平时之分。在现代战争中，情报与反情报的较量异常激烈，不仅是战时的较量，也是平时的较量；不仅是人的较量，也是技术的较量。”[②]

二是关于情报战的地位与作用问题。有的学者认为情报战是“独立的作战样式”，如我军出版的《军队信息化词典》就认为，情报战是“利用各种作战力量，获取敌方情报信息，摧毁或削弱敌方侦察力量，防止敌方获取己方情报信息所进行的作战行动。是信息作战的主要样式”[③]。美军也认为情报战不只是对陆战、海战、空战和两栖作战等作战样式起支援保障作用的辅助作战样式，

① 李显尧、周碧松：《信息战争》，解放军出版社 1998 年版，第 95—96 页。

② 郑文翰、蒋顺学主编：《军事辞海·军事综合卷》，浙江教育出版社 2000 年版，第 38 页。

③ 军队信息化词典编纂委员会：《军队信息化词典》，解放军出版社 2008 年版，第 415 页。

而且是与陆战、海战、空战和两栖作战同等重要甚至更加重要的独立作战样式。如美国“军事历史评估与研究中心”主任查尔斯·霍金斯就认为：情报战是运用“包括力求通过情报信息的各种侦察与反侦察措施，以便控制敌方作战空间之内的战斗力和作战空间之外的战斗潜力”，是信息战的一种重要形式。[①]

不过，仍有学者不承认情报战是一种独立的作战样式，而将其仅仅视为“遏制或打赢战争的有力保障”和辅助性的作战样式。

之所以出现以上不同认识，缘于情报领域斗争的特殊性。“情报关注的是国家之间在信息领域的斗争。因此，它具有双重本质，一方面它与信息打交道，另一方面，它又是国家之间对抗斗争的一部分”[②]。事实上，各国基于自身的安全需要，为了达成情报优势，即使在和平时期，也在情报领域进行着直接或间接的对抗，甚至是激烈的情报攻防。正是在这一意义上，一些学者将国家之间和平时期这种在情报领域的斗争与对抗活动也称为“情报战”。但需要指出的是，战争与和平是两个不同属性的概念。战争以军事行动的开始而爆发，以军事行动的停止而结束。当然，进行战争的不仅仅有武装力量，还要运用经济、信息和其他非军事手段。然而战争状态与和平时期的主要区别在于，战时，这些即使看来是非军事的斗争形式也将具有暴力性，将不再实施经济制裁，而是直接摧毁经济和信息设施。战争是国家和社会的一种特殊状态，是一种暴力对抗活动。如果不使用武力，那从来就没有也不会有战争。而且，并不是任何使用武力的行动、任何武装冲突都会成为战争。战争与和平虽可以在一定条件下互相转换，但“战争就是战争，和平就是和平。它们之间的一个最明确的分界点就是战争是阶级、民族、政治集团、国家之间的暴力对抗，而和平则不是这样，虽然和平范畴内也有对抗，但并不是暴力对抗；也有抢劫、杀人、恐怖等暴力行为，但这些并不是阶级、民族、政治集团、国家之间的有军队组织形式进行的暴力对抗，根本不能称之为战争”[③]。在整个人类历史进程中都出现过社会、政治、外交、经济、意识形态、宗教、心理以及其他斗争形式。但是，如果任何一种国家间的斗争形式或社会内部的斗争形式确实是“战争”，那么整个人类历史就是持续不断的战争，而从来就没有过和平状态。如果将和平时期

① 陈伯江：《美国高级将领与著名学者访谈录：大洋彼岸的军事革命》，世界知识出版社 1998 年版，第 119 页。

② Abram N. Shulsky，*Silent Warfare*，New York：Brassey’s，Inc.，1991，p.177.

③ 王普丰：《明天的战争与战法》，军事科学出版社 2001 年版，第 89 页。

的非暴力对抗也当成战争，就等于说没有和平时期，等于认为人类永远处于战争的状态，这是不符合历史与现实的。因此，严格来讲，和平时期国家之间的情报攻防只是情报工作的主要内容和形式之一，或者说是广义的“情报战”。

鉴于以上，我们认为，在明确区分战争与和平的前提下，既然承认情报战已发展成为一种独立的作战样式，就不宜将和平时期各国之间在情报领域的对抗活动（如侦测别国的雷达和通信信号等）称为战争，否则就混淆了战争与和平的界限。因此，我们初步这样定义情报战的概念：

所谓情报战，是指在发生军事危机、冲突或战争的过程中，敌对双方为影响、破坏、瘫痪或摧毁对方的情报能力或情报系统，同时使己方拥有情报优势所采取的作战或对抗行动，包括战场外和战场上所采取的作战或对抗行动。

该定义突出两点。第一，将情报战限定在“军事危机、冲突或战争的过程中”敌对双方在情报领域所采取的作战行动，这就将平时的情报工作和战时的情报斗争与对抗加以区别。可以说，情报工作既包括平时又包括战时，战争时期的情报活动即为情报战，而和平时期的情报活动虽然具有针对性或程度不一的对抗性，但并不是作战行动。第二，承认情报战已上升为一种独立的作战样式，是敌对双方在情报领域的直接对抗，也是情报斗争的最高形式。

为了更好地把握情报战的本质内涵，有必要对情报工作、情报斗争与情报战的关系加以区分。“情报工作”内涵丰富，是“有关各种情报业务”的总称，包括组织、指挥、领导、管理等行政工作和从事情报搜集、传递、分析、整理到提供服务的业务实施工作。作为一种军事活动和社会活动，“情报工作”具有高度政策性、机密性和专业性的特点，在国家和军队的各种工作中具有突出重要的地位。许多国家把情报工作列为“国家安全战略”的基本组成部分，作为“政府决策的支架”以及“国家的支柱”之一。[①] 而“情报斗争”的概念更强调情报工作的对抗性，其领域比“情报战”宽泛，是指某一时间某一条件下，两个意志对立的国家或政治集团间进行的情报对抗活动，包括直接对抗和间接对抗、潜在对抗等。情报战则是战时或危机时期敌对双方在情报领域的直接对抗，是情报斗争的最高形式。信息化战争条件下，情报战正逐步上升为一种独立的作战样式。

① 郑文翰、蒋顺学主编:《军事辞海·军事综合卷》，浙江教育出版社 2000 年版，第 38 页。

二、情报战的历史演进

任何事物、任何工作都有自身的特征。从特点研究问题，可使研究活动有完整的起点和较高的理论视角，情报史研究也不例外。古往今来，战争中敌对双方无不千方百计地确保己方获得准确、及时、高质量的情报，同时削弱、压制、阻挠敌方的这种能力。而且，敌对双方在情报领域的对抗与斗争，在不同的时代有着不同的方式、手段和特点，对战争进程与结局的影响也不可同日而语。因此，通过情报战战例研究，揭示出不同时代、不同战争形态下情报领域斗争与对抗的不同形式、不同特点，有着极其重要的意义。

（一）古代以间谍战为基本方式的情报战

自从出现了阶级，就出现了战争这一暴力形式，军事情报活动也随之产生。阶级与阶级、国家与国家之间此伏彼起的火并、厮杀，使得交战双方越来越重视情报，情报活动于是成为一种服务于军事对抗的更加自觉的行为。敌对的双方为了战胜对手、赢得胜利、获得自身的生存和发展，无不开展对情报优势的争夺，并因而在情报领域进行对抗，渐渐拉开了情报战的帷幕。

早在公元前21世纪，中国历史上第一个奴隶制王朝夏朝时期，即产生了以“用间”为主要形式的情报战。据《左传·哀公元年》记载，禹的第四代孙少康为消灭过、戈两国，“使女艾谍浇，使季杼诱豷，遂灭过、戈”，所以有人就将女艾作为中国文献中明文记载的最早从事间谍活动的人物，称其为“间谍始祖”。反映商朝历史的甲骨文，以“搜”和“往”作为情报人员的专称。[①] 商朝的伊尹、周初的姜子牙作为商朝和周朝开国元勋，更被《孙子兵法》作为“上智为间”的典范。《孙子兵法·用间篇》认为，正是由于他们的情报活动，才促使商、周开基大业得以成就，所谓“殷之兴也，伊挚在夏；周之兴也，吕牙在殷”。据史载，商汤在发动推翻夏朝的鸣条之战之前，为了探知夏朝虚实，派伊尹两次前往夏朝，不仅搜集夏朝的宫廷内幕、民心向背等情报，而且还探知了夏朝军队分布情况。正是由于获得了及时而准确的情报，商汤才能率军千里突袭，速战速决，取得灭夏战争的胜利。孙子提到的另一个“上智为间”的代表人物是姜子牙，也就是吕尚，在辅佐周文王、周武王灭商夺取天下的过

① 华星白：《孙子稗疏》，军事科学出版社1998年版，第150页。

程中，姜子牙不仅提出了中国历史上第一个战略名对《渭水对》，谋划了灭商的战略，而且在周武王率军讨伐商纣的战争中，使用《孙子》中提到的“相敌法”“动敌法”，完成了欺敌误敌、剪敌羽翼的工作，并辅佐周武王在“牧野之战”中取胜。战争实践的发展和军事情报在战争中的运用，促使人们对情报问题进行理论思考，从而产生了军事情报思想。《孙子兵法》作为中国历史上第一个成熟的兵学体系，对军事情报问题进行了系统的阐述，其《用间篇》作为一部“微型的军事情报学著作”[①]，构建了中国军事情报思想史上第一个相当缜密和系统的军事情报理论体系。

同一时期的西方，伴随着战争而开展的情报斗争也至为精彩。据《圣经》记载，公元前1490前后，犹太人的祖先摩西带领离开埃及的希伯来人夺取迦南之前，为了评估当地的状况，曾召集12个部落的首领，要求他们作为情报人员了解以下情况：“你们将看到的这块土地如何？这里的居民是强大的还是弱小的，众寡如何？居住地如何？其人善恶如何？城市如何，是营垒还是要塞？这里的土地肥沃还是贫瘠，有无树木？”成功迁居迦南约旦河东岸这片“流着奶和蜜”的乐土后，犹太人的新领袖约书亚又秘密派遣两名谍报人员去刺探当时迦南地区最强大的王国——耶利哥城的兵力、军事设施和兵力部署等情报。正是根据间谍获取的情报，约书亚制订了周密的作战计划，率全体以色列人渡过约旦河，一举攻克耶利哥。

公元前13世纪的卡迭石之战中，埃及国王拉美西斯二世和赫梯帝国国王穆瓦塔尔在战前及战役进行过程中，都不惜重金获取对方的情报。埃及法老向他的间谍提出的情报需求清单就包括“赫梯军队由哪些国家的士兵组成”“军队的构成，步兵、车兵的比例和情况”“兵力多少”“军队的确切形势和准备状态如何”等问题。而为了给埃及大军以迎头痛击，穆瓦塔尔派两个士兵伪装成当地牧民，向埃及军队谎报军情，说赫梯军主力尚在百里之外，卡迭石城防御薄弱，从而实现了诱敌深入和以优势兵力对埃及军队的围歼。

此后，西方古代军事史上的伟大统帅亚历山大、汉尼拔、西庇阿、恺撒大帝等之所以能够以高超的指挥艺术导演战争史上一个个经典战役，都与他们在战争中重视和善于运用情报密不可分。如第二次布匿战争（公元前218—前201年）中，汉尼拔为改变被动态势，以大战略家的胆略，出人意料地将进攻目标选在意大利，将战争引向罗马本土。他亲自率大军从西班牙出发，从陆地

① 吴如嵩：《制胜智慧》，中国青年出版社1995年版，第156页。

横穿意大利北部的高卢地区，克服令人难以想象的困难，翻越阿尔卑斯山，出其不意地进入意大利，将战争引向敌人腹心。这一战略行动的成功，很大程度上得益于他预先在意大利安插情报人员并构成高效的间谍网。这些间谍为汉尼拔搜集了系统的经济和政治形势方面的战略情报，诸如山谷及其周围的农业生产情况、居民构成和特点、当地人的军事意识，以及他们同罗马人的关系等。在达成出其不意的战略突袭后，汉尼拔不仅把胜利的原因归之于自己的指挥天才，而且归之于己方间谍网成功的情报工作。罗马帝国的恺撒大帝更是一位重视作战情报的军事家，为了战胜国内外的敌人，他曾建立了一个能够随时向他提供敌方军力等情报的专门组织，这一组织在和平时期就派人潜伏于敌国，并在开始军事行动时为恺撒大帝提供各方面的情报，使恺撒大帝总能在对敌了如指掌的情况下进行决策和指挥，并多次使情报人员释放假情报实施情报欺骗以配合作战行动。

进入封建社会，虽然人们在情报理论方面缺乏新的建树，但战争中的情报斗争实践更加丰富，以间谍战为主要形式的情报战也更加精彩。在东方的中国，历朝历代，凡王朝兴衰、政权更迭、战场胜负，无不与情报战密切相关。楚汉相争中，刘邦之所以取得成皋之战、垓下决战的胜利，战胜英勇盖世的项羽，很大程度上受益于出色高效的情报工作，刘邦、陈平和韩信都是“用间”高手。三国时期，群雄相争，情报争夺更是惊心动魄、扑朔迷离。公元13世纪，威震亚欧的成吉思汗也是善于获取并利用情报的大师，“成吉思汗很久以前就创建了专门组织，负责窃取他所窥视的国家的秘密。这种组织大概是有史以来第一个真正的情报机构……其情报的准确性，总是能够十分清楚了解到敌人的所在地和军力的状况。他们的情报不限于地理方面和军事领域，而且能精确地分辨出政治方面最微妙的差异”[①]。当他驰骋欧亚大陆时，他所派出的间谍也频繁出没在他所征服的土地上。而且，成吉思汗特别重视运用“乡间”——“在中国的间谍是些中国人，在欧洲的蒙古间谍则是欧洲人。”[②] 他审讯战俘以了解敌情和派遣间谍四处刺探军情的许多故事至今还在波希米亚一带广为流传。在中世纪的欧洲各国，也重视战争中对间谍的使用，“公元4世纪，罗马帝国的

①〔法〕让-皮埃尔·阿莱姆:《古今谍海秘闻》，陆福忱译，新华出版社1992年版，第10页。

②〔法〕让-皮埃尔·阿莱姆:《古今谍海秘闻》，陆福忱译，新华出版社1992年版，第10页。

首都由罗马迁往拜占庭，间谍活动也在那里发展起来。维杰斯在其著作《军事帝国概要》中写道：‘必须拥有良好的野战间谍吸引逃兵，诱惑敌兵出逃，以发现敌人的活动及其意图。’6世纪时，普罗科匹厄斯写道：‘大批间谍被派往敌国执行任务，尤以商务为由派间谍去波斯王宫，旨在观察那里发生的一切；回国时，他们必须带回敌人最秘密的计划。’”①

当然，在人类情报战史的整个历史链条上，古代的情报战尚处于初级阶段。主要表现在：情报理论不系统，缺乏对情报战进行有效的理论指导；从事情报战乃至情报工作的专职人员不多且不稳定，没有完善、成熟的专门组织机构；获取情报的手段单一，方法简单，范围小，主要是间谍、目测、策反、审讯俘虏等人力手段，技术含量不高，情报侦察和传输能力有限，难以获取视听能力以外的信息；情报搜集的内容一般局限于对方特点及其国家资源方面的总体情报，如敌国民意、军队力量、作战企图、兵力部署、位置、作战地形、气候情况等，而关于武器装备和战术方面的军事情报则不是重点。

（二）近代以来技术变革与情报领域斗争及对抗形式的嬗变

19世纪席卷欧美的工业革命，使军事技术领域出现了前所未有的突破。机枪、火炮、坦克、飞机等新式武器系统的不断出现并投入使用，提高了军队的专业化程度，使军队的攻击力和机动能力显著加强，新的战术和战法层出不穷，对情报保障提出了更加直接的需求：“参谋机构和计划人员在拟定战争，乃至战斗计划时，需要考虑的情况日渐复杂化和多样化。”② 在情报侦察技术领域，19世纪中叶，美国人莫尔斯发明了一种传递信息的新工具——电报。1844年5月24日，莫尔斯用他几经改进的电报机发出了人类有史以来的第一份长途电报。半个世纪后，意大利的马可尼发明了无线电报机，成功地用一串串电磁信号沟通了大洋两岸的联系。这两项伟大的发明，极大地促进了人类社

---

①〔法〕让－皮埃尔·阿莱姆：《古今谍海秘闻》，陆福忱译，新华出版社1992年版，第7页。

②〔英〕J. F. C. 富勒：《西洋世界军事史》第三卷，钮先钟译，军事科学出版社1981年版，第184页。

会的发展进步，不仅“使战争升入了第四度空间”[①]，而且标志着情报技术的划时代变化，引发了情报战史上的一场深刻的革命。而同一时期战争的频繁发生和战争规模的扩大，更刺激着情报技术的发展。如，1861 年爆发的美国南北战争、1870 年的普法战争以及 1877—1878 年的俄土战争，使人们不仅在战争中学会了如何进行方便快捷的信息传递，而且摸索出了怎样截获通讯情报的技术。在通讯技术发展的大背景下，近代意义上的情报机构纷纷建立，各国军队参谋部开始将密码破译作为重要的情报来源，并在军事院校中设置了密码课程，密码技术日新月异。从此，以匕首和斗篷为标志的时代一去不返，取而代之的是主要利用现代情报侦察技术获取情报的崭新时代，情报活动开始走上了近代化的道路。于是，无线电收发报、无线电监测、电子侦察等，相继运用于情报战，并在随后爆发的两次世界大战中有精彩的表演，使情报战呈现出如下新的特点。

1. 以密码技术为核心的信号侦察成为情报争夺的新热点

无线电的出现、电话的发明，不仅为情报的传递提供了十分有效的手段，为情报战提供了更加有力的工具，而且也使情报战的形式和内容都发生了新的变化。以密码技术为核心，包括无线电测向、信号分析、电报截收、通信分析、密码破译等，形成了一整套完整的信号侦察技术。同时，也相应地形成了一整套信号保密技术，二者针锋相对，相反相成。利用无线电，军队虽然能十分迅速地传递情报信息，但是这种先进的情报传递手段也给作战带来了新的问题：无线电通信很容易被截获，轻易地将作战部署和意图泄露出去。截获电报机传送的信息所提出的技术问题，在美国南北战争期间首次由南方派分子解决。他们在北方派分子的线路上加设支路，于是不仅可以截获对手的通信内容，还可以向对手发出假电报。在这种情况下，各国军队参谋部对密码技术产生了极大的兴趣。在军事院校中也设置了密码课程，密码技术从此得到不断更新，现代密码术异军突起，无线电通信广泛采用了复杂的密码代换和加密技术。人们为了保密的需要，用加密的方式将传递的情报加以变化、伪装和隐蔽，使其以非常规的形式进行传递。而密码加密手段的复杂化又促进了密码破译技术的发展，试图截获信息的一方，总是想方设法破译所加密码，探知情报的真实内容。

① 军事史大师富勒在谈到无线电发明的军事意义时说：“无线电的传导能力不仅消灭了空间，而且也更消灭了时间。”见富勒：《西洋世界军事史》第三卷，钮先钟译，军事科学出版社 1981 年版，第 186 页。

比如，英国人发明了“普莱菲尔”方法，德国人把取代法和位移法结合起来。这样，敌对双方围绕着密码的加密和破译展开了激烈的争夺。

第一次世界大战的战场上就演绎着一场规模空前的密码战。为适应新兴的无线电侦听和密码破译斗争的需要，英、德率先建立了专业的破译机构，其他国家也紧随其后，相继建成了自己的密码破译部门。无线电侦听和密码破译技术的发展以及专门机构的建立，对一战的进程产生了至关重要的推动作用。同盟国方面，奥地利在开发无线电情报侦察技术方面尤其突出，发展了无线电定位技术、电话窃听、听音技术。这些技术帮助同盟国获得了大量有价值的情报。战争中，同盟国对俄国无线电信号的破译，对取得东线胜利产生了决定性作用。因为俄国人所有的作战命令都通过无线电台下达，而密码和密钥却很少改进，严重违反安全原则，于是奥地利人和德国人依靠最优秀的密码专家掌握了俄国人所有的密码和密钥，从而“在战争的大部分期间可以自由地阅读无线电里播送的消息和沙皇司令部的命令”，使俄军遭到致命的打击。协约国方面，英国的威廉·雷金纳德·霍尔海军上校领导的“40号房间”成功破译了德国外长齐默尔曼发给德国驻华盛顿大使的电报——“齐默尔曼电报”，揭露了德国为避免美国介入欧洲战事，正企图挑起美国同日本和墨西哥之间战争的阴谋，直接促成了美国参战，使得精疲力竭的协约国获得了一支生力军，确保了战争结局朝着有利于协约国的方向发展。

以密码技术为核心的无线电信号侦察和信号保密工作更是第二次世界大战激烈斗争的一个特殊战场，并确立了无线电情报的“无上作用”①。战争中，盟国对德国“恩尼格玛”的成功破译，以及美国对日本外交电码“紫密”的破译，对加速反法西斯战争胜利的进程起到了难以估量的作用，被认为是“这次战争中的一项最重大的突破”②。可以说，法西斯阵线的崩溃，反法西斯阵线的胜利，都和密码情报战的输赢有极大关系。对此，美国人布鲁斯·诺尔曼不无感触地说，在第二次世界大战中，倘若同盟国不在情报上占优势，希特勒就有可能取胜。美国前海军情报主任安德森说得更是直截了当：“密码破译赢得了这场战争！”③

①〔英〕约翰·科斯特洛：《太平洋战争（1941—1945）》（下册），王伟等译，东方出版社1996年版，第306页。

②〔美〕詹姆斯·邓尼根：《现代战争指南》，军事科学院外国军事研究部译，军事科学出版社1986年版，第253页。

③ 王庆新、张汉宽、马静编著：《不战而胜与情报》，知识出版社1995年版，第26页。

除了以密码技术为核心的情报争夺之外，其他技术情报的发展也十分迅速，并在历次战争中有着突出表现。如随着航空技术、光学照相技术的发展，开辟了空中侦察这一新的领域。第一次世界大战中，战争双方为克服绵延的防线和障碍，有效掌握敌军配置地域的情况，都尝试依托飞机、气球、飞艇等进行侦察。据统计，到大战末期，大约有 35% 的飞机被用来执行侦察任务。

2. 专业情报机构迅速崛起并成为实施情报战的主角

在早期的情报战中，许多国家都建立过不同形式的初级情报组织机构。但总体来说，那时的情报活动还处在一种个体活动的阶段，不仅人员少、规模小，而且结构单一、工作范围有限。

法国大革命之后，欧洲社会发生重大变化，与之相应，情报的领域不断扩大，“情报的目标不再仅仅是君主们的政治、大国之间的阴谋角逐以及军队实力和行动等”①，而且包括了政治领域中的许多内容，凡国家利益所及，均为情报搜集的对象。比如，拿破仑治下的法国的情报机构就有：邮检处、外交部情报局、精锐宪兵情报局、军事情报局等。其中，军事情报局还负责往驻外使馆派驻军官，相当于今天的武官，主要使命就是报告驻在国有关作战序列、兵力及部队的训练情况，并担负向国内提供测绘情报和地图绘制的任务。为对付法国，英国也建立了通讯联络处、军事情报局、海军情报局，通讯联络处和军事情报局致力于破译法国军方使用的密码，掌握法国政治局势、军队调动以及部队的组成、武器装备和士气等情况，海军情报局则专门搜集各国海岸、港口的情况。

19 世纪工业革命的兴起，使情报争夺不仅在内容、手段上发生了实质性变化，而且专门从事情报工作的人员数量与日俱增，专业化的情报机构也纷纷涌现。

欧洲大陆强国普鲁士于 19 世纪建立了当时世界上最庞大的情报机构。早在 1803 年，普鲁士就着手建立总参谋部，在其下设置专门负责搜集情报和对情报进行分析研究的情报部，这一机构也是德国近代最早的情报机构。普法战争前，普鲁士的总参谋部改组为司令部，情报部作为司令部重要的下属机构，曾派出大量间谍对法国进行渗透，人数达 4 万之众。他们以商人、职员、农场主、小酒店老板等各种身份为掩护，渗透到法国的各个阶层，活跃于法国每个

---

①〔法〕让－皮埃尔·阿莱姆：《古今谍海秘闻》，陆福忱译，新华出版社 1992 年版，第 150 页。

城市、每个小镇、每个村庄，搜集了法国的军事、政治、地理、经济和社会等方面的详细情报。1866 年至 1870 年出任驻柏林武官的法国军官索托非尔中校在普法战争前夕向国内报告说：“它（引者按：指普鲁士参谋部）拥有最详细的侦察资料汇编，涉及法国的资源、测绘、公路、城市、村落、居民、水系、河流状态以及河水深度、宽度和涉渡地点，等等。因此，当看到许多普军参谋部的军官比任何一个法军军官都更了解我们的东北边境的时候，我一点也不感到惊奇。”[①] 普法战争开始后，普鲁士军队长驱直入，他们所携带的作战地图甚至比法国军队的还要精确。到了 19 世纪末，德国的情报机构已经正式成为其大本营的组成部分，它包括三个地区处：欧洲处、东欧处、南欧及非洲处。所有的德国将军在他们的军事生涯中，都必须具有在情报机构工作的经历。每个地区处都有武官在所负责的地区内指挥执行任务的其他军官和间谍。这些间谍分为两类：一是以法国和俄国为目标在既定的地理区域内进行总体监视；二是实施具体的情报行动，如侦察军事装备、窃取作战计划等。[②]

另一个欧洲大陆强国俄国除建立强大的秘密警察机关国家保安局之外，还在总参谋部之下设立了一个军事情报局（总参谋部第七局），专门负责搜集外国军事、政治、外交方面的情报。其情报网在平时由派遣的军官和武官组成，而沙皇本人也不时干预军事情报局的工作。在战时，各大部队均拥有自己的作战情报部门。

此一时期，英国因为与爱尔兰人作战的需要，另外为了抑制大陆强国法国以确保自己殖民大国的利益，建立了陆军情报署（搜集与大英帝国防务有关的情报，编制地图和翻译外国文件）、海军谍报部（主管情报搜集、密码破译、战争动员和作战计划）、军情六局（秘密情报局）、军情五局（军事反间谍局）。

“明治维新”后的日本则效法德国，建立了“玄洋社”“黑龙会”“远东文化统一学会”等情报机构。“玄洋社”在中日甲午战争和日俄战争中为日本搜集了大量情报，并进行过多次恐怖暗杀活动。“黑龙会”依托日本国内的秘密会社，吸收大量具有军国主义思想的军官和各界人士，以刺探中、俄、印等国的情报，其分支机构遍布全中国，并扩展到东南亚、土耳其、北非、美国和南

①〔法〕让－皮埃尔·阿莱姆：《古今谍海秘闻》，陆福忱译，新华出版社 1992 年版，第 212 页。

②〔法〕让－皮埃尔·阿莱姆：《古今谍海秘闻》，陆福忱译，新华出版社 1992 年版，《导言》第 17 页。

美洲。日俄战争前，“黑龙会”搜集了完整的有关俄国政局和国际关系的情报，而且在战争中负责向日军提供详尽的战场情报，使俄军吃尽苦头。相反，“在战争初期，俄国人在远东连个情报机构的雏形都不具备，而他们认为连组建一个情报机构的时间都没有。俄参谋部从战争一开始就得不到充分的情报。他们以为日军可能投入作战的兵力为 15 万人，而实际上在沈阳遭到重大的损失之后，日军仍有 30 万人。在战争爆发一年之后，俄军参谋部对此依然一无所知。同样，他们更不知道在沈阳位于雄九将军的军团之后，还有野义将军的第二军团。在这场情报战中，一方使用的是骑兵，另一方使用的是间谍，使用间谍的一方取得了胜利”[①]。

1914 年爆发的第一次世界大战无疑对各参战国的情报战能力进行了一个检验。长达 4 年多的战争，极大地刺激了情报需求，各国情报机构迅速膨胀。协约国方面，仅在荷兰一个国家就设立了 5000 多个情报组织，在比利时这样一个小国，也有 2000 多名英国间谍在活动。德国方面，“根据不十分准确的估计，中央帝国动用的间谍达 25000 人，而盟国使用的间谍约为 15000 人。”同盟国方面，德国的重要情报机构陆军参谋部军事情报局在比利时、瑞士、英国、意大利、西班牙、卢森堡、丹麦、瑞典、罗马尼亚等地建立起了军事情报站，搜集协约国的秘密文件，了解其军事部署，从而使德国建立起了真正的作战情报机构，其专职的情报军官已经配属到各个军级的指挥部。此外，德国还采用飞机侦察、空中摄影以及无线电侦听等技术手段获取情报。在战争初期的两年间，德国情报机构甚至能够获悉协约国参谋部的部分作战计划，德国驻安特卫普情报站成功地将协约国部队坦克参战一事向统帅部及时进行了报告，德国海军情报局还十分准确地把本国的潜艇引向它的目标。但总体而言，同盟国在情报能力方面不及协约国，德军最高指挥部，特别是鲁登道夫元帅因深感情报不足，在战争后期采取强有力的措施强化情报机构，如对总参谋部三局进行改组、充实和加强，同时，大力加强通讯部和海军情报局。

3. 情报战的成败对战争进程和结局的影响越来越大

近代早期开始，英、法、俄等国都开展了极富成效的情报战。1587 年，在英国和西班牙两个老牌殖民帝国即将展开大规模海战前夕，创办了大英帝国维尔辛根情报组织的沃尔辛厄姆爵士，获得了西班牙海军元帅圣克鲁斯呈报给

---

①〔法〕让 - 皮埃尔 · 阿莱姆:《古今谍海秘闻》，陆福忱译，新华出版社 1992 年版，第 250 页。

西班牙国王的《关于海军的总报告和具体报告》的抄件，完全掌握了西班牙“无敌舰队”的部署计划和军力等具有重要价值的军事情报，最终帮助英国海军一举击败“无敌舰队”。从那时起，各国作战计划就成了极端的秘密和对方极力想窃取的情报。

由于无线电的日益广泛使用，无线电侦察比较简便易行，所取得的情报准确、可靠而且涉及核心，无线电信号侦察很快成为各国军政情报的主要来源，它对战争进程和结局的影响也越来越大。在第一次世界大战的战场上，英国海军在多格滩、日德兰等海战中，根据信号情报几次设伏，占得了上风。丘吉尔曾说:“没有密码部门，就不会有日德兰海战。”① 只是由于当时英国海军部对于无线电信号情报还不很信赖，不善于利用，因而没有取得本可取得的更大胜利。而英国海军谍报部对“齐默尔曼电报”的破译，更直接促成了美国的参战。法国方面，法国情报局卓有成效的工作，使得协约国能够及时了解德国统帅部的意图，在战争爆发前就获得了“施利芬计划”的部分内容，从而预做准备；能够向军队提供关于敌军防御体系的情报、能否超越天然障碍物的情报；能够探明德国人将在战场上使用化学战剂；能够向前线部队提供关于敌军部队、炮兵阵地以及指挥部的位置的情报；并且在潜艇战中，向英国提供了重要帮助；法国和英国的反间谍机构最后还几乎搞掉了德国的所有间谍。② 相反，德国情报机构在发起战争之前，并未预判到英国参战的可能性，因而未能提供有关英国远征军进行准备和参战的任何情报，更未能预计到美国参战的日期，③ 可以说在情报战这一领域已经先行输掉了战争。

第二次世界大战期间，战争双方情报斗争的激烈程度大大增加。现代科学技术和技术侦察力量被广泛运用到情报活动领域，情报对战争的服务保障功能更加凸显。这首先表现在，以密码技术为核心的无线电信号侦察与信号保密间的斗争，其得失胜负对于正面战争的胜败进退，所起的作用更为突出和明显。1944 年 9 月美国陆军参谋长马歇尔曾说：“艾森豪威尔将军指挥的欧洲战役和太平洋地区的所有军事行动，在方案设想和时间计划上都同我们通过破译密码

① Winston S. Churchill, *The World Crisis*, Scribner-Macmillan, 1992, pp.111-112.

②〔法〕让－皮埃尔·阿莱姆:《古今谍海秘闻》，陆福忱译，新华出版社 1992 年版，第 290 页。

③〔法〕让－皮埃尔·阿莱姆:《古今谍海秘闻》，陆福忱译，新华出版社 1992 年版，《导言》第 17 页。

和秘密取得的情报密切相关。不论在指挥目前的战争方面或在争取早日结束战争方面，密码情报对取得胜利和挽救美国人的生命都起了巨大作用。”① 其次，二战期间，雷达也从一种单纯的防御报警仪器发展成为用途极广的技术兵器，在反潜、防空及对敌空袭的战斗中大显身手。此外，航空侦察技术（如航空照相、图片分析判读等）的快速发展，使航空侦察成为盟国和轴心国重要的情报来源。据统计，二战期间有用的军事情报中大约80%都来自航空侦察照相。二战中航空侦察的实践及其成效使得各国普遍认识到航空图像侦察的重要意义和作用。战后，杜鲁门总统授权武装部队对战争中的轰炸效果进行评估，其结论是：“虽然第二次世界大战开始时人们对航空照相技术持冷淡和怀疑态度，但它最终成为太平洋战争中最重要的情报来源之一。与任何其他来源相比，它在陆海空作战中发挥了更持久的重要作用。”②

（三）二战后尤其是20世纪90年代以来情报领域斗争与对抗的划时代变革：向独立作战样式发展的情报战

二战后，随着科学技术的飞速发展，特别是高新技术在情报领域的广泛运用，情报工作的手段和领域出现了重大的革命性变化。电子技术的发展，人造地球卫星和航天飞机的诞生，使得情报工作逐步进入了一个以科学技术为主要手段的时代，现代情报活动几乎运用了所有电子学中的新学科、新知识。图像侦察和网络侦察的出现更是将情报侦察的技术含量和侦察范围引领到了一个无限广阔的天地。而各种新技术手段在情报领域表现出的巨大优势，促使世界各国都把最新科技首先应用于情报搜集。与传统的人力情报搜集手段相比，当今世界各国在情报技术手段建设上的投入都在不断加大，情报工作效率也随之逐渐提高。

作为情报获取重要支柱的情报侦察技术的全方位突破，使用于侦察的电磁频谱不断扩展，多维、实时、全时段、系统的侦察得以真正实现；传统侦察平台由于高新技术的运用如虎添翼，新的侦察平台在情报侦察领域大显身手，使情报侦察的空间逐步向陆、海、空、天、电多维延伸。各种传感器和平台所

① 见美国布朗尼尔委员会报告（后编为《NSA的起源和发展》一书）的附录：马歇尔1944年9月25日给竞选总统杜威州长的信。

②〔美〕T. N. 杜普伊主编：《国际军事与防务百科全书》，军事科学院外国军事研究部编译，解放军出版社1998年版，第1299页。

构成的立体化的情报侦察、监视系统，既可以在地面、海上、水下、空中、太空实施广泛的战略侦察，又可以实现精确的战场“相敌”，从而使人们能够精确地获取各种信息，军队的“知情”能力呈现飞跃之势，这就为实施正确的判断、决策和精确地使用军事力量提供了先决条件，并极大地影响着作战方式的革新。

情报侦察技术的整体跃升和飞速发展，不仅开辟了新的情报来源渠道，形成了新的情报力量，促进了情报体制的改革，而且使得情报在战争中的地位越来越重要:“知的技术突破和飞跃是引发军事变革的主要因素。机械化战争主要是物质、能量方面的对抗。信息化战争中电子战、信息战为增加己方的战争确定性而把不确定性加给敌方，属于信息方面的对抗。这种对战争结局具有决定意义的对抗和斗争，是高技术战争最鲜明的特征。”① 法国著名学者穆罗汗在研究21世纪战争的新特点时也曾敏锐地指出，作为工业社会最后一场战争的海湾战争，虽然“战争各阶段的内容仍与拿破仑时期所进行的战争及二次世界大战各次重大战役的情况大致相同”，但“‘沙漠风暴’仍为明天的战争勾画出了部分轮廓：即令不在实时、至少也是在极短的时间内利用空中和卫星系统将情报传递给参谋部和作战部队；有了能悄悄进入敌人侦察、通信系统的仪器，该仪器能在敌对行动开始前、远程战斗直升机攻击的同时即将敌方的侦察、通信网络摧毁；实施远距离的精确打击……”② 换言之，正是因为高科技情报侦察技术的广泛使用，才使这场战争富有新意，并预示了未来战争的新方式。

正是在信息技术的推动下，情报由作战保障变为了直接的战斗力，情报战向着独立的作战样式发展，在战后局部战争和当代信息化战争中发挥着重要作用。这主要表现在：其一，情报战是信息化战争信息对抗的重要组成部分。从本质上说，信息化战争是围绕信息的获取权、控制权和使用权的争夺而展开的信息对抗，也就是说，信息化战争的核心即所谓的“三权”之争。其中，信息获取权的争夺和对抗是整个信息争夺和对抗的重要组成部分。情报战，实际上是围绕信息的获取而展开的信息对抗，它理所当然地成为信息化战争的一个重要组成部分，是信息化战争的一个重要作战样式。其二，情报战是信息化战争中其他作战样式实施的前提条件。在整个信息化战争中，围绕信息的争夺与对

① 曾庆洋:《从总体上把握军事高技术》，载《外国军事学术》2001年第11期。

②〔法〕穆罗汗:《21世纪的战争》，杨杰、袁俊生译，经济日报出版社2003年版，第5页。

抗的各个方面是相互联系、相互影响的。在“三权”之争中，信息获取权的争夺是必不可少的先导，不能有效地获取信息，就不可能有效地控制和使用信息；不能掌握信息的获取权，也就不可能掌握信息的控制权和使用权。因此，以夺取信息获取权为目的而展开的情报战，既是信息化战争不可或缺的组成部分，更是展开其他信息对抗与争夺的基础。也就是说，情报战是信息化战争中实施其他作战样式的前提条件和重要基础，没有情报战，就不可能有效地实施心理战、电子战、网络空间战等其他作战样式。其三，情报战将推动信息化战争中其他作战样式的发展。在信息化战争中，各种作战样式是相互联系、互为一体的，由此构成了整个信息化战争。在信息化战争的发展过程中，每一种作战样式的发展变化，也必将影响和推动其他相关作战样式的发展。在整个信息争夺中，获取情报信息手段的变化、范围的扩展、质量的提高、数量的增多等，都将对信息传输、信息处理、信息控制、信息分发、信息利用等信息争夺与对抗的其他方面产生影响，促进其发展变化。因此，在信息化战争中，情报战作为信息化战争的先导，将一如既往地促进和推动信息化战争其他作战样式的发展。

与此同时，二战后尤其是向着独立作战样式发展的情报战，与传统的情报战相比也发生着深刻的变化。其手段不断更新，形式更加多样，内容不断丰富，范围不断拓展，呈现出如下新的特点：

1. 形式更加多样

在信息化战争中，由于信息技术的迅猛发展，特别是各种新型情报战手段和工具的使用，情报战的形式将更加多样化。不仅传统的间谍战将在新技术手段支撑下继续发挥重要作用，在电子技术基础上发展起来的现代电子情报战也将随着微电子技术的进一步发展而出现新的突破，建立在航空航天技术上的空中情报战和空间情报战将进一步扩展，而以计算机网络空间为主战场的网络情报战也正式登上了情报战的舞台。也就是说，在信息化战争中，情报战的形式将更加多样，既有在有形空间进行的间谍战，也有在无形的电磁空间展开的电子情报战，更有在虚拟的信息空间进行争夺的网络情报战。

2. 情报技术不断出现革命性变化，情报斗争与对抗的范围更加广阔

信息传感技术延伸了人的感官功能，为情报战提供了更加先进和有效的手段和工具。运用传感技术已成为各国获取情报的主要手段。它包括各种侦察卫星、雷达、侦察机、窃听器、地面传感器、声呐、夜视器材等。航天侦察、红外线遥感和热成像、导弹预警、雷达探测、海洋监测技术，构成了“陆、海、

空、天、电”五维一体的全方位、全天候的信息遥感控制系统。尤其是侦察卫星和战场侦察监视系统的使用，使战场空前透明。通信技术使神经传递功能扩展，致使情报传输速度加快。通信卫星、光导纤维、数据、图像、传真通信等手段构成战场多样化、高速度的情报传递体系。

3. 情报战的胜负越来越起着决定战争胜负的作用

因为情报已成为直接的战斗力和力量“倍增器”，大大提高了指挥效率和部队的战场生存能力，因此，争夺情报优势成为战争双方较量的核心。比如20世纪90年代以来由美军主导的几场局部战争（海湾战争、科索沃战争、阿富汗战争和伊拉克战争）中，战争双方在情报领域的对抗与斗争呈现出一系列新的特点。情报在战争中的地位更加突出，情报对抗的程度空前激烈。尤其是作为强势一方的美军，不仅不断优化其高科技情报侦察系统，而且在战前情报准备工作、战场情报支援、情报侦察力量的协同使用、遂行情报斗争的方式，以及情报战与指挥控制战、电子战、心理战、舆论战、计算机网络战等作战样式的有机融合等方面，有诸多创新之举，从而充分发挥了其强大的情报能力，牢牢占据了情报优势，确保并加快了战争胜利的进程，并为我们深入研究信息化条件下情报战的特点、规律与发展趋势，提供了十分典型的个案。

三、情报战战例研究的意义

毛泽东曾有一段名言：“一切带原则性的军事规律或军事理论，都是前人或今人做的关于过去战争经验的总结。这些过去的战争所留给我们的血的教训，应该着重地学习它。”[①] 虽然战争充满不确定性和不可重复性，以往的战争不可能被复制到未来战争中去，但战史研究尤其是战例分析仍是军事理论研究不可或缺的重要手段，是认识战争规律和战争指导规律的重要途径。

从中外军事科学的起源来看，早在专门的军事理论著作出现之前，中外历史学家和军事史家们就已经习惯于通过记叙战争史实和战例来提炼关于军事和战争问题的理性认识，因而军事历史学成为军事科学中最先产生和成熟的一个学科。古希腊希里多德的《历史》（又译作《希腊波斯战争史》）、修昔底德的《伯罗奔尼撒战争史》（又译作《雅典斯巴达战争史》）、色诺芬的《长征记》等，以及中国先秦经典《尚书》《春秋》《左传》等，作为历史著作对军事实践经验

①《毛泽东选集》第一卷，人民出版社1991年版，第181页。

的理论总结与升华，分别对中西军事科学的产生起到了推动作用。

同时，在军事科学的发展过程中，中外军事理论家也无不注重战例的研究，并以此为基础构建出各有特色的军事理论体系。于是，我们看到一种现象：绝大多数的军事理论家同时又是军事史家。比如，19 世纪的军事理论家若米尼（Jomini）和克劳塞维茨（Clausewitz）作为西方资产阶级军事科学的奠基者，均重视军事历史尤其是战例的研究。若米尼通过总结拿破仑战争的经验，写出了《战争艺术概论》，克劳塞维茨更认为只有以研究战争史为基础得出的理论，才是战争艺术中唯一的理论，他特别强调："史例可以说明一切问题，在经验科学中，它们最有说服力。尤其在军事艺术中更是这样。"[①] 又说："一部有正确评价的军事史，确实是一所真正的战争大学校。一个高级军官，只有通过对历史战争进行研究，才能真正懂得什么是战争艺术。"正是通过对历史上 130 多个著名战例的系统研究，尤其是对拿破仑战争的审查与总结，克氏著成了《战争论》这一西方军事理论的经典。现代英国军事理论家富勒（J. F. C.Fuller）之所以能著成《装甲战》《战争指导》等不朽著作，开创性地提出装甲战理论和战争指导的一般原则，首先在于他是一位军事史大师。据富勒自己讲，早在 1923 年他就开始搜集资料，并于 1939—1940 年出版了二卷本的《决定性会战史》。后来因为该书的存书和书稿在二战中被毁，富勒又花了 10 年时间重写，改写原书 29 章中的 28 章，删去其中的 1 章，增写了 23 章，并新写了导言和大事记，著成《西洋世界军事史》，以三卷的宏大篇幅集中研究了西方世界从古希腊到第二次世界大战结束期间发生的历次决定性会战，在广阔的视野下总结了战争史发展的一般规律。

无产阶级革命导师马克思、恩格斯在创立、发展无产阶级军事科学的过程中，特别重视战例的研究。他们对德国农民战争、1848 年欧洲革命、巴黎公社起义、美国内战等进行的专题研究，对西班牙革命、英国殖民战争、普法战争、克里米亚战争、印度民族起义等重大事件撰写的评论等文献，"既是指导无产阶级革命的理论，也是以无产阶级革命立场、观点、方法研究军事历史的典范"[②]。

---

①〔德〕克劳塞维茨：《战争论》（上卷），解放军出版社 1964 年版，第 135 页。

② 郑文翰、糜振玉主编：《军事科学概论》，军事科学出版社 1994 年版，第 312 页。另参见中国人民解放军军事科学院编：《马克思恩格斯斯列宁大林军事文选》，军事科学出版社 1991 年版。

毛泽东在指导中国革命战争的伟大实践中，尤其注重古今中外战例的研究。比如，为认识中国革命战争各阶段的性质、特点、任务、方针、战略战术，为阐明弱军战胜强军的基本原理，毛泽东在《中国革命战争的战略问题》《论持久战》《抗日游击战争的战略问题》等3部光辉的军事著作中，曾精辟透彻地研究论述了中国历史上的齐鲁长勺之战、晋楚城濮之战、围魏救赵之战、楚汉成皋之战、韩信破赵之战、新汉昆阳之战、袁曹官渡之战、吴魏赤壁之战、吴蜀夷陵之战、秦晋淝水之战10个经典战例。① 此外，毛泽东在阅读《二十四史》时，还对陈胜吴广起义、南北朝时魏武帝攻宋围攻汝南之战、宋明帝刘彧指挥的建康保卫战、后唐灭梁之战、宋辽高梁河之役、明末李自成起义军的重要战役，做过许多画龙点睛的批注，阐发了关于战争指导的诸多规律。② 尤其是，毛泽东还在自己的军事著作中谆谆教导各级指挥员，要把“详举战例”作为提高战术水平和指挥艺术的重要途径。

刘伯承元帅、徐向前元帅、叶剑英元帅等我党我军的著名军事家，无论是在戎马倥偬的战争年代还是在新中国成立后，一直非常重视战例的研究。刘伯承元帅不仅精通中外历史上的著名战例，而且特别重视我军革命战争实践中重要战例的研究和总结，并把战例研究作为我军军事教育的重要内容。徐向前元帅也就战例研究作过非常明确的指示。1979年2月，徐帅专门致信军事科学院、军事学院的领导同志，要求把战史课作为主课之一，并强调，如果不懂

① 参见柯理编著:《我国古代以弱胜强的战例》，人民出版社1973年版。毛泽东在《论持久战》中也有这样一段证明其娴熟古今中外战例的名言:“主观指导的正确与否，影响到优势劣势和主动被动的变化，观于强大之军打败仗、弱小之军打胜仗的历史事实而益信。中外历史上这类事情是多得很的。中国如晋楚城濮之战，楚汉成皋之战，韩信破越之战，新汉昆阳之战，袁曹官渡之战，吴魏赤壁之战，吴蜀彝陵之战，秦晋淝水之战等等，外国如拿破仑的多数战役，十月革命后的苏联内战，都是以少击众，以劣势对优势而获胜。都是先以自己局部的优势和主动，向着敌人局部的劣势和被动，一战而胜，再及其余，各个击破，全局因而转成了优势，转成了主动。在原占优势和主动之敌则反是；由于其主观错误和内部矛盾，可以将其很好的或较好的优势和主动地位，完全丧失，化为败军之将，亡国之君。由此可知，战争力量的优劣本身，固然是决定主动或被动的客观基础，但还不是主动或被动的现实事物，必待经过斗争，经过主观能力的竞赛，方才出现事实上的主动或被动。”载《毛泽东军事文集》第二卷，军事科学出版社、中央文献出版社1993年版，第319页。

② 张贻玖:《毛泽东读史》，中国友谊出版公司1991年版。

或不精通古今中外典型的各种或各个战例，就不可能深入地、熟悉地掌握战争规律和战争知识，对于以后的作战大为不利。[①] 叶剑英元帅早在革命战争年代，就对中国古、近代战争予以重视，如广州起义失败后，他潜心研究太平天国农民起义战争的兴亡得失，以总结南昌起义、广州起义的经验教训。“新中国成立后，叶剑英对中国古代战史、战例的研究工作更加重视，一方面，他身体力行，对毛泽东军事著作中提到的中国历史上的著名战例，进行了深入的学习和考察，积累了大量的心得体会；另一方面，他根据国防建设军队建设的实际需要，领导有关单位和人员积极开展古代战史、战例研究工作。例如，针对20世纪60年代前期的国际战略环境，他先后指示有关人员研究撰写了《中国历代战争中战略袭击的战例》《中国抗登陆作战简史》《中法战史》《明代抗倭史料》等，提供给有关部门参考借鉴。”[②] 对于战例研究的重要性，叶帅反复强调：“历史上有名的军事理论家，都是精通战史和运用战例来说明问题的”，“学战史、学战例是学习战役战术的最好方法”，“这正如我们学习政治一样，要读历史，有些问题人们早已解决了，我们不要再去重复。所以，实际上讲学战例是最便宜的，效果也最好，可以避免重复前人已经犯过的错误。同时，从研究战史、战例中也可以产生新的东西，找出和发展新的原则、新的方法”[③]。

由于情报工作的开展和情报斗争总是与战争紧密相连，情报的地位与作用在战争中最能得到凸显，情报斗争与对抗在战时也最为激烈、频繁，情报战史特别是情报战战例的研究也就显得格外重要。正如美国陆军五星上将布莱德雷（Bradly）所说：“军事情报作为一个力量倍增器的角色出现，只能通过历史上关键性的事件才能理解。”[④] 因此，研究情报战史，对历史上的情报战战例进行剖析，无疑是发现和揭示情报斗争和对抗的本质与规律的一种研究方法，也是认识情报工作规律和情报工作指导规律的重要途径，应该并且可以“产生新的东西，找出和发展新的原则、新的方法”。例如，要对未来信息化条件下局部战争中的情报战的战法和原则予以认识，就不能不研究英阿马岛战争、海湾战争、科索沃战争、阿富汗战争、伊拉克战争中的情报斗争的经验和教训。尤其

① 转引自张震：《张震回忆录》（下册），解放军出版社2003年版，第341页。

② 金立昕：《叶剑英与中国传统军事》，载《中国军事科学》2002年第1期。

③《叶剑英军事文选》，解放军出版社1997年版，第572—574页。

④ Omar N. Bradly, *A Soldier's Story of the Allied Campaign from Tunis to the Elbe*, New York: Henry Holt and Company, 1951, p.33.

从学理的角度看，军事情报史不仅是军事情报学学科体系的基础的有机构成之一，而且“与军事情报思想史二者分中有合。分之可以是两个研究方向：军事情报史是指人们搜集与运用军事情报的历史；军事情报思想史是指人们对于军事情报的理性认识与科学概括的历史”①。

也正是鉴于情报战史研究独特的学术意义和实践价值，古今中外有相当多的历史学者和军事史学者从不同角度，对历史上众多重要战役中的情报斗争与对抗进行过个案研究。尤其是二战以后，随着战争史研究的深入以及冷战期间情报斗争的加剧，对情报史的疏理受到一些国家的重视。人们对历史上特别是二战中重大战役中情报战的研究热情更是长盛不衰。20世纪50年代，甚至连美国中情局的首脑人物杜勒斯，也把写一部情报战史作为自己的最大愿望。

艾伦·杜勒斯有一次说，他很想写一本书，谈谈历史上最突出的情报成就和失败。他说：“我们不妨从公元前1200年的特洛伊木马开始。当时谁也不肯听卡桑德拉的话（引者按：按希腊神话，此女神是女预言家），同时也可以从希腊人与叙拉古之间的一场决定性战役开始（引者按：指的是希腊人在亚尔西巴德的率领下以舰队攻打叙拉古。公元前413年，希腊开始失败，终至溃不成军）。”“谈到近代，我们就可以辩论一下德皇在1914年和希特勒在第二次世界大战期间的错误估计所带来的后果，同时我们也不要略而不提我们自己的珍珠港事件。”

“然后我们就可以谈谈情报方面的惊人成就，例如约书亚的那两个能力很强的探子，他们在耶利哥妓女喇哈的家里找到藏身之所（耶和华的仆人约书亚为了取得耶利哥地方，便派了两名探子去探听情况，他们藏在妓女喇哈的家里，躲过耶利哥王的搜捕，顺利地探得情况而回，见圣经旧约全书约书亚记第二章。）例如英国情报机构在1917年猜破齐默尔电报的近代成就；例如美国情报机构在中途岛大捷以前所演奏的序曲。”②

在《情报术》一书中，杜勒斯还用较长篇幅论述了情报人员开展案例研究的重大意义。他指出，在“案例”教学的方法下，学员对美国情报机构过去的历次行动以及其他国家的情报机构进行研究。为了让学员逼真地体验当时这些行动的处境和进展历程，每个学员会得到一份复制文件，其中包括所有相关的电文、报告、指示、指挥部与前哨之间的通信、特工材料、按照时序排列的调

① 张晓军主编：《军事情报学》，军事科学出版社2001年版，第9—11页。

②〔美〕桑契·德·格拉蒙特：《秘密战》，贝金译，群众出版社1980年版，第109页。

查和监视报告。这样做，学员就能看出这一案例中一点一点的进展，也能理解其中的行动思路。整个过程在他面前次第展开，就像一部相当复杂的故事情节一一展示出来。因为后见之明的优势，他能发现错误在哪里、选择是什么、什么预测到了而什么没有被预测到。法学院的学生研究律师的要点摘录、法庭上辩护人为原告所做的陈词、证人的陈述等，在回溯的过程中，他们也能看出一名律师在何处未能向证人提出有效的问题、向陪审团做的总结中没有强调最有说服力的证据。与此相同，情报行业的学生通过对若干真实案例进行详细研究，会渐渐察觉到其中的玄机。例如某个案例中，情报人员也许忽略了向他的特工提一个问题，后证明这个问题可能会使后者的欺诈行为得到曝光；抑或他在紧急情况下忘记发出危险信号；抑或特工之间过于复杂的通信系统搞砸了情报的重要渠道，因为其中某人实在记不起来在特定形势下应该做什么。[①]

更值得关注的是，二战后随着军事情报学作为一个独立学科的日趋成熟，美、英的情报学家和情报学者十分重视通过历史上情报战案例的个案探讨，来创新情报理论，推动情报理论的研究。[②] 而众多的情报史、情报战战例研究论著，不仅在很大程度上填补了军事史研究的空白，而且深化了军事情报理论的研究，推动了情报实践的发展。

四、遴选战例的标准

从原则上说，任何战争经验都不会完全过时，也不可能过时，当然前提是不能把战争经验看作拷贝和盲目模仿的对象，而是把它看作凝结着以往军事实践的所有教益和教训以及从中得出的军事发展规律和原则的军事智慧的结晶。如果对战斗经验作这样的理解，那么任何一场战争或交战，无论它是最久远的还是刚刚发生的，都不能被排除在外。历史上不止一次出现过，一场大战或局

① 〔美〕艾伦·杜勒斯：《情报术》，陈秋慧译，金城出版社 2014 年版，第 184 页。

② 关于美国学术界的情报战史研究，请参考张晓军主编《美国军事情报理论著作评介》，时事出版社 2005 年版；"第一篇：历史、战略与军事情报"，"第二篇：军事情报与战争、国家安全"所评介的 12 本著作，以及张晓军主编：《美国军事情报理论研究》，军事科学出版社 2007 年版，附录三"美国军事情报理论研究文献简目"第 339—395 页所列之"情报历史"类论著以及 565—585 页所附"情报与军事行动"类研究论著，关于英国学术界的情报战史研究情况，可参考周桂银《历史学家与情报研究：情报史英国学派的传统与变迁》，载《世界历史》1997 年第 5 期。

部战争过后，就有人试图论证说以往的军事艺术过时了，但是，下一场战争在催生武装斗争新方法的同时，也保留了不少过去的方法。至少目前为止，历史上还没有一场能把之前的军事艺术一笔勾销的战争。对研究对象的选择反映着作者的研究指向性，体现了研究者的眼光和学术素养，军事史研究包括军事情报史研究也是如此。

在人类战争史上，历史学家和军事史家习惯于把对当时和未来产生深远影响的战争称之为“决定性会战”。

早在古典时代，西方的作家们就已经意识到某些战争较之其他战争具有相对比较重大的意义。维多利亚时代早期作家爱德华·克雷西（Edward Creasv）爵士是第一个开始收录一系列“关键战役”的历史学家（他收录了15场“关键战役”）。用克雷西的话说，“撇开作战者的道德价值不谈，有些战役——考虑到它们的持久影响，出于对我们自身社会及政治环境构成实际影响的理由，以及从我们能够追溯到战役的后果而言——的确值得我们关注。无论是我们探究一系列的因果关系，由此帮助我们建构我们是谁的身份，还是我们猜测假如这些战役中的任何一场有不同的结果，那么我们可能本应该是谁，这些战役对我们来说都具有一种长久而实际的吸引力”[①]。克雷西代表了维多利亚时代的一种西方观点，即过去所发生的事只不过是通往他目前完美途中的一个中转站。这种方法对历史事件的研究不是把它放在事件所发生的时代背景里，而是从这些事件对当今时代的重要性的角度去研究。

此后，对战役（或战争）的决定性的理解与探讨一直受到学者的重视。如美国学者保罗·K.戴维斯在所著《影响人类历史进程的100场决定性战役》中认为，对一场战役是否有“决定性”可以根据下述三点中的一点或全部来判定：其一，“战役的后果引起了重大的政治或社会变革。例如，1066年的黑斯廷斯战役就属于这一类。诺曼人入侵英格兰完全改变了不列颠的未来，决定了那里人民的传统及其政治和社会系统的性质。所产生的社会后来继续对欧洲乃至世界的一些事件有重大影响”。其二，“如果战役的后果被逆转了，主要的政治或社会变革将接踵而至。如美国革命中发生的特伦顿战役就属于这一类。如果华盛顿1776年12月打输了这一仗，这个失败几乎肯定会招致革命军乃至革命本身的终结，使英国人在今后一个不确定的时期内继续控制北美殖民地，或许像

①〔英〕杰弗里·里根:《改变历史的战役：古今战争中的50个决定性战役》，谢毅等译，上海人民出版社1997年版，第1页。

加拿大一样作为一个附属于英国的自治领地存在”。按照这一标准，中国人民解放战争中的三大战役，发生在1950年的朝鲜战争，无论对中国而言，还是对世界而言，当属20世纪最重要的“决定性会战”之列。其三，“战争标志着某种重大军事变革的引进。公元378年阿德里安堡战役就是这样一场战争。战前，一般是步兵主宰战争，罗马的步兵也是如此；在这次战役中，哥特人引进了骑兵，并作为主要武装力量沿用了一千多年”[①]。此外，“决定性的变革有时不是出现在单独一场战役中，而是出现在一场战争中。1939年波兰沦陷是一个月内发生的一系列战役的结果，而这一系列战役没有一场对波兰沦陷是决定性的”，这种情况就只能称决定性战争而不是战役。[②]

本书选择关键战役的标准不是基于战役对当今的影响，而是战役对所处历史时期各种力量之间征战结果以及社会政治、军事变革的影响。这里，把一场战役列为“决定性的”是根据下述其中一点或全部来判定：

1. 战役的后果引起了所处历史时期各种力量之间征战结果的变化。这些力量可以是民族国家之间的，如日德兰海战和斯大林格勒战役；也可以是国家内部的分裂，如美国内战中的葛底斯堡战役；这些战役的胜利直接推动了获胜一方最终赢得了的整个战争。

2. 战役的后果引起了重大的政治或社会变革。1968年8月20日以苏联为首的华约五国悍然入侵捷克斯洛伐克，从而打断了“布拉格之春”的改革运动。这次入侵对当时及其后的国际关系产生了重大影响。它给国际共运带来极大损害，使北约组织重获新生，对东西方关系也产生了负面影响。

3. 战争标志着某种重大军事变革的到来。20世纪90年代的海湾战争就是这样一场战争，它改变了传统的作战样式，对二战以来形成的传统战争观念产生了强烈的震撼，不仅是冷战时期向冷战后时期的转折点，也是机械化战争时代向信息化战争时代的重大转折点。

需要指出的是，认定某次战争或某场战役在情报史上具有“决定性”的意义，还需考虑到以下几点：

1. 在情报斗争与对抗史上有划时代意义。如珍珠港事件对美国战略情报理

---

①〔美〕保罗·K. 戴维斯：《影响人类历史进程的100场决定性战役》，海南出版社、三环出版社2006年版，《前言》第3页。

②〔美〕保罗·K. 戴维斯：《影响人类历史进程的100场决定性战役》，海南出版社、三环出版社2006年版，《前言》第4页。

论与实践的影响就具有决定性意义，第四次中东战争对情报欺骗和电子情报作用的凸显；其他如坦能堡战役中无线电情报的决定性意义等。

2. 反映情报侦察技术装备划时代进步的战争或军事危机。二战中的“超机机密”——对德密码的成功破译；中途岛海战中美军对日本“紫密”的破译；二战中盟军的航空侦察情报；古巴导弹危机中 U-2 侦察机的作用及美国的战略评估工作；英阿马岛战争中卫星情报的突出作用。

3. 在情报斗争与对抗方面有突出特点的。如一战中的加利波利战役、二战中的迪厄普战役，都是两栖登陆战中情报失误的典型战例；“滚雷”行动中美越双方的情报战、科索沃战争中美国为首的北约与南联盟之间的情报战，都是非对称条件下情报战的典型战例。

总之，我们选取历史上的这些决定性战役作为案例进行情报战研究，为的就是从经典的情报战实践中总结经验教训，认识情报战的一般原则和规律，为思考信息化条件下情报战的作战指导提供借鉴。当然，由于不同时代、不同战争形态下的战争各有自己的特点，甚至在不同的战例中，情报领域的斗争和对抗也有不同的表现形式和特点，因而我们的研究也不同于一般的战例研究，不在于对每一个战例中情报斗争情况作面面俱到的探讨，而是关注其要害和关键，注意抓住所选取的每一场战争在情报斗争与对抗方面本质的、核心的、新颖的、最富有生命力和活力的内容，进行研究剖析，并提炼总结其特点，分析其影响。

第一编

第一次世界大战前的情报战

第一章　葛底斯堡战役中的情报战

进入19世纪，随着美国经济的快速发展，南部以种植园经济为主体的奴隶制与北方资产阶级雇佣劳动制之间的矛盾不断激化。南北经济制度的矛盾进而引发了政治上的对立。1860年11月6日，反对奴隶制的共和党人林肯当选联邦政府总统，南部各州将这次选举看作40年来向北方主导地位挑战的梦想的破灭，以及南方奴隶制灭亡的预兆，它们决意脱离联邦以维护南方的生活方式。于是，南方11个蓄奴州相继脱离联邦，于1861年2月建立了一个新"国家"——"美利坚南部同盟"，定都里士满，颁布了临时宪法，选出密西西比州的J.戴维斯为总统，同时征集10万志愿兵组成同盟军，积极备战。4月12日，同盟军炮击联邦军的萨姆特要塞，于14日占领了这个要塞，美国内战正式爆发。

在长达5年的美国南北战争中，葛底斯堡战役无疑是影响美国国运的一场决定性战役。经此一役，南部同盟（Confederate）逐渐失去了战略主动权，再也无力向北进军。而北方联邦（Union）则转入战略进攻，胜利的天平不断向北方倾斜，并最终实现了国家的重新统一。

北方取胜的因素固然很多，包括深层的政治、经济原因，但情报工作无疑也是导致北胜南败的重要因素之一，以至于军事史大师T.N.杜普伊将其作为军事史上"由于未能准确掌握敌人的情报而引起战争迷雾"的两个"最好战例"之一（另一个是中途岛之战）。①

---

①〔美〕T. N. 杜普伊主编:《国际军事与防务百科全书》(第二卷)，军事科学院译，解放军出版社1998年版，第955页。

一、葛底斯堡战役的基本过程

美国内战大体分为两个阶段和东西两大战场。

从1861年4月至1862年9月，可称为“有限战争”阶段。在这一阶段，双方均集中兵力于东部战场，以攻占对方的首都为主要目标。

从实力对比来看，北方占有压倒性优势——北部25个州的面积占全国的3/4，人口约2200万，南部11个州人口只有900万，其中奴隶占350万。而且，全国经济总量的75%、工业产量的90%也都集中在北部。但北方的资产阶级政府并未进行充分的战争准备，而是幻想着通过妥协实现统一，于是在废除奴隶制度、解放黑人方面迟疑不决，在军事上则缺乏进攻精神，只是将有限的兵力分散在8000英里长的战线上，对南方实施逐渐缩小包围的战略，以致军事行动屡屡失利。

南方虽有许多弱点，但得到欧洲大国英、法的暗中支持，且拥有一批军事骨干。同盟军的统帅罗伯特·李（Robert Lee）就是一位杰出的军事家，他根据双方力量悬殊的现实，制定了以攻为守、集中兵力寻歼联邦军（即北军）主力的战略。战争之初，北方联邦军的指挥官麦克莱兰（McClelland）因同情奴隶主而采取消极战术，而李将军则利用北军的这一弱点，在著名的“七天会战”（6月25日—7月1日）中，大败联邦军，并乘胜北上，使联邦军连连受挫。

在不断的军事失利之后，林肯总统认识到要取得战争胜利，必须将废除奴隶制作为首要问题加以解决，为此，他毅然发布了《解放宣言》，宣布从1863年1月1日起解放所有黑人奴隶。同时，林肯还实行了一系列革命政策，如把西部土地分给人民、武装黑人、实行征兵制、改组军事指挥机构等。这些措施极大地调动了广大北方人民的积极性，美国内战开始进入第二阶段即“革命战争”阶段。

在这一阶段，联邦军司令格兰特（Grant）和名将谢尔曼（Sherman）共同制定了“总体战略”，决心通过一系列主动的攻势行动，消灭敌人的军队，并摧毁敌人的经济基础和敌方居民的战斗意志。

面对北方的攻势行动，南方同盟则采取了以下对策：一是计划在1863年继续取得一系列战役的胜利，以争取欧洲诸国的支持和军事援助；二是将战场北移，依靠北方的农场和工厂，维持军队供给，并使己方的弗吉尼亚基地得以恢复农业生产；三是通过战争中的掠夺和对铁路运输的破坏，给北方制造混乱，破坏北方即将临近的大选，削弱林肯政府的权威。

1863年5月初，李将军率军在昌西洛维尔战役中重创北方联邦胡克统帅的波托马克军团。李认为其军队的战斗力正处于鼎盛时期，应该乘胜进军，进而控制或威胁北方的首都华盛顿，以便使具有广泛奴隶制基础的马里兰州脱离联邦，加入南方，并促成可能的连锁反应，使密苏里州和肯塔基州也脱离联邦。

为此，1863年6月初，李将军制定了北上计划，拟率领北弗吉尼亚军攻入宾夕法尼亚州。面对南军（即同盟军）咄咄逼人的攻势，北方再次告急，林肯急令波托马克军团迎战。7月初，双方在葛底斯堡激战3日，结果，联邦军取得歼敌2.8万人的重大胜利，“使得北弗吉尼亚的军队军心溃败，从此以后，李的作战都是出于防卫，而不是赢得战争”①。葛底斯堡战役因而成为战争的转折点，同盟军从此转入防御，再也无力组织北上进攻。与此同时，格兰特将军也在维克斯堡战役中取得胜利。此后，北方完全控制了密西西比河，将南方领土一切两半。联邦军士气越来越高，不断发起强大攻势。1865年，南方已到山穷水尽，濒临崩溃的边缘。4月9日，李将军被迫向格兰特投降。不久，南方残军17万人全部放下武器。在北方取得胜利的时刻，南方奴隶主分子暗杀了林肯总统；但这无法挽救南方失败的厄运，美国内战以北方胜利、南方奴隶制度的灭亡而告终。

美国内战被视为美国历史上的第二次革命。战争结束后，随着资本主义的迅猛发展，美国的军事力量日益强大，其军事战略也逐渐从过去的地区性向世界性转变，一个新的军事大国在美洲崛起，并开始进入了同世界列强争雄的阶段。正因为此，决定内战进程和结局的葛底斯堡战役在美国军事界被作为一个经典战例被反复研究。张震将军在其回忆录中曾提到他在美国访问时，看到美国国防大学很重视战例的研究，而葛底斯堡战役作为美国历史上的著名战例，战场保存完好，“连田野中的战壕都还保留着原样，并竖有标牌和说明。据说，第二次世界大战之前，这里是美国培训军官时研究的主要战例”②。

二、战役进程与情报较量

葛底斯堡战役的决定性交战前后不过3天，但综观整个战役，双方在几个

①〔美〕保罗·布鲁尔:《美国内战》，张帆译，青岛出版社2003年版，第44页。

②《张震回忆录》(下册)，解放军出版社2003年版，第341—342页。

关键时间点上情报斗争的成败，直接决定了战役的进程和结局。

（一）骑兵战斗侦察与反侦察揭开战争序幕

早在1863年春，同盟军总司令罗伯特·李将军就制定了第二次北上进军的计划，决定挥军渡过波托马克河，挺进宾夕法尼亚州，从而吸引波托马克军团远离首都华盛顿而进入宾州，进而在预设的战场上将其击败，扫除北进的障碍，直捣华盛顿。

战役发起前，李将军的弗吉尼亚军团总人数达66886人，主要由以下几个部分组成：第一军（I Corps）由詹姆斯·朗斯特里特（James Longstreet）率领；第二军（II Corps）由理查德·尤厄尔（Richard Ewell）率领；第三军（III Corps）的将领是希尔（A.P. Hill）；骑兵军统帅则为斯图尔特（J.E.B. Stuart）。而联邦方波托马克军团的总人数则为16855人，同盟军在数量上处于绝对优势。

在具体行动路线方面，李利用谢南多厄山谷及其北部的延伸卡波兰德山谷作为北上宾夕法尼亚南部的道路。尤厄尔先行，朗斯特里特和希尔的军队随后沿同一路线前进。该计划的核心是，避免让联邦军发现其北上入侵的行动路线，至少要在渡过波托马克河之前迷惑、阻滞敌军的跟随追击。

6月初，同盟军的部队从弗雷德里克斯堡向西集结，并留下1/3的部队作掩护。尤厄尔军先行，由斯图尔特率领的骑兵军迷惑敌军视线。此时，联邦军的波托马克军团司令胡克（Joe Hooker）将军已对同盟军的集结感到不安，但对其行进路线并不明确。胡克最初判断李将保持蓝岭东部部队不动，而是通过利兹堡向弗雷德里克前进。为了进一步确定同盟军意图，胡克派骑兵军进行战斗侦察。

1863年6月9日，南北双方的骑兵军在库尔佩勃的布兰蒂车站遭遇，进行了美国内战中规模最大、最激烈的一场骑兵战，从而揭开了葛底斯堡战役的序幕。同盟军虽努力隐蔽行动路线，但经此一役，联邦军获得了同盟军主力北进的关键性情报，并及时地赶上了同盟军。而当同盟军得知联邦军就在附近的情报后，不得不集中兵力备战，双方最终于7月1日至3日在葛底斯堡展开了决定性战斗。

南方骑兵军由猛将斯图尔特任最高统帅。战争期间，斯图尔特指挥的骑兵部队是同盟军最主要的侦察力量。其骑兵军虽然在作战中经常立下赫赫战功，但对李将军而言，斯图尔特骑兵军最大的作用在于提供及时的战术情报。斯图尔特去世时，李将军的感叹是："他从来没给过我一条错误信息。"

北方的联邦军却缺乏一位可以和斯图尔特相提并论的骑兵军统帅。普里森顿（Pleasonton）虽然此时统领波托马克军团的骑兵军，但其侦察能力还比不上他的对手斯图尔特。尽管在布兰蒂车站一仗中表现不俗，但普里森顿并没有完成侦察任务，他没有弄明白同盟军的意图，也丝毫没有影响到李将军的行动计划。

6 月 10 日，尤厄尔的军队按计划北上谢南多厄山谷。一直到 13 日，联邦军都不确定同盟军将如何行动。斯图尔特在库尔佩勃和蓝岭之间的进攻让联邦军不断猜测同盟军的意图。普里森顿向联邦陆军总司令巴特费尔德（Butterfield）报告的情况是同盟军正在穿过斯伯纳尔，目标可能是蓝岭。巴特费尔德回信说，他猜测同盟军试图向牛奔山前进，然后从裂谷返回，朝马纳萨斯前进。实际上，6 月 13 日，尤厄尔的部队正在挺进温彻斯特，同盟军远在普里森顿所报告的地点的北方 60 英里处，并且是朝着巴特费尔德所猜测的相反方向移动。

（二）战俘情报促使联邦军跟进，但仍面临重重迷雾

6 月 13 日之前，联邦军对同盟军的行进路线仍不明确，巴特费尔德曾猜测同盟军向东前进。但 6 月 13 日，波托马克军团下属的军事情报局（Bureau of Military Information）在审讯战俘时获得了一条重要情报。这名战俘是一个黑人男孩，名叫查理·赖特（Charley Wright），曾为同盟军军官服务过一年，他在布兰蒂车站骑兵战斗中被俘，他说他看到同盟军的两支部队通过库尔佩勃向山谷方向前进。当他提供的有关同盟军组织编制的信息和军事情报局所知道的可以相印证时，审讯人立刻向局长沙普（Sharpe）拍了两份电报，这两份电报让胡克开始率领部队行动起来。

尽管李曾费尽心机地迷惑胡克并推迟了胡克的行动，但这份电报如亡羊补牢，犹未为晚。当李于 6 月 23 日至 26 日进入马里兰州时，胡克在 25 日和 26 日也从蓝岭东侧穿过，此时，胡克已经差不多和李并驾齐驱了。

但是胡克不敢贸然进入马里兰，他所获得的情报有很多是相互矛盾和不确定的。当时的情况是这样的：6 月 16 日，尤厄尔穿过波托马克河进入马里兰州，到 22 日，他的先头部队已经到达宾夕法尼亚州的钱伯斯堡。所以当尤厄尔的部队在北方领土上行进过程中，马里兰州和宾夕法尼亚州的地方联邦指挥官报告了大量同盟军出现在当地的情况。但 6 月 21 日，普里森顿向胡克报告说朗斯特里特的部队还在谢南多厄山谷。斯图尔特这时将侦察行动转变为更积极的

进攻，16 日，他的下属在一次侦察突袭中抓到一名信使，信中胡克命令普里森顿努力进入谢南多厄山谷。于是在 17 日至 21 日，斯图尔特与普里森顿在谢南多厄山谷展开激战。

所以，胡克既有同盟军进入马里兰州和宾夕法尼亚州的报告，又有同盟军在谢南多厄山谷的报告，同时斯图尔特和普里森顿还在鏖战，这一切都令胡克处于战争迷雾中，他搞不清楚敌军到底在哪里，是一种怎样的部署和行动。于是胡克只有等待，等待更多的信息，以使自己头脑中的情报组成一幅完整、有逻辑的图像，这样的情况一直持续到 6 月 24 日。

（三）夸大事实的间谍报告促使联邦军加速行进

6 月 24 日，胡克收到军事情报局的电报，报告李的部队正在或已经渡过波托马克河，弗吉尼亚已经没有剩余的同盟军队。胡克收到这份电报后，立刻下达命令迅速北进。

这份电报的拍送人与 6 月 13 日审讯黑人战俘后拍电报的是同一个人——军事情报局的约翰·巴考克（John Babcock），他的上司沙普于 17 日派他前往弗雷德里克组织一个由当地居民组成的间谍网。巴考克到达后，南方士兵和当地的分离主义者都知道他的意图，采取措施阻挠巴考克的行动。所以他不得不隐蔽起来先勉强维持生存。直到 6 月 24 日，巴考克派到哈格斯镇的两个人回来向他报告了几天来得到的第一份真正的情报。但巴考克过于激动，急于立功，夸大了情报的实际内容。他向胡克报告说，李将军的所有部队正在或已经渡过了波托马克河。实际上，只有同盟军主力中先头部队的位置才符合这种说法，同盟军的其他部队当时还在温彻斯特，达到巴考克电报中所说的位置尚需行军两天。

这份夸大了事实的情报无疑让胡克充满危机感和紧迫感，胡克命令部队加速前进，这一对敌军位置的错误认识反而让联邦军率先到达最终的决战地点，并占领了优势地理位置。

（四）骑兵侦察不力，导致同盟军冒进葛底斯堡

在同盟军的统帅李将军方面，骑兵侦察本来是其主要情报来源，斯图尔特的骑兵军的主要任务就是进行战场侦察。但在这次北侵途中，李将军却一方面命令斯图尔特关注敌人的动向，防止敌人悄悄跟随同盟军渡过波托马克河，并保持在尤厄尔部队的右翼进行保护，阻挡敌人，另一方面又同意他率领骑兵军

穿过马里兰东部山区，到联邦军的后方骚扰阻滞波托马克军团。

6月25日清晨，斯图尔特开始了他悲惨命运的行军：自从穿过牛奔山，他就不断遭遇联邦军。他本来期望能轻松通过分散的联邦军，但发现他的路线被联邦步兵阻挡了。这时斯图尔特可以选择继续艰难前进或抽身而退，按李的命令到大部队的右翼，但斯图尔特选择了前者。

艰苦行进和战斗让斯图尔特的马匹十分疲惫，再加上北弗吉尼亚缺少草皮，这让他放慢了行进速度，直到6月28日，斯图尔特才穿过波托马克。一旦渡过波托马克河，斯图尔特就不在李将军所希望的大部队右翼，联邦军的波托马克军团反而正处于斯图尔特和同盟军之间。6月25日至7月2日这8天里，斯图尔特完全与李失去了联系，更谈不上给李将军提供关于联邦军的情报。

胡克于6月25日至26日在爱德华渡口渡过波托马克河。次日，他向上呈交了一份作战计划，但遭到了否决，胡克一气之下递交了辞呈。6月28日，米德将军接过了波托马克军团的指挥权。这时，尤厄尔的先头师已经到达卡什镇，朗斯特里特和希尔的部队也已分别进至钱伯斯堡和费耶特维尔。由于斯图尔特的骑兵不在，李对米德的行踪几乎一无所知。虽然一位名叫哈里森（Harrison）的朗斯特里特的私人情报员向李提供了情报，李得知米德已渡过波托马克河，意识到一次战役迫在眉睫，但他对面临的局势并不完全清楚："我不知道我们即将面对的是多大一支部队。它可能是整个联邦军，也可能只是一支分遣队。如果是整个军团，我们就必须在这打一仗了。"在此情况下，李将军只有急忙命令在广大地域行动的各师部队向葛底斯堡以西8英里的卡什镇集中。至此，南北双方的各路大军都与葛底斯堡距离不等地集中在该城的周围，但任何人都没想到一场恶战即将在那里发生。[①]

总之，正因为失去了最重要的情报来源——骑兵侦察，李根本没有准备好要在葛底斯堡进行决定命运的一战，他只命令部队向葛底斯堡集中，并没有制定详细的作战计划。虽然他知道如果碰上联邦军，这场决战不可避免，而且也是他所渴望的，但他没想到会这么快地到来。因此，葛底斯堡之战确实"是一场双方都既没有预料到也不愿发生的战斗"[②]。

①〔英〕威廉·西摩：《世界上二十次重大战役中的决定因素》，军事科学院译，军事科学出版社1992年版，第249页。

②〔美〕T. N. 杜普伊主编：《国际军事与防务百科全书》（第二卷），军事科学院译，解放军出版社1998年版，第956页。

（五）情报在联邦军的决策中发挥了关键作用

约翰·布福德（John Buford）率领的骑兵军作为波托马克军团的先头部队率先抵达葛底斯堡后，发现了一处视野开阔的高地——公墓岭，并立即占据这一利于防御的阵地。

7月1日，同盟军的主力部队陆续到达葛底斯堡。面对兵力处于优势的同盟军，布福德的骑兵军依托公墓岭进行抵抗，掩护从南面和东面赶来支援的联邦军队沿岭布防。为包围聚歼联邦军队，李将军命令尤厄尔尽量拿下公墓岭，但尤厄尔没有发动进攻。7月2日，联邦军已经在战场上完全展开，同盟军虽先后向联邦军的左翼和右翼发动猛烈攻势，但遇到联邦军的顽强抵抗。不过，此时同盟军仍拥有数量的优势。因为虽然同盟军对联邦军的行进感到惊讶，但战斗一开始他们就已经及时集中了各个方向的部队。尤厄尔的部队南下，朗斯特里特和希尔的部队向东，各路部队陆续汇集到了葛底斯堡，而联邦军方面，米德在战争打响后才命令其余部队集中，他们有的还远在马里兰，需要一天多的行军才能到达。

面对同盟军的猛烈攻势和重大伤亡，米德召开作战会议投票决定是否后撤。在这关键时刻，军事情报局沙普和巴考克两人通过战俘审讯记录分析整理的一份同盟军参与战斗的师团编制序列表对投票结果产生了重要影响。因为根据这份情报分析报告，同盟军绝大部分步兵都已投入战斗，唯一没有使用的只剩皮克特（Pickett）率领的一个师。毫无疑问，第二天的战斗中同盟军只能主要依赖该师，所以第二天的兵力对比将是6:1，而米德的后续部队已经在几个小时前到达作战地域。基于这一关键情报，当晚的作战会议投票否决了撤退决定。

此外，另一份重要情报更坚定了米德抵抗的决心。7月2日，联邦骑兵侦察员在哈格斯镇附近抓到一名来自同盟总统戴维斯（Davis）的信使，这位信使携带的信件中称，政府不准备向北弗吉尼亚军团派出增援，戴维斯通过描述同盟目前的军事处境向李将军解释了不增援的原因。虽然这份情报的战略价值远远超出了战术价值，但无疑让米德更有信心与同盟军决一胜负。

此时在同盟军方面，“李将军没有料到会在葛底斯堡附近与米德将军的波托马克军团遭遇。他甚至不想去那里，显然他并未打算在那里作战。斯图尔特外出了解联邦军队的情况，却未能及时向其指挥官报告结果。因此，李并不知道希尔和尤厄尔将军在这个宾夕法尼亚小镇外围遭遇的正是米德军团的先遣部队。来自前线的第一批报告使人们加深了这样的印象，即敌人只是由骑兵和当地民兵组成的部队，邦联军在缺少有关敌军精确情报的情况下参战，因而遭到决定性的失败。错误的情报使指挥官更加寄坚信他的错误预测（即他认为米德不可能做出如此迅速的反应），从而进一步增大了战争迷雾的效果”[①]。在会战前夕仓促召开的军事会议上，将领们发表了很多大相径庭的意见，但会议最终还是决定，在米德的部队完全集中起来之前向联邦军的阵地发起攻击。经过第一天的战斗，李的自负心理无疑得到了进一步增强。一支深入敌境，靠就地取粮的军队当然需要主动出击，然而，由于斯图尔特的骑兵不在身边，李无法得到确切的情报，他的这一决定是极为冒险的。[②]

7月3日，在对联邦军的两翼予以进攻都未获成功的情况下，李决定向其中央发起进攻。双方先用大炮对击了1个多小时，接着李命令皮克特的部队穿过一个开阔地带，去进攻联邦军防线中心。很多同盟军将领都认为这个计划无异于自杀。皮克特的顶头上司朗斯特里特曾请求李将军收回这样一个不可能完成的任务，但被拒绝。于是皮克特率领部队开始了一个被称为“皮克特冲锋”的惨烈冲锋。冲锋时士兵们要在完全暴露的情况下，通过开阔的草地向前推进近1英里，而联邦军则隐蔽在工事后方，用密集的炮火和雨点般的子弹射向同盟军，皮克特的部队如同活靶子，等到冲到公墓岭山脊的联军防线时，同盟军已经伤亡了一半。在接着进行的短兵相接的白刃战中，皮克特最终支持不住，下令撤退。

三、葛底斯堡战役中情报战的主要特点

（一）南北双方均建立了服务于统帅的情报力量，出现了电报、密码、气球等新的情报技术，具有内战情报活动的特殊性

美国独立战争时期，华盛顿虽然十分重视情报，但实际上是自己管理间谍。而到了美国内战时，南北双方的统帅都可以依托专门组建的情报力量，进行情报搜集、防奸保密等工作。北方的平克顿情报组织由阿兰·平克顿（Allan

①〔美〕T. N. 杜普伊主编：《国际军事与防务百科全书》（第二卷），军事科学院译，解放军出版社1998年版，第955页。

②〔英〕威廉·西摩：《世界上二十次重大战役中的决定因素》，军事科学院译，军事科学出版社1992年版，第251页。

Pinketon）领导，服务于麦克莱伦将军的情报局，战争期间隶属于波托马克军团。胡克上任后，又组建了军事情报局，局长即为葛底斯堡战役中赫赫有名的沙普。同盟军方面，斯图尔特的骑兵军则是李将军的主要情报力量。

技术的进步也催生了新的情报搜集、传递工具。1861年6月，塞德斯·娄（Thaddeus Lowe）乘气球飞上华盛顿上空500英尺，通过连接到战争部的电线向总统发送信息。这是美国首次记录的战时空地通信。通过将其气球和电报联系起来，娄创造了一种新的情报搜集方式：实时空中侦察。

电报业已成为重要的情报传递方式。战场上的电报连接了指挥官和山顶的信号兵。联邦成立了专门的电报部门（U.S. Military Telegraph），把远在战场上的将领和华盛顿战争部联系起来，它由文职人员组成，绝大多数电报由他们处理，通常一天要处理4500份电报，有的长达1000字。同盟也使用电报作为战场战术通信和里士满联系军事指挥官的途径。像联邦一样，南方也采用了电报加密措施，他们最常用的是“Vigenere 替换密码”，但这种密码很容易破译，因为南方经常只在关键词上用密文。

由于美国内战的特殊性，情报战也呈现出内战所普遍具有的一些特征，如双方所辖范围的当地民众中都有一些同情对方的人员，这些人作为“乡间”传递了大量情报，双方的反情报斗争都十分艰巨。如北方有同情南方的“铜斑蛇”，南方则有很多黑人主动向北方提供情报，被称为北方的“黑人信使（Black Dispatches）”。

（二）以人力情报为主，多种手段获取情报

由于情报侦察技术的落后，葛底斯堡战役中，交战双方主要通过间谍、信号兵以及战俘审问来实施情报活动，都在努力挖掘情报来源。

其一，间谍。李在南山后行军并控制着关口，目的是隐藏他的位置和部队数量。但是，联邦军在坎伯兰山谷有个间谍网。联邦训练了大量可靠的平民去计算同盟军的数量。他们能够识别和区分行军途中不同规模的部队，然后将有关信息传给信使，再由信使送到电报系统完好的地方发出。因此，华盛顿和米德将军能够相当完整地掌握李的部队和位置，与实际情况仅仅相差也就1天左右。同盟军方面，朗斯特里特将军也雇用间谍做了同样的事情。

其二，战俘审讯。波托马克军团建立了一个有组织的战俘审问系统，旨在追踪战俘是在哪里被俘的，如何俘虏的，以及他们来自哪个部队。7月2日晚，正好是米德决定在公墓山驻扎和作战之后，他们获得了战俘报告。通过比较间

谍和战俘审问关于李的战斗序列，米德了解到李将军除了皮克特师之外，将没有其他新锐力量可以参加第二天的战斗，联邦军完全占据优势地位，于是他否定了撤退的建议，命令部队留下来与同盟军进行会战。

其三，骑兵侦察。骑兵在当时是主要的情报侦察手段之一。布福德的骑兵师在希尔的左翼活动，为米德提供了有关罗伯特·李的位置的可靠情报，补充了间谍网关于李的部队最新位置的情报。因此，从6月24日开始，米德赋予骑兵的任务是保护联邦军队的侧翼，直到与布福德在葛底斯堡联系上。而李却把自己的骑兵从步兵中分离出去，以至于他的骑兵军既未能向他提供有关敌军的准确情报，而且使骑兵军与步兵之间无法互相支援。

（三）情报获取与使用能力直接影响了战役的进程和结局

从葛底斯堡战役的全过程来看，情报获取和使用的较量贯穿始终。被视为葛底斯堡战役开端的布兰蒂车站骑兵战就是联邦军为侦察同盟军的意图而主动发起的骑兵攻击，斯图尔特骑兵军胜利实现了反侦察，确保先头部队和主力部队的北上计划不被打乱。联邦方由于不了解敌人的意图，一直处于战场迷雾中，直到获得同盟军出现在谢南多厄山谷的情报后，波托马克军团才抓紧时间开始跟进，并根据一份敌情被高估的情报加速行进，率先到达决战地点，并占领了优势地理位置。而李将军下定决心与联邦军在葛底斯堡交战也是缘于一名侦察员的情报，在丧失了骑兵统帅斯图尔特的情报来源后，这份情报是唯一一束照亮对手位置和力量的光线，让李将军从战场迷雾中醒悟并抓紧做好战争准备。最后，双方在葛底斯堡鏖战僵持中，也是一份根据战俘审讯资料整理出的关于敌军战斗序列的情报分析报告决定性影响了联邦军统帅米德和战争会议的最后决策——他们知道了敌我力量对比后，更加有信心坚持到底。而李在决心交战后，在头两天的战斗里，竟然对米德的相当一部分部队的配置地域一无所知，这使他制定了错误的进攻计划。战斗的第二天，他命令数量处于劣势的同盟军向严阵以待的敌军发动正面攻击。绕过敌军左翼从后方打击敌人是一个大胆的主意，这样做可能遭到联邦军的攻击和分割，但却最有可能获得成功。然而，在对米德“失踪”的各军缺乏确切的了解的情况下，在敌人的翼侧活动可能招致灭顶之灾。[①]

---

①〔英〕威廉·西摩：《世界上二十次重大战役中的决定因素》，军事科学院译，军事科学出版社1992年版，第257页。

可见，同盟军最初“拒止与欺骗”（Denial & Deception）的成功保障了北上入侵计划的顺利实施，而联邦军随后获得的情报使波托马克军团及时发现了敌方的行踪，波托马克军团的前统帅胡克将军善于利用军事情报局搜集情报，后来的米德将军则强调对情报的分析评估，去粗取精，去伪存真。而李将军则由于缺少情报而在迷雾中输掉了这场战役。三位统帅对情报的获取和使用能力直接决定了其决策的英明与否，以及军事行动的顺利与否，影响了战役的过程和结局。

四、评析

葛底斯堡战役是第一个成熟的工业时代战争的例子。交战双方在战争中使用了机械化武器装备以及运用铁路输送人员物资，这使大兵团作战成为一种战争样式走上历史舞台。虽然当时的野战通讯技术非常落后，战场指挥条件也十分恶劣，但战役中联邦军队重视情报侦察，合理运用侦察手段，确保了战役目的的实现，取得了决定性胜利，而同盟军在情报工作方面的失误则在很大程度上导致了其作战的失败。

（一）战场情报工作亘古不变的主题——敌人在哪里

葛底斯堡战役已经过去一个半世纪了，情报侦察技术也已经发生了翻天覆地的变化，战争形态更由火器时代进入了信息化战争时代，但战场情报工作的主题依然是：敌人在哪里？在葛底斯堡战役中，为了获取“敌人在哪里”这样的战场情报，双方一方面不遗余力地使用多种侦察手段，包括火力侦察、组织间谍网、派遣侦察员、审讯战俘、抓捕对方信使等，来确定敌人的位置；另一方面则竭尽全力掩盖自己的真实意图，隐蔽行进路线，释放虚假信息，迷惑对手，使之难以确定自己的位置。情报与反情报的激烈斗争构成战争中情报战的主题。

当今，随着情报侦察技术的信息化，战场上使用的情报侦察手段与反侦察方式已发生了革命性的变化。工业革命时代的空中实时侦察——气球加电报，已经被空中预警机、侦察机、卫星所取代；信使、电报等情报传递方式已被无线电、加密通信网络和 C4ISR 所取代；战场上的侦察员也为各式各样的传感器所取代。可以说，信息技术的发展已使战场指挥官的眼睛和耳朵得到极大的延伸。但同时对手也在利用各种手段实施反侦察，如利用自然地理条件和隐形技术等阻止光学侦察，使用干扰、冗余信息破坏电子侦察，等等。在情报与反情报斗争中最终取得上风的一方终将在战争中占据关键性的情报优势。

（二）尽量拓宽情报的来源和途径，使用多种来源的情报相验证

尽管葛底斯堡战役发生在19世纪中期，很多现代情报搜集手段尚未出现，但南北双方已经意识到情报工作必须“五间俱起”——尽可能多地使用各种来源的情报加以验证，以减少战争迷雾。战争中，双方通过在对方控制范围内发展间谍、利用同情己方的当地居民充当侦察员、骑兵侦察、截获对方信使、阅读对方公开发行的报纸、审讯战俘、气球侦察、破译对方密件等多种手段获取情报，拓宽情报来源，并相互印证，从而提高情报的可靠性。

（三）情报优势是作战优势的前提和保证，应将最先进的情报技术和手段应用于战争

美国内战是第一场工业时代的大规模战争，工业革命的先进技术和发明，如铁路、电报，都在战争中得到了使用，其中电报、密码已成为情报和信息传递的重要途径。由于北方的工业基础优于以种植园为主的南方，所以北方在情报侦察技术上比南方更具优势。当时北方联邦建立了专门的电报部门，负责处理战场和战争部的通讯联系，日处理报文量相当大。这和主要使用“秘密线路”靠邮差传递情报的南方相比，技术应用上更为成熟。这样的情报优势在一定程度上成为作战优势的前提和保证，随着战争的持续，北方的工业技术优势逐渐显露出来，加之经验丰富的将领的陆续牺牲和士兵大量伤亡丧失优势，战争的天平开始向北方倾斜。

随着科学技术发展水平的不断提高，情报获取手段不断增多，技术含量也随之增高。现代战争中，拥有先进情报侦察技术的一方更容易实现对战场的全面感知。因而将先进情报技术和手段及时有效地加以应用，是情报优势直接转化为作战优势的重要途径。

南北两军在此次战役中的情报侦察活动对美军现代情报侦察活动产生了多重的深远影响。美国前参谋长联席会议副主席比尔·欧文斯将军在《拨开战争的迷雾》一书中认为：“设法掌握战场情况——了解敌人从而出其不意，或是防止被敌人打个措手不及——决定了军队的备战方式。”[①] 美国内战期间，南

①［美］比尔·欧文斯：《拨开战争的迷雾》，胡利平、李耀宗译，国际文化出版公司、北方妇女儿童出版社2001年版，第10页。

北双方都没有建立起专业的且统一的情报工作机构。这和当时的情报侦察技术以及通信技术的落后有着直接的关系。从有组织的战争起一直到无线电和飞机的发明之前，战场的空间以及指挥官对战场局势的影响主要由人的视线距离决定，而在美国南北战争期间，随着电报的应用，联邦政府很快认识到了电报窃听的重要价值，成立了军事电报局。战后，新成立的陆军信号情报处继承了军事电报局的通信情报功能。

第二章　日俄战争中的情报较量

日俄战争是新兴帝国主义国家日本和老牌帝国主义国家俄国为争夺中国东北和朝鲜，进而争夺亚洲和太平洋地区主导权而进行的一场争霸战争，战争以日本的胜利而告终。日本能够赢得最终的胜利有多方面的原因，如进行了长期而周密的战争准备，部队士气高涨，指挥官具有较高的指挥水平和丰富的战争经验，组织了强有力的后勤保障，外交方面争取到了英、美、德等国的援助和支持等。同时，日本战前卓有成效的情报准备工作对战争的最终胜利起到了重要的保障作用。沙俄这个曾耀武世界的"欧洲宪兵"之所以被其视作"黄色蛮猴"的东方日本打得一败涂地，不仅反映了政治、经济、军事等方面存在的严重问题，更充分暴露了其脆弱的情报系统和战时情报失误。在当时，战争双方和许多国际观察员都承认，情报在冲突中发挥了重大的作用。俄国评论员们把战争中俄国的许多军事和政治方面的失败归咎于两个方面：一是自己的军事情报失误，二是复杂（和广泛范围内的）的日本情报活动。①

一、战争简介

中日甲午战争之后，日本军国主义的侵略野心日益增大，疯狂推行侵略中国、吞并朝鲜的"大陆政策"。这样，就同沙皇俄国推行的侵略中国、吞并朝鲜、独占亚洲、称霸太平洋的"远东政策"发生了尖锐矛盾。《马关条约》规

① Alex Marshall，*Russian Intelligence during the Russo-Japanese War*，1904-05. Intelligence and National Security，Vol. 22，No. 5，2007，p.1.

定割让辽东半岛给日本，引起了沙俄的不满，沙俄为获得不冻港旅顺，控制我国东北地区，联合法、德对日施压，最后以中国赔付日本白银3000万两作为“赎辽费”了结，史称“三国干涉还辽”。对此，日本怀恨在心，伺机报复。逼日还辽后不久，沙皇俄国便以“还辽有功”为借口，攫取了在中国东北修筑中东铁路及其支线等特权，后来，又强行向中国政府租借旅顺和大连。而日本经过10年备战，实力大增，决心在东北地区卷土重来，建立霸权，取代俄国在东北的地位。

1900年，中国爆发义和团运动，沙俄乘机出兵占领东北全境，企图据为己有，遭到中国人民的坚决反对和世界舆论的谴责。日本借机与英国订立反俄军事同盟，要求俄国撤出在中国东北的占领军，双方谈判没有结果。日本便依仗英国的军事支持和英美等国的经济援助，于1904年2月8日派遣海军偷袭停泊在旅顺港外的沙俄太平洋舰队，并击沉在朝鲜仁川的俄国军舰。日俄两国遂于2月10日同时宣战，日俄战争爆发。1904年2月至1905年7月，日本和俄国在中国东北地区和对马海峡进行了一场殊死的战争。这场帝国主义国家之间争夺霸权的战争，最后以一个亚洲新兴国家打败了欧洲老牌帝国主义强国的结果而受到广泛的关注，并对世界战争历史产生了重要的影响。

在这场战争中，日本陆海军参战总兵力约109万人，俄国陆海军参战总兵力约120万人。战争历时18个月，日本亡10.6万人，伤17万人，损失舰船91艘，军费开支约18亿日元；俄国伤亡、被俘约27万人，损失舰船98艘，军费开支20亿卢布。[①] 战争加剧了俄国国内的阶级矛盾，高代价的伤亡和消耗也使得日本筋疲力尽，最终双方在美国的斡旋下签订了《朴次茅斯和约》，俄国承认朝鲜是日本的势力范围，并将其在中国东北的种种特权转交日本，使得蕞尔小国日本取代了老牌沙皇帝国控制了朝鲜半岛和中国东北，并一跃成为新兴殖民强国。

二、战前日本的情报准备

在这场关乎日本帝国“事业”与“命运”的争霸战争中，日本方面在战前所进行的情报准备工作可谓细致周到，表现为以下几个特点。

---

① 毛元佑:《世纪初的列强混战》，解放军文艺出版社2001年版，第1—3页。

（一）长期进行情报积累，为战争准备了大量有用材料

19世纪末期，明治维新后的日本国力迅速上升，对亚洲大陆的野心也日益膨胀。日俄战争开始前，日本间谍无孔不入，以外交辅助官员、商人、学者、医生、旅行家、侨民、妓女等身份为掩护，使用各种手段，极为详尽地搜集有关对手的情报。日本政府根据这些人提供的情报得知俄国尚未做好在远东应付一场战争的充分准备，因而加速了发动战争的步伐。[①] 1885年萩野末吉驻海参崴期间，对附近要地进行了情报调查，在由西伯利亚经蒙古地区回日本途中进行了侦察之旅。以此为开端，日本开始了对俄国的情报侦察活动。[②] 1892年2月11日至1893年6月12日，日本驻德国公使馆武官福岛少佐从柏林出发，单骑横穿西伯利亚直抵海参崴，历时488天，沿途详细勘查了兵要地志、风土人情，搜集到大量有价值的情报。福岛的这次考察提前10年预见了日本国家地缘形势，预先为日本国防大计的制定提供依据，鼓舞了当时的日本陆军。1896年，在参谋本部和北海道厅的支持下，日本在北海道的札幌成立了俄语学会，不久后改名为俄华语学校，大批军人和民间志愿者接受了系统的间谍训练。学校开办五年，培养了大批对俄情报人才，在日俄战争中发挥了很大作用。[③] 1897年俄国租借旅顺港，日本海军军令部即命令第三班对俄国海军太平洋舰队的实力、动向，以及旅顺口基地的驻泊和设防情况，展开广泛的侦察活动。他们扮成厨师、仆人、跑堂、理发师等，潜入俄国舰队驻地和军舰，收集俄海军兵力部署、港口防御等情况，源源不绝地送回日军大本营。[④] 经过一番努力，日本间谍成功地绘制了“旅顺要塞海陆两正面炮台堡垒略图”“旅顺要塞海陆兵营位置图”等，并在日俄战争爆发后由间谍再次潜入旅顺口收买炮台堡垒工程师进行了修改和补充。这些图纸在日军攻击旅顺口时起了重要作用。

---

① 杨惠平：《日本在中国发动日俄战争的若干问题》，载《外国问题研究》1994年第3期。

②〔日〕西原征夫：《哈尔滨特务机关》，赵晨译，群众出版社1986年版，第1页。

③ 吴童：《谍海风云：日本对华谍报活动和中日间谍战》，中共党史出版社2005年版，第57页。

④ 夏阳：《谍中谍：世界百年特工战争》，中国人民公安大学出版社1998年版，第39页。

1895年日本通过《马关条约》侵占了朝鲜和辽东半岛，严重损害了沙皇俄国的既得利益，于是俄国联合德、法两国以武力威胁日本放弃辽东半岛，这就是历史上有名的“三国干涉还辽”事件。这一事件对日本刺激很大，国内“对俄开战，夺回辽东半岛，进而独霸中国东北”的呼声空前高涨。此时已经对辽东形势了如指掌的日本决策高层在积极进行战争准备的同时并不急于开战，明治天皇曾暗示内阁总理大臣伊藤博文：“用不着急于夺取辽东半岛。在这次战争（指甲午战争）中我们已经了解了该地的地理人情，不久将在朝鲜或其他地方再发生战争，那时再夺取也不为晚。”由此可见，在战争开始前日本对战区情报的掌握是充满信心的，也正是对大量情报的掌握和彼己优劣的考察使其决策层对未来的战事充满信心，于是积极扩军备战，而不是盲目开战。

甲午战争后，情报工作进一步得到了高层的重视，日本正式在参谋本部内设立情报指挥机构，由参谋本部次长川上操六具体负责。1897年，川上又率领青木玄纯（后被称作“谍报将军”）等军官深入中国东北和西伯利亚“考察”，同时在西伯利亚和东北各地设立情报站，安插秘密侦探，窥探中俄边境一带的兵要地志和其他情报。川上一手创建了日本在远东地区的情报网，所以又被日本右翼势力美誉为“东亚先觉第一人”。其一手策划和创办的情报站点有：菊地照相馆、哈巴罗夫斯克竹内商店、京都西本愿寺符拉迪沃斯托克分院、辽南谍报站、旅顺口情报站等。[①] 日本情报机构在此基础上搜集了大量的有关俄国西伯利亚和中国东北地区的军事、经济、地理等各个方面的情报，为日后的对俄战争打下了坚实的情报基础。

对于日本的情报机构，俄西伯利亚第三军参谋长乌尔梯诺夫将军曾经这样概括他的观察：“很早以前，日本军官就扮成商人、旅行者、理发师等开始收集关于战场的必要情报，并且同当地居民建立起牢固的联系，从而形成了一个完整的间谍网，在这个大网络的笼罩下，俄国军队难以掩饰它的任何行动。”实际上他们的渗透能力所及远远超过乌尔梯诺夫将军所怀疑的程度：好几个团，特别是托姆克第一团、驻守在旅顺口的西伯利亚第二十五、二十六步兵团的中国佣人，其实都是日本人。当日本推进到中国东北的纵深地区，并超过他们已经建立了情报基地的地区时，他们便利用以前为俄国人服务过的中国人作为公务员或翻译。“走在日本军队前面的总是中国人，他们特别认真地搜索地

① 王希亮：《近代西伯利亚和远东地区日本谍报活动评述》，载《西伯利亚研究》2003年4月刊。

形地物，稍有不慎便被立即处死……当一支部队选择了一个阵地，探子们对现场进行搜索直到宣布附近没有俄国人时，先头分队才迎上去……在所有靠近敌人的地区，都布满了当地人组成的间谍网。”（1904年7月21日俄国报告）当所需要的情报要求搜集者懂得技术时，并且只有在这个时候，才不派中国人到俄国人防线，而是派遣化装成中国人的日本军官。[①]

（二）民间团体和普通百姓积极从事情报活动，与官方密切配合，体现出“全民参与”的特点

谈到19世纪末、20世纪上半叶的日本战争史，就不能不提到浪人、武士、“黑龙会”、内田良平等这些名词。日本明治维新后由失业的武士逐渐发展起来的黑社会组织对日本的右翼化倾向起着非常大的作用，尤其在情报搜集方面充当了日本侵略战争的急先锋角色。1881年头山满一手创立的“玄洋社”鼓吹“破支那，胜俄国，吞并朝鲜”，推行国权主义，与军政当局沆瀣一气，参与和谋划侵略中国和朝鲜，分裂中国东北和蒙古的一系列活动，并派出大量浪人和间谍到中国尤其是东北地区搜集情报，大搞颠覆活动。后来以谍报见长的“玄洋社”在日本国内的影响逐渐下滑，中、俄政府也曾向日本政府就“玄洋社”在国外的活动提出过抗议，并宣布“玄洋社”的人为该国“不受欢迎的”。在这种形势下，1901年1月成立的“黑龙会”取代了“玄洋社”，担当起了对外情报搜集的重任，其领导人就是年仅26岁的内田良平。

“黑龙会”以中国黑龙江命名，活动宗旨即为日本对俄作战与侵华战争服务。其成立宣言即为：“首先在于同俄一战，击退帝俄，使满洲、蒙古和西伯利亚连成一片，以建设经营大陆的基础。”黑龙会成立不久成了国中之国，招募政治领导、高级官员、将军，对那些它未能说服的人进行暗杀，并建立训练学校。而它的专家则在西伯利亚和中国东北建立强大的日本情报基地。这个组织把它的数百名成员扮成中国人或朝鲜人引入旅顺港，成为码头工人、手艺人、电工或旅馆行李搬运工，所搜集的情报则送往参谋部。[②]“黑龙会”除继续加强对俄情报搜集外，还根据浪人们多年在中国东北和西伯利亚地区活动调查的资

①〔法〕让-比埃尔·阿莱姆著：《古今谍海秘闻》，陆福忱译，新华出版社1992年版，第250页。

②〔法〕让-比埃尔·阿莱姆著：《古今谍海秘闻》，陆福忱译，新华出版社1992年版，第250页。

料，绘制出版了一部《最新满洲图》，有文献评论说，该地图“连满洲铁路沿线的新开发地、小路、村庄都毫无遗漏地记载下来，包括满洲铁路的预定线、沿线的物资及随之而出现的开发地、行政设施等都作了记载，还附录有地图解说”。正因为它的精密和翔实，日本外务省购买了300部，陆军部则定购了500部，分发给驻外使馆人员和作战部队参考使用。1903年5月，根据内田良平等人多年的调查积累，日本又绘制出版了《俄国东方经营部面全图》，这两部地图在后来的日俄战争中起到了不可估量的作用。而被誉为“黑龙会”五大调查员之一的小越平陆通过多次对俄西伯利亚和中国东北的亲身考察，写成了《白山黑水录》和《对满意见书》，成为了日本谋求东北和筹划对俄作战的重要依据。[①]

不仅日本民间的间谍团体在积极准备对俄开战，当时旅居西伯利亚、中国东北和朝鲜的许多普通日本人也自动从事间谍活动，例如伊木壮之助。1896年，他的哥哥海军大尉伊木壮次郎潜入海参崴进行间谍活动时被俄国警宪发觉，自杀身死。伊木壮之助闻兄死讯后愤而辞职，只身潜入西伯利亚，多方刺探俄国军情，成为日本海军军令部的一名重要义务情报员。日俄战争中，伊木壮之助给日本第三军当俄语翻译，战后又侨居西伯利亚精奇里江畔的结雅市，仍自愿刺探俄国情报，直到俄国十月革命。另外，被称为“丑业妇”的日本妓女，也在刺探情报方面起到了突出作用。例如1903年，日本妓女安藤芳来到哈尔滨，专门诱骗俄国军官，很快被一俄国将军纳为妾并从其俄国丈夫处偷出一份军用地图，连夜逃往北京送给日本公使馆。这张俄军在东北地区的兵力分布详图，记载着俄军在东北地区的驻军地点、防御工事、物资储备等重要情报，为日本了解俄军情况提供了极大便利。

对于日本无孔不入的民间情报工作，俄国陆军部长库罗巴特金在回忆录中写道：“日本人准备战争已有十年之久，不但研究了该地区，而且在该地区布满了特务，这些特务对他们的贡献非常之大……他们通常总能得到关于我军实力和作战计划可靠的情报。”可见，为取得战争胜利，日本不惜一切代价派遣大量的间谍潜伏中国东北，侦察敌情，搜集情报，使日本的情报工作呈现出“全民参与”的特点。

① 王希亮：《近代西伯利亚和远东地区日本谍报活动评述》，载《西伯利亚研究》2003年4月刊。

（三）情报分析尤其是战略形势评估已经具备相当水平

“黑龙会”头头内田良平在大量派出日本浪人搜集俄国情报，建立秘密据点的同时，还于1896年6月亲自调查了中、俄、朝交界的延边地区的兵要地志，踏查了从符拉迪沃斯托克海湾到中国图们江流域的地形地物。1898年12月，他又横穿西伯利亚，具体了解了该地区俄方的军事、政治、经济等情报。回国后很快写出了《俄罗斯内部之大缺陷》一文，指出“俄罗斯现状如同正在自行车竞赛的途中，猛然刹闸必然颠覆，它的第一个目标是全力向满洲疾走，如果任其经营和侵略满蒙，可免它自灭的危机，相反，我将永远失去对俄必胜的战机”，所以“日本必须扼制俄罗斯的企图，敢于与之一战”，“日俄冲突，即日俄战争是不可避免的必然命运”，为日本浪人喊出了“日俄必战”的第一声。为继续宣扬“对俄强硬论”立场，阐明“日俄必战”的观点，敦促当局不惜一战，内田又写了一篇《俄罗斯亡国论》，详细分析了俄国的皇室、内政、外交、军事、经济、宗教、文化教育等方面的现状，指出“俄罗斯的亡国是必不可免的”，“吾人为了正义与蛮俄一战，即使万一失败，也必被后世史家所记载一实在是荣誉的失败，岂能和丧家犬辈同日而语哉”。1899年夏天，内田良平第三次潜入符拉迪沃斯托克，召集潜伏当地的浪人以及札幌学校的学员具体计议对俄作战事宜，总结情报工作的进展情况，充分做好了配合日俄开战的一切准备工作。

由此可见，以“玄洋社”“黑龙会”为代表的日本黑道组织在充当对俄情报准备工作主体的同时，对当时的客观形势有着很深入的分析，其情报分析已经具有很高的水平。

（四）迅速发展的情报力量已能影响决策层，为包括对俄战争在内的对外侵略政策服务

谍报是日本对俄情报工作的主体，其情报力量的发展壮大已经到了足以对本国决策层产生重大影响的程度。受技术条件和历史传统的限制，以“黑龙会”等黑社会组织对外派出大量的浪人、武士等所获取的谍报是日本情报来源的基础。同时，在日本右翼侵略势力的大肆煽动鼓惑下，日本人深受皇权思想的毒害，心甘情愿为统治集团的对外侵略利益服务，这也成为当时日本谍报人员数量众多，且意志坚定的重要原因。这在主观方面使得日本对中国东北和西伯利亚地区的情报力量异常庞大，并保持较高的情报水平。

与此同时，以黑社会为主体的情报力量的迅速发展壮大逐渐开始能够影响日本的决策层。1902年，内田良平在要求陆军省任命明石原二郎（与内田交往很深）为驻俄武官时曾以“黑龙会”断绝与陆军省的合作，不再为其提供情报相要挟，迫使陆军省妥协。内田还向当时日本陆军参谋次长玉源太郎建议，借日俄战争之机侵占整个堪察加半岛，控制东北亚地区，使得玉源对其情报分析和智谋很是赞赏，并允许“黑龙会”去中国东北为“皇军”效力，提供资金和武器支持。①

（五）善于利用外交手段，借助他国力量搜集情报

在日俄战争中，日本十分注意利用日英之间的同盟关系来收买英国人，以搜集有关俄国的情报，而英国人为了遏制沙俄在中国的势力，也愿意为日本人提供大量的军事情报援助。例如，战争初期，一个为日本搜集情报的英国间谍，在旅顺开了一家木材公司，并以此作掩护搜集到大量有关俄国舰队在旅顺基地的部署和港中防御等方面的情报。就这样，袭击旅顺口前，日海军军令部从多种渠道完全地掌握到了沙俄太平洋舰队舰船在旅顺港外锚地的确切停泊位置等情况。

在搜集俄军情报方面，日本还得到了清朝重臣的支持。1902年2月，日本参谋本部次长田村怡与造少将率小山秋作大尉到中国“考察”时，即曾到保定秘访清政府北洋大臣兼直隶总督袁世凯，双方初步达成秘密协定，在侦察俄国军事行动方面互相配合，袁手下的情报人员所获情报统统提供给日本方面参阅。5月，日本派驻芝罘（今山东烟台）的驻华武官守田利远、袁世凯的军事顾问立花小一郎以及日本公使馆武官等人，又经与袁世凯协商，双方达成多项“合作”条款，其中包括：“1. 袁直隶总督在满洲及山东之侦察工作，全部委托于守田大尉，派遣在上述各地之中国侦察将校，受在芝罘之守田大尉指挥；2. 驻在满洲及山东各地中国将校所获得之情报，一旦搜集于守田大尉之手后，由守田加以综合，分送日本参谋本部及中国直隶总督；3. 袁直隶总督、立花小一郎少佐、北京日使馆武官室及守田大尉之间，设置特设之电报密码，以资互相联络沟通。”② 这项协议，在日俄战争中一直贯彻执行，对日军帮助极大。

① 参见王希亮：《近代西伯利亚和远东地区日本谍报活动评述》，载《西伯利亚研究》2003年4月刊。

② 东亚同文会：《对华回忆录》，胡锡年译，商务印书馆1965年版，第282—283页。

三、俄国战败的情报因素

（一）情报体制混乱低效，埋下情报失误隐患

20世纪初，沙皇的情报搜集和政治治安管理机构仍然是分散的和相互不合作的，这主要是由于战争部、外交部和内务部之间官僚机构的竞争造成的。各机构都大肆诬蔑其他部门是更低效的。在19世纪下半叶的大部分时间里，俄国战争部的两个主要的情报搜集组织是军事科学委员会和总参谋部亚洲部，军事科学委员会尤其发挥了关键作用。然而在日俄战争前夕，中央一级的行政机构经历了复杂多变的改革，军事科学委员会在1900年至1903年的战争部改革过程中，最终被外国统计局取代。在随后的关键几年中，外国统计局出现了很大的行政纷争和混乱，并造成了人员方面相应的高频率变动。[①] 这种状况直接导致了整个俄国情报工作的混乱和低效。

战争部和内务部之间传统的竞争造成的最明显的后果是在反情报领域；到1911年之前沙俄几乎完全缺乏一个强力的军事反情报部门，平时和战时的反情报工作都主要分配给了警务部。与此同时，在远东的特定背景下，在离战争爆发不到一年之前，由于当地的部长级竞争，以及再一次的行政改革，俄国情报搜集工作变的更加复杂混乱。在1904年前，俄国在远东的情报搜集工作主要依赖于三个来源——驻中国、日本和韩国的军事特工；远东军区的参谋；自1900起一直归属于满洲三省中任一省政府部门的军事委员。然而在1903年，由于设立了由舰队司令阿列克谢耶夫（Alekseev）担任的远东总督，这一架构变得更加复杂——从那以后所有驻远东地区的军事特工的报告都要由他经手再传递给俄国战争部，这就在情报搜集制度方面引起了更多层次的官僚摩擦，这种状况一直持续到1904年10月。复杂的情报体制，相互恶性竞争的情报机构，混乱的行政改革和多层次的官僚纷争等一系列不利因素为俄国在日俄战争中的情报失误埋下了隐患。

---

① K. K. Zvonarev, *Agenturnaia razvedka*, Russkaia agenturnaia razvedka do i vo vremia voiny 1914-1918. Kniga pervaia, Moscow : Izdatel' skaia gruppa 'BDTs-press', 2003, pp.24-25.

（二）战前情报准备不足，战略形势判断失误

战前，俄国对战争准备严重不足，尤其是对有关日本的军力和综合国力的情报严重匮乏，从而产生了骄傲轻敌的思想，认为日本人不堪一击，“扔帽子就可以把他压倒”。[①] 大量证据显示，俄国关于日本和日本军队的战前情报是支离破碎、相互矛盾的，而且往往是绝对的误导。最著名的错误估计是，日本仅仅能有大约 20 万名男子参战，而现实中的数字达到了将近 60 万。[②] 对于日本军队及其能力一定程度上的无知和轻信使得 1904 年前的俄国军队扩展了右倾保守主义错误，包括后来的对日作战武装部队总司令、战争部长库罗巴特金（Kuropatkin），明显地忽略了由国家支持的日本神道教、佛教发挥的重要作用，而坚定地认为因为在道德方面没有任何宗教信仰，日本士兵是非常羸弱的，某种程度上来说日本士兵还没有在心理上准备好接受战争的沉重考验。[③]

直到日俄战争爆发前，俄国还没有明确旅顺港面临的最大敌人是谁，甚至“并未研究可能对日本作战，而认为势必同德国作战”[④]。俄军不仅在精神上处于真空状态之中，而且其效率之低也骇人听闻。譬如说：在旅顺港，俄国自己的军官被禁止查看要塞附近的地形，而日本参谋本部的人员化装为洗衣人和苦工，却可以在炮台附近到处乱跑而不受到阻止，私用和军用的电话线是没有分别的，所以一切最重要的军事通信都可以被任何人窃听。从双方对彼己的认知程度不难看出战争将会朝着哪个方向发展，这也正体现了中国兵法的“胜兵先胜而后求战，败兵先战而后求胜”的思想。

失败的情报准备工作导致危险的战略形势评估。俄国认为在远东战与不战，自己有绝对的支配权，他们说“不会发生战争，因为我们不想打仗。”[⑤] 而一旦发生了战争，那么俄国人会“在日本登陆，击溃本土部队，平定人民的反

① 李永昌：《尼古拉二世传》，四川人民出版社 1997 年版，第 157 页。

② David Schimmelpenninck van der Oye, *Russian Military Intelligence on the Manchurian Front*, *1904-05*. Intelligence and National Security, Vol. 11, No.1, 1996, p.26.

③ K.K. Zvonarev, *Agenturnaia razvedka*, *Russkaia agenturnaia razvedka do i vo vremia voiny 1914-1918*. Kniga pervaia, Moscow: Izdatel' skaia gruppa 'BDTs-press', 2003, p.48.

④〔俄〕维特：《俄国末代沙皇尼古拉二世》，新华出版社 1983 年版，第 180 页。

⑤〔俄〕维特：《俄国末代沙皇尼古拉二世》，新华出版社 1983 年版，第 222 页。

抗，占领都城，生擒日皇。”[①] 库罗巴特金在会见日本陆军大臣寺内正毅时狂妄地宣称：“我们俄国现有300万预备军，如果不幸与日本发生战争，我将统率这支大军来占领（日本），我有这个信心。”[②] 对于日本人，俄国人始终是妄自尊大的。像维特这样的头脑比较冷静的政府要员也在1904年宣称：“问题不在俄国或其他任何国家，按照国家义务必须做什么，而在于每一个国家根据当前所拥有的实力可能做些什么。现在日本无论在陆海国力和财源方面都不能同俄国竞争到底。未来的战争将对俄国有利……日本应满足于俄国不能越过的边界，这就是海。”[③] 种种迹象均说明，俄国认为“始终没有与日本战争的状态”。俄国驻旅顺口司令斯达尔克面对日本海军在旅顺口的战斗准备仍旧宣称“战争打不起来”，并通知舰队“没有特别的命令，不得进行军事行动”。直至战斗打响，旅顺口的要塞部队还沉浸在一片歌舞升平之中。

（三）战时情报搜集不力，缺乏有效情报支援

战争爆发后，日俄双方迅速在战术、作战和大的战略方面同时进行了情报行动。但俄国的情报搜集工作在很多方面都存在很大的问题，缺乏有效的情报支援。

俄军在满洲军事战区缺乏有效的战前特工网，战争爆发时组建的特工网在很大程度上是临时凑成的。俄国军事情报活动是根据1890年颁布的战场事务条例进行的，这是在1876年首次作为条例的修订草案中被提出的。到了1904年当这些条例在要满足军队的实际需要时，其无效性便很快显现出来，尤其体现在高层指挥人员和参谋人员之间仍然相互不合作的情报运作方式上。直到1904年10月，俄国指挥部才最终认识到，这是一种绝望的难以控制的编队形式。单独的部队拥有自己所属的独立的工作人员，情报工作仍是在以一个高度无序的方式进行，情报搜集工作依赖每一个部队甚至于最小的支队，导致情报搜集工作难以控制，效率十分低下。俄军希望凭借骑兵的优势弥补战前特工网络的弱势，然而，不利的自然地形，同时日本积极采取的应对措施，很快表明

---

①〔苏〕鲍·亚·罗曼诺夫：《日俄战争外交史纲》，上海人民出版社1976年版，第312页。

②〔日〕户川幸夫：《“Z”字旗：决战对马》，顾龙保译，海潮出版社1990年版，第20页。

③〔俄〕维特：《不得已的声明》，商务印书馆1980年版，第29页。

这是行不通的。就像后来施塔科勃格（Shtakel'berg）将军对一个到俄国访问的法国军官表述的那样："……我们有一个大的骑兵队和很少的几个特务，我们的通报一直很差。我们的敌人有很少的骑兵，却有大量的特务，他们能及时地知道一切……"①

在冲突的早期阶段，情报的缺乏强化了库罗巴特金将军已经深入内在的犹豫不决，并导致其经常在重要的指挥问题上严重地踌躇不定。例如在1904年4月15日，库罗巴特金打电报给俄国战争部长，他仍然不知道关于据说最近已经在朝鲜海岸登陆的日本第二军团位置的实质性的消息，并且在这个问题上相当哀怨地请求俄国军事特工的帮助。② 甚至在1904年10月情报业务重组后，俄国第一军仍然在其战后汇报中抱怨，在整个冲突期间，他们缺乏强有力的情报资源来重现敌人在任何超出他们自身前线20公里范围外的部署。③

在1904年的夏天，俄国战区级别情报搜集体制得到改组，改组后的任务包括远程（战略上的），侧翼（战术上的，并把重点放在蒙古、西藏和朝鲜半岛）和打击（短距离上的）三个层次的情报搜集，每个任务安排都有一名主管负责组织实施。1904年10月三个独立的军团的设立，为情报搜集一定程度的重组和合理化创造了更好的机会，但是由于俄军1905年意外地从沈阳撤退，最后的结果却是：它对改进情报搜集工作并没有做出多少贡献。

俄国第三军在这方面的经验是典型的。1904年10月之后新成立的三个军团的工作人员迅速着手尝试创建自己的间谍网，积极努力地尝试驱散笼罩着他们的情报迷雾。首先，寻求沈阳军事委员奎特辛斯基（Kvetsinskii）上校的帮助，他是唯一一个能够在战前广泛接触当地中国人的人。1903年10月，新的负责人舰队司令阿列克谢耶夫已经命令奎特辛斯基和他在东北的同事通过建立

---

① K. K. Zvonarev, *Agenturnaia razvedka*, *Russkaia agenturnaia razvedka do i vo vremia voiny 1914-1918*. Kniga pervaia, Moscow : Izdatel' skaia gruppa 'BDTs-press', 2003, p.52.

② K. K. Zvonarev, *Agenturnaia razvedka*, *Russkaia agenturnaia razvedka do i vo vremia voiny 1914-1918*. Kniga pervaia, Moscow : Izdatel' skaia gruppa 'BDTs-press', 2003, p.56.

③ David Schimmelpenninck van der Oye, *Russian Military Intelligence on the Manchurian Front*, *1904-05*. Intelligence and National Security, Vol. 11, No.1, 1996, p.28.

的战区情报网络进行广泛的“行政侦察”[①]。然而，当这项任务被要求在1904年完成时，奎特辛斯基向第三军推荐的6名间谍很快被证明是不合格的。当时这些间谍发回的理应秘密获得的日本文件，在后来被证实只不过是中文字典的一页复制件。

俄中银行在沈阳当地的分行很快雇用了一个较低级别的中国官员，并试图发展更多有用的潜在间谍，这些间谍以商人的伪装身份在日本军队的后方地区工作。1905年俄军从沈阳的撤退导致这一间谍网遭到毁灭，而直到1905年3月16日之后，第三军工作人员才企图重建一个在日军后方行动的由中国人组成的间谍网。在后来的时间里，奎特辛斯基委员最终建立了一个培训中国间谍的学校，由一个毕业于符拉迪沃斯托克的东方研究所的研究生管理。然而，在这一活动的第二阶段，尽管第三军在1905年3月到9月之间成功向日本军队后方地区派遣了121名中国间谍，但最后只有56人回来了，而且这一组人中只有44人的报告是有价值的。[②] 这些数字既反映了日本反情报工作的高效率，也反映了日本对受到怀疑的间谍的严厉惩罚。

（四）军事反情报工作收效甚微，未能提供有力支持

战时俄国军事反情报工作自身的运作分为两个层次：全球范围的（波罗的海舰队环绕半个世界到达远东战场的旅程需要受到监护，同时日本还试图通过支援各种革命运动给俄国在欧洲制造麻烦）、当前战区内的军事活动。反情报的责任被划分给了战争部、沙皇警务部和宪兵团，而可预见的官僚冲突随后再次发生。1903年1月20日至2月2日，忙于总参谋部总体重组的库罗巴特金，提出了建立俄国第一个纯粹的军事反情报部门的建议，这项提议被尼古拉斯二世（Nicholas Ⅱ）在1903年6月批准。截至1903年，一个以骑兵上尉拉夫罗夫（V.N. Lavrov）为首的21人部门已经成立。然而，拉夫罗夫的部门对于所要完成的任务来说实在太微不足道了，其活动范围仍然局限于俄国首都之内，而由于与警务部相关职能相冲突，这些活动甚至很快就几近瘫痪。恶性竞争给

---

① E.Yu. Sergeev, *Russian Military intelligence in the War with Japan, 1904-1905*, in J.W. Steinberg, *B.W. Menning*, *D. Schimmelpennick van der Oye*, D. Wolff and S. Yokote, *The Russo-Japanese War in Global Perspective.World War Zero*, Leidn : Brill, 2005, p.287.

② K. K. Zvonarev, *Agenturnaia razvedka*, *Russkaia agenturnaia razvedka do i vo vremia voiny 1914-1918*. Kniga pervaia, Moscow: Izdatel' skaia gruppa 'BDTs-press', 2003, p.61.

战时的反情报工作带来诸多恶果。

1. 保护波罗的海舰队开赴远东的情报监护出现严重失误

波罗的海舰队到达远东的旅程依靠由许多经典海军“关键点”组成的安全通道——波罗的海海峡、黑海海峡（博斯普鲁斯海峡和达达尼尔海峡）和苏伊士运河。每一点都需要某种形式的情报监护，以预防任何日本企图进行的攻击或破坏。1904 年 6 月至 7 月警务部第四（秘密）科的领导哈丁（A.M. Harting）一直与宪兵中校特雷泽谢亚克（V.V. Trzhetsiak）一起专责创建特工网络，用以防止潜在的在北欧和黑海海峡的日本阴谋活动。哈丁负责波罗的海和北海之间的通道的任务，特雷泽谢亚克负责的是博斯普鲁斯海峡和达达尼尔海峡。哈丁在 1904 年至 1905 年战争期间对日本的颠覆作战记录是较为失败的，许多学者后来指责哈丁提供的错误情报造成了 1904 年灾难性的“赫尔事件”。

1904 年 4 月至 7 月，圣彼得堡通过外交、军事和警察渠道，从上海、香港、巴黎、哥本哈根等多个地区得到报告，获悉日本试图购买军舰和进行破坏攻击波罗的海舰队活动。[①] 哈丁和他的谍报人员在哥本哈根听到了很多有关日本水雷、水雷艇的谣言，虽然这些谣言都未经证实，但他们都担心日本的破坏意图已经完全确立，因此不断向波罗的海舰队传出这些谣言，使舰队人员处于神经质的紧张状态。1904 年 10 月 22 日午夜，当波罗的海舰队驶进雾气笼罩的北海时，在微茫中看到了一支英国渔船队，舰队上的官兵立刻神经紧张，如临大敌，竟误以为这是日本的水雷艇，于是俄国水兵立即奉命向英国渔船队全面开炮轰击。那些小渔船很快被击中，共“击沉渔船一艘，击伤五艘，打死渔民二人，打伤六人”，这就是轰动一时的“赫尔事件”。[②] 这一事件使英俄关系更加恶化。本来英日两国已结成了军事同盟，这个事件正好为英国阻挠沙俄这支舰队东航找到了借口，立刻用战争相威胁，打算阻挠俄国舰队到远东去。沙皇政府极力避免与英国发生武装冲突，被迫向英国赔偿了 65000 英镑，才算了事。[③] 哈丁的使命结束于 1904 年 11 月中旬，他离开了哥本哈根，把特工网交于当地的俄国军事特工手中。而此后，情报监护能力更差了，这在很大程度上导致了 1905 年 5 月 27 日在对马海峡遭遇战中，俄国舰队战败并全军覆没。对马海峡

① Pavlov, *Rossiiskaia Pleshakov v gody Russko-Laponskoi voiny*, Otechestvennaia Istoriia, 1996, p.18.

② 穆景元等:《日俄战争史》，辽宁大学出版社 1993 年版，第 312 页。

③ 穆景元等:《日俄战争史》，辽宁大学出版社 1993 年版，第 313 页。

战败后，俄国在军事上的惨败几成定局。至此，沙皇不得不谋求和谈，以避免彻底崩溃的命运。[①]

2. 战争期间革命运动中的反情报工作较为失败

俄国反情报对于监视和预防日本赞助俄国、芬兰和波兰在欧洲的革命运动所做的努力结果较为失败。1905 年 3 月的沈阳之战清楚地表明日本的军事资源已接近枯竭，但日本政府仍授予渗透到俄国的特工明石元二郎（Motojiro Akashi）完全的自由和大量的资源，通过他与芬兰民族主义者科尼·齐利亚祖斯（Konni Zilliacus）、格鲁吉亚革命者德卡洛祖夫（G. G. Dekanozov）的接触，来组织船只运送武器给俄国革命党。其中一艘船为约翰格拉夫顿号（The John Grafton），该船被革命者委托携带武器至圣彼得堡。此次行动由于一场意外的自然灾害而遭到失败，约翰格拉夫顿号于 1905 年 9 月搁浅在芬兰沿岸。另一艘船为天狼星号（The Sirius），该船被用来给跨高加索的革命运动运送武器，相比之下获得了一较大的成功。它运送了约 8500 支步枪和 200 万盒子弹，只有大约 2000 支步枪和约 50 万盒子弹被沙皇当局成功地拦截并扣押，其余全部落入当地革命运动的手中。[②] 革命运动的部分成功给深陷日俄战争泥潭、元气大伤的俄国政府带来沉重打击，客观上加速了俄国在日俄战争中的失败。

3. 满洲军事行动区域内反情报工作不力

战争爆发后，以中校（不久后就晋升上校的）舍尔绍夫（Shershov）为首的宪兵军团的一个特别支队于 1904 年 2 月至 3 月抵达满洲军事行动区域，负责对在俄国军队“大后方”的所有外国人的监视工作。[③] 然而，在实践中，舍尔绍夫很快就发现他半个中队的工作受到了完全相同的问题的妨碍，即人员的配备不足和管理不善的行政分界，这同样在俄国首都妨碍了俄国的反情报工

---

① 吴廷璆主编:《日本史》，南开大学出版社 2004 年版，第 520 页。

② D. B. Pavlov and S. A. Petrov, *Iaponskie den'gi I Russkaia revoliutsiia*, in Tainy Russko-Iaponskoi Voiny, Moscow : Progess-Akademiia, 1993, pp.35-66 and Antii Kujaja, The Japanese General Staff and the issue of Concerted Anti-Government Action in the Russian Empire, 1904-05, in Steinberg et al, The Russo-Japanese War in Global Perspective.World War Zero, Leidn : Brill, 2005, pp.261-280.

③ I. NI. Kravtsev, *Tainye Sluzhby Imperii.Moscow : Izdatel'stvo RAGS*, 1999, pp.99-100.

作。他的小队遇到了许多挫败。[①] 监视和控制许多特别是在俄国国界线后方的报纸记者，对于舍尔绍夫的人来说，被证明实际上是不可能的，这导致许多重要的军事情报外泄到公开的出版物中。同时，其还被分配了额外的任务，如控制酒的销售，在军事行动区域内维持严格的护照制度，以及打击卖淫嫖娼、赌博和吸毒。舍尔绍夫支队中有 66 人（包括舍尔绍夫本人）发现自己非常地无助，因为他们对战争的许多事务负担过重。

行动区域自身内的军事指挥部也尝试组织了一个反情报部门，但又一次收效甚微。早在 1904 年 6 月 25 日，库罗巴特金就已发出命令，所有部队一旦在山区发现任何侦察部队，及运用特殊旗子或镜子传递信号的可疑人士，要向他们开枪，但不幸的是，这项命令“有完全足够的智力和精力却没有被坚持下去”[②]。在军事反情报工作中，较突出的是军事特工网络，他们虽然做出极大的努力，但收效甚微。比如派专人观察存在问题的领域——一位名叫佩穗斯莰（Persists）的军官在 1905 年被派往卡宾（Kharbin）镇，一个当地的“间谍中心”，但未能取得令人满意的结果，他的职责随后被交给托冯台（Tfontai），一个当地的有中国血统的商人，但也几乎同样毫无收获。[③]

4. 战区级的反情报工作同样饱受困扰

俄国战区级的反情报工作主要是防范日本扰乱俄国大后方的阴谋破坏行动，以及通过扶持蒙古或中国土匪（红胡子）来骚扰他们裸露两翼的企图。1904 年 10 月，当俄国军事委员波丹诺夫（Bogdanov）上校被满洲土匪杀害时，这一威胁的现实性突显出来。[④] 这一时期，阻止针对连接战区与欧洲的俄国铁路的阴谋破坏活动不少于 424 次，尤卡什·奥格罗维奇（Ukhach-Ogorovic）将军一直忙于阻截这些破坏活动。为了挫败日本鼓动蒙古暴动的活动，俄国计划

---

① I. NI. Kravtsev, *Tainye Sluzhby Imperii.Moscow*：*Izdatel'stvo RAGS*, 1999, pp.102-105.

② I. V. Derevianko, *Russkaia razvedka I kontrrazvedka v voine 1904-1905*, in Tainy Russko-Japonskoi Voiny, Moscow：Progess-Akademiia, 1993, p.169.

③ I. V. Derevianko, *Russkaia razvedka I kontrrazvedka v voine 1904-1905*, in Tainy Russko-Japonskoi Voiny, Moscow：Progess-Akademiia, 1993, pp.201-202, 251.

④ E. Yu. Sergeev, *Russian Military intelligence in the War with Japan*, *1904-1905*, in J.W. Steinberg, B.W. Menning, D. Schimmelpennick van der Oye, D. Wolff and S. Yokote, *The Russo-Japanese War in Global Perspective.* World War Zero, Leidn：Brill, 2005, p.295.

每月提供补贴来使蒙古人保持忠诚。[①] 然而，总的来说，俄国的军事反情报工作组织不力，负担过重，并受到普遍相同的问题困扰，即缺乏合格的口译和可靠的新兵，这同样阻碍了常规的战时俄国情报搜集工作。

四、评析

（一）日本战前情报准备工作的启示

1. 重视战前的情报搜集和情报积累工作

情报搜集是情报机构和情报人员通过各种渠道，有计划、有目的地广泛搜集和系统积累情报材料的活动。“要想使战争获得胜利，最安全可靠的办法是一定要等到对敌情有了完全正确的情报之后，再来采取行动。”[②] 日俄战争的历史事实充分证明了抓好战前的情报搜集工作是战争准备的重要环节，通过情报搜集获取敌人情况是指导战争的先决条件。只有高度重视战前情报准备工作，在和平时期和战争准备阶段大力发展情报侦察手段，综合运用电子侦察、航空航天侦察、部队侦察、谍报侦察、网络侦察、公开信息搜集等各种侦察力量和手段，广泛而深入地搜集各种情报资料，确保掌握敌方政治、经济、军事、科技等全方位情况，才能在爆发战争时有备无患。

2. 提高全民情报意识

日俄战争时期，日本不但有军队情报机构广泛搜集情报，而且连那些与情报活动无关的人也积极支持国家的情报工作，民间机构和普通百姓组成了庞大的间谍网，他们的足迹遍布各地，以外交辅助官、商人、学者、医生、旅行家、侨民、妓女等身份为掩护，大规模地进行情报活动，不仅搜集军事情报，甚至对于“地形、风俗人情之微”也都详尽了解。正如英国著名的谍报史专家理查德·迪肯所说：“1904 年 2 月 8 日日俄战争爆发时，近代史上没有任何其他陆军或海军像日本军队那样事先得到大规模情报活动的有力支持。可以毫不夸张

① E. Yu. Sergeev, *Russian Military intelligence in the War with Japan, 1904-1905*, in J.W. Steinberg, B.W. Menning, D. Schimmelpennick van der Oye, D. Wolff and S. Yokote, *The Russo-Japanese War in Global Perspective.* World War Zero, Leidn : Brill, 2005, pp.300-301.

②〔瑞士〕约米尼:《战争艺术》，纽先钟译，广西师范大学出版社 2003 年版，第 187—188 页。

地说，这次情报活动无论在事先策划还是在协调行动方面均属登峰造极。”[①] 日本人这种高度的情报意识和对国家情报工作的支持成为日本独具特色的情报文化和传统。

3. 加强与国外情报部门间的协调配合

情报工作是一项系统性的工作，单靠一个部门或几个人是无法完成任务的。日俄战争中，日本不但发动了本国情报机构和国民投身于情报活动中，还积极利用外交手段，联合他国共同搜集情报，从而有效地弥补了情报工作的薄弱环节，促进了情报工作的开展。可见只有加强部门间的协调配合，取长补短，实现资源共享，才能提高情报搜集的整体能力。

（二）日俄战争对俄国情报工作的影响

日俄战争的惨败对俄国的影响是深远的，情报工作不力带来的恶果更是引起了他们的深刻反思。战后，很多退伍军人提出了大量改革俄国军事反情报工作的个人计划，并提交给了总参谋部，以致于俄国总参谋部需要建立一个特别的文件夹来放置所有的文件。[②] 几乎所有的建议都提到，今后的军事反情报工作不能再分给各部门，而要集中在战争部的控制之下，这个状况最终在 1911 年被一项新的法规决定了下来。因此，对于这一代人来说，日俄战争是给他们造成了深远的影响，培养了一种随后迅速扩大并在第一次世界大战期间全面爆发的“间谍狂热”（spy-mania）的文化，促使俄国此后在苏联时期成为了“规范精神”的国家。因此，到俄国内战爆发时，那场战争远没有被人遗忘，1904 至 1905 年的冲突微妙地影响了每一个长远的发展，后来导致了完全监视状态的出现。

另一方面，西伯利亚被战争从战略闭塞地改变成反情报活动的中心。[③] 在 1914 年以前，作为日俄战争的一个直接结果，在俄国旅游的外国公民成为增加的怀疑对象，只是因为他们是外国人，并且更多的注意力被放在远东地区的中国、日本和朝鲜的公民身上。规模庞大的参与跟踪这些活动的任务，很快意

① 〔英〕理查德·迪肯：《明石大佐·黑龙会·日俄战争》，索群译，载萧宇编：《日本特务在中国》，团结出版社 1995 年版，第 307—308 页。

② Grekov, *Russkaia Kontrrazvedka v 1905-1917.*：*Shpionomaniia i real'nge problem.* Moscow：Izdatel' skii tsentr nauchnykh i uchebnykh program，2000，p.109.

③ Grekov, *Russkaia Kontrrazvedka v 1905-1917.*：*Shpionomaniia i real'nge problem.* Moscow：Izdatel' skii tsentr nauchnykh i uchebnykh program，2000，pp.85-86.

味着几乎所有具有外国国籍的人，都无一例外地被视为间谍，因为时间和财力都不允许进行单个的密切调查。例如俄国军事通信管理局的官员们，突然在紧张的 1905 年前参与了监视所有乘坐列车的外国人的任务。仅在 1907 年 9 月 20 日至 29 日之间，就有 86 个日本人因沿着横贯西伯利亚大铁路的方向旅行而被记录在案。[①] 纯粹的治安时代已接近尾声。俄国呼吁设立一个“不闭的眼睛”(unblinking eye)，这在后来成为了苏联监视国家心态的突出特点。受 1904 年至 1905 年沙皇战败记忆的深刻影响，对于 20 世纪的俄国，严峻的“全面间谍”时代已经真正开始了。

① Grekov，*Russkaia Kontrrazvedka v 1905-1917.*：*Shpionomaniia i real’nge problem.* Moscow：Izdatel’skii tsentr nauchnykh i uchebnykh program，2000，p.99.

第二编

第一次世界大战的情报战

第一章　坦能堡战役中的无线电侦察

在第一次世界大战初期的东线战场，德军在坦能堡战役中对俄军取得了以少胜多的辉煌胜利。德军的此次胜利在很大程度上归功于无线电侦察，坦能堡战役也成为战争史上首次通过有效运用无线电侦察而获胜的战例。战役期间，德军不断通过无线电侦察获得俄军大量的无线电通信信号，并及时分析破译加以运用，从而由被动转向主动，从最初的失败扭转到最后的胜利，获得了以少胜多的辉煌战果。对于无线电侦察在其中的作用，当时德军东线著名将领霍夫曼做过这样的评价："如同在大白天睁着眼去打蒙着眼睛前进的俄军，想怎么打就怎么打。"

目前学术界关于坦能堡战役的研究主要集中在对战役本身的前因后果及作战过程的简单介绍（如小戴维·佐克:《简明战争史》，商务印书馆 1982 年版；John Sweetman，T*annenberg 1914*，Cassell，2002；Geoffrey Charles Evans，*Tannenberg*，*1410*：*1914*，Stackpole Books，1962），或是由参战人员写的一部分文章（如 A Summary of the Battle of Tannenberg by General Paul，引自 Source Records of the Great War，Vol.II，ed.Charles F.Horne，National Alumni 1923）。这些材料大部分都是对战前国际形势的分析以及整个战役指挥过程的详细描述，侧重于展现此次战役中德军指挥官的战略指挥艺术，以及俄军的种种作战失误等。至于从情报角度对这场战役进行的研究相对来说比较少，基本上只局限于一些论文之中，没有专门论述的著作出现。

一、战役简介

19世纪末20世纪初，欧洲逐渐形成了以英、法、俄为一方的协约国与以德、奥、意为一方的同盟国两大军事集团。其中俄国和法国的作战计划是，一旦战争爆发，将以优势兵力在东西两大战线上同时对德作战，从而迫使德国把其力量分散在东西两大战线，无法在任何一条战线占据优势地位。这一计划的顺利实施则需要俄国吸引大批德军东进以使法国在西线有更大的机会取胜。[①]

1914年8月，第一次世界大战爆发。德军在西线的强大兵力使法国人倍感压力，连连催促俄国尽快对德军发动攻势。战争爆发后仅两天，法国大使莫里斯·帕莱奥洛格就敦促俄国人在东普鲁士发动攻势。沙皇的伯父、总司令尼古拉大公，是一位坚定的亲法者，他向大使保证说："我甚至可以不等我的几个军全部集合。我一感到足够强大，我就进攻。"可是，这位热心的俄国人，却忽视了为他们的军队准备充分的食物、补给或运输工具。将统率俄军参战的西北方面军司令伊凡·吉林斯基将军则向法国保证，动员后两星期，80万俄军就会做好战斗准备。而到了8月中旬，就已有65万多俄军已经准备就绪，这一业绩使德国人感到惊愕和担心。

吉林斯基将军计划率领俄军分西北、西南两路向东普鲁士发动进攻，其兵力共计38个步兵师和8个骑兵师，分成两个集团军，分别由亚历山大·萨姆索诺夫将军和帕维尔·连年坎普夫将军统率。连年坎普夫统率第1（维尔纳）集团军，兵力约20万，包括86个步兵团和120个骑兵中队，其任务是由北向马祖里湖地区实施迂回突击，在东普鲁士东端吸引德军；萨姆索诺夫统率第2（华沙）集团军，兵力约25万，包括164个步兵团和110个骑兵中队，其任务是从西南向马祖里湖地区实施迂回突击，从南面到达德军后方，截断其补给线。为了侵入东普鲁士，这两个集团军都必须走马祖里湖区域两边的固定路线，连年坎普夫沿着北部边界前进，于8月17日越过边境，萨姆索诺夫则预定两天后尾随前进，取道南部边缘地区。[②] 当时德国为了集中兵力于西线争取速战速

① Jeffrey Norwitz, *Leveraging Operational Intelligence : The Btttle of Tanneberg and Masurian Lakes (1914)*, Naval War College, 2001, p.3.

② 参见〔英〕杰克·雷恩:《第一次世界大战的重大战役》，寿进文译，译文出版社1982年版。

决，在东线只留一个第 8 集团军，兵力约 16 万，包括 144 个步兵团和 84 个骑兵中队，司令为普里特维茨上将。除在武器、人员素质上略占优势外，德军兵力与俄军相差悬殊，所以德军计划暂时抵挡住俄军的进攻，其兵力部署为：在俄第 1 集团军的西面，从安格堡到波罗的海，用第 1 预备军、第 17 军和第 1 军防守正面；在俄第 2 集团军的北面，从约翰内斯堡到索恩，用第 20 军保护补给线及铁路。[①] 德军企图在西线彻底击败法军之后，再转移兵力，一举歼灭俄军。

8 月 17 日，俄军第 1 集团军以 3 个步兵师的兵力进攻东普鲁士，揭开了战役的序幕。20 日，俄军在因斯特尔堡以东古姆宾年（今古谢夫）与德军进行了一场遭遇战。在俄军优势兵力的突击下，德军被迫后撤。与此同时，俄军第 2 集团军越过东普鲁士南部边界，向马祖里湖以西推进。俄军统帅部对最初的胜利产生了错觉，误以为德军已被击败，战役即将以俄军的胜利而告结束。甚至萨姆索诺夫也作出了德第 8 集团军已经被击溃的误判。他于是对敌人就完全不作警戒，与连年坎普夫也失去了联络，直接向德意志—艾劳挺进，以求切断普里特维茨与其基地之间的联系。[②] 在这种错误思想的影响下，第 1 集团军没有对溃败的德军实施乘胜追击，与此同时，第 2 集团军则把对面阵地的少量德军视为主力，在取得小胜后便贸然西进。结果俄军的两个集团军隔着马祖里湖，出现了一条宽 100 余公里的缺口，彼此孤立作战。

为扭转东线局势，德军统帅部撤销了普里特维茨将军的指挥职务，任命兴登堡为第 8 集团军的司令，鲁登道夫为参谋长，同时还决定从法国战场抽调两个军到东普鲁士。就在第 8 集团军有可能被围歼的危急时刻，德军通过无线电侦察得知了俄军的兵力、意图、部署及行程，两位新指挥官果断地调整计划，决定以小部分兵力迷惑和阻击俄第 1 集团军，同时利用铁路迅速将主力集中在战线右翼，首先歼灭第 2 集团军，然后集中兵力歼灭第 1 集团军。28 日晚当萨姆索诺夫感到局势严重并下令撤退时，其集团军已被包围，随后的突围也未能取得成功。陷入绝望的萨姆索诺夫于 8 月 29 日晚自杀身亡。次日，代行第 2 集团军司令职务的克留切夫率领残部投降。

---

①〔英〕J. F. C. 富勒：《西洋世界军事史》（第三卷），钮先钟译，广西师范大学出版社 2004 年版，第 178 页。

②〔英〕J. F. C. 富勒：《西洋世界军事史》（第三卷），钮先钟译，广西师范大学出版社 2004 年版，第 179 页。

经此一役，德军仅以伤亡1.2万人的代价歼灭了俄军第2集团军主力，毙伤、俘虏俄军12万余人。[①] 吉林斯基出于对萨姆索诺夫命运的关心，命令连年坎普夫去搜寻已不存在的第2集团军。但是连年坎普夫掉头就逃，因为获胜的德第8集团军已空出来以俄第1集团军为打击目标。在两周后的马祖里湖战役中，德军已基本肃清了东普鲁士的所有俄军。连年坎普夫逃回俄国后，吉林斯基对他的怯懦行为大发雷霆，打电报给总司令尼古拉大公，极力要求把他立即撤职。据彼得格勒卫戍司令诺斯科夫说："连年坎普夫……中断了他的进军，借以避免援助萨姆索诺夫。他甚至被指责为通敌：'他是个德国人，你还能指望他做什么别的事情呢？'"总司令尼古拉大公不但把连年坎普夫贬黜，还把吉林斯基撤职，"因为他失去理智，不能掌握作战"[②]。为了显耀胜利，德军将此役定名为"坦能堡战役"，含有此役报了"九世之仇"之意。[③]

二、坦能堡战役中德军的无线电侦察

（一）无线电侦察的出现

军事史大师富勒这样评价无线电通信出现的意义，"在每个时代都有一些新发明注定要使战争进入一个新的境界，19世纪末的无线电通信技术就是一例，其使现代战争进入了第四度空间。因为从各种意图和目标上来说，这种无线电式的能力传导不仅消灭了空间，而且也更消灭了时间。"[④]

无线电通信最初的理论，是赫兹于1887年发明的。他证明出来在某种条件之下，一个电流的火花可以发生一种效应，使它变成电波从空气中传播出

① 吴春秋主编：《世界战争通鉴》，国际文化出版公司1995年版，第945—946页。

② 参见〔英〕杰克·雷恩：《第一次世界大战的重大战役》，寿进文译，译文出版社1982年版。

③ 战役之前，兴登堡将其司令部设在"第一次坦能堡战役"纪念碑附近的地方，坦能堡是一个小村，位置在乌斯道的北面，1410年维托弗特率领的波兰人曾在此击败条顿骑士团，东普鲁士被斯拉夫人征服，此即所谓第一次坦能堡战役。500年后，条顿骑士团的后裔终于在同一地方赢得了一次胜利。所以具有复"九世之仇"的含义。

④〔英〕J. F. C. 富勒：《西洋世界军事史》（第三卷），钮先钟译，广西师范大学出版社2004年版，第161页。

去。[①] 随后，马可尼在此基础上于 1895 年建造了第一架可以收、发和放大无线电信号的装置，到 1897 年时其发送距离为 9 英里。以后无线电信号的传播距离不断加大，到 1901 年，这个距离已增加到 3000 英里以上。无线电通信具有诸多特点：在传播上，不同波段的无线电波以不同的方式进行传播并具有不同的传播机制，因此不同波段的无线电波一般用于特定的通信任务；在信号上，无线电波传播的信号要为通信双方传递信息，必然通过通信双方按一定的规则制定信号的形式，因此传递的信号必然遵循一定的机制；在联络上，通信双方还必须相互规定呼号、频率、联络时间等通信诸元和勤务用语，并按一定规则建立通信网络和确定电台之间的联络关系，这些通信诸元和联络关系同样具有明显的规律性。[②]

有了无线电通信，各部队之间的联系就比有线通信快得多，地面、舰艇和飞机等战斗单位之间也可以互相联系。但另一方面，无线电通信也具有天生的弱点，那就是其可以被具有同样装置的人所截收。所以无线电通信的优点和弱点产生了两方面问题，一是对敌方的无线电台可以干扰和截收，二是为了己方通信的保密，必须用密码予以保护。

无线电通信技术的发明和使用，使无线电侦察在 19 世纪后期逐步出现并发展起来。1907 年，德国开始利用无线电截收站监听英国海军信号，在沿海和内地设立测向和侦听站多达 20 多个，总站设于明斯特，约有 400 多人。1912 年，法国与俄国之间建立了日常的无线电联络，一年之后德国就开始对此进行截获、破密和翻译。[③] 这一切都为随后爆发的大战孕育出了新的作战方式。从某种程度上说，第一次世界大战是人类史上第一次无线电技术大战，战争期间无线电通信的大量使用，为无线电截收、无线电测向、台电分析、密码破译等一整套无线电侦察技术提供了广泛的应用空间。大战初始，各参战国都不约而同地建立起无线电侦察情报机构，运用无线电侦察技术，大量获取敌方的无线电通信情报。如果说在一战前，克劳塞维茨所谓的“战争迷雾”一直是军队在战场上作战的最大阻力和障碍，那么无线电侦察技术在一战中的大量运用则在很大程度上驱散了几千年来笼罩在战场上的“战争迷雾”，使得战争从

---

①〔英〕J. F. C. 富勒：《西洋世界军事史》（第三卷），钮先钟译，广西师范大学出版社 2004 年版，第 161 页。

② 详见张晓军主编：《军事情报学》，军事科学出版社 2001 年版，第 94—96 页。

③ Dennis E. Showalter, *Tannenberg* : *Clash of Empires*, Archon Book, 1991, p.95.

来没有像这样清晰明了过，“就像在敌作战指挥部看电报，获得核心和内幕情报，做到敌有我有、敌动我动”[①]。一战初期的坦能堡战役就是无线电侦察方面的一个经典战例。

（二）德军在战役中对无线电侦察的运用及其影响

战役初始阶段，俄军突入东普鲁士后原本打算使用德军原有的有线通信系统，但因为德军在撤退时已经将其摧毁，所以俄军只好使用无线电通信。[②] 俄第 1 集团军使用的是新式密码，而第 2 集团军使用的却是老式密码，结果战前缺乏系统严格演练的俄军密码专家甚至无法完全掌握自己军队的密码系统，导致在通信安全上漏洞百出，甚至在行动中频繁重复发报，最后竟然放弃对电报的加密而改用明语。更可悲的是，俄军素质低下的无线电发报员竟无法顺利地发出一些简单的电报。[③] 俄军自身的弱点使德军获得了一个很好的信号情报来源。据此，德国的情报机构获悉了俄军的实力和行动计划，俄第 1 和第 2 集团军之间的通讯还显示这两个集团军之间的协作非常之差。无线电侦察所获的信号情报为德军提供了战场的清晰画面，用今天的术语来说就是德军拥有较强的“战场感知”[④]。

8 月 20 日晚，俄第 1 集团军司令连年坎普夫用明文给第 2 集团军司令萨姆索诺夫发了一份电报：“本集团军由于补给车辆未到，3 天内暂停前进，等待辎重军需列车的到来，故目前不能进行联合作战。”[⑤] 这份重要的电报被仓促撤退中的德第 8 集团军无线电通信侦察电台截获，经过分析和验证，证明俄军的明文电报是真实的，据此德军意识到至少在三天之内其面临的敌人只有俄第 2 集团军。然而德第 8 集团军司令普里特维茨将军却坚持主张退守维斯瓦河下游，放弃东普鲁士。德军统帅部否决了他的撤退计划，并撤销了其指挥职务，任命兴登堡为第 8 集团军的司令，鲁登道夫为参谋长。于是德军停止了撤退，

---

① 颜春连：《无线谍报》，金城出版社 1995 年版，第 114 页。

② Jeffrey Norwitz, *Leveraging Operational Intelligence*: *The Btttle of Tanneberg and Masurian Lakes* (*1914*), Naval War College, 2001, p.11.

③ Jeffrey Norwitz, *Leveraging Operational Intelligence*: *The Btttle of Tanneberg and Masurian Lakes* (*1914*), Naval War College, 2001, p.6.

④ Gregory Elder, *"Intelligence in War*: *It Can Be Decisive*, " Studies in Intelligence, Vol.50, No.2, pp.16-17.

⑤ 颜春连：《无线谍报》，金城出版社 1995 年版，第 5 页。

重新部署兵力，同时从法国战场抽调两个军到东普鲁士。

正当德第 8 集团军讨论如何进攻俄第 2 集团军时，德军于 8 月 24 日晚截获了两份俄第 2 集团军下属第 13 军的明文电报，确切地说明了这个军目前正向何处展开军事行动，预计何时到达目的地，以及下一步的军事行动计划等。8 月 25 日上午，德军又截获了俄第 1 集团军司令连年坎普夫发给所属第 4 军的明文电报，其内容为第 1 集团军 25 日及 26 日的行动计划。[①] 德军将领对此电报进行了仔细的分析研究，结果发现在德军按预定计划歼灭俄第 2 集团军之前，俄第 1 集团军根本不可能到达攻击德军后方的任何地点。[②] 据此，德军定下了战役企图和决心，即以小部兵力继续迷惑和阻击俄第 1 集团军，而利用铁路迅速将主力集中在战线右翼，以首先歼灭第 2 集团军，然后集中兵力歼灭第 1 集团军。

正当德军统帅下定战役决心时，德军再一次截获了俄第 2 集团军司令萨姆索诺夫 25 日发给所属第 13 军的明文电报，从中获悉了俄第 2 集团军的整个部署，包括其将采取的十分具体而清楚的行动。于是德军根据俄第 2 集团军的弱点，又制订了一个诱敌深入，然后围歼俄军的具体行动方案。而与此同时，萨姆索诺夫却完全没有察觉到德军已经向其逼近，在上级命其暂时停止前进并休整的情况下，仍然计划实施一个已完全为德军获悉了的进攻计划。[③] 当俄第 2 集团军被引诱进包围圈后，德第 8 集团军于 8 月 27 日在坦能堡地区发起猛烈进攻。萨姆索诺夫于 28 日晚下令撤退，但其集团军已被重重包围。俄第 2 集团军在行将崩溃之时以无线电发出的命令和向西北方面军司令吉林斯基将军发出的请求支援的电报，均被德军截获。德军据此及时调整了部署，从而使得俄军完全没有机会突围，德军取得了绝对胜利。

德军在坦能堡的胜利是现代战争中具有战略性决定意义的战役之一。[④] 坦能堡战役被德国称为“战争史上无与伦比”的胜利，它使普鲁士摆脱了被俄国入侵的危险，并与随后的一系列事件共同作用，导致了俄国革命的爆发和《布

---

① 颜春连:《无线谍报》，金城出版社 1995 年版，第 5 页。

② 颜春连:《无线谍报》，金城出版社 1995 年版，第 7 页。

③ Jeffrey Norwitz, *Leveraging Operational Intelligence : The Bttle of Tanneberg and Masurian Lakes (1914)*, Naval War College, 2001, p.12.

④ Gregory Elder, *"Intelligence in War : It Can Be Decisive,"* Studies in Intelligence, Vol.50, No.2, p.15.

列斯特·利托夫斯克条约》的签署。[①] 对于德军来说，这场胜利在很大程度上归功于德军对无线电侦察的成功运用。坦能堡战役成为记载无线电侦察事业第一块成功战例的历史丰碑，开创了无线电侦察情报进入各领域的先例。[②]

三、俄德双方使用无线电侦察的经验教训

（一）情报尤其是无线电侦察情报，在战争中起着力量倍增器的作用

自古以来，情报与战争密不可分，并在战争中处于十分重要的地位。它是决策之源，克敌制胜的关键。正如克劳塞维茨所说："情报是指我们对敌人和敌国所了解的全部材料，是我们一切想法和行动的基础。"[③] 只有对敌方有了充分的了解与认识，占有情报优势，才有可能在战争中立于不败之地，甚至战胜比自己强大得多的对手。在坦能堡战役中，德第 8 集团军通过无线电侦察获悉了关于俄军实力、日程计划和作战构想的情报，其了解程度有时甚至超过了俄军统帅。[④] 这使其在劣势情况下发现并利用了俄军的弱点，从被动转为主动，从退却转而进攻，从最初的失败到最后的巨大胜利，创造出以少胜多的光辉战例。[⑤] 在实战中取得的胜利使德国人认识到：无线电侦察是花费代价最少，而取得成效最大的情报侦察手段，它的时效性与可靠性是其他任何侦察手段所无法比拟的。通过无线电侦察手段获取的情报，如同将一个高级间谍派进敌人司令部，对方的任何行动、计划、意图等都可及时获取到，真正做到敌有我有。这种具有内幕性的核心情报，对于军事指挥员来讲其价值无可比拟。[⑥] 虽然情报本身并不能赢得胜利，但对于使用者来说，情报在战争中可以起到力量倍增

① Gregory Elder, *"Intelligence in War : It Can Be Decisive,"* Studies in Intelligence, Vol.50, No.2, p.16.

② 颜春连:《无线谍报》，金城出版社 1995 年版，第 11 页。

③〔德〕克劳塞维茨:《战争论》(第一卷)，钮先钟译，商务印书馆 1997 年版，第 93 页。

④ Colonel Frederick E. Jackson, *Tannenberg : The First Use of Signals Intelligence in Modern Warfare*, 2002, p.17, http : //www.iwar.org.uk/sigint/resources/sigint/Jackson_F_E_02.pdf.

⑤ 颜春连:《无线谍报》，金城出版社 1995 年版，第 10 页。

⑥ 颜春连:《无线谍报》，金城出版社 1995 年版，第 26 页。

器的作用并赢得主动，从而最终赢得胜利。[①]

（二）技术上的相对优势与有效利用是成功实施无线电侦察的有力保障

无线电通信和无线电侦察的产生和发展，只能为所有国家提供一个可供使用的技术平台，而在此平台上“演出”的好坏则完全取决于各个国家对该技术的吸收与利用程度。相对于俄国来说，德国在无线电技术的吸收与利用方面较为突出。战争一开始，德国与英国一样，率先发明无线电收发机。其更出色的表现是在截收技术上，德国最先发明了信号窃听装置，从而得以不断获得战地信号情报。在坦能堡战役中，德国刚开始也只是无意间截收到了俄军无线电电台报送的内容，这仅仅是一种不自觉的行为。然而难能可贵的是，德军能敏感地意识到无线电侦察的重要价值，并迅速将其发展为一种自觉的无线电侦察活动，从而建立起专业的无线电侦察机构从事无线电通信的截收工作，以便获取敌方情报。

在无线电侦察活动中密码技术无疑处于核心的地位，这主要是基于无线电通信天生的弱点。因此，加密与破译贯穿于整个侦察过程始终。拥有优良密码技术的国家无疑会增加胜利的砝码。但在一战前的俄国，密码破译仅仅是作为对付无政府主义者和革命党人的一种手段。对同盟国家、敌对国家以及中立国家外交通信的研究，则主要是通过邮局“黑屋”截拆密信的方法来实现，其技术含量总的来说并不是很高。而德国早在19世纪就在此方面拥有优良的传统。1863年卡西斯基发表《密码和破译技术》一文，首次提出利用重码分析解决有反复密钥的破译原理。这在密码技术上是个历史性的进展。[②] 此外德国还成立了专门的破译机构，从事通信密码的破译工作，俄国人原先使用的老式密码其实在战前就早已被德国人破译，在战争爆发后，德军又利用俄军新、老密码混用的错误破译了俄军的新式密码，为成功运用无线电侦察奠定了基础。

---

① Colonel Frederick E. Jackson, *Tannenberg*: *The First Use of Signals Intelligence in Modern Warfare*, 2002, p.18, http: //www.iwar.org.uk/sigint/resources/sigint/Jackson_F_E_02.pdf.

② 吴明冰:《特种战线：百年来国际无线电信号侦察和信号保密的斗争历程及经验教训》，金城出版社1996年版，第54页。

（三）应对截收到的无线电侦察情报加以多方验证

“消息只有在智慧、经验和健全的理解力这三者合成的坩埚中经过提炼，方能成为情报。”[①] 德军在坦能堡战役中把这一点做得相当成功，因为他们懂得利用不同渠道的情报来多方验证所截收敌方情报的真实性，而不是盲从、盲信。8 月 20 日晚，当德第 8 集团军截获了俄国第 1 集团军暂停前进 3 天的明文电报时，其真实性就曾受到德国高层军官的怀疑。一种意见认为这是俄军引诱德军进入包围的圈套，因为俄军不会荒唐到用明文发报来暴露自己的行动计划。然而德军参谋霍夫曼则根据自己多年来掌握的大量俄军情况，相信这份电报是真实可信的。因为日俄战争期间俄军曾犯过类似的错误。随后的事实进一步证明了他的观点。德军从一位已死的俄国军官身上发现的文件中所透露的路线和部署，和被截获的这类电讯相一致。更加有说服力的是，从一位被俘的俄国军官身上，德军找到了吉林斯基的作战计划。[②] 此外，空中侦察和骑兵侦察都证实了俄第 1 集团军确是按兵不动。[③] 经过多方验证，德第 8 集团军最终才放心地根据此电报提供的情况，采取坚决果断的军事行动。

（四）情报价值的体现最终取决于情报用户对情报的利用

一个完整的“情报流程”包括四个阶段：搜集、分析、反应及警报的分发。搜集阶段的任务是搜集有关敌方意图、能力等的准确信息；分析是由情报分析人员对表征敌方意图和能力的各种迹象进行综合分析；反应是由决策层（情报用户）对分析阶段提出的预警情报作出反应。警报的分发则是将决策层的反应（命令）以适当的方式通知给所属人员。[④] 由此可见，情报价值的体现不仅取决于情报人员及情报自身，而且最终取决于情报用户对情报的利用。一个信赖情报的用户将充分地利用情报，并使其价值最终得到体现；而一个不信赖情报的用户则必将弃情报于不用，使其价值最终得不到体现。坦能堡战役初期，在得

① ［德］于尔根·罗韦尔：《密码与战争——无线电侦察及其在第二次世界大战中的作用》，武利平等译，群众出版社 1984 年版，第 224 页。

② ［英］J. F. C. 富勒：《西洋世界军事史》（第三卷），钮先钟译，广西师范大学出版社 2004 年版，第 181 页。

③ 颜春连：《无线谍报》，金城出版社 1995 年版，第 6 页。

④ James J. Wirtz, *The Tet Offensive: Intelligence Failure in War*, Cornell University Press, 1991, p.4.

到“至少在三天之内德军面临的敌人只有俄第2集团军”的情报后，德第8集团军司令普里特维茨将军却坚持主张退守维斯瓦河下游，放弃东普鲁士。以兴登堡为司令，鲁登道夫为参谋长的德军新统帅则根据获得的情报停止了撤退，并在充分利用从无线电技术侦察获得的情报及时发现俄军的弱点，制定了正确的作战计划，最终击溃俄军，从而使情报的价值最终得到了最大的体现。

（五）对无线电通信保密的忽视必将导致严重后果

战争爆发后，俄军进行无线电通信时在保密措施上存在着严重的问题，首先是新、老密码混用。将新、老密码混用的情况，在无线电通信中是绝对禁止的。因为这种混用，等于是自己把新密码双手奉送给敌方。敌方可以根据老密码解读出电报的内容，然后再用它来对照破译出新密码。然而可悲的是，俄军在坦能堡战役中却恰恰犯了这样的错误。由于俄国人也知道自己原先使用的老式密码早已被德国人破译，因而吉林斯基当时将唯一的复制新密码交给第1集团军的连年坎普夫将军时，就下令让他毁了旧密码。在当时的情况下，就算德国的无线电侦察电台截收到这种密码电报，其破译机构要想很快破译它，也非易事。但是这种密码除本身复杂难以掌握外，最大的问题就是仅第1集团军有，而第2集团军却没有。这样就造成了第1集团军给第2集团军发的电报是使用新密码加密，而第2集团军却用老密码去脱密，结果电报还是密电报；同时，第2集团军仍用老密码加密，而第1集团军已按吉林斯基的命令把老密码销毁了，所以它也不能对第2集团军发来的密码电报进行脱密，同样看不懂密码电报的内容。但是，对早已破译俄军老密码的德国人来讲，他们侦获到俄国第2集团军的老式密码电报后，看懂其内容是不存在问题的。因此，德国密码研究人员就可以利用通过老密码解读出的电报内容，与新密码电报进行对照，从而就能迅速破译和掌握新密码。[①]

由于新、老密码混用，加之俄军当时的无线电通信处于混乱状态，从而导致两个集团军之间相互搞不清对方密码电报的内容，无法统一行动。面对这一现实，他们不是采取积极有效的方法加以克服，而是因噎废食，两个集团军都不想给所发电报的内容进行加密。于是双方均向西北方面军司令部请示，在无线电通信中使用明文电报。这种愚蠢而又可悲的举动竟然还得到了

① 颜春连:《无线谍报》，金城出版社1995年版，第4—5页。

方面军司令部的批准。[①] 最后，他们干脆放弃所有的密码，全部改为明文电报。正如霍夫曼总结获胜原因时所说的那样："我们有一个同盟者，这我只能在事情完全过去以后才能说出来，那就是敌人所有的计划我们都了解。俄国人发的无线电报不加密。"[②] 结果德国人借助于这些情报几乎像演习一样包围和歼灭了俄国军队。[③]

① 颜春连：《无线谍报》，金城出版社 1995 年版，第 5 页。

② David Khan, *The Codebreakers*, Scribner, 1996, p.622.

③〔德〕于尔根·罗韦尔：《密码与战争——无线电侦察及其在第二次世界大战中的作用》，武利平等译，群众出版社 1984 年版，第 10 页。

第二章　马恩河战役中的密码战

密码技术的发展与加密技术的发展几乎是同步的。“19 世纪末无线电技术的发明和使用使通信工具发生了革命性的变革。伴随着这种变革，产生了以密码技术为核心，包括侦收、侧向、信号分析、通信分析等一整套的无线电信号侦察以及对抗这种侦察的信号保密。两者相反相成，构成了一条特殊的战线。”①

第一次世界大战是密码史的转折点，密码分析由一个辅助的敌方情报来源上升为一个主要的来源。法国密码工作首脑卡蒂尔曾说，“侦收并破译敌人的密码无疑优于其他一切情报手段。”② 一战中，各交战国都不遗余力地加强其侦察机构的密码破译能力，同时也加大研究力度以强化己方密码的可靠性。然而由于受到科技水平的限制，当时不管破译还是编译密码，各国都主要是手工操作，“铅笔加纸头”再加上一定的文字、数学知识及天才的灵感就能进行密码破译工作；但与此同时，密码编译工作的落后（当时短而反复的密表和密本是主要作业方式）又给密码破译提供了方便之门。

法国的陆军密码局在一战初期就成功地破译了当时德军使用二次移位作业方式加密的电报，因此在马恩河会战初期，法国军队就已通过获得的破译情报掌握了德军的所有作战意图、行动计划、兵力部署等情况。整个战役期间，在

---

① 吴明冰：《特种战线：百年来国际无线电信号侦察和信号保密的斗争历程及经验教训》，金城出版社 1996 年版，第 2 页。

② 吴明冰：《特种战线：百年来国际无线电信号侦察和信号保密的斗争历程及经验教训》，金城出版社 1996 年版，第 74 页。

德国最高统帅部收到前方军队发回电报之前，法国破译机构就把破译的结果摆到了总司令霞飞将军的办公桌。[①] 在这种情况下，霞飞司令制定了相应的防御反击计划，很快粉碎了德军的疯狂进攻，取得了具有战略意义的重大胜利。

一、战役简介

1914 年 8 月 3 日，德国以法国不接受它所提出的“中立”的条件为借口，向法国宣战。德国的战争计划是前总参谋长施利芬在 1905 年制定的，其核心是：集中强大兵力于西线，通过防务空虚的比利时、卢森堡和荷兰，从侧翼包围法军，速战速决打败法国，切断英国与欧洲大陆的联系，然后利用铁路迅速挥师东进，击败俄国，争取速战速决，在 2—3 个月内赢得战争的胜利。战争爆发后，德军总参谋长小毛奇遵循其前任的计划，仅用 9 个师的兵力监视俄国，而在西线则集中了 7 个集团军，共 78 个师，以梅斯为轴心分为左右两翼。左翼 2 个集团军，共 23 个师，守卫梅斯以南法德边境的阿尔萨斯和洛林地区的阵地；右翼 5 个集团军，共 55 个师，借道比利时、卢森堡和荷兰突破法国北部边境。德军此时具体的兵力部署见表 1。

表 1　一战初期德军东西线兵力部署[②]

战略方向	编制	数量（个）		
		总数	左翼	右翼
西线	军	26	3	23
	预备役师	14	1.5	12.5
	骑兵师	11	3	8
东线	军	3		
	预备役师	4		
	骑兵师	2-4		

1914 年 8 月初，德国进攻比利时，准备借道比利时迂回巴黎，而此时的法军却认为德军的主力在梅斯地区，而取道洛林、阿登山谷直奔莱茵河。为了

① 颜春连：《无线谍报》，金城出版社 1995 年版，第 23 页。

② 数据来源：“施利芬计划”全文，转引自戴耀先主编：《德意志军事思想研究》，军事科学出版社 1999 年版，第 525 页。

实现各自的战略目的，德军和法军在边境地区进行了四场战役，统称为边境战役。同一时期德军还与俄军展开了坦能堡战役。虽然在这几场战役中都是德军获胜，但在这几场战役中德军不断地削弱其右翼力量，尤其是在坦能堡战役时，德军从右翼抽掉了2个军，1个骑兵师开往东线，与俄军作战，这样一来，具有决定意义的西线右翼兵力大大减少，由34个师减少到25个师，加上死伤的数字，已经损失其原有实力的1/3。[①] 但德军统帅部被胜利冲昏了头脑，错误地认为法军已经被击溃，只待围歼其残余部队就行了。

边境之战后，法第4、第5集团军和英国远征军于9月初撤至马恩河以南，在巴黎至凡尔登一线布防。法军总司令霞飞将军组建第6、第9集团军，分别部署在巴黎外围以及第4和第5集团军之间，准备实施反攻。德第1、第2集团军为追歼法第5集团军，偏离原定进攻方向前出到巴黎以东地区，暴露了第1集团军的右翼。德军总参谋长小毛奇获悉法军即将反攻后，于9月4日命令第1、第2集团军在巴黎以东转入防御，第3、第4、第5集团军南下，协同从东面进攻的第6集团军合围凡尔登以南的法军。但德第1集团军司令克鲁克拒不执行命令，继续率军南下，形成有利于联军反击的态势。同日，霞飞命令法第5、第6集团军和英远征军对德第1、第2集团军实施主要突击，法第9、第4集团军牵制敌第3、第4集团军，法第3集团军在凡尔登以西实施辅助突击。此时，在巴黎至凡尔登一线，联军66个师108.2万人对德军51个师90万人；在主攻方向上，联军兵力是德军的两倍。

9月5日，当克鲁克集团军经过巴黎东面，可以望见埃菲尔铁塔时，其右后方侧翼受到毛老里的法第6集团军的袭击。克鲁克立即命令第3和第9军回过头去对付毛老里，而这两个军的任务是负责掩护德第2集团军的右翼的。所以他们的撤退，使德第1集团军和第2集团军之间，产生了一个宽达20英里的缺口。因为面对着这个缺口的英军，已经迅速地撤退，所以克鲁克才敢冒这个危险。对德军来说，取胜的关键就在于他们能否在法军主力部队和英军利用这一缺口突破自己的蜂腰部之前，击溃法军的两翼，即毛老里的第6集团军和福煦的第9集团军。

克鲁克重点对付毛老里的部队。毛老里快要顶不住时，请加利埃尼从巴黎城内速派兵增援。这一要求启发加利埃尼组织了战史上第一支摩托化纵队，即马恩河出租汽车队。加利埃尼令巴黎警察征集了大约600辆出租汽车，将1个

① 赵勤轩：《梦断长河：马恩河战役》，军事科学出版社2001年版，第122页。

师的兵力输送到战场，使毛老里最终没被克鲁克打垮。

9 月 6 日凌晨，法军发起全线反攻。法第 6 集团军继续与德第 1 集团军在奥尔奎河上激战；法第 5 集团军也掉转头来，变撤退为进攻，同德第 1 集团军厮杀，并同德第 2 集团军右翼交火；法第 4 和第 9 集团军则截住德第 3、第 4 集团军，使德第 1、第 2 集团军陷于孤立。9 月 8 日，关键时刻，弗伦奇率领英军的 3 个军悄悄地楔进了德第 1 集团军和第 2 集团军之间的缺口，将德国第 1 集团军与第 2 集团军隔开了，使克鲁克和比罗面临着被分割包围的危险。于是，比罗遂在 9 月 9 日下令他的第 2 集团军撤退。当时克鲁克的第 1 集团军虽暂时击败毛老里，可此时他也处于孤立的境地，不得不于同一天也向后撤退。至 9 月 11 日，德军所有的军团都后撤了。至此，马恩河会战结束。

在这场会战中，交战双方先后投入 150 万的兵力，伤亡人数在 30 万以上。其中，法军阵亡 2.1 万人，受伤 12.2 万人；德军阵亡 4.3 万人，受伤 17.3 万人。自大战爆发后的一个多月的时间内，德军遵循施里芬定下的基本方针，迅速穿越比利时领土向法国本土挺进。那时整个德国，甚至几乎全世界，都深信德军会很快胜利，巴黎即将被占领。然而，当德国人的胜利似乎唾手可得，法国人的灾难迫在眉睫时，协约国军队却在马恩河畔转败为胜，因而被人们称为“马恩河畔的奇迹”。

马恩河战役是第一次世界大战中英法联军与德军之间的第一次大规模遭遇战，这次战役尽管持续的时间不长，双方的伤亡也不是很大，但却具有重要的战略意义。它使 1914 年的西线发生了有利于英法联军的转折，使德军在西线迅速粉碎敌人的战略计划彻底破产，战争由速决变成了持久，再加上俄国的参加，德国已陷入两线作战的困境。德国人已丧失了其先击败法国再转过身来对付俄国的唯一机会。[①] 这对资源贫乏、人口不多的德国来说是致命的。人们已经可以看到德国终将失败的端倪。[②]

德军在马恩河战役中的失利固然有德军指挥不当等方面的原因，但法军在密码战中的胜利则是加速德军失败的重要因素，法军正是靠不断破译德军的密码电报而逐渐认清战场的实际情况，改变计划，最终抓住战机，反败为胜。

---

①〔英〕J. F. C. 富勒：《西洋世界军事史》(第三卷)，钮先钟译，广西师范大学出版社 2004 年版，第 199 页。

② 吴春秋主编：《世界战争通鉴》，国际文化出版公司 1995 年版，第 944—945 页。

二、战前法、德两国的密码破译工作

在第一次世界大战爆发前，法国就在理论、组织和实践上为战时无线电侦察的核心工作——密码破译做好了准备。

首先，进行密码方面的理论研究。在近代，法国就有较好的密码学传统，其在历史上被称为“法国学派”。和德国学派相比，“法国学派把他们的工作很大程度上置于理论的基础上。他们分析不同密码的编制，并由此十分正确地导出各种破译方法”[①]。1883 年，法国人克尔克霍夫斯出版了《军事密码学》，书中提出了一些重要的密码破译方法。[②] 由于有科学的密码破译理论作指导，法国的密码编制和破译水平在当时都处于一个较高的层次。1891 年，巴泽里埃斯为法国军方设计了类同于后来美国 M-94 的圆柱体密码体制，有 20 个圆柱体，相当于 20 个无序底表，但是，德维亚里在已知圆柱体条件下只用三份报就将其破译了，这足以说明法国密码破译人员的高超水平。[③]

其次，对密码机构进行重组。在密码工作刚展开时，法国的密码破译机构分散在陆军部、海军部、外交部、内政部、特种警察及邮电部，各单位分工并协作。[④] 20 世纪初，法国成立了军事密码委员会以加强各部门的合作并提高破译效率，其成员约 10 人，皆为来自各军种、各部门的具有特殊密码技术才能的人，主要工作为编密和破译两部分。在编密方面，除实用密码的编制外还对各种建议进行分析和测试。在破译方面，一是理论性的研究和重要语言、专业文字的各种频率的统计，一是对侦收来的德国电报加以研破。该委员会还从各方面搜集有关资料，给研译人员编发了一系列秘密备忘录，包括有关的体制、统计资料、密码破译指示等，并负责编写用以训练参谋及后备人员的课程，这

① 颜春连：《无线谍报》，金城出版社 1995 年版，第 12 页。

② 吴明冰：《特种战线：百年来国际无线电信号侦察和信号保密的斗争历程及经验教训》，金城出版社 1996 年版，第 48 页。

③ David Khan，*The Codebreakers*，Scribner，1996，p131，p133，转引自吴明冰：《特种战线：百年来国际无线电信号侦察和信号保密的斗争历程及经验教训》，金城出版社 1996 年版，第 48—49 页。

④ 吴明冰：《特种战线：百年来国际无线电信号侦察和信号保密的斗争历程及经验教训》，金城出版社 1996 年版，第 49 页。

些工作在战争中发挥了重要作用。[①] 1912 年，陆军部把原来的编密和破译两部分工作合在一起，组成统一的班子，设立陆军密码局，并加强了与军事密码委员会的合作，为本国使用的密码拟定说明与规定，战时与电台建立特殊联系，侦研敌方电报。[②] 在一战爆发之前，在各大国中除了奥匈帝国外就只有法国建立了无线电侦察与破译机构。

第三，针对德军开展的密码破译工作。战前，法国对有关语言，尤其是德语进行了文字专业的各种统计工作，掌握各字母在不同条件下出现的频率次数，计算其概率与百分比，研究字母的组合跟随与连缀规律。[③] 法国还在靠德国东部边境地区建立了无线电接收站，抄收德国边境部队进行训练和演习的电报，并积极开展破译工作。通过这种破译工作，法国在战前就掌握了德军组织序列、战斗编成、武器装备的配置、战略战术原则、作战指导思想、原则以及无线电通信网络的组成、密码指标等等，并以备忘录的形式编发给研究破译人员。

应该说，战前法国在无线电侦察方面的准备和组织比起其他国家来说是充足的。[④] 与战前法国出色的密码破译能力相比，德国就显得逊色许多。虽然德国在 19 世纪 60 年代曾在密码技术上有过历史性的进展，但此后就没有继续前进，没有建立相对稳定的密码研究中心，也不注重密码分析的作用，认为不精通密码分析也能编出和使用完全保密的密码。[⑤] 德军总参谋部的首脑对密码分析也全然无知，依靠命令保持绝对秘密，以致不能吸收社会上的有益知识。所以在一战爆发之前，德国虽有几个密码机构分属于总参、陆军、海军和外交部之中，但是除外交部有一点密码分析工作之外，都是从事编密工作。同时，德军的密码机关思想闭塞，在编密上缺乏全盘的研究和计划，密码人员也缺乏必要的密码知识和训练。

① 吴明冰:《特种战线：百年来国际无线电信号侦察和信号保密的斗争历程及经验教训》，金城出版社 1996 年版，第 49 页。

② 吴明冰:《特种战线：百年来国际无线电信号侦察和信号保密的斗争历程及经验教训》，金城出版社 1996 年版，第 49—50 页。

③ 颜春连:《无线谍报》，金城出版社 1995 年版，第 12 页。

④ 颜春连:《无线谍报》，金城出版社 1995 年版，第 13 页。

⑤ 吴明冰:《特种战线：百年来国际无线电信号侦察和信号保密的斗争历程及经验教训》，金城出版社 1996 年版，第 54 页。

三、战时法、德两军的密码战

（一）法军组建战地密码机构

一战爆发后，法国陆军很快就建立了自己的战地密码组织。这是一个按战斗序列组建的梯形组织，最高层是陆军部的密码局，其下是总司令部密码处，再下是各集团军的密码破译和无线电侦察机构。

在陆军部，以卡蒂尔为首的密码局从原来的几人很快增加到几十人，其中密码破译员约10人。在总司令部，法军总司令霞飞在发布动员令后不到一周时间内，就设立了密码处，以吉维尔为首，由7名专家组成，负责总部的密码通信并研究破译敌人的密码电报。依据1914年9月17日的命令，各集团军和集团军群司令部又依次建立密码机构（1至3名军官），负责贯彻密码工作条例，在战地就近收集对破译有用的具体资料，利用上面发的密钥侦译敌方低级的战术密码。这些密码机构相互协作，并建立自己特殊的通信联络网。开战后，电报的侦收由设在莫伯日、凡尔登、图尔等要塞和利尔、兰姆斯、贝桑松等地特别截收站进行。巴黎也有两处。后来全国形成以巴黎、里昂、波尔多三点为中心的网络，各台站有专线通向巴黎陆军部密码局。此外，法军还建立了一系列测向站。最初在没有测向仪的情况下，只依靠信号的强弱来判定敌台方向和距离，根据通报数量、收发关系和机器声音、报务员手法鉴定和网络组成等分析判断各部队的隶属、兵种等关系和行动。①

（二）法军破译德军密码电报

战役打响后，面对法国坚固的防线，德军左翼将领劝说总参谋长小毛奇加强当面的军事力量。于是，小毛奇决定进一步修改“施利芬计划”，在左翼又增加8个师的力量。同时，他不去加强右翼，反而减少其力量，从第2与第3集团军中抽调2个军、一个骑兵师共8万余人，去加强东线与俄国的作战力量，使得右翼德军被大大削弱。9月2日，小毛奇把他的这个修改计划以密电形式发给第1集团军司令克鲁克。小毛奇发给克鲁克的这份密电，克鲁克没有收到，而法国的无线电侦察人员却截收到了。他们用已掌握的二次移位破译方法破译

① 吴明冰：《特种战线：百年来国际无线电信号侦察和信号保密的斗争历程及经验教训》，金城出版社1996年版，第50—51页。

了这份电报，从中知道了小毛奇的错误做法。

9月3日，德军第1集团军指挥官克鲁克给德军最高统帅部发了一份密电，请示批准他发动一次横穿马恩河，接着挥戈西南直接逼近巴黎的战役。因为无线电通信的落后，使得这份密码电报整整发了36个小时，重复拍发无数次。最后，德军统帅部总算收到了。而法国的无线电侦察部队不但又一次截获了这份密码电报，而且在德军最高统帅部收到之前，就把破译的结果摆到了总司令霞飞的办公桌上。

霞飞在地图前与他的参谋们反复研究了这两份破译的密码电报后发现，德军按原计划行动的第1集团军，与按照新指示向东南方向移动的第2集团军之间的接合部，有一个50公里的大缺口。此情后来得到空中和骑兵侦察的证实。于是，霞飞与他的参谋们一致认为：一是法军应充分利用自己坚固防线的堡垒对付入侵的德军，坚决禁止一切离开防线的轻举妄动行为。二是从已形成的战役局势看，对于凡尔登—巴黎一带拥有全面优势的协约国来说较为有利。

在对德军的行动摸透的情况下，9月4日，霞飞发布了进攻的命令，法军第5、第6两个集团军和英远征军组成左翼，对德军右翼的第1、第2集团军实施主要突击。法军第3集团军在凡尔登以西实施辅助突击，法军新编第9集团军和第4集团军在中部圣贡德沼泽一带牵制德军。9月6日，法英联军依靠事先掌握的情报从德军防御间隙地带穿插，于9月8日逼近马恩河，从而构成对德第1集团军的包围态势，同时也对德第2集团军业已暴露的右翼形成包围之势。德军在法军的攻势下节节败退，最终输掉了马恩河战役。

战役后，法军总司令霞飞在给陆军部的信中，高度赞扬了密码局的无线电侦察工作，他说，“像所有陆军指挥官一样，我在最近几天里认识到你部密码分析局从事工作的价值，请代我们全体向卡蒂尔上校和他的集体表示感谢。”①

（三）德军无线电通信漏洞百出

战争爆发后，德军的通信联络跟不上部队高速推进的要求，通信只能依靠无线电，对此，德国军队的准备又十分不足。战争初期，德军最高统帅部只有一台制造粗糙的收报机，第1集团军仅有一台发报机，其他集团军的情况也大致如此，结果各集团军只能拍发最紧急的电报而不能收报。另外，德军的无线电通信十分混乱，有时在同一频率上有数个电台进行联络，相互干扰很大，再

① 颜春连：《无线谍报》，金城出版社1995年版，第24页。

加上其他原因，德军每发出一份密码电报都要重复多次，即便如此，一些重要的情报也是既发不过来，也传不过去。这种通信落后的情况，对高速前进的德军竟造成了这么一种局面：最高统帅不能随着部队的进展及时把自己的意图告诉他们，而前线的指挥官也无法将自己在干什么，将干什么及时准确地告诉最高统帅部，整个行动只能靠着指挥官自己按照总的作战意图去决定。这就给德国军队在组织指挥、协调作战、采取联合军事行动等方面带来极大的不利。① 另外，德军的保密意识薄弱，大量拍发明报，电台呼号长期不变，其呼号的字母编排也按顺序。这种种弱点为法军截获其密码电报并进行破译提供了良机。

四、评析

通过分析马恩河战役中法德两军在密码战中的成功和失败之处，可以得出如下启示：

（一）平时应加强对密码学理论的研究，并建设合理的组织机构

瑞典密码学家解尔顿在对比第一次世界大战中法国与德国密码斗争形势时指出，法国密码学派的传统要优于德国。从 19 世纪中后期到 20 世纪初期，法国一直在密码学领域中占有领先地位，出版了多部密码学方面具有代表性的著作。除了对理论研究的重视，法国还屡次进行密码部门编制体制的过渡，对各部门的密码机构进行整合，使之能够更好地利用有关密码学的研究成果和适应战时的作战保障要求。正是这种在平时对密码学理论的研究和对相关组织机构的整合，使法军的无线电侦察机构在战争爆发时能够迅速完成向战时的调整，并及时地对德军展开无线电侦察和密码破译工作，保障了马恩河战役的胜利。由此可以看出，平时就应对相关军事理论的研究与利用有较强的敏感性，并建立相应合理的组织机构，这样战争爆发时才能在技术和组织层面拥有对敌优势。退一步说，如果平时此项工作没有得到有效开展，那么在战争中则应敏锐地发现问题所在，加速进行相关研究，调整和重组相关机构，从而在一定程度上弥补平时技术和组织建设中的不足。

① 颜春连：《无线谍报》，金城出版社 1995 年版，第 17 页。

（二）战时应确保通信系统的畅通无阻

可以说，德军通信系统的落后也是造成德军失败的主因之一。德军的通信联络十分糟糕，他们的通信联络跟不上部队高速推进的要求。笨拙而落后的通信联络，随着最高统帅部与部队之间距离的拉长，无法保证作战，这时其通信只能依靠无线电，而对此，德国军队的准备又严重不足。通信落后的情况给侵入法国的德国军队在组织指挥、协调作战、采取联合军事行动等方面带来极大的不利，甚至为法军的无线电侦察创造了条件。而法军则恰巧相反，他们不但能充分发挥早就准备好的野战通信设备的作用，而且还广泛利用民用电话通信系统进行联络。因此，其通信一直处于畅通无阻的良好状态之中，为战役的胜利奠定了坚实基础。

（三）无线电侦察与保密皆不可偏废

由于一系列的原因，导致了德军在马恩河战役中的通信混乱和保密意识的落后，给侵入法国的德军在组织指挥、协调作战、采取联合军事行动等方面带来极大的不利，这对法军而言无疑是提供了一个进行无线电侦察和破译的无与伦比的好机会，使法军对德军的行动了如指掌。然而时过境迁，今天已不再可能会出现德军当时那样的状况，侦察与保密技术和手段日新月异，这就对无线电侦察与信号保密工作提出了更高的要求。无线电侦察与信号保密就像是一对矛与盾：我们可以用无线电侦察之矛来侦获敌方的核心情报，同时用信号保密之盾来对抗敌方的截收工作，从而保护己方通信安全。矛与盾任何一方的偏废都有可能使敌方有机可乘。也许德军在马恩河战役中保密的失误已不会在战争中重现，但由于侦察与保密技术上的失衡而导致战争失败的悲剧则有可能再次重演。

（四）扩展情报来源，多方验证

在马恩河战役中，法军除了使用无线电侦察与密码破译获取情报外，还使用了空中侦察、骑兵侦察、间谍侦察、火力侦察以及从俘虏及死亡人员身上搜索情报等多种侦察手段。例如，德军改变行军路线使右翼暴露的情报是由飞机首先侦察到的，而后又经过骑兵侦察以及从德军官尸体上搜到的地图的证实。德第 1 军团与第 2 军团间的缺口是将侦获到的 2 份德军密码电报所提供的情况进行反复研究后发现的，后来又得到空中及骑兵侦察的证实。而这两个情况就是法军得以掌握战机，战胜德军的关键。相反，蒙斯之战（边境战役中的一场战役）之初德军第 1 军团指挥官轻信骑兵侦察到的情况，认为英军在法加莱等地上岸，蒙斯是一座空城，殊不知这是英军散布的假情报，这导致了德军在蒙斯的受挫。现在，随着当今信息技术的飞速发展，信息呈几何级增长的趋势，而这中间有很多内容是重复的，甚至是相互矛盾的；情报侦察与反侦察的技术与手段也日益发展，各国之间的情报对抗也越来越激烈，这就使得一方面获得的情报大量增加，另一方面在这其中也充斥了大量的假情报与不准确的情报。要在这种情况下获得准确而有价值的情报，对于各种来源的情报进行综合的分析研究就成了必要手段。

第三章　加利波利战役中英国的情报失误

加利波利战役是第一次世界大战中规模最大的一次两栖登陆战役，被军事专家们称为“现代登陆第一战”[①]。这场战役是第一次现代意义上的联合登陆战役，展示了早期航空侦察条件下的海、陆联合登陆的整个流程：轰炸、佯动、攻击和撤退。这场战役是一战地中海战场一次决定性战役，但是由于少有的仓促决定和马虎执行，尤其是情报工作的失误，这次战役竟成了英国人参加的“介于萨拉托加和新加坡之间……遭受到的最惨重的失败”[②]。这场战役的失败也成了现代登陆战役中情报工作教科书式的惨败，为以后尤其是二战的联合登陆战役的情报工作提供了非常值得借鉴的经验教训。尤其是在这次联合登陆作战中，以早期水上飞机为主要技术装备的航空侦察，在情报保障工作中发挥了一定的作用，一定程度上预示了整个情报侦察技术发展的方向。

一、战役简介

1914 年底，西线战场上，德国势如破竹的进攻在马恩河遭到协约国军队的殊死抵抗，以突袭和侧翼包围为主要内容的施利芬计划宣告失败。新式的来福枪和野战工事使正面突破越来越不可能，双方都努力实现对敌方侧翼的包围

① 吴凤明等：《20 世纪十大登陆战》，解放军出版社 2001 年版，第 1 页。

② 指的是美国独立战争期间英军一支主力部队于 1777 年在萨拉托加被美军围歼以及“二战”时期日军于 1942 年攻占英属新加坡。汉森·W. 鲍德温：《第一次世界大战史纲》，陈月娥译，军事科学出版社 1991 年版，第 82 页。

进攻，结果西线战线不断向北延伸直到海边，双方不得不陷入了以堑壕、铁丝网和野战工事为基础的阵地消耗战。东线战场上，土耳其于 1914 年 10 月加入德国一方对协约国宣战。随着黑海和波罗的海通道被德国人和土耳其人封锁，已经在坦能堡战役中失败的俄国完全陷入了两线作战——在波兰地区与德国作战和在高加索地区与土耳其作战，俄国人不得不开始向英国人求助，希望协约国军队能够牵制土耳其军队以缓解两线作战的压力。

以英国为首的协约国开始策划新的军事行动，以打破西线的僵局并实现对东线俄国的支援。在海军大臣丘吉尔的积极倡议下，协约国在地中海发起了加利波利战役，企图利用英国强大的海军力量乘机夺取达达尼尔海峡和博斯普鲁斯海峡，攻占伊斯坦布尔，迫使土耳其退出战争。这样协约国就可以突破土耳其，对俄国打开几条关键的补给线；同时把罗马尼亚和保加利亚拉入战争中来，加入协约国作战；并且为塞尔维亚提供直接支援，最终创造出一条对抗同盟国的第三条战线——巴尔干战线，达到打破消耗战僵局的目的。

加利波利战役的实施分为两个阶段——联合舰队的突破行动和陆军的登陆行动。1915 年 2 月，联合舰队在卡登将军的率领下强行通过达达尼尔海峡。在压制了土耳其大部分的炮兵连火力之后，海军陆战队的突击队员冲上海岸破坏了海峡入口的炮台。但是由于有关土耳其防御工事的情报的失误，在海峡最窄处联合舰队遭到了来自土耳其隐蔽防御阵地的重炮兵连近距离炮击，不得不退出海峡结束了海军的第一阶段行动。3 月份，新的指挥官约翰·德·罗贝克集中了所有参战舰船进行了孤注一掷的突破行动，还是由于情报的失误以及情报的缺乏，这次行动甚至没有能够压制土耳其的炮台和炮兵连火力。随后联合舰队遭到土耳其人的水雷重创，付出三艘战舰被击沉、三艘战舰长期失去作战能力的代价后，彻底退出了这次战役。

在海军行动遭到失败之后，协约国才不得不考虑派陆军在加利波利半岛登陆，试图从后翼占领土耳其人的炮台，实现对海峡的控制。登陆作战分为两个阶段，4 月份，英国人伊恩·汉密尔顿率领澳新军团在半岛中部开始登陆。虽然成功进行了登陆，但是关于战场自然环境的情报十分缺乏，澳新军团被压制在狭长的登陆地带上，双方不得不再次陷入了僵持。8 月份，汉密尔顿在苏弗拉湾组织了第二次登陆，同样是情报的失误，协约国军队再次被及时占据制高点的土耳其军队压制，登陆行动再次失败。

至此，一次旨在地中海地区打开东、西两线僵持局面的战役在一次次的情报失误之后，在狭长的加利波利半岛上再次陷入了僵持。12 月份，协约国新任的指挥官门罗将军开始考虑撤退，结束这场已经失败的战役。经过周密的计划，协约国军队在第二年1月份顺利撤出。近9个月的加利波利战役中协约国有48.9万人参战，伤亡达25.2万人。[①] 这场战役对一战的进程产生了巨大的影响："塞尔维亚已被摧毁；保加利亚加入了敌人一方；罗马尼亚和希腊保持恐惧的中立不敢动弹……撤离使土耳其在半岛上的20个师得到了解脱，从此土耳其可以在色雷斯与保加利亚组成共同战线，进攻俄国、援助奥地利、恐吓罗马尼亚。土耳其同时还有能力威胁埃及和增援美索不达米亚。"[②] 战役结束时，双方实力对比的天平已经开始偏向同盟国，丘吉尔在回忆录中评价到："撤离加利波利半岛的初步结果：协约国的力量总损失达30到40个师，其中一半是一流的部队。"[③] 第一次世界大战不得不被延长了许多时间。而这种不可避免的延长被证明对俄国是致命的：与俄国建立直接和持续联系的希望随着加利波利战役的失败破灭；在沉重的战争压力下，失去支援的俄国很快就发生了国内革命，建立了苏维埃政权，进而影响了近一个世纪的历史发展进程。

二、加利波利战役中英国的情报失误

加利波利战役计划，单纯从战略角度而言是非常"大胆而有远见的"，是完全有可能打破战场的僵持状态，加速战争胜利进程的。德国海军大臣冯·蒂尔皮茨上将1915年说，"如果达达尼尔海峡失守，那么我们就在这次大战中输定了。"[④] 但是英国人因为自己的失误丢掉了这场至关重要的战役，富勒曾经这样检讨加利波利战役："没有判断力，对于问题的本身没有精确的战略分析，对于其战术要求没有适当的计算，在未来的目的与眼前的手段之间，没有真正的平衡配合。"[⑤] 没有分析、计算归根结底都与情报工作不力、缺乏准确的情报

①〔美〕汉森·W.鲍德温：《第一次世界大战史纲》，陈月娥译，军事科学出版社1991年版，第82页。

②〔英〕温斯顿·丘吉尔：《第一次世界大战回忆录》（第二卷），刘立译，南方出版社2005年版，第533页。

③〔英〕温斯顿·丘吉尔：《第一次世界大战回忆录》（第二卷），刘立译，南方出版社2005年版，第533页。

④〔美〕汉森·W.鲍德温：《第一次世界大战史纲》，陈月娥译，军事科学出版社1991年版，第78页。

⑤〔英〕J. F. C. 富勒：《西洋世界军事史》，军事科学出版社1981年版，第265页。

密切相关。

（一）战前情报准备严重不足

第一次世界大战爆发前，英国人为了解决国内的德国间谍问题，在原来保密局的基础上建立了新的情报机构——军事情报局，分为秘密保安局（MI5）和秘密情报局（MI6）。尤其是秘密情报局在派遣间谍搜集德国情报和破译德国密码方面成果显著。但是由于英国是个传统的海权和殖民地国家，它的情报工作主要集中在海军发展和殖民地稳定方面，主要是为了保证英国海军作战和维护殖民地稳定的需要。因此当第一次世界大战爆发时，情报部门对欧洲大陆的情报积累基本是空白。以加利波利半岛为例，英国情报部门对于加利波利的最近一次调查是在 8 年前，陈旧的资料根本不能满足战前情报准备的要求。[①]

丘吉尔是加利波利战役的策划者，他的战略无疑是伟大而又大胆的。但是如果缺乏严密的情报作为制定战役计划的基础，他的战略将变得大而无当。在攻占加利波利的战略形成之后，丘吉尔本应该组织情报部门对土耳其尤其是加利波利半岛地区进行细致的情报评估，但是他仅仅是通过电报向联合舰队司令卡登询问胜利的可能性，并根据卡登并不肯定的回答“我不认为达达尼尔是可以冲过的。但若使用大量的船只，作大规模的行动，则也许是可以强迫通过的。”定下了决心。[②] 通过丘吉尔的回忆录和自传我们可以找出一些原因：丘吉尔出生于军事世家，一直认为“自己的政治前途与军人的荣誉相比是微不足道的”，他渴望荣誉并为获取荣誉甘愿冒险。尤其是在安特卫普的失败之后，丘吉尔一直在寻找重新赢得荣誉的机会。加利波利战役可能带来的巨大荣誉使他没有过多考虑可能存在的失败，这种对荣誉的渴求和“傲慢自信、专横果断”的性格使他根本无意进行缜密的情报评估。

失败的情报工作直接导致了极其危险的战争评估结果：每个人都认为，只要协约国的海军力量一出现，土耳其的斗志就会消失。战役的事实证明这是完全错误的，战前的情报工作和情报评估完全是一厢情愿。1915 年 2 月加利波利半岛上确实只有土耳其第九军，而在亚洲方面也只有第三师，防御能力有限。

①〔英〕杰克·雷恩：《第一次世界大战的重大战役》，寿进文译，译文出版社 1982 年版，第 82 页。

②〔英〕J. F. C. 富勒：《西洋世界军事史》，纽先钟译，军事科学出版社 1981 年版，第 239 页。

但是，随后土耳其人派出了增援部队，增强了防御能力。其中加利波利方面为第五师，亚洲方面为第十九师和第十一两个师。[①] 更重要的是，土耳其的武装力量早已被德国人所控制。德国海军上将乌策多姆任博斯普鲁斯海峡和达达尼尔海峡岸防司令官，海军上将梅尔滕任土耳其大本营驻达达尼尔海峡全权代表，冯·赞德尔斯将军任土耳其第5集团军司令官等。因此英国面对的其实是完全控制土耳其武装力量的德军，而英军对此一无所知。在半岛守军的顽强抵抗下，头两天英法登陆部队损失近2万人，才占领了纵深不足1.5公里的登陆场。[②]

（二）情报保密工作不力

《孙子兵法》把保密看作军事情报工作的生命。《六韬》中说，“用莫大于玄默”，“谋莫善于不识”[③]，即用兵上最重要的是保守机密，谋略上最重要的是不被识破。而成书于明清之际由揭暄所著的《兵经》甚至将情报保密提高到“用谋之要”的地位，“谋成于密，败于泄。三军之事，莫重于密”。意即军事计谋的成功在于严格的保密，失败在于泄露秘密。在军事上，没有比保密更重要的事情了。如果说缺少情报是协约国进攻加利波利半岛的计划的严重缺陷的话，那么缺少情报保密以及登陆作战的突然性也是如此。

登陆加利波利的计划1914年底就已经在丘吉尔脑海里成形，他在1914年11月份就命令装载澳新部队的运输船留在埃及不要动，以便载运他们参加远征的行动。但是他却在此时发动了一个毫无意义的战争行动：11月3日，即英国大使离开君士坦丁堡的后两天，英国海军奉海军部的命令，炮击达达尼尔的炮台。达达尼尔要塞的指挥官吉伐德说：“这次炮击使我受到了一个警告，使我认清了应将空闲的时间，用来增强防御。”[④] 贝尔提勋爵就曾经这样写道：“达达尼尔远征行动本来还只有圈内人士知道，现在已经不再是机密了。”[⑤] 英国人

---

①〔英〕J. F. C. 富勒：《西洋世界军事史》，纽先钟译，军事科学出版社1981年版，第240页。

② 杜立平：《大登陆——20世纪最著名的六次重大登陆战役》，载《军事历史》1999年第5期。

③《六韬·龙韬·军势第二十六》。

④〔英〕J. F. C. 富勒：《西洋世界军事史》，纽先钟译，军事科学出版社1981年版，第237页。

⑤〔英〕J. F. C. 富勒：《西洋世界军事史》，纽先钟译，军事科学出版社1981年版，第241页。

如此杂乱、毫无意义的进攻最终推动了土耳其人在德国人的支援下加强了这一地区的防御力量，大大增加了 1915 年战役开始后的难度。

1915 年 3 月 18 日协约国舰队离开亚历山大港时，土耳其人就认为英法联军将进行登陆作战。由于协约国不重视情报保密工作，土耳其军队指挥官桑德斯关于英军动向的猜测可以通过每天获得的大量关于英国意图的情报予以证实。这些情报是在亚历山大、希腊和叙利亚的德国间谍以报告形式呈报的。埃及的报纸每天都在报道英国指挥官的行动，而且英法联军的舰船在其港口反复装卸，部队在甲板上进行训练。汉密尔顿的一名参谋甚至收到从本土通过普通邮局发来的公函。英法联军在埃及离船上岸的必要性使得任何保密机会都丧失殆尽。每次活动都能被公众看到并且被记者拍摄。当地的渔民和船夫在大街小巷谈论英法联军活动的信息。由于缺少工程师和登陆工具，汉密尔顿派遣他的部属到中东地区大张旗鼓地购买用于运输登陆部队的驳船和拖船。在听说利姆诺斯几乎没有什么淡水之后，汉密尔顿便命令他的士兵到亚历山大和开罗市场去收集空油桶、汽油罐、皮囊和其他容器。毫无疑问，桑德斯从英法联军的军事活动以及后勤准备方面认定将来必将有大规模的登陆进攻。

汉密尔顿试图通过他的情报部门对敌实施欺骗，使敌人认为他将对士麦那①发动进攻。但是，欺骗并不成功。实际上在士麦那港方向并没有什么军事行动，而英军却在加利波利附近和伊姆罗兹②的穆兹罗斯港口活动频繁。英国的水上侦察飞机每天在加利波利半岛上空飞行拍照。在达达尼尔海峡土军发现英国潜艇在活动并击沉一艘。英国战舰上不时传来零星的炮声。穆兹罗斯的登陆场也正在建设当中。在伊姆罗兹岛附近，大量的部队在集结。土耳其指挥官桑德斯还从一份报纸对法国将军的采访中得知其所谈论的进攻加利波利的作战方案。因此，有历史学家讥讽到，土军所缺的是一张英军给的关于英军行动的地点、时间的明信片了。

（三）战场情报支援工作处于劣势

当飞机和无线电设施发明之后，现代战争的战场情报支援工作也有了质的飞跃。人们开始可以对战场情况尤其是敌方阵地进行纵深侦察和快速传递战场情报。在加利波利战役中，英国人开始使用装有无线电的水上飞机来确定土耳

① 古城名，今称伊兹密尔，土耳其西部港口城市。

② 土耳其最大岛屿，靠近达达尼尔海峡南口。

其火炮的位置，也取得了一些成效。在作战第一阶段，联合舰队基本上摧毁了海峡要塞的大部分外炮台。但是由于海面的水文情况极其不稳定，飞机针对要塞纵深的侦察效果并不是很理想，而且土耳其军队针对英军的空中侦察采取了一些反侦察措施。土耳其人根据水上飞机不能进行纵深侦察的特点，主要实施纵深防御：首先是在悬崖后方修筑隐蔽防御战线，当外围炮台被摧毁后迅速进入隐蔽防御防线进行第二阶段的防御。由于侦察效果比较差，英法联合舰队的海岸小分队和随后的登陆部队受到土耳其隐蔽火力的惨痛打击，伤亡较大。其次是将大量的活动榴弹炮隐藏于灌木丛中，还时常移动，进行被动的伪装和主动的反侦察活动。结果证明，联合舰队的舰炮对于这部分防御火炮的打击摧毁效果比较差，土耳其的反侦察措施比较有力。

值得注意的是，在第一次世界大战中，水雷已经投入使用并发挥了重要的作用。由于当时技术条件的限制，对于水雷的侦察和排除工作十分的困难：木制的扫雷舰船在海峡中不能逆 4-5 节的海流而行，扫雷行动不能如期进行；而且海流直接将水雷与破碎的船毂冲向盟军的舰船并导致它们爆炸甚至于沉没。尽管如此，英法联合舰队还是在水面飞机的支援下，对海峡进行了反复的扫荡。针对英法的扫雷行动，土耳其一方面利用探照灯指引防御火力进行干扰，另一方面针对英法情报侦察的漏洞进行同一地区的多批次布雷。在联合舰队 3 月 18 日第二阶段进攻时，海峡已经反复扫荡过，英法情报部队认为“在海峡五英里以内没有水雷了”。但是，英法的侦察部队不知道“一只土耳其小船在主要布雷区外放了一排新水雷，它们就被放在早先炮击期间海军舰队停留的地方”[①]。结果英国的“不可抗号”“不屈号”和“大洋号”触雷沉没，同时水雷爆炸使另外三艘战列舰出现较大的裂缝。

（四）针对澳新部队的登陆情报保障严重不足

作为一场登陆战役，加利波利战役对情报工作要求更高。尤其是在当时登陆保障技术比较低的情况下，更需要对战场环境进行详细的侦察，主要包括水文、气象、地形等情况。正如前面所讲的，土耳其军队依据战场的地形对防御阵地进行了必要的隐蔽，尤其对第二批次防御火力进行了隐蔽。由于战前评估的错误，英法并未对第二阶段登陆作战进行较为详细的考量，针对澳新部队

① 〔英〕杰克·雷恩：《第一次世界大战的重大战役》，寿进文译，译文出版社 1982 年版，第 83 页。

的登陆情报保障严重不足。在第二阶段登陆作战前夕，英国情报部门甚至不能为战场指挥官提供一张完整的加利波利地区当时的军用地图。战场指挥官汉密尔顿将军对于加利波利的全部知识，来自1915年的土耳其陆军操典、一张不完善的作战区域地图和一张当地书店买来的君士坦丁堡旅游指南。[①] 结果根据错误的地图预想的登陆场完全不利于登陆作战。指挥官默德伍德“预料的有一英里的海滩，事实上长不到一英里的四分之三，宽在一百英尺左右，两端都被悬崖峭壁所阻塞”[②]。这样整个登陆部队就被围困在不到两英里长和一英里五分之四宽的海滩区域，并遭受到了来自峭壁上面火力压制。澳新军团登陆上岸之后，士兵们在对着武器上占优势的敌人作仰攻。他们受到上面炮火的强烈压制，发现在这种多岩石的地形上用小铁锹在结实的灌木根上进行挖掘是不顶用的。他们拼命在这陡峭的丘陵地寻找岩洞般的洞穴。小分队爬上岸边的山脊，结果发现山那边是一道深谷和更为陡峭的山岭。到黄昏时刻，土军依旧掌握着高地。由于地形太复杂，以致澳新军团无法展开部队。

登陆情报保障工作不利一方面是由于英国人固有的自负，另一方面是由于当时的技术手段比较落后，不能提供如此大型登陆作战所要求的海峡环境和半岛气候情报。在一战期间，没有超级计算机，没有大气的数学模型，没有卫星和遥感设备。航空还处于发展初期，对提供有关海岸、航道、礁石、潮汐和航行危险因素等信息的航空照相侦察也只是进行了初步的尝试。海峡复杂的水文环境给登陆造成了极大的困难：24小时的雷电、暴雨和强劲的偏北风引发了洪水，冲出了沟壕，并使小型登陆艇发生了意外事故，雨过之后是低温、冻雨、大雪和浓雾。在“赫尼斯”角，从海面刮向陆地的风吹起一大片夹杂着烟尘的浓雾遮盖了登陆场，能见度极差。在这次登陆行动中200人死亡，10000多人受伤。海军海洋局作战支持中心主任里奇·科恩说，“如果计划制定者们拥有今天的技术，那么达达尼尔海战可能会是另一番模样。附以说明的有关海岸和航道的卫星图像和通过计算机分析海洋数学模型而得出的海浪和潮汐预报会使他们清晰地了解海峡的环境特点。”复杂的天气情况也给登陆部队坚持作战造成了很大的困难：在苏弗拉湾登陆后期，没有预见到的暴雨天气使整个战场成为了泥沼，冻死、淹死的人不计其数。协约国对这种暴风雨全然没有准备；没

① 吴凤明等：《20世纪十大登陆战》，解放军出版社2001年版，第6—7页。

②〔英〕杰克·雷恩：《第一次世界大战的重大战役》，寿进文译，译文出版社1982年版，第87页。

有储备额外的保暖衣服。最终所有的人不得不同意尽快结束这场战役，1915年12月19日协约国军队开始撤退。

三、加利波利战役中英国情报失误的原因

由于当时人们对于登陆作战的情报需求认识不够和技术条件限制，加利波利战役发起方协约国尤其是英国的情报工作出现了很多失误。但是正是有了这一场联合登陆作战教科书式的教训，第一次世界大战之后才出现了以诺曼底登陆为代表的许多成功的登陆作战。从这个意义上讲，加利波利战役中的情报战在历史上具有承前启后的作用。从所处时代特点的角度理解，我们就能够解释英国在建立了比较完备的情报机制的情况下，为什么会出现如此重大的情报失误。

首先是超前的战略构想与滞后的战争理论尤其是情报支援理论矛盾的必然结果。不可否认，加利波利战役计划是一个非常伟大的战略构想，丘吉尔为英国设计了与施利芬计划同样伟大的侧翼包围的战略，但是当时战争实践和战争理论并不能够支撑这样一个大规模的联合登陆作战。当时的作战理论主要是由法德两国主导的陆军进攻和防御理论，如何策划和指挥海陆联合作战仍然是作战理论的空白。因此当丘吉尔构思了这样一个战略后，在实施的过程中“没有协调的努力，没有完整的行动计划，也没有重视实践的观念”[①]。

其次是情报观念和情报能力滞后的结果。自古以来情报工作都受战略家们所重视，绝对不能说丘吉尔不重视情报工作，只能说当时人们的情报观念和情报能力相对于这样大规模的联合登陆作战是滞后的。作为第一次现代意义上的联合登陆作战，历史上无章可循，人们不能深刻地认识到水文、气象等有关情报的重要性；同时当时的情报能力也不能够满足人们对于这类情报的需求。只是到了第二次世界大战时，人们对于登陆作战所需要的情报保障工作认识才比较清楚，同时科学水平也能够初步解决对于水文、气候等情报的搜集需求。

因此可以这样说，加利波利战役中双方的情报斗争在情报史中的地位和作用是比较重要的，这次战役的经验教训为人们认识和研究情报在现代联合登陆作战中的极端重要作用提供了基础，为人们解决现代联合登陆作战的情报保障

①〔英〕J. F. C. 富勒：《西洋世界军事史》，纽先钟译，军事科学出版社1981年版，第265页。

工作提供了比较好的思考方向；同时预示了以后情报技术的发展方向，为各国情报理论尤其是航空航天侦察理论的发展提供了最初的实践基础。

四、加利波利战役中情报战的特点

第一次世界大战是现代战争发展成熟的助推器，在一战中很多作战装备被更新，很多战争理论有了新的发展。随着无线电技术和航空技术等科学技术的发展和应用，情报工作也有了一个飞跃，进入了技术侦察的阶段：一方面是无线电信号侦察，这包括信号侦收、信号分析、测向、通信分析、密码破译等；另一方面是空中的观测和照相，虽然处于比较初级的阶段，但是情报斗争的战场毕竟从陆地、海洋转入了天空，空中侦察大大提高了侦察的效率。在这样一个背景下，加利波利战役的情报斗争凸现了两个特点：一是展现了现代联合登陆作战的情报工作流程，为以后的联合登陆作战提供了经验教训；二是初步展示了航空侦察的巨大作用和重要性，预示了未来情报技术的发展方向。

（一）展示了现代联合登陆作战的情报工作流程

加利波利战役中，有18艘英国主力舰（包括装备15英寸大炮的新式“伊丽莎白王后号”），4艘法国战列舰和辅助舰只组成的海军力量参战[①]，有包括澳新军团在内的近50万远征军参战。算上水上飞机等航空侦察力量的使用，这场战役是现代历史上航空侦察支援下的第一次大规模海陆联合登陆作战。虽然这场战役失败了，但是一场失败的战役往往比一场成功的战役更能带给人们深刻的思考。战后各个参战国的历史学家和军事学家都对战役失败的原因进行了探讨，英国还专门成立了达达尼尔委员会调查战役失败的原因。

联合登陆作战作为一种复杂的合成作战需要情报的有力支持。情报支援应该贯穿登陆战役的准备、实施各个阶段、各个环节。英国的情报失误从反面为我们展示了一场联合登陆作战所需的情报保障工作流程。首先是要对登陆地区进行全面详尽的情报侦察，包括守敌的兵力、火力部署，登陆地区海滩宽度、地形地貌等自然环境情况，登陆海区的海洋水文、气候情况等，以便制订详细的作战计划和应急反应计划；其次是要极端重视情报保密工作，包括隐藏己方

---

①［英］杰克·雷恩：《第一次世界大战的重大战役》，寿进文译，译文出版社1982年版，第83页。

行动意图和作战计划的被动保密工作，佯攻等主动的欺敌行动；第三是要重视战役过程中的实时情报搜集和分析决断能力。登陆战役战场形势的变化速度要超过其他普通的陆地战役，敌我态势的变化是在瞬间完成的，只有建立完善的战场情报搜集体系，才能够保证指挥官能够根据战场形势变化进行实时的分析决断能力。

（二）展示了航空侦察的重要性

19世纪动力航空器的出现，把战场从陆地、海洋延伸到空中。这就实现了战役、战略性的远距离侦察和警戒，克服了地球曲率和地形、地物对人们视界的限制。因此人们便把侦察设备升空用于军事活动。[①] 20世纪初飞机的发明，进一步增强了人类“看到山那边”以及“拨开战争迷雾”的能力。飞行在空中的飞机视野开阔，能够观察到较远的目标。同时飞机侦察时效性强、机动灵活的特点，能够在短时间内同时发现大量的各种目标，向指挥官提供近乎实时的战场情报信息。

加利波利战役中英军航空侦察工作主要是：利用水上飞机对土耳其防御阵地进行侦察、为己方炮兵射击进行火力校射、为海军扫雷艇提供排雷情报等。以水上飞机为主要工具的空中侦察发挥了前所未有的作用：英军的水上飞机装备有斯特林（Sterling）无线电装置，飞行员和观察人员能够把信息传递给舰载接收设备；英军的水上飞机装备了简易的照相设备，可实施侦察拍照。虽然早期的照片判读技术处于初级发展阶段，但是它所提供的大量有用信息能够帮助识别判断一些复杂的地形，了解土耳其军队的防御部署情况。在确定港口的分布，特别是火炮的打击角度和覆盖范围方面，空中侦察发挥了比较重要的作用。例如英军水上飞机通过侦察，提供了土耳其军队的一个是将在5月17日到达利曼港口的情报。该情报通过飞行员塞姆森（Samson）得到证实，当天他轰炸过该港口，并给土耳其军队造成了很大伤亡。依据这些情报，英法联军司令部判断土军计划使用步兵对澳新兵团进行大规模进攻，并于5月18日提出预警。结果土军在5月19日夜间发动的进攻遭到重创。

由于航空无线电通信不稳定、水上飞机航程较短、全天候侦察能力不足、照相机成像技术精确度不高等原因，当时空中侦察的各种技术条件比较薄弱，仍然处在比较初级的发展阶段。但是军事家们已经深刻地认识到空中侦察无可

① 李元奎：《高技术与现代战争》，解放军出版社2003年版，第171页。

比拟的优势，航空侦察开始成为情报侦察最重要的一个发展方向。一直以来各国都十分重视航空技术的发展和应用，作为航空侦察平台的飞机性能不断提高。到了80年代，许多高新技术特别是微电子技术、光电技术、隐形技术以及新材料、新工艺等的使用，使现代飞机已经具备了全天候、全方位、全高度的性能。另一方面，侦察技术的发展也是航空侦察能力有了质的飞跃。由于采用了红外、微波、多光谱成像等先进技术，使图像侦察能力显著提高，能在各种天气条件下对各种目标进行实时侦察，并给己方军队实时指引具体打击目标。

第三编

第二次世界大战的情报战

第一章　日本全面侵华战争的情报准备

明治维新以后，日本步西方列强后尘，走上了军国主义道路，将侵略扩张的矛头指向朝鲜半岛和中国。1894年，日本发动甲午战争并侵占中国台湾，1904年，日本通过日俄战争，开始逐步将中国东北纳入其势力范围。1927年6月，日本在东京召开东方会议讨论中国局势。[①] 会后，首相田中义一根据会议内容向天皇呈报了臭名昭著的《田中奏折》，提出“欲征服世界，必先征服中国；欲征服中国，必先征服满蒙”的对外扩张总战略[②]，并积极扩军备战。1931年9月18日，日本趁西方列强忙于欧洲事务，无暇他顾之机，再一次进行战争冒险，正式发起侵略中国的战争。

虽然在“九·一八”事变后侵占了中国东北地区，但日本当时还没有足够的国力发动对中国的全面战争。为了一举灭亡中国，日本开始在军事、政治、经济、外交等方面加紧全面侵华战争的各项准备。经过6年的精心准备，日本基本具备了发动大规模侵华战争的能力，以1937年“七·七”事变为标志，悍然发动全面侵华战争。在全面侵华战争的战争准备阶段，日本将情报准备工作置于突出的位置，通过调整情报工作重点，加强情报力量建设，不断提升情报能力，不仅有力地保障了战争准备工作的顺利完成，也为“七·七”事变后

---

① 1927年6月27日至7月7日，东方会议由当时的日本首相兼外相田中义一大将在东京主持召开，参加会议的有外务省、陆军省、海军省、参谋本部、军令部和关东军的领导人，以及日本驻华的外交官。会上通过了《在华行动纲领》，即“田中奏折”。

② 李玉、骆静山主编:《太平洋战争新论》，中国社会科学出版社2000年版，第190页。

情报工作的开展奠定了坚实的基础。

一、日本全面侵华战争的情报需求与情报力量存在的不足

“九·一八”事变后，日本侵华野心急剧膨胀，侵略行动逐渐升级。“九·一八”事变爆发后短短4个多月的时间，日本就侵占了3倍于日本领土的中国东北全境。此后日军以中国东北为基地，向中国华北地区扩张。日本帝国主义的野蛮侵略激发了全中国人民救亡图存的民族意识，中国抗日救亡运动日趋高涨，爱国军民奋起还击，义勇军、游击队等各种抗日武装纷纷涌现；一部分爱国的东北军官兵出于民族大义，拒绝执行国民党政府的不抵抗政策，沉重打击了日本帝国主义的嚣张气焰。在抗日力量风起云涌之时，中国政局也在不断变化。1936年12月12日爆发的“西安事变”，在国内外引起了极其强烈的震动。“西安事变”的和平解决迫使蒋介石不得不同意停止内战，与共产党一致抗日，中国抗日民族统一战线初步形成。中国政治局势的变化明显超出日本决策层的预期，对其发动全面侵华战争和情报工作的开展形成了巨大障碍。

为早日具备发动全面侵华战争的实力，日本进行了精心的战争准备。在此过程中，日本决策层对各种类型情报的需求也显得更加迫切。但情报工作并不能满足日本决策层进一步扩大侵华战争的需要。

（一）情报需求更为迫切

军事情报是情报需求的重中之重。基于自身国情，日本经受不起长期战争的消耗，这促使日本决策层在制定作战计划时，把“速战速决”作为必须遵循的作战指导原则。① 这就要求日本情报机构必须在战前准确及时地获取敌对国家的军事情报，以便决策层制订周密的作战计划，遂行“速战速决”的方针。然而，“九·一八”事变爆发后，日本在不断侵吞中国领土的同时，时常困扰于军事情报的缺乏，导致其侵略行动多方受阻。日军意识到，如果这一问题不加以解决，即使日本扩军备战准备非常充分，待到全面侵华战争打响后，面对疆域广袤的中国仍然会感到无从下手。出于全面侵华战争的需要，日本决策层对中国军事情报方面的需求明显比“九·一八”事变前更为迫切，经常指导情

① 盛欣、何映光、王志坚、郭成建：《富士军刀：日本军事战略发展与现状》，解放军出版社2002年版，第44页。

报机构加强相关情报的搜集。如1935年中国驻屯军司令多田骏上任后，就曾下令各情报机构集中力量编订大范围的兵要地志，对中国陆军和空军进行大规模普查。在这种形势下，情报机构也必须紧紧围绕决策层的情报需求调整工作重点，进一步加大军事情报搜集力度。

对政治、外交情报的需求持续升温。"九·一八"事变后，中华民族抗日救亡运动日趋高涨。许多爱国抗日武装队伍与地下组织在极其艰苦的环境下与日军进行着英勇的斗争，动摇着日本殖民统治的稳定性。日本一直以来都意图将占领地区纳入其"总体战"的一部分，建立起巩固的战略后方基地。然而中国人民不屈不挠的抗争击碎了日本的幻想，与"九·一八"事变前相比，日本决策层对于政治情报的需求大幅上升，迫使日本情报部门必须广泛搜集中国的政治情报，以确保对时局的掌控，情报工作的开展也面临着新的考验。此外，国际社会也由最初纵容日本侵华开始转向支持中国抗日，许多列强国家通过各种方式给予中国抗日斗争物质帮助和道义上的支持。为防止列强的干涉影响到日本全面侵华战争的发动，确保在外交上占据主动地位，国际形势的最新动向、列强国家与中国政府的联系和对日侵华的态度也成为日本决策层和情报机构的关注重点。

经济情报在情报需求中的地位不断上升。日本自身战略物资储备极其贫乏，这一严峻现实促使日本在对外侵略战争中把占领重要战略地区、掠夺所在地战略资源作为首要目标，中国东北就是其"以战养战"战略的出发点。"九·一八"事变爆发后，仅仅依靠东北的经济资源已不能满足日本战时经济的需要，日本决策层将掠夺重点转移到华北地区，对情报工作也提出新的要求。如1934年10月中国驻屯军司令部在《华北重要资源调查之方针及要领》中提出，"要助长帝国发展对华经济，使战时我国国际贸易资源易于补充，同时扶植和增强帝国在华北的经济势力并促成日、满、华经济圈"①。如何加大经济情报的搜集力度，保障日本经济向战时经济迅速转变，成为"九·一八"事变到"七·七"事变时期情报工作面临的一大挑战。

（二）原有的情报力量存在明显不足

通过甲午战争和日俄战争，日本情报系统在战争积累中不断成熟起来。20世纪30年代初期已经形成了军队情报机构、政府情报机构、民间情报机构三

① 近代日本研究会:《近代日本と东アジア》，山川出版社1980年版，第161页。

个层次的结构体系。其中，军队情报机构内部，既有处于中央情报机构地位的陆军参谋本部第2部、海军军令部第3部，又有驻华的各大特务机关[①]、日本宪兵队等下属机构。政府部门的外务省和内务省内部分别设有专门的情报机构，如外务省大臣官房内的调查部、日本驻外使领馆，内务省的警保局和特高科。民间情报组织也是日本情报机构重要的组成部分，满铁调查部[②]就是其领头机构。总体来看，虽然当时日本情报系统已经初具规模，但与日本扩大侵略战争的需要相比，依然存在着很多不足，无法适应日本扩大侵略战争的需要。

首先，情报系统缺乏有效整合。虽然机构众多，但是军队情报机构、政府情报机构以及民间情报组织之间各成体系，使得“日本情报系统内无法建立起能够整合各情报机构的中央情报机关，各机构间没有实现情报上的共享”[③]。陆军参谋本部第2部、海军军令部第3部虽然被称为军队中央情报机构，但在许多时候无法有效整合其下属的情报机关，导致情报机构组织松散。与此同时，日本决策层长期以来忽视战略情报的重要性，往往更重视战术情报，从而将情报机构视为决策和作战部门的附属机构，经常使用作战部门人员协助进行情报分析，即作战与情报工作在同一个部门内完成。[④]这导致日本军队“很少培养出而且从未保持过可与对手匹敌的分析技能”[⑤]。

其次，信号情报技术能力薄弱。一战以后，以航空和无线电加密技术为代表的高科技被广泛地应用于情报领域，极大地推动了情报工作的发展。早在20世纪20年代中后期，日本就已经认识到无线电侦收等技术手段对于提高情报获取能力的重要性，陆军参谋本部、海军军令部内先后成立无线电侦察和密

① 特务机关是设于关东军司令部以外的正式军事机构，其机关长、辅佐官、机关员都是日本军官。

② 就调查机构而言，满铁调查部只存在两个时期：1907年3月至1908年10月和1938年4月至1943年5月。其他时期，名称不同、职能各异的专门调查机关，无论满铁本部，还是各个下属部门，始终存在。本书中所说的调查部主要作为满铁调查机构的代称，既代表满铁本部的调查机构，也代表其他满铁调查机构。

③ 小谷贤：《日本军のインテリジェンス：なぜ情报が活かされないのか》，讲谈社2007年版，第197页。

④ 小谷贤：《日本军のインテリジェンス：なぜ情报が活かされないのか》，讲谈社2007年版，第199页。

⑤〔美〕迈克尔·华纳：《情报的兴衰：一部国际安全史》，黄日涵、邱培兵译，社会科学文献出版社2016年版，第104页。

码分析机构，如1929年初，海军军令部负责通信情报工作的第2班新设第4课别室，开展有组织的无线电侦收和密码破译工作，这是日本海军通信情报机构的发端。[①] 但由于刚刚起步，技术基础还很薄弱，致使无线电侦听部门短期内很难获得中国的核心内幕情况，更多时候依然要靠人力侦察手段现地侦察获取情报，这就导致情报手段过于单一。

最后，情报活动范围较为狭窄。"九·一八"事变时期，日本在中国的势力范围还仅仅限于东北地区，其情报活动的范围也更多局限在这一地区。以驻华特务机关为例，"九·一八"事变前设立的特务机关主要分布在沈阳、哈尔滨、黑河、延吉、绥芬河、满洲里等地，基本上都位于东北地区内，这也导致日本在进一步进犯中国内地的时候无法获得情报上的有力支持。

二、日本在战争准备过程中改进与强化情报工作的措施

为了加快战争准备工作的步伐，日本对情报机构进行了一系列的改组与扩充，进一步加强情报手段的建设，在"七·七"事变前建立起覆盖中国全境的庞大情报网络，整体情报能力有了很大的提升。与此同时，为保障日本全面侵华战争准备工作的顺利开展，满足决策层大幅增加的情报需求，情报机构适时调整工作重点，搜集、上报了大量决策层急需的情报，为其后发动的全面侵华战争做好了准备。

（一）改革情报机构，增强情报力量

随着日军侵华行动的逐渐升级，原有情报机构存在的组织松散等缺陷渐渐暴露出来。为了适应全面侵华的战争需要，日本对情报机构进行了一系列改革。

"九·一八"事变后，日本根据实际情况，对陆军参谋本部和海军军令部进行调整，强化了其作为军队中央情报机构的地位，同时还对特务机关、宪兵队、满铁调查部等机构进行了改组和扩充。在20世纪初以来日本不断扩大侵略中国的行动中，特务机关一直扮演着侵华开路先锋的角色。"九·一八"事变后，因应日本侵略的重点方向由东北地区转向华北、华中地区，日本特务机

①〔日〕实松让：《情报战》，王云辅、杨坚、张林译，江苏人民出版社1981年版，第52页。

关分别于天津、太原、郑州、青岛、大同等地设立新的特务机关，在这些机关下面还设有许多的分机关，势力范围不断扩大。这些新设立的特务机关与“九·一八”事变前建立的特务机关一起，构成了覆盖中国全境的特务情报网。与此同时，随着日本侵华行动的逐渐升级，自1933年起，日本宪兵队的任务也由最初的维持军内治安和进行刑事侦查、政治侦察等，增加了严密控制外国使领馆的工作人员、搜集情报等项目。[①] 从1935年开始，宪兵队的机构和力量进一步得到加强和充实。至1937年初，关东军在长春、奉天、延吉、哈尔滨、齐齐哈尔、牡丹江、承德、海拉尔等地共设有8个宪兵队，人员达3000人左右，情报活动的触角由东北地区向中国的华北、华中等地延伸。作为民间情报组织的中坚力量，满铁调查部以“九·一八”事变为转机，从一个供给情报的咨询部门变成配合关东军决策的机关。1932年1月，满铁新设经济调查会，1934年以后主要方向由伪满洲国向华北和华中等内地转换。满铁根据军部要求，在满铁经济会内增设第六部，下设综合班与基础调查班，专门负责搜集和调查华北的经济情报。满铁还在总务部内新设东亚科，在天津设事务所，在察绥两省设调查所，扩张满铁在华北的地盘。这些机构在日本政府和军部的支持下，对华北地区经济资源、政治制度、社会人情及风俗习惯等进行了无孔不入的侵略性调查。[②]

虽然对原有情报机构的改组和扩充在一定程度上提升了情报能力，但调整之后的情报力量仍无法完全满足日本政府在战时的情报需求与对华殖民统治的需要。为加强占领地区的控制，日本政府还新组建了警务统制委员会、伪满宪兵团、协和会、伪满特务警察网等机构，这些新组建的机构不仅负责殖民地区的情报工作，还协助日军大肆镇压、屠杀中国的爱国军民，对维持伪满洲国的统治和对华情报机构之间的协调起到重要的作用。其中，1936年7月1日设立的内阁情报委员会，最初的设想是使其成为直接对日本内阁负责的类似中央情报部的机构，虽然从其实际所发挥的作用来看远远没能达到预期的效果，但从中也看出日本力图整合所有情报资源的决心。总之，日本通过对情报系统一系列的改革，在一定程度上改变了“九·一八”事变时期情报能力不足的状况，至1937年“七·七”事变前夕建成了较为严密的情报网络，为日军发动全面

① 逄复主编:《侵华日军间谍特务活动纪实》，北京出版社1993年版，第78页。

② 军事科学院军事历史研究部:《中国抗日战争史》(上卷)，解放军出版社1991年版，第338页。

侵华战争奠定了基础。

（二）加强手段建设，提高获情能力

随着近代科技水平的不断发展，情报技术有了长足的进步，出现了无线电技术侦察、航空侦察等新的情报侦察手段。“九·一八”事变爆发后，日本加速推进情报手段建设，除了继续发挥人力情报优势以外，还充分利用其他手段搜集情报。通过各种情报手段的综合运用，日本的情报获取能力有了显著提升。

1. 人力情报

人力情报一直以来都是日本情报机构最主要的情报手段，“九·一八”事变爆发后，随着日本全面侵华战争准备的开展，对情报的需求大增。为此，日本调动全部对华情报力量，秘密派遣情报军官展开了全面细致的情报侦察。例如，“七·七”事变前夕，日本为进一步了解中国方面的战略动态，从1937年3月起，由陆海军中央部派出高级将校参谋要员，以所谓“视察”“旅行”等名目，多次到华北、华中等现地进行秘密侦察。[①] 据统计，在1935-1937年这段时间内，日本对华北地区全面展开情报工作，仅公开记载的，就有军事方面9次，外交方面2次，经济方面21次，军、经结合4次，政治方面1次。[②] 情报人员的调查为日军基本判明华北地区的情况，展开大规模侵华行动奠定了基础。除此之外，日本还广泛利用民间组织、日本国民、外籍人士搜集中国情报。以满铁调查部为例，其最盛时期有情报搜集人员4500名，其中专门分管对华情报搜集研究与宣传的人员达2000多名，这些情报人员广泛深入到中国各地的城市、乡村，搜集了大量的情报。

2. 无线电信号情报

侦收和破译无线电通信是使用技术手段获取情报的重要方式之一，日本在这方面起步较晚，一直到20年代初才有实质性行动。“九·一八”事变爆发后，日本为弥补侦控范围的不足，陆续组建一些新的无线电侦听机构。1933年中国驻屯军请示陆军省，声称“鉴于帝国周围的形势，此际必须刻不容缓整备充实驻屯军侦听机关的器材，并且于北平分设侦听站”。同年，日本海军军

① 军事科学院军事历史研究部：《中国抗日战争史》（上卷），解放军出版社1991年版，第571页。

② 关捷主编：《日本侵华政策与机构》，社会科学文献出版社2006年版，第318页。

令部也在上海设立了一个破译密码机构“X 机关”。日军不仅利用驻华无线电侦收破译机关搜集情报，全面侵华战争前夕，在日本国内也建立了大规模的侦收机关。1936 年前后，日海军在琦玉县大和田村建立了一个大规模的侦听中心，即大和田所，1937 年“七·七”事变时，他们昼夜侦收中国和美军的电报，并从北平美海军武官致美海军作战部长的电报中，取得我二十九军准备对日军进击的情报。[①] 随着侦控范围的扩大和技术手段的不断完善，日本无线电通信侦察发挥出越来越重要的作用，中国的外交密码、商用密码和军事密码逐渐被日本情报人员破译，中国的军政核心机密源源不断地落入日军各级决策部门手中，这些机密情报对帮助日军侵华起到了巨大的作用。

3. 公开来源情报

日军对公开渠道来源的情报资料也给予了高度重视，特别是日本驻外情报人员经常利用所在国的便利条件，通过阅读报纸和期刊、收听广播等形式，细心搜集相关情报，并将其发送回东京总部。日本的驻外武官和设在各地的工作站主要负责此项工作，如驻北平的官员负责侦听延安的广播，驻太原的侦听站则对外蒙古的广播有着浓厚的兴趣。此外，通讯社的无线电广播也在截收之列。这些情报最终都要上报东京，并供战地司令官使用。[②]

此外，航空侦察与审讯战俘也是日本获取情报的两种辅助手段。如 1933 年 6 月，关东军开展对满洲及其接壤地区兵要地志的调查工作，通过航空侦察获取的情报对于稳定满洲局势和防范苏联都起到了很大的作用。

（三）调整工作重点，拓宽搜情范围

在改革情报机构、加强手段建设的同时，日本情报机构因应决策层需求变化，拓宽情报搜集范围，加大对华情报搜集力度，情报活动更加具有针对性。

1. 军事情报

军事情报方面，更加注重搜集中国军队的部署调动、武器装备及中国军事地形、国防工事建设情况。从 1935 年开始，日本把调查重点从中国的东北转向华北地区，频频派遣情报人员侦察华北地区的地势、交通、港口等情况，绘

① 吴明冰：《特种战线：百年来国际无线电信号侦察和信号保密的斗争历程及经验教训》，金城出版社 1996 年版，第 171 页。

② 刘宗和、高金虎主编：《外国情报体制研究》，军事科学出版社 2003 年版，第 405 页。

制精确的地图。“七·七”事变前夕，日本为掌握必要的兵要地志情况，策划侵华战争的全面升级，更是在短短3个多月的时间内派出6批将校幕僚，前往中国华北、华中等地进行战略性侦察。1936年11月，日本在华驻屯军编成“中国军队军事调查”，这是一份中国军队在各地的驻防调查报告，内容包括所属部队、部队番号及司令部所在地、主要部队驻扎地、各种武器数量和弹药数、兵力等十分详尽的信息。1936年12月，日本在华驻屯军司令部汇总各地情报编成“中国军队防御配备侦察要图”，该要图共有16张，分发对象为陆军省次官、次长和关东军等。这些侦察要图详细画着防线的走向、炮楼和兵营的所在等情，并且注明构筑防御阵地使用的材料和坚固程度，有些图上还注有阵地、碉堡可以容纳的士兵数、驻防部队名称、重武器配备情况。[①] 可见通过几年的侦察积累，当时的日本已经在为发动全面侵华战争做着最后的准备，只要条件允许，将随时大举侵略中国。

2. 政治、外交情报

因应日本决策层对政治、外交方面的情报需求大幅上升，情报机构也及时调整工作重点，密切关注中国政局、外交的发展。为获得有关国民党中央最机密的情报，日本情报机构派遣许多间谍打入中国政府内部。如被日本称为“帝国之花”的王牌女间谍南造云子，凭借美色诱惑了国民党政府机要秘书黄浚，获取了大量的军政情报，甚至蒋介石也由于暴露行踪两次差一点被谋刺。最后，在蒋介石下达死命令之后，这一间谍案才于1937年9月被破获。[②] 日本情报机构还通过无线电技术手段，侦听和破译了蒋介石、何应钦等国民党中央军事领导人与各地军政领导人之间的密电，获悉中央政府对日态度、汪蒋合作与对日态度、中央政府对日军入侵关内的方针以及对日华停战协定的方针等等重要政治情报。日本严密的特务情报网更是无时无刻不在监视占领地区官吏的言行，搜集中国地下组织和其他爱国团体的情报。此外，日本还以哈尔滨特务机关和日本驻美大使馆为中心，建立起对苏联、美国的庞大情报网。[③] 通过这些情报网，日本广泛搜集列强国家与中国政府之间的外交情报，分析这

① 许金生:《日军在华军事谍报活动与七七事变的爆发》，载《史学月刊》2007年第7期。

② 吴童:《谍海风云：日本对华谍报活动与中日间谍战》，中共党史出版社2005年版，第279页。

③ 魏大庆等:《诡狐：日本特工行动档案》，河北人民出版社1998年版，第313页。

些国家对其侵华的态度，为日后发动全面侵华战争以及与美苏列强国家开战预作准备。

3. 经济情报

为继续落实“以战养战”的方针，情报机构在不放松中国东北地区经济情报调查工作的同时，加大对华北等重点地区经济情报的搜集，以保障日本迅速向战时经济转变。满铁情报部门作为调查的领头执行机构，早在1933年11月，就制定出《华北经济调整计划》和《对华北经济调查机关设立案》，准备在天津、青岛、上海等地设立满铁经济调查会的分会，在北平、山海关、张家口、太原、济南等地设立派驻机构，调查当地矿产资源、地区工业及整个华北地区经济资源与交通状况。[①] 1935年，满铁相继成立三个规模较大的经济调查班，其中乙调查班是调查工作的主力和重点，根据中国驻屯军决定的《乙嘱托班调查纲领》，该班担任“适应眼下形势急需实施事项的调查”，并将“重点置于帝国国防上紧急开发所必需的资源”[②]。随着日本侵华政策由“华北自治”转向准备以武力夺取华北，其大规模的调查活动也越来越有针对性。至1937年初，满铁华北经济调查班历时近两年，先后动用380余人、耗资54万日元，对华北的矿业资源、电气事业与制造业发展前景、铁路的运输能力等诸方面，都进行了详细的调查，并整理出了85册调查报告书。[③]

三、情报工作对日本战争准备的影响

战争准备工作是一项规模浩大的工程，需要方方面面的紧密配合。日本能够在短短几年间完成全面侵华的各项战争准备，其周密、充分的情报工作在其中起到了非常重要的作用。

（一）使日军战前军事准备更趋完善

在进行军事准备的过程中，军事情报一直是决策层进行战役部署和制订战

① 军事科学院军事历史研究部：《中国抗日战争史》（上卷），解放军出版社1991年版，第337页。

② 解学诗：《隔世遗思：评满铁调查部》，人民出版社2003年版，第262页。

③ 军事科学院军事历史研究部：《中国抗日战争史》（上卷），解放军出版社1991年版，第338页。

略计划的重要依据之一。“九·一八”事变爆发后，为配合战争准备工作的开展，日本情报机构充分调动情报力量，利用各种情报手段，大肆搜集有关中国的军力部署、军事地形、国防工事建设等方面的情报。特别在“七·七”事变爆发前的一两年时间内，情报工作的针对性更加明显，完成了许多中国军事方面的重要调查报告。情报工作的周密开展，对于协助日军加强军事部署、更新武器装备、制订进攻计划发挥了重要作用，有力地保障了日本全面侵华军事行动的顺利进行。

1. 为日军加强军力部署提供了情报保障

在情报工作的大力保障下，日军克服深入中国内地作战的困难，掌握了战场的主动权，减少了日军战斗中的伤亡，其兵力部署不断向中国内地扩展推进。特别是到了1936年前后，日军开始大批入关，驻华日军数量大幅增加。以华北驻军为例，至1936年底兵力总数已达1.4万人以上，连同在华北的日特、宪、警与日本浪人、汉奸队伍，总兵力上升到约3万人，所增之兵力多由日本国内各师团抽调的精锐组成。这些部队依据情报机构提供的大量军事情报，沿北宁、平津、平汉、平绥等铁路交通网线驻扎，强占有利地形和军事要冲，并在华北各地大肆修建军事设施和战斗工事。如在平津等地新建和扩建机场、筑工事、造营房、建军事仓库、设军事通信网线等，长途电话和无线电报遍及华北各省市，同东京、长春各备有直达线路。[①] 通过加强这些军事部署，日军形成了对中国华北地区战略包围的态势。

2. 为日军更新武器装备提供了情报保障

“九·一八”事变爆发后，日本军队开始大肆扩充军备。在扩充军备的过程中，日本军队武器装备水平不断提高，这其中情报机构获取的各国最新武器装备数据信息起到了很大的作用。当时日本国内建立了许多武器装备技术研发部门，如1919年设立的陆军技术本部、1927年设立的海军航空本部等，部门内部设有专门的情报搜集机构，这些机构与外国使领馆的情报人员、各特务机关、现地部队等相互合作，搜集到许多有关武器装备的重要情报。不仅如此，这些机构还经常利用出访考察之机，秘密搜集目标国的武器装备情报。例如在1935年4月，由陆军航空本部少将伊藤周次郎率领的伊藤考察团对欧美诸国进行了为期半年的访问，重点考察各国军事航空情况，搜集到许多重要的情报，

① 李惠兰、明道广、潘荣主编:《七七事变前后》，中国档案出版社2007年版，第7—8页。

为其后日本航空军备改革提供了重要的参考资料。[①] 日本技术研发部门通过获取的情报及时了解当时世界武器装备技术的最新情况，并且不断进行技术研发实验，造出大量在当时非常先进的武器装备，极大提升了日本海陆空军的作战能力。

3. 为日军制订进攻计划提供了情报保障

军事情报的搜集，不仅协助日军不断完善战前军事准备，而且为决策层制订全面侵华进攻计划提供了有力的情报支持。“九·一八”事变爆发后，日本每年都要制订下一年度的侵华作战计划，根据中国军队的部署、国防工事的建设情况，不断对新的侵华计划进行调整。早期作战计划的基本点主要是趁中国内战不可能出现全国抵抗侵略的有利时机，以保护日本在华利益为借口，出动少数兵力，尽快占领中国华北、华中和华南等重要地区，迫使中国国民党政府屈服投降，变中国为日本的殖民地。从 1936 年开始，随着日本准战时体制的建立，其侵华计划与之前每一年度的作战计划相比，对作战方针、原则与入侵战略方向以及作战兵力的编成和部署等，谋划得更加具体和周密。例如 1937 年度的侵华计划中就提出：“对华中方面原来计划以第 9 集团军占领上海附近，但是这方面的中国军队增加了兵力，构筑了坚固的阵地线，考虑到作战规模将会因此而扩大时，计划调第 10 集团军从杭州湾登陆，从太湖南面前进，两集团军策应向南京作战，占领和确保包括上海、杭州、南京在内的三角地带。”[②] 此外，战前各种军事调查也为日军发动全面侵华战争后的进攻路线提供了重要参考。“七·七”事变刚一爆发，日本就喊出“三个月灭亡中国”的狂妄口号，从 1937 年 7 月日本全面侵华到 12 月 13 日攻克南京，日本通过平津会战、华北会战、淞沪会战及占领南京等一系列战役，达成了年度作战计划的预期目的。如果比照一下“七·七”事变后日军在华北、西北等地的进攻路线可以发现，它们基本上与“中国军事调查（军事）”和“北方中国军队防御配备侦察要图”所调查的地域和路线一致。[③]

① 有贺伝：《日本陆海军の情报机构とその活动》，近代文艺社 1994 年版，第 137 页。

② 日本防卫庁防卫研修所战史室：《支那事变陆军作战》(1)，朝云新闻社 1983 年版，第 103 页。

③ 许金生：《日军在华军事谍报活动与七七事变的爆发》，载《史学月刊》2007 年第 7 期。

（二）保障日本战时经济的迅速转变

20世纪30年代初期，日本经济还未从世界性经济危机中恢复过来，人民生活水平低下，工业技术落后，许多机器制造部门还没有得到发展，作为军事工业基础的重工业，在工业中所占比例也不超过40%，例如钢铁、石油、铁矿石、橡胶等重要战略物资，绝大部分都必须依赖从海外进口。情报机构对中国地区经济情报的搜集，为决策层制订经济掠夺计划提供了重要的参考依据，大量的战略物资源源不断地运送到日本国内，有效保障了日本经济迅速向战时经济转变。

“九·一八”事变爆发后，日本首先将经济掠夺的重点放在中国东北地区。为探明东北地区经济资源的具体情况，满铁于1932年1月成立满铁经济调查会（简称“经调会”）。“经调会”在存在的四、五年时间内，起草的关于伪满洲国总体性的经济统制方案、产业开发计划和各个部门各个方面的方案，共计30篇112册。[①] 根据这些计划方案，日本有针对性地采取各种手段逐渐控制了东北的铁路、通信、金融、贸易等经济命脉，削弱了中国的经济实力，并且掠夺了许多重要的战略物资。例如生铁和煤炭都是战争必需的重要资源，1931年以后，日本从东北掠夺的生铁数量大幅度增加，据伪满统计，仅在1934年，日本进口的生铁就达到40.9万吨，占总数的67%。日本所掠夺的生铁除了在东北就地制造军火外，很大一部分被运到日本国内制造杀人武器。此外，对于东北煤炭的掠夺早在“九·一八”事变前就处于垄断地位，“九·一八”事变以后随着日本资源调查工作的开展掠夺进一步升级，1932年掠夺的煤炭为703万吨，到了1937年则达到了1266万余吨。[②]

日本掠夺东北大批资源财富后并未感到满足，相反在夺取东北之后立即向华北进行扩张。为此，日本情报工作的开展也更加具有针对性，经常是情报机构与在华日军合作共同展开调查，进而向决策层提供意见参考。如1935年9月，满铁“经调会”推出《华北经济开发方针大纲案》，明确提出建立以日本为中心的日满华北经济集团并把集团扩展到全中国的目标；情报人员会田勉在其完成的《华北大观》中声称，“华北对于日本真可谓是生命线，不仅政治上

① 解学诗：《隔世遗思：评满铁调查部》，人民出版社2003年版，第706页。

② 军事科学院军事历史研究部：《中国抗日战争史》（上卷），解放军出版社1991年版，第432页。

要稳定，经济上也应协作开发”[①]。根据情报机构的建议，日本于1935年12月设立了臭名昭著的兴中公司，加紧掠夺华北地区的铁、煤、盐、金矿、皮革、羊毛、铝钒土、石英、棉花等日本紧缺的战略物资。得益于情报工作的支持，日本在华北进行的掠夺性投资发展极快。以1936年为例，日本在华矿业投资支配资产中，华北地区就占到99%，且主要集中于煤、铁、金矿等产业。其中，日本向中国煤业投资总额中华北地区所占比例高达88%。[②]

总之，在情报工作的鼎力支持下，日本大肆掠夺中国富饶的经济资源，以此保障本国经济迅速向战时经济转变。通过掠夺得来的各种战略物资，绝大部分被日本送到军工企业制造杀人武器。“九·一八”事变到“七·七”事变时期，日本重工业和军事工业均有突飞猛进的发展。其中钢年产量由1931年的188万吨上升到1936年的522万吨；汽车年产量由1931年的434辆增至1937年的58500辆；飞机制造方面，1931年生产600架飞机和600个发动机，1937年生产3365架飞机和1万个发动机。[③]经过几年时间的快速发展，到“七·七”事变前夕日本已经打下全面侵华战争的物质基础。1936年10月2日，日本藏相马场瑛一在一次座谈会上说，日本已建立起“准战时经济体制”[④]。

（三）为掌控中国时局、选择战争时机提供依据

“九·一八”事变爆发后，日本面对的局势非常错综复杂。如何掌控局势的发展，保证日本战争准备工作的顺利进行就成为日本决策层首先需要面对的问题。为此，日本情报机构调整了工作重点，密切关注中国与国际时局的变动，努力确保决策层对时局的掌控，并在认真分析局势的基础上为决策层选择发动全面侵华战争的时机提供了依据。

1. 情报工作协助日本掌控当时复杂的时局尤其是占领地区局势，保障了日本战争准备工作的顺利开展

“九·一八”事变爆发后，日本军队在极短时间里就占领了东北全境，并

① 会田勉:《北支大观》，早稻田出版部1937年版，第314页。

② 军事科学院军事历史研究部:《中国抗日战争史》(上卷)，解放军出版社1991年版，第342页。

③〔苏〕马·伊·卢基扬诺娃:《第二次世界大战期间的日本垄断资本》，林林译，商务印书馆1959年版，第87—90页。

④ 孙乃民主编:《中日关系史》第二卷，社会科学文献出版社2006年版，第319页。

且不断向华北地区进行渗透。日本力图通过对占领地区实行残酷的殖民统治，使占领地区尽快成为日本实行“总体战”的构成部分。然而日本帝国主义的侵略遭到了中国人民的奋起抵抗，使得日本无法安心开展战争准备工作。为此，日本负责占领地区情报工作的军、警、宪、特各大情报机构，组成了严密的特务情报网，搜集中国地下组织和其他爱国团体的情报，甚至直接派遣人员参与镇压中国人民的反满抗日运动，残酷屠杀中共地下组织工作人员和其他爱国人士。据不完全统计，1932—1934 两年间，在东北因“反满抗日”罪名而惨遭杀害的就有 6.7 万多人。[①] 在情报工作的协助下，日本基本稳定住了占领地区的局势，继续大规模掠夺中国丰富的物产资源。

2. 在确保对时局掌控的基础上，情报工作为决策层选择战争时机提供了依据

“九·一八”事变到“七·七”事变时期，日本一直根据中国时局的变动调整其对华政策。1936 年“西安事变”爆发后，国共两党由分裂开始走向联合，日本企图通过政治手段霸占中国的计划遭到失败，决策层认识到要想达到独霸中国的目的，只有尽快发动全面侵华战争一条路可走。此后，日本开始在许多场合公开表明准备发动新的战争，如 1937 年 1 月，日本参谋本部提出“要改变对华政策，如仍不能调整日华关系或更加恶化，即准备给予致命的痛击”[②]。为选择合适的战争时机，日本军部开始不断派遣人员到中国进行侦察活动，分析形势并研究作战部署。1937 年 3 月上旬，参谋本部召回驻华使馆武官喜多诚一少将、中国驻屯军参谋和知鹰二中佐与大桥熊雄少佐汇报和分析形势，他们的结论是日华关系恶化，用通常手段调整关系已不可能，必须首先“对华一击”[③]。5、6月间，教育总监本部长香月清司中将在东北、华北视察了一个半月，认为“华北形势相当紧迫”，鼓吹增强兵力。[④] “七·七”事变前夕，参谋次长今井清中将派遣参谋本部两名部员到华北地区视察当地日军战备情况，侦察中

① 孙乃民主编:《中日关系史》(第二卷)，社会科学文献出版社 2006 年版，第 241 页。

②〔日〕信夫清三郎:《日本外交史》，天津社会科学院日本问题研究所译，商务印书馆 1980 年版，第 617 页。

③ 日本防卫厅防卫研修所战史室:《大本营陆军部》(1)，朝云新闻社 1967 年版，第 425—426 页。

④ 孙乃民主编:《中日关系史》(第二卷)，社会科学文献出版社 2006 年版，第 330 页。

国军队军情、驻地地形和军事部署情况，特别是他们对即将成为交战“直接对手”的二十九军战备情况进行了全面侦察。这些人员完成侦察任务后，大都主张可以“给中国一击”[①]。此时的日本，随着军部独裁法西斯统治的确立、战时经济体制的形成、军事实力的膨胀，以及德、意、日法西斯同盟的建立，已经完全做好发动全面侵华战争的一切准备。1937 年 7 月 7 日，日本终于在卢沟桥附近打响全面侵华的第一枪。

① 井本熊男:《作戦日志で缀る支那事変》，芙蓉书房 1978 年版，第 80 页。

第二章　大西洋潜艇战中英国反潜情报侦察

历史上，大西洋就是英国人生死攸关的生命线。早在第一次世界大战期间，英国的大西洋航运就在德国的无限制潜艇战的打击下损失惨重。第二次世界大战爆发后，德国为了迫使英国投降，依旧采取了利用潜艇破坏美英大西洋间海上交通线的战略。英国首相丘吉尔（Churchill）在 1941 年 4 月 27 日发表的广播讲话中称："为了赢得这场战争，希特勒（Hitler）必须得做以下两件事中的任一件：要么跨越英吉利海峡征服大不列颠岛，要么切断英伦诸岛和北美洲之间的海上生命线……大西洋之战正是夺取这场战争胜利的关键。"① 丘吉尔曾回忆说："战争中唯独使我真正害怕的是德国潜艇的威胁。"②

为了维系海上的生命线，解除德国潜艇的威胁，英美等盟国建立了完整的护航体制。这种体制的成功有赖于他们在战时研制并投入使用的一系列侦察技术和装备，从而得以提前发现德国潜艇的踪迹，为规避袭击和实施攻击提供情报保障。其中，英国在大西洋潜艇战中的信号分析、测向和无线电报破译等对确保护航舰船和运输船队的作用尤为突出。

一、大西洋潜艇战的主要经过

1933 年，希特勒出任德国总理，德国海军重整旗鼓的前途也日益明朗。

① 维络克斯：《二战大西洋破交 / 护航作战经典系列：名狼之夜》，载《国际展望》2003 年 5 月（总第 466 期）。

②〔美〕C. W. 尼米兹、E. B. 波特：《大海战：第二次世界大战海战史》，赵振愚等译，海洋出版社 1987 年版，第 91 页。

希特勒向海军总司令雷德尔海军元帅许诺，在未来的建军计划中，海军在公平的分配中将占优先地位。雷德尔随即制定了一个代号为“Z”的海军建设计划，该计划的重点是在8—10年内建立起一支足以同英国进行海上主力决战的强大水面舰队。但希特勒的首要目标是征服欧洲大陆，然后再迫使英国求和，因此在其扩军计划中，一直把陆军和空军作为发展重点。虽然他同意了雷德尔的计划，但实际上海军还是被置于其次考虑的地位。基于此，希特勒在1935年同英国签订《英德海军协定》，规定的海军的舰艇总吨位不超过英国海军总吨位的35%，其中潜艇的总吨位不得超过其45%。尽管如此，这一协定仍然在实际上解除了《凡尔赛和约》对德国海军军备的限制，自此，德国海军潜艇开始有所发展。

1939年9月初，英国向德国宣战。为切断英国人赖以生存的海上交通运输线，德国海军潜艇部队悄悄杀奔大西洋航线，其中德国的U型潜艇以及“狼群”战术一度让盟军束手无策，大西洋潜艇战就此全面展开。

其过程主要分四个阶段：

第一阶段：潜艇战的展开（1939年9月至1940年5月）。1939年9月3日，德国海军U-30号潜艇在赫布里底群岛以西击沉英国客轮“雅典娜”号，拉开了大西洋潜艇战的序幕。战争开始时，德国潜艇由于数量较少和受驻泊条件的限制，主要集中在英国海域进行单艇作战。英国海军采取的主要防御措施是进行远程封锁和组织护航运输队，确保其海上交通线的畅通，重点防御德国大型水面舰艇对交通线的破坏。这一时期，德国潜艇共击沉商船240余艘，总吨位达85万吨，德国潜艇损失24艘。

第二阶段：潜艇战的发展（1940年6月至1941年12月）。1940年6月，法国投降，德国潜艇进驻法国港口，缩短了基地到作战海域的距离，投入作战的潜艇相对数量有所增加。1940年7月，德国潜艇逐渐转入北海峡[①]和大西洋中部进行艇群作战。1941年3月后，德国潜艇开始了在横越北大西洋航线上的搜索作战。这一阶段，德国潜艇实施“狼群”战术，游猎于大西洋航线，大肆攻击盟国护航船队。

第三阶段：潜艇战的高潮（1942年1月至1943年5月）。1941年12月珍珠港事件发生后，美国加入盟国对德作战，德国实施无限制潜艇战，开始派遣潜艇在北美洲与中美洲沿海作战，大西洋潜艇战进入高潮。这一阶段也是德国

① 爱尔兰北部和苏格兰北部之间的海区。

潜艇取得辉煌战果的第二个“黄金时期”。1942年，英国进口物资下降到2850万吨，相当于战前水平的42%。面对大西洋战场上的危机形势，英国海军大臣庞德（Dudley Pound）指出：“如果我们在海战中失利，我们就将输掉整个战争。”[①] 盟军为了保证海上生命线的畅通，健全护航体制、扩大护航区，采取立体式攻击护航战术，在对潜情报侦察特别是在雷达等技术方面取得了巨大突破，基本上赢得了大西洋制海权。1943年5月24日，邓尼茨下令德国潜艇从船队航线上全部撤退。[②] 盟国开始赢得大西洋反潜作战的胜利。

第四阶段：潜艇战的结束（1943年6月至1945年5月）。这一时期德国潜艇活动的海域大幅收缩，主要集中在非洲南部沿海和印度洋地区活动。德国曾于1943年9、10月试图在北大西洋海域恢复潜艇战，却损失惨重，不得不放弃“狼群”战术。至1944年5月，德国潜艇基本放弃在北大西洋实施的潜艇战。此期间，为了对付盟国的护航舰队，袭击大西洋海上运输船队，德国改进原有潜艇并研制了新型潜艇，装备了能对抗盟国各种侦察设备的仪器，却为时已晚，无力回天，无法挽救失败的命运。

在整个大西洋潜艇战期间，德国先后投入潜艇1170艘，损失781艘，共击沉英美运输船吨位达1500万吨，另击沉盟国战斗舰艇175艘。[③]

二、英国反潜情报侦察技术的发展及其运用

一战期间，为了应对德国潜艇造成的威胁，英国科学家试验用水听器探测和放大水下潜艇的螺旋桨噪音，并取得了成功。随后，英国海军开始大规模使用水听器，并在舰艇和海岸上装备了这种探测器。[④]

英国还研制了另一种侦察潜艇的仪器：声呐（ASDIC[⑤]）。它的探测范围

① 翁赛飞、时平：《第二次世界大战海战史》，海潮出版社1995年版，第85页。

② 于殿德、曹静：《第二次世界大战邓尼茨亲历记》，国防大学出版社1995年版，第167页。

③ 关于二战期间德国投入使用和损失的潜艇数量，以及潜艇所取得的战果，各种资料数据不一。本文以卡尔·邓尼茨在《邓尼茨元帅战争回忆录》里提供的数据为准。

④〔英〕艾尔弗雷德·普赖斯：《空潜战》，韦晋光、李安林译，海洋出版社1980年版，第26页。

⑤ 此为英国人的称呼，是Allied Submarine Detection Investigation Committee（“协约国潜艇探测研究委员会”）的缩写，美国人称之为SONAR。

和精度比水听器有了重大的改进。直至第二次世界大战爆发前，英国公众包括海军部都相信，他们已经找到了对付潜艇的“最佳办法”。1937年英国海军部向“海运防御咨询委员会”报告说：“潜艇再也无法使我们面临像1917年那样的困难了。”[①] 英国海军界的许多权威人士也一再宣称，在未来任何战争中，潜艇只要遇上装备声呐的护航舰艇，就不会有任何收获。[②] 丘吉尔也曾对声呐的作用表示肯定。[③] 1939年8月，英国第一海务大臣曾当众断言：“对我国商船的可能的威胁将来自敌方担负经济战任务的水面作战舰艇。”[④]

但是，声呐装置却有一个致命的缺点：虽能有效地探测出水下潜艇的位置，却对来自水面潜艇的攻击视而不见，而此时潜艇的攻击仍以水面攻击为主。因此，研制新型的侦察器材以提高在夜间和低能见度条件下对海上目标的侦察能力便成为英国海军的当务之急。

雷达是这一时期研制成功的最重要的侦察潜艇的探测装置之一，但是对潜侦察雷达的研制却一波三折。英国于1935年开始研制雷达，并在第二年成立了一个4人小组，主要任务是研究雷达能否安装在飞机上。1937年进行的飞行试验证明了机载对海搜索雷达能发现海上航行的船只。[⑤] 但这一实验未能持续进行下去，因为越来越严重的德国空军入侵威胁，迫使英国将研究和发展雷达的大部分资金用于英伦三岛的早期对空预警雷达网的建设。[⑥] 直到1939年年底，第一架装备ASV Ⅰ[⑦] 型雷达的飞机进行了试飞，但结果却令人失望。这种

---

①〔德〕卡尔·邓尼茨：《邓尼茨元帅战争回忆录》，王星昌译，解放军出版社2005年版，第19页。

②〔英〕艾尔弗雷德·普赖斯：《空潜战》，韦晋光、李安林译，海洋出版社1980年版，第38页。

③〔英〕丘吉尔：《丘吉尔回忆录：风云紧急》（上册），吴万忱译，时代文艺出版社2000年版，第141页。

④〔德〕卡尔·邓尼茨：《邓尼茨元帅战争回忆录》，王星昌译，解放军出版社2005年版，第19页。

⑤〔英〕艾尔弗雷德·普赖斯：《空潜战》，韦晋光、李安林译，海洋出版社1980年版，第34—35页。

⑥〔英〕艾尔弗雷德·普赖斯：《空潜战》，韦晋光、李安林译，海洋出版社1980年版，第36页。

⑦ ASV是“空中对水面舰船”一词的缩写。见〔英〕艾尔弗雷德·普赖斯：《空潜战》，韦晋光、李安林译，海洋出版社1980年版，第52页。

雷达的探测距离十分有限，精度也不高，潜艇能在尚未被雷达发现时通过目视发现飞机并及时下潜。新的改进型 ASV Ⅱ型和 ASV Ⅲ型雷达探测距离与精度更好，但由于英国空军坚持“国土防空作战”，优先发展战斗机用的空中截击雷达，海军用的机载雷达订单被转挪为空军使用。[①] 直到“不列颠空战”结束后的 1941 年 6、7 月间，英国岸防航空兵才部分装备了 ASV Ⅱ型雷达，而 10 厘米波长的 ASV Ⅲ型雷达则直到 1943 年才大量投入使用。

与此同时，德国海军也发现了英国飞机上装备的雷达能在远距离和夜间、海况不良的情况下发现潜艇，于是在潜艇上装备了“梅托克斯”和“纳克索斯”等雷达信号接收机，后来又在潜艇上安装了通气管，使得潜艇不用上浮就可充电，极大地减小了被飞机发现的概率。为了提高雷达的识别能力，同时避免被德国潜艇上侦察到雷达信号，英国改进了雷达设计，研制了新型的 3 厘米波长的 ASV Ⅹ型雷达。此时，英国方面认识到了飞机反潜的重要性，新型雷达得以很快装备反潜飞机并取得重大战果。在整个大西洋潜艇战期间，盟国飞机共击沉德国潜艇 300 多艘，其中多数是由装备雷达的飞机发现并击沉的。

为了准确地发现夜间航行在水面的潜艇，配合机载雷达探测潜艇，英国又发明了“利”式探照灯，并在 1941 年 3 月进行了首次试验。试验证明，在潜艇进入机载雷达盲区后借助探照灯仍能及时发现潜艇。这种探照灯和雷达配合投入使用后，德国潜艇夜间自由活动的“豁免权”逐渐丧失。[②]

除在飞机上装备雷达外，英国舰艇上也开始装备了雷达。1938 年，英国“罗德尼”号和“谢菲尔德”号驱逐舰已装上了 7 米波长的搜索雷达。但这种雷达是作为对空警戒雷达设计的，并不适合用于探测水面舰艇，更无法有效地探测到水面的潜艇。1940 年 9 月，英国海军部将改进的 ASV Ⅱ型雷达装备在舰艇上，并命名为 286M 型雷达。1941 年 3 月，英国舰艇在实战中发现了德国 U-100 号潜艇，这是舰载雷达第一次探测到潜艇。随后，新型的专用于对海搜索的厘米波 271、272 型雷达投入使用。试验表明，271 型雷达能在 5000 码处发现完全处于水面上的潜艇，在 2800 码处发现潜艇指挥塔，在 1300 码处发

① 〔英〕艾尔弗雷德·普赖斯:《空潜战》，韦晋光、李安林译，海洋出版社 1980 年版，第 55 页。

② 〔英〕艾尔弗雷德·普赖斯:《空潜战》，韦晋光、李安林译，海洋出版社 1980 年版，第 64 页。

现8英尺高的潜望镜。[①] 271型雷达第一次取得战果是在1942年4月，英国“维奇”驱逐舰在7000码的距离上发现并击沉了德国U-252号潜艇。对于雷达在大西洋潜艇战中发挥的作用，邓尼茨曾有过清楚的描述：“空中和水面的雷达，不仅使单个潜艇蒙受极不利的影响，同时敌人又借以发现潜艇群的部署，因此便采取了适当的回避的对策。”[②] 他还指出：“飞机和水面舰艇的雷达不仅直接影响单艘潜艇的作战，而且使敌人有了极其有效的方法发现和规避潜艇预设阵位。这就是说，这个方法使潜艇失去了它最重要的特点，即隐蔽性。”[③]

另一种侦察潜艇的有效利器是高频无线电测向仪（HF/DF），这一设备的主要工作原理是：德国潜艇发现盟军护航船队后会向潜艇司令部报告，而盟军可以在探测到德潜艇报告时发射出的高频无线电波并利用双曲线数学公式进行计算，得出德军潜艇的准确方位。1942年3月，英国舰队利用高频无线电测向仪，第一次击沉了德国的U-587号潜艇。[④] 到了1942年夏天，高频无线电测向仪已成为盟军大西洋护航舰艇的标准装备，它使得盟军运输船队在德国海军实施密码“灯火管制”时可以免遭潜艇袭击。

无线电信号破译在大西洋潜艇战中也占据着重要的地位。英国在战前通过各种渠道得知德国采用了一种全新的密码机“恩尼格玛”，在波兰和法国的帮助下，布莱切利庄园初步解开了这种密码机的奥秘，并将这类情报命名为“超级”。1941年5月和6月英国通过其他行动俘获了在无线电侦察中发现的德国气象侦察船“慕尼黑”号和“劳恩堡”号，并缴获了船上的密码资料和密码机。另外，在1941年5月10日U-110号潜艇被击沉后，英国不但从该艇上捞起了一部完好无损的密码机，而且还搞到了有效的密码资料。这样，英国从1941年5月底至7月底就可以迅速地判断判读出德国无线电通信的内容。据统计，从1941年6月15日至1945年1月5日就有32.4万份已经破开的电报，

---

①〔英〕A. J. 瓦茨：《猎潜战》，海洋出版社1984年版，第104页。

② 于殿德、曹静：《第二次世界大战邓尼茨亲历记》，国防大学出版社1995年版，第190—191页。

③〔德〕卡尔·邓尼茨：《邓尼茨元帅战争回忆录》，王星昌译，解放军出版社2005年版，第301页。

④ 赵楚主编：《征服系列第2分册：大西洋之战中的英国驱逐舰》，上海辞书出版社2004年版，插页第5页。

平均每小时 11 份电报。[①] 有了“超级”，1941 年下半年的盟国运输船队的损失下降了 65%，1943 年头五个月下降了 40%，这样保住了整整 200 万吨的运输舱位。德国海军的破译机关 XB 也破译了英国海军和商船队的密码，使得邓尼茨能调遣潜艇，预先设伏，击沉了部分英国军舰与商船队。仅在 1943 年，XB 机关就截获了大约 300 万份电报，并破译了其中的部分电报。由于破译了盟国船队密码，使得德国潜艇展开袭击时能做到有的放矢，仅在 1943 年的头两个月，共击沉了盟国 102 艘船只，吨位达 56 万余吨，以至于英国海军部惊呼：“（德国人）几乎掐断了新旧大陆之间的交通线。”[②]

三、大西洋潜艇战中英国情报侦察技术运用的经验教训

在这场长达 69 个月的大西洋潜艇战中，为了对付德国潜艇的威胁，盟国投入大量的人力和物力。据统计，英、美、加等国海军出动了 2000 多艘猎潜舰艇和数千架飞机，投入反潜斗争的人员总数达几百万人。每对付 1 艘德国潜艇，盟军就需出动 25 艘猎潜舰艇和 100 多架飞机；每对付 1 个德国海军潜艇人员，就需要派出 100 多个反潜人员。[④] 大西洋潜艇战的经验还证明，反潜战不仅是勇气和资源的较量，更是一场技术的较量。从情报侦察的角度看，大西洋潜艇战提供了宝贵的经验教训。

（一）情报侦察在潜艇战中的作用至关重要

战争中，交战双方指挥官对情报侦察的重要作用都有清醒的认识。德国参谋总长福朗茨·哈尔德（Franz Harold）称无线电测向是“内容最丰富也是最好的情报来源”；艾森豪威尔（Eisenhower）告诉布莱切利庄园的负责人说：“您们侦察的情报对我来说具有不可估量的价值。”马歇尔（Marshall）也说过破译

①〔德〕于尔根·罗韦尔：《密码与战争——无线电侦察及其在第二次世界大战中的作用》，武利平等译，群众出版社 1984 年版，第 84 页。

②〔德〕卡尔·邓尼茨：《邓尼茨元帅战争回忆录》，王星昌译，解放军出版社 2005 年版，第 292 页。

③〔德〕卡尔·邓尼茨：《十年与二十天》，王雅芬、季星明译，军事科学出版社 1989 年版，第 502 页。

④ 凌翔、顾维芳等：《深海巨鲨——潜艇》，军事科学出版社 2000 年版，第 3 页。

德军密码“是对胜利和保全许多美国士兵生命的一大贡献”[①]。而雷达特别是机载雷达的发明，使得潜艇隐蔽性大大减弱，以前适宜潜艇攻击的夜间也不再是潜艇的“乐园”。邓尼茨也不得不承认：“雷达，尤其是机载雷达几乎使潜艇完全丧失了水面的战斗能力。在空中侦察力量变得无比强大的北大西洋主战区，潜艇的狼群战术将无法继续使用。只有潜艇的作战能力有极大的改进，潜艇战才有可能恢复。”[②]而射击雷达的应用也大大提高了火炮命中精度。无线电信号分析和高频无线电测向更使得盟国运输船队能提前绕过德国潜艇的巡逻航线和伏击圈，避免了更严重的损失。

我们可以清楚地看到，作为丘吉尔指出的反潜两大方法中的一种[③]，即盟国方面的新造船吨位数超过被击沉量，但仅凭英国一国之力是无法办到的。即使是美国加入进来，也是到 1943 年 7 月造船量才刚刚超过被击沉量。[④]因此如果没有雷达等一系列新型探潜侦察技术的使用，英国在大西洋航线上的困境将会继续持续下去。

（二）处理好改进现有侦察技术装备和研制新型侦察手段的关系，能有效提高侦察能力

1. 将现有的侦察技术与装备结合起来形成系统，提高合力

研制新型的侦察探测装置在战争中固然能起到出敌不意的效果，但由于受时间紧迫和研制周期的影响，新型的情报侦察监视技术并不总是能够如人所愿地迅速投入战斗，因此如何将现有的侦察技术和装备有机地结合起来便成为最为迫切的任务。二战期间曾任英国岸防航空兵司令鲍希尔（Poshill）上将科学顾问的帕特里克·布莱克特（Patrick Blake）教授写道：“科学家们在生产新装

①〔德〕于尔根·罗韦尔：《密码与战争——无线电侦察及其在第二次世界大战中的作用》，武利平等译，群众出版社 1984 年版，第 36 页。

②〔德〕卡尔·邓尼茨：《邓尼茨元帅战争回忆录》，王星昌译，解放军出版社 2005 年版，第 303 页。

③ 1940 年 12 月 8 日丘吉尔以书信的形式向罗斯福总统写了一份备忘录，其中谈到如何采取措施来减少在大西洋潜艇战中的损失。他认为，“为了实现这个目的，可采用下述两个方法，一个是增加抗击敌人攻击的海军兵力，另一个是增加我们所需要的商船数量”。详情参见《邓尼茨元帅战争回忆录》第 161 页。

④〔德〕卡尔·邓尼茨：《邓尼茨元帅战争回忆录》，王星昌译，解放军出版社 1984 年版，第 306 页。

备方面花费的精力太多，而在合理使用现有装备方面则花费精力太少。”① “利”式探照灯和机载雷达的配合就是合理使用现有装备的一个例证。由于机载雷达存在盲区，当夜间飞行时，潜艇离飞机距离过近，便进入机载雷达的探测盲区，潜艇足够利用这段时间下潜从而规避飞机的攻击，而“利”式探照灯的探照距离高达5000码，潜艇无法再利用机载雷达的盲区实施下潜或发动攻击。声呐探测仪与机载雷达的配合使用也是合理组合现有装备的一个成功例证。声呐探测仪探测处于潜航状态的潜艇效果较好，但是，如果装备声呐的军舰航速超过20节，军舰本身发出的噪音就会严重影响声呐的探测性能，因此声呐一般配合雷达使用。当机载雷达发现潜艇踪迹后立即通知附近的舰只，舰艇抵达发现地后即用声呐搜索潜艇并进行攻击。

2. 对现有情报侦察技术和手段进行改进，同时有针对性地研制新型侦察探测技术

培根（Bacon）曾说过：“不图创新的人必然受到新的惩罚，因为时间是最伟大的创造者。”② 丘吉尔曾在回忆录里写道：“这是一样秘密的战争……如果不是英国的科学技术比德国先进，如果不是英国奇妙的致敌人于灾难的智谋被有效地用来为生存而斗争，我们也许早已被打败或被消灭了。”③ 在大西洋潜艇战中，双方围绕着潜艇各出奇招，新技术新装备不断涌现。如在对比斯开湾的封锁中，由于英国飞机先后装备了3种不同的雷达，使得发现潜艇的概率大幅上升，最终迫使邓尼茨下令暂停潜艇的出击。而等到德国潜艇装备了能接收雷达波的接收机和使用了通气管后，德国潜艇又重新开始活动。诺曼底登陆后，装备有通气管的德国潜艇在英吉利海峡活动时极少被盟军飞机发现，而未能装备通气管的潜艇则有多艘遭到攻击，或被击沉，或被迫返回基地。如在6月6日至8日的两天时间里，8艘未装备通气管的潜艇被击伤3艘，击沉4艘，最后1艘于18日也被盟军击沉。在盟军加紧研制新型侦察器材的同时，德国却对盟军情报侦察的技术与能力估计严重不足，他们虽然从各种渠道了解到盟军正

①〔英〕艾尔弗雷德·普赖斯：《空潜战》，韦晋光、李安林译，海洋出版社1980年版，第65页。

②〔英〕艾尔弗雷德·普赖斯：《空潜战》，韦晋光、李安林译，海洋出版社1980年版，第232页。

③〔美〕威廉·维·肯尼迪等：《现代情报战的内幕》，罗光夏等译，解放军出版社1986年版，第149页。

在研制新型侦察器材、加强反潜情报搜集能力，却对此反应迟钝，直到遭遇惨重损失后才开始寻求对抗措施。[①]

（三）建立统一、协调的情报侦察搜集、处理中心，有利于提升情报绩效

英国“作战情报中心”（OIC，又称海军情报局第八处）为盟军大西洋反潜战的胜利做出了“决定性”的贡献。“作战情报中心”的任务是从任何可能的来源搜集、整编和分发有关敌人在空中、水面和水下的活动及意图的情报。“作战情报中心”成了事实上将从各方面获得的关于德国海军特别是潜艇的情报予以综合处理的情报部门[②]，在布莱切利庄园，因德国海军更换密码而无法获得情报的情况下仍能及时准确地跟踪德国潜艇的活动。与此相反，德国海军缺乏一个有效的侦察情报处理中心，而且德国海军对自己的密码有着盲目的自信，在整个战争期间，很少怀疑己方密码会被敌人破译。甚至到了 1974 年有关“超级”的首批材料已公开时，德国海军主管密码的负责人还坚持认为，敌人是不可能破译自己的密码的。[③]

（四）实现由单一的“情报侦察”到“侦察—打击一体化”模式的转换，可有效增强作战效果

这种攻击模式的转换不仅能有效地增强对潜艇的攻击效果，而且也促进了新型反潜武器的发明。最初的攻潜模式是在侦察器材探测到潜艇后，由舰炮射击、发射深水炸弹或者由飞机空投炸弹，这种打击方法具有一定的滞后性。因为舰炮射击只适合于处于水面状态的潜艇，发射深水炸弹和空投炸弹则需要抵达潜艇上方位置，在这段时间内，潜艇多半已经下潜并逃离，攻击效果并不明显。随着对潜情报侦察手段的改进、侦察能力的提高和反潜战略战术方针的改变，需要有新的武器来提高对潜攻击效果。新的武器开始装备在舰船和飞机

---

①〔德〕卡尔·邓尼茨:《邓尼茨元帅战争回忆录》，王星昌译，解放军出版社 2005 年版，第 202—203 页。

②〔德〕于尔根·罗韦尔:《密码与战争——无线电侦察及其在第二次世界大战中的作用》，武利平等译，群众出版社 1984 年版，第 116 页。

③〔德〕于尔根·罗韦尔:《密码与战争——无线电侦察及其在第二次世界大战中的作用》，武利平等译，群众出版社 1984 年版，第 113 页。

上，如“反潜刺猬弹”“反潜火箭”“音响鱼雷”等。这些武器的使用并不需要载舰（机）抵达潜艇上方海（空）域，有效地缩短了军舰（机）发现潜艇到实施攻击的时间，使得攻击潜艇的时间延长，攻击效果和命中精度得到了明显提高。

四、评析

丘吉尔认为，要想在潜艇战中取胜，第一个方法就是“增加抗击敌人攻击的海军兵力”。这种方法主要通过新建反潜和护航舰艇，研制、装备新型对潜情报侦察技术等手段来实现。在大西洋潜艇战中，情报侦察发挥了重要的作用。美国宾夕法尼亚卡莱尔陆军军事学院的历史学家哈罗德·多伊奇（Harold Deutsch）教授曾说，大西洋潜艇战是双方“特别依赖无线电侦察而进行的斗争”。他还认为，这是“一场技术和科学在其中起着重要作用的战争”[①]。但情报侦察和监视技术本身也存在着不少缺点和问题，如声呐要求舰艇航速不能过快，在海面风浪过大的情况下雷达的探测距离和精度明显降低，敌人采取的某些反侦察手段也可以降低侦察装置的探测性能，等等。邓尼茨曾有过如此评价：“英国的声呐定位器并不像英国人在和平时期所崇拜的或至少是吹嘘的那样完美无缺。”[②] 因此，我们应客观地认识情报侦察在大西洋潜艇战中的作用。

此外，德国潜艇无论是技术性能还是在作战中的表现令人称赞。按邓尼茨的主张，德国要等到拥有超过300艘以上数目的潜艇后才会对英国发动潜艇战，但在交战之初，邓尼茨只拥有22艘可供实战的潜艇，即便如此，德国潜艇仍给盟国带来了惨重的损失。盟军方面特别是英国没有很好地汲取第一次世界大战的教训，对潜艇的危害重视程度严重不足，对潜情报侦察能力的发展缓慢。《空潜战》一书的作者就认为：“在第二次世界大战中，装有通气管的快速潜艇虽然没有赢得战争的胜利，但却取得了技术上的成功。”[③]

---

①〔德〕于尔根·罗韦尔：《密码与战争——无线电侦察及其在第二次世界大战中的作用》，武利平等译，群众出版社1984年版，第102页。

②〔德〕卡尔·邓尼茨：《邓尼茨元帅战争回忆录》，王星昌译，解放军出版社2005年版，第61页。

③〔英〕艾尔弗雷德·普赖斯：《空潜战》，韦晋光、李安林译，海洋出版社1980年版，第231页。

第三章　克里特岛空降战役中英德双方的情报对抗

克里特岛空降战役是第二次世界大战中德军为夺占希腊的克里特岛进行的空降作战，是第二次世界大战中唯一一次主要使用空降方式实施并取得胜利的登陆战。与众所周知的诺曼底空降和“市场——花园”行动中空降兵仅仅扮演陆上进攻力量的战术协助单位不同，德国空降兵在此次大规模空降作战中是作为进攻并占领克里特岛的唯一主力而使用的，因而在战法上极具创造性。

表面上看，英军为保卫克里特岛而实施的反空降作战，进行了认真、出色的战前情报准备工作，而德军实施此次空降作战，战前的情报准备并不十分充分，但战役的结果却是德军攻克克里特岛，取得了空降作战的胜利。那么，英军的战前情报准备工作到底出了什么问题？此次战役为空降作战和反空降作战的情报准备提供了哪些经验教训？这些都是值得深入研究的问题。

一、战役简介

克里特岛位于爱琴海与地中海交汇外的地中海东部，距希腊本土100公里，为英军防守苏伊士运河区的前哨阵地和控制东地中海的战略要地。全岛东西长250公里，宽约30公里，全岛山林密布，只有北部沿岸的一条狭长地带地势稍为平缓，岛上的港口与机场都在这一地带，由岛上唯一的一条公路相连接，适宜登陆和空降。

1939年4月开始，为配合希特勒在欧洲的侵略扩张，墨索里尼就将魔掌伸向巴尔干半岛，先是悍然出兵阿尔巴尼亚，接着于1940年10月下令意军越过阿尔巴尼亚边界，侵入希腊，但遭到坚强的抵抗。意军入侵希腊受挫，危及了希特勒的战略计划，德军于1941年4月侵占南斯拉夫和希腊。为彻底消灭逃往克里特岛的希腊政府及英联邦军主力，进而控制地处欧、亚、非三大洲交通要冲的巴尔干半岛，使德国在东南欧和东地中海地区占据主动，取得入侵苏联的前进基地和对英作战的有利态势，德军发起了夺取克里特岛的空降战役。正如希特勒所说："控制克里特岛，就会威胁英国在地中海区域和中东的阵脚，保护向东扩张时右翼的安全，控制爱琴海和东地中海交通线，保障罗马尼亚普洛耶什蒂石油基地免受英国袭击，还可以把该岛作为进入中东各国的前进基地。所以，我们目前更需要以克里特岛的辉煌胜利来结束巴尔干战争。"①

为夺取克里特岛，希特勒接受了德国空降兵创始人库特·施图登特提出的实施大规模空降作战的建议，并下达了代号为"水星"的第289号作战令。其战役企图是：以空降兵夺取克里特岛的3个机场，通过空降获得关键的立足点，然后通过机降运送援军，进而攻占全岛。为此，战役将分为夺取制空权、占领登陆场、集结兵力、歼灭岛上防守部队4个阶段。

德军的参战兵力包括：第4航空队所属第8、11航空军（含轰炸机433架、战斗机233架、运输机500架、侦察机50架、运输滑翔机72架，以及隶属于第11航空军的第7航空师）、1个独立空降突击团、第5山地步兵师，以及海上登陆兵力约7000人和各种舰船70艘，总兵力约2.2万余人。其作战部署为，第7航空师和空降兵独立团组成空降突击集群，第5山地师为预备队，准备增援。其中，空中突击编为西部、中部、东部3个集群，由第11航空军军长斯图登特指挥，计划分两批在四个地点空降：第一批，由西部集群夺取马莱迈（Maleme）机场，由中部集群一部夺取克里特岛首府干尼亚（Canea）和苏达港（Suda）；待第一波飞机返回后，发起第二波攻击，由中部集群另一部占领雷西姆农（Retimo）及其机场，东部集群夺取伊拉克利翁（Heraklion）及其机场，以保证山地步兵师机降。此外，由空军第4航空队第8军负责空中掩护和火力增援，海军东南舰队担任支援任务。整个战役的总指挥为第4航空队司令勒尔将军。

英国方面，战役之前派往该岛的有6000人，加上后来从希腊陆续撤退的希军、英军，共计1个师、1个旅、2个团、11个营又5个连，总兵力约4.4万人（其中希军约1.4万人），由费赖伯格少将统一指挥。因为预判德军空降突击只不过为了夺取机场和港口，主力将从海上登陆，费赖伯格少将将防御重

① 纪荣仁：《天兵天将——空降兵》，国防大学出版社1999年版，第61页。

点放在苏达湾和马莱迈机场，并以这两个地点为核心构成支撑点式防御体系，把全岛划分为马莱迈、苏达湾、雷西姆农、伊拉克利翁 4 个独立防区。而且，因为未认识到德军空降突击是主要威胁，费赖伯格少将也没有下令破坏岛上的机场。

1941 年 5 月 20 日 7 时许，德军第一批空降部队在马莱迈和干尼亚地区空降。西部集群着陆后攻击马莱迈机场及其附近制高点 107 高地，遭守军顽强抗击，伤亡甚大；在干尼亚附近空降的中部集群的伞兵第 3 团也遭守岛英军和希腊军射击，队形解散，伞兵空降十分分散，着陆后受敌四面攻击，伤亡惨重，亲自率军参与此波空降的第 7 航空师师长萨斯曼少将以及空降突击团的指挥官相继死亡，伞兵失去统一指挥。16 时，中部集群的第二批空降部队在雷西姆农地区空降，因为着陆散布过大，只有一个连空降至预定地区，甚至付出了伤亡 400 余人的代价，也未能夺取机场。东部集群因飞机加油太慢、数量减少，未能按时起飞，17 时才开始在伊拉克利翁伞降，守军已经做好充分准备，伞兵无法集结，损失严重，未能夺取机场。

21 日凌晨，马莱迈英军守军撤出 107 高地，德军西部集群占领 107 高地并控制了马莱迈机场。天亮后，德军 600 名伞兵和第 5 山地步兵师一部先后在马莱迈着陆，山地师师长林格尔将军接管岛上作战指挥。西部集群开始沿公路向东发展进攻。德军摩托艇运载的山地营夜间从海上增援，途中遭英舰队截击，全军覆没。23 日夜，西部集群在干尼亚以西与中部集群会师，24 日天黑前占领克里特岛西部地区，27 日攻占干尼亚，28 日占领苏达湾，29 日攻占雷西姆农并与东部集群会合，随即占领伊拉克利翁及其机场。28—31 日，英军乘船撤向埃及。6 月 2 日，德军占领整个克里特岛。

此役，防守克里特岛的英军阵亡 1742 人，伤 1.5 万人，海军伤亡约 2000 人，总计约 1.8 万人。此外，希军 1.4 万人被全歼，英军 3 艘巡洋舰、6 艘驱逐舰和其他舰艇 29 艘被击沉。德军死伤总数约 1.4 万人，损失飞机 220 架和大量舰船，其中，第 7 航空师 3250 人阵亡，3400 人负伤，伤亡人数占该师全部兵力的 70%，基本丧失了战斗力，克里特岛因此被称为“德国伞兵的坟墓”。希特勒从克里特岛战役空降兵部队的惨重损失中，认为伞兵时代已经过去，德军在此后的战争中再没有实施过大规模空降作战。相反，盟军从克里特岛战役中认识到空降作战的重大意义，开始大力加强空降兵建设并于当年组建空降军。

德军攻占克里特岛后，最高统帅部认为，苏联战场远比地中海战场重要，因此原先以克里特岛为跳板进而南下北非的战略计划没能付诸实施，克里特岛随即在以后的日子里陷入了沉睡状态，其巨大的战略价值并未得到充分利用。

二、英国的情报工作

（一）英军出色的战前情报准备

对于这次空降战役，英军的情报准备工作可谓相当出色。在战前，英军情报部门获悉了大量真实准确反映德军战役准备情况的有价值情报，英军对德军针对克里特岛的行动计划，从时间、地点到德军的力量配备、战资准备、战斗方式都了如指掌。正如当时的英国首相丘吉尔所言，这次情报工作“可靠而详细”[①]。

首先，对于德军即将进攻克里特岛有准确的战略判断。由于德军在巴尔干半岛的快速推进，希腊军队和英国军队迅速撤至克里特岛，而鉴于克里特岛处于特殊的战略位置，所以德军的下一步近乎确定无疑就是克里特岛，这一点，英军十分清楚。丘吉尔在其回忆录中就说过：“我们确实知道德国正在虎视眈眈地盯着这个岛屿。”[②] 同时，1941 年 4 月，在根据情报确定德国将进攻克里特岛之后，丘吉尔立即将这一战略判断告知当时的英军驻中东司令韦维尔：“根据我们获得的情报来看，德国似乎即将以空降部队和轰炸机大举进攻克里特岛。希将驻在该岛的部队情况和你的计划见告。这应该是消灭伞兵部队的大好机会。必须坚守该岛。”[③]

其次，侦知了德军具体的战役计划，甚至对德军行动计划的诸多细节，如德军的兵力部署、进攻时间、进攻方向、进攻部队类型、进攻人数和波次等，都作了充分的侦察和仔细的计算。丘吉尔在其回忆录中曾这样记载：“在这场战争中，我们的情报机关还没有一次得到过这样可靠而详细的情报。敌军占领雅典以后，德国参谋人员欣喜若狂，忘乎所以，已不像平时那样慎于保密，而我们驻在希腊的谍报人员则积极、大胆地进行活动。在 4 月份的最后一个星期

①〔英〕温斯顿·丘吉尔：《第二次世界大战回忆录》（第 3 卷），韦凡译，时代文艺出版社 2000 年版，第 266 页。

②〔英〕温斯顿·丘吉尔：《第二次世界大战回忆录》（第 3 卷），韦凡译，时代文艺出版社 2000 年版，第 266 页。

③〔英〕温斯顿·丘吉尔：《第二次世界大战回忆录》（第 3 卷），韦凡译，时代文艺出版社 2000 年版，第 267 页。

中，我们从可靠方面得到关于德国下一行动的重要情报。德国第十一空军军团的调动和有关人员的兴奋心情，以及德国人在希腊港口疯狂地搜集小型舰艇的活动情况，未能逃过有心人的耳目。一切都表明，德国即将从海上和空中进击克里特岛。在历次战役中，我个人从来没有像这次这样煞费苦心地研究和衡量证据，或弄清这样的问题：总司令们对敌人即将发动的袭击的规模确已得到深刻印象，并已传达到战地的将军们了。”[①]

比如，关于德军进攻时间方面，英国判断德军进攻时间是 17 日以后，这与德军在 20 日发动进攻基本吻合。英国在希腊的间谍活动既活跃又富有成效，它对德国伞兵部队与运输机联队在雅典附近集结、装船和运输的情况了如指掌。[②] 英国空中侦察从 5 月 12 日起就不断发现德国空军在大陆和一些岛屿的机场集中，这些情况证明德军正准备实施空袭。[③] 丘吉尔在 1941 年 5 月 14 日致韦维尔将军的信中说：“我接到的种种情报表明，敌人将于 17 日以后的任何一日开始执行“灼热”作战计划。”[④] 5 月 16 日，英军在克里特岛上空击落德军一架侦察机，被俘的飞行员也供称 48 小时后德军将进行空降突击。

关于德军的进攻方向，英军对德军的进攻方向判断主要是岛上的三个机场和一个港口，这与德军所拟定的作战计划也是出入较小的。[⑤] “克里特岛驻军司令费赖伯格将军对德军可能发起的进攻作了估计之后，确定有四个地点对防御至关重要：三个飞机场和苏达湾周围地区。他对局势的估计并不是灵机一动的

①〔英〕温斯顿·丘吉尔：《第二次世界大战回忆录》（第 3 卷），时代文艺出版社 1995 年版，第 266 页。

②〔德〕汉斯·雅各布森：《第二次世界大战的决定性战役》，军事科学院外国军事研究部译，江苏人民出版社 1982 年版。

③〔德〕K. 蒂佩尔斯基希：《第二次世界大战史》，赖铭传译，解放军出版社 1986 年版，第 186 页。

④“灼热”作战计划是英军对德军可能进行的攻击克里特岛的行动所命名的代号。参见〔英〕温斯顿·丘吉尔：《第二次世界大战回忆录》（第 3 卷），韦凡译，时代文艺出版社 2000 年版，第 277 页。

⑤ 德军作战计划可参见本文第一条注释，两军对三个机场的选择是一致的，不同的在于对港口的选择，英军认为德军主力部队会渡海从港口登陆，而德军实际都是采用空降登陆。

猜测，而是以提前获悉的德军的真实作战意图为基础的。”[①]

至于德军将参与进攻克岛的部队与进攻方式，英军在战前也得到了确切的情报，尤其对德军空降兵将参与这次战役并扮演重要角色也有所了解。早在四月二十七日，英军中东部队总司令就获悉了德军在希腊本土备战情况的情报，情报表明德军将同时从海上和空中进攻克里特岛。[②] 丘吉尔本人的回忆录中这样记载：“我们早就知道，戈林一直在努力建立和发展一支能够进行大规模着陆的强大空降部队。……德国伞兵师是一支精锐部队，……但是，……德国在不列颠的上空没有得到这种制空权。克里特岛的情形却不同了。敌人在巴尔干和爱琴海享有充分的而且看来是持久的空中优势，他们现在就是以此作为主要武器。”[③] 而且，丘吉尔于4月28日将相关情报与判断写信告知英军驻中东司令韦维尔之后，驻守克里特岛的部分英军甚至进行了针对空降部队进攻的演习：“克里特岛的英军指挥官们，……从3月27日起，开始实施对抗敌军伞兵部队进攻的演习（尤其在马莱迈），而且成为惯例。”

最后是关于德军进攻人数与波次的情报。英国预计德军空降兵的进攻将是：“每天二至三批（第一批三至四千名伞兵），直到空降突击兵力着陆完毕为止。”这与德军的计划也基本吻合。丘吉尔的回忆录中记载：“4月28日，在伦敦的我国联合情报委员会就敌人进攻克里特岛计划的规模与性质做出了估计，他们认为，敌人同时以空运和海运部队进攻该岛的行动已迫在眉睫。他们认为，敌人在巴尔干各国可能搜集到三百一十五架远程轰炸机、六十架双引擎战斗机、二百四十架俯冲轰炸机和二百七十架单引擎战斗机，以供各种用途；敌人在第一次袭击时可能投下伞兵或空降部队三四千名，而且可能每日从希腊进行两三次突击，从罗得岛进行三四次突击，都以战斗机掩护。在空运和海运部队到达之前将有猛烈的轰炸，而且要进行海上袭击，并不缺少军队和船舶。”[④]

---

①〔德〕汉斯·雅各布森：《第二次世界大战的决定性战役》，军事科学院外国军事研究部译，江苏人民出版社1982年版。

②〔德〕汉斯·雅各布森：《第二次世界大战的决定性战役》，军事科学院外国军事研究部译，江苏人民出版社1982年版。

③〔英〕温斯顿·丘吉尔：《第二次世界大战回忆录》（第3卷），韦凡译，时代文艺出版社2000年版，第266页。

④〔英〕温斯顿·丘吉尔：《第二次世界大战回忆录》（第3卷），韦凡译，时代文艺出版社2000年版，第267页。

（二）英军情报准备工作的主要不足

从以上情况看，英军对德军即将发动的克岛战役确是“了如指掌”了，可是，如此周密的情报准备，为什么最终没能带来英军的胜利呢？

1. 对战略空降这一新的作战方式所知不多

从战役的实际过程看，英军在战前情报准备工作中对于德军空降作战的具体实施方式完全缺乏认识。

空降作战是“由空降兵或其他部队通过空中机动降落到预定地区实施的作战”，其作战过程一般包括空降作战准备、空降、地面作战等阶段。使用空降部队实施大规模的空降突击，是第二次世界大战初期德军在运用“闪击战”中的一个突出特点，并在二战初期曾屡屡得手。比如，1940 年德军入侵丹麦、挪威时，就曾使用一个伞降团和三个机降团和 500 架运输机进行空降作战。正是在空降兵的配合下，地面进攻部队和登陆部队得以迅速向丹麦内地推进，数小时后丹麦不战而降；进攻挪威时，德军一个机降团共 3000 人首先在挪威首都奥斯陆附近的法内布机场机降，控制了该市，与此同时，伞降部队在斯塔万格的索拉机场伞降，占领斯塔万格，从而保证了登陆部队上陆并向挪威全境推进，一举占领挪威全境。1940 年 5 月德军入侵比利时、荷兰时，也曾使用两个空降师、运输机 500 架、滑翔机 40 架，共 16000 人，实施空降作战，通过攻占要塞、桥梁和机场，迅速占领比利时和荷兰。

从克里特岛之战以前德军战略空降的实践看，德军习惯于在战略性进攻战役和登陆战役中实施空降，对敌纵深后方集中实施的秘密、突然的空降，通过夺取机场实施机降，进而夺取敌方政治、经济、军事中心或其他战略要地，迅速实现战略目标或战役企图。如在入侵挪威之战中，德军将空降部队集中地使用于奥斯陆和斯塔万格，在入侵荷兰之战中，将空降兵集中用于打开“荷兰要塞”，对鹿特丹、海牙两地实施大规模空降，从而配合正面进攻部队一举摧毁荷兰的防御。

德军登陆克里特岛的方式是典型的战略空降，不过是此前几次空降作战的重演，但英军的最高统帅以及前线指挥官并不熟悉空降作战尤其是战略空降这种新的作战样式，对空降作战没有心理准备，他们不相信德军的登陆作战会主要依靠空降，反而始终认为德军进攻的主力将通过海上登陆来进攻克里特岛。这一重大的情报失误致使英国方面自上而下充满盲目的乐观，认为德军的空降部队将不堪一击。英国首相丘吉尔在回忆录中明确记载：“我们的情报表明，敌人不久即将以空降部队进击克里特岛，也可能试图从海路进攻。我们的海军一定会尽力阻止敌人的海上进攻，而且这方面的攻击也不致有多大的规模。就空降部队的袭击来说，这对新西兰军是正中下怀，……如果敌人在克里特岛登陆成功，那将是他们陷于窘境的开端。”① 而前线指挥官费赖伯格更是一派乐观地“毫不畏怯”，他在给丘吉尔的信中自信地讲：“我不知道什么叫畏惧；我丝毫不担心空降部队的进攻；我已做好部署，我觉得我手下的部队能够应付这种进攻。海运部队若同空降部队联合进攻情形就不同了。如果在我能够把大炮和运输工具运来以前，敌军即发动联合进攻，则局势恐将难以应付。即便如此，只要海军能给予支援，我相信将不致失利。”② 事后丘吉尔也指责他：“当时没有立即相信敌空降部队进攻的规模将会那么巨大。他怕的是敌军有组织地从海上大举进攻。”③

2. 由于不了解德军作战方式，英军无法针对性的布防和反击，丧失了胜利的可能

从历史上看，战略空降的成功主要依赖于完全的制空权和对进出通道（港口、机场等）的迅速占领，而其弱点则在于伞兵的武装程度较弱、需要大量的运输力量和兵力落地后集结的困难。因而要进行有效的反空降行动，必须牢牢掌握制空权，有效地控制机场并予敌空降部队以强有力的反击。

然而，对德军作战方式的无知，不仅使英军前线指挥官费赖伯格在兵力布防和使用时不能集中力量以对付空降兵，而且还影响到英军在战前未能进行有针对性的演练，尤其是未能制定出有效的反空降措施。其部署兵力、作战计划完全缺乏针对性和有效性，甚至在战役进行中也不能适当地调度兵力发起反击。

其实，德军在发起克里特岛战役之前，对克里特岛的机场和防御工事进行了近一个月的航空火力突击，渡海登陆前5—6天，又对岛上机场进行了猛烈的突袭。如此集中地使用航空兵力进行突击，已经预示了德军此次战役用兵的

①〔英〕温斯顿·丘吉尔：《第二次世界大战回忆录》（第3卷），韦凡译，时代文艺出版社2000年版，第272页。

②〔英〕温斯顿·丘吉尔：《第二次世界大战回忆录》（第3卷），韦凡译，时代文艺出版社2000年版，第273页。

③〔英〕温斯顿·丘吉尔：《第二次世界大战回忆录》（第3卷），韦凡译，时代文艺出版社2000年版，第273页。

主要方向，英国方面本来应该加强对空防御以及对机场的控制。但在制空权的争夺方面，英军毫无作为。据丘吉尔回忆录中记载："目前尚无派来足以抵御海路入侵的海军的迹象，而岛上的空军则只有六架'旋风'式战斗机和十七架旧式飞机。"[①] "十一月十三日，当已决定'无论希腊本土发生什么情况'都要守住克里特岛时，总参谋部已正确地估计到，敌人的进攻很可能来自空中，但恰恰没有战斗机与之对抗。"[②] 这样，在德军实施空降克里特岛行动时，英军实际已经几乎完全丧失了制空权。

对于克里特岛上机场的控制，英国守军也犯下重大错误。"守军认为简易机场可能以后还会有用，因此没有一并毁掉，只是封锁了它们。后来证明这却为入侵者实施空降登陆作战提供了极其有利的条件。"[③] 对于没有毁坏岛上的三个机场而导致德军通过机场机降增援兵力，战后许多研究者们都认为这是导致英军此次战役失败的关键因素，英军根本不清楚这些机场将会在德军的空降中发挥怎样的重要作用。费赖伯格的防御计划是以什么地方可能成为德军攻占目标的精确分析为依据的。但他对即将来临的战斗中的一个非常重要的问题估计错了：由于他记得德军在荷兰曾在道路、海滩和开阔地上进行机降，所以他误认为德军实际上不需要机场，他们能够使输送部队、给养和重型装备的容克-52飞机在岛上任何地方着陆。既然这些机场跑道对一个几乎能够在任何地方着陆的敌人来说并不是绝对必要的，而英国皇家空军可能还要使用这些跑道，所以费赖伯格得出结论（显然从他的英国上司那里得到了指点）：不必对这些机场跑道设置障碍、设雷和毁坏。这是极严重的错误，因为德军非常需要这些跑道。

英军所丧失的机会还包括没能在德军空降兵落地后最脆弱的第一时段内给予强有力的反击，而反击是拥有强大火力的地面反空降部队对付武装程度很弱的伞兵的最有效手段。英军为准备迎击想象中的强大的海上登陆力量，丧失了利用机动部队反击伞兵的机会。费赖伯格同样感到，德军为了支援空降突击，必然会进行海上登陆，因而反击海上登陆将具有决定意义。他预料德军将会沿

①〔英〕温斯顿·丘吉尔：《第二次世界大战回忆录》（第3卷），韦凡译，时代文艺出版社2000年版，第271页。

②〔德〕汉斯·雅各布森：《第二次世界大战的决定性战役》，军事科学院外国军事研究部译，江苏人民出版社1982年版。

③〔德〕汉斯·雅各布森：《第二次世界大战的决定性战役》，军事科学院外国军事研究部译，江苏人民出版社1982年版。

着北海岸以多点突击来实施进攻……，所以他作出了选择：处处同时严加防御，以期在德军未建成立足点之前粉碎其袭击。虽然费赖伯格部队布防的地方，实际上也的确是敌人后来着陆的地方，然而，英军将防御重点放在对付敌军海上进攻的威胁上，无疑错过了对敌空降突击进行反击的大好时机。

（三）战场情报支援不力

战斗行动一旦开始，战场情况瞬息万变，只有不断更新跟踪战场情况，才能掌握不断变化的战场态势，进而合理调配和使用兵力，让战役进程往有利于自己的方向发展。

克里特岛战役中，受限于当时的技术条件，英德双方对于战场情况的了解都是迟钝的。比较而言，德军的指挥官能够更加积极主动地去获取战场情报，从而最终赢得战役胜利，而英军指挥官对战场态势的变化则缺乏必要的主动意识，最终丧失了战役的主动性。

克里特岛战役的转折点发生在20日夜——英国守军在马莱迈机场附近的107高地撤出阵地。这次“从马莱迈的撤退”导致了整个克里特岛的失陷，而此次撤退的根本原因就在于战场信息的缺失以及战场通信的不畅，以致前线指挥官作出了错误的决定。当时的实际情况是：隶属英军守岛部队序列的新西兰第22营负责驻守107高地，营长安德鲁中校将其中的两个连配置在107高地的山脊上，另外两个连配置在山下面的机场上。但战斗过程中，安德鲁中校与机场上的两个连失掉了联系，加之遭到德军空降部队的猛烈攻击，他误以为自己处于孤军奋战的境地，于是请求撤退，得到准许之后不久，安德鲁中校下令部队撤出107高地。“那时他还不知道被他‘丢失’在机场上的两个连，仍在坚守着。”其实，在安德鲁为自己的处境感到苦恼的时候，他不知道其实德军的处境更加困难。因为就在这时，德军空降部队指挥官迈恩德尔已身负重伤，在希腊和他一起上飞机的一千九百人中，现在只剩下六百人能够作战。……疲惫不堪的部队这时已无能为力。可惜的是，英军守卫部队对这一重要情报一无所知。更为糟糕的是，全权负责克里特岛防御作战行动的英军前线最高指挥官费赖伯格，在战役进行的关键时刻对战场实际情况也失去了掌控，以致未能及时调整部署采取对策：“敌人猛烈的空中突击，使他（费赖伯格）的通信与信号系统的效能已经降低。当他向上级报告时还不知道当时情况的严重程度，例如，他不知道新西兰第二十二营已从马莱迈撤退，结果已在他防御最薄弱的地段打开了缺口。如果他知道这些情况，毫无疑问，他势必会竭力在夜暗的掩护下派援兵援救马莱迈。”[①] 这样，英军在关乎克里特岛战役全局的马莱迈机场防御战斗中，丧失了转瞬即逝的战机。

此外，对德军战术的不了解也阻碍了英军后续的反击行动。战役开始后的第一天内，德军空降兵着陆过程中和着陆后遭受到了重大伤亡，“德军一个机场也没有夺到，不能让搭乘运输机的山地步兵第 5 师实施机降。”在这种情况下，如果英军对德军的登陆战术有所了解，采取有效的抗空降措施，就会将防御重心放在海岸。可惜的是，英军指挥官因担心德军从海上登陆，而将一个旅的兵力用于防御这种危险，结果，导致在马莱迈地域防御德军空降的兵力严重不足，只有两个营，其中一个营还伤亡很大，未能对空降的德军实施有效的反击。相反，德军第一波着陆的空降兵虽然损失惨重，仍然得以就地组织起有效的防御，保证了后续空降部队的着陆。

三、德军的情报工作

（一）德军战前情报准备并不充分

综观此次战役的全过程，德军的情报工作相比英军差得很多。在战役发起前，德军没有仔细侦察敌情，对英国守军的战斗力缺乏准确认识；此外，由于发起进攻之初战役进程顺利，德军主观上严重轻敌，没有认识到英军坚守克里特岛的决心。这些都导致德军在此次空降作战中会出了惨重的代价。

1. 轻敌思想严重

1941 年 4 月上旬德军以破竹之势侵入南斯拉夫和希腊。战争初期的进展顺利，使德军统帅部和前线部队对攻取克里特岛的艰巨性缺乏必有的认识，信心十足地认为这次作战将非常顺利，如维尔纳·皮辛在其详尽无遗的著述《1941 年德国伞兵和空降兵占领克里特岛》中就记载，当时参与此次战役的第 4 航空队的看法是“一个步兵团就绰绰有余了”[②]。

2. 兵力估计严重不足

由于战前侦察不力，德军对克里特岛英国守军实力错估严重。“德军对于

①〔德〕汉斯·雅各布森:《第二次世界大战的决定性战役》，军事科学院外国军事研究部译，江苏人民出版社 1982 年版。

②〔德〕汉斯·雅各布森:《第二次世界大战的决定性战役》，军事科学院外国军事研究部译，江苏人民出版社 1982 年版。

英国和盟国在克里特岛上的兵力部署知道得不多。他们的估计是根据侦察飞行结果和对撤出希腊战役未到北非而留在克里特的兵力的推测而来的。各作战参谋部只得主要依赖德国情报部（卡纳里斯亲自负责）与空中侦察所提供的情报来了解敌人的兵力与阵地情况。……从这些来源汇集起来的情况有许多重要的细节并不真实。例如，英军的兵力约为估计的三倍。"[①]

3. 对敌军士气和社会环境评估严重错位

由于缺乏连续细致的调查和研究，德军对于守岛英军的士气和当地居民的立场也作出了错误的预判。他们认为："希腊人'将不愿再继续作战'；英国兵已'士气沮丧'，一旦遭到德军攻击也'不会认真抵抗'。"[②] 德军负责指挥克里特岛空降作战的指挥官甚至自信地认为，岛上居民极有可能出于对和平的要求劝说英军自动撤离克里特岛。但事实与德国方面一厢情愿的估计完全不同：英国方面对德军入侵巴尔干半岛的企图了如指掌，也正确预判到德军下一步行动是夺取克里特岛，守岛的英军为此进行了认真的备战，而且勇敢顽强。而且，克里特岛上的居民，尤其是该岛西部的居民，都积极地支持英军抵抗德国侵略者。正是"由于岛上守军和平民的激烈抵抗，在克里特岛战役结束以后还发生了德军对当地平民的暴力报复事件"[③]。

4. 对敌人防御阵地火力、兵力配属情况侦察不力

在德军进攻之前，英军已采取了较为充分的备战措施，尤其是对阵地进行了充分的伪装："凡是敌人能从海空运送部队登陆的地点，守军都用巧妙的技术和大幕等物资器材有计划地进行了设防。在许多重要机场的周围和北部沿岸修筑了许多易守难攻的坚固支撑点。守军充分了解德国伞兵部队的战术[④]，在入侵部队可能用来空降的所有内陆地区都做了认真的设防。这些地区大多平坦、低洼，为此，守军占领了周围的制高点，构筑了坚固的防御工事。为了把

①〔德〕汉斯·雅各布森：《第二次世界大战的决定性战役》，军事科学院外国军事研究部译，江苏人民出版社 1982 年版。

②〔德〕汉斯·雅各布森：《第二次世界大战的决定性战役》，军事科学院外国军事研究部译，江苏人民出版社 1982 年版。

③〔德〕汉斯·雅各布森：《第二次世界大战的决定性战役》，军事科学院外国军事研究部译，江苏人民出版社 1982 年版。

④ 这里所谓"充分了解德国伞兵部队的战术"，本文认为，是在强调英军对可能的来袭有着周密的布防和准备。但通过上文的分析，我们不难发现，这种准备并非针对空降部队的弱点，不属于配备机动力量以用于反击，实在不能算作真正的了解。

整个地区都置于自己的火力之下，并尽量使进攻者损失惨重，英军在那些被视为适于机降和伞降登陆的橄榄树林内埋伏了狙击手，对所有防御性坚固支撑点进行了十分巧妙的伪装，致使德军借助于详尽的空中照相和冒险的低空飞行也难于辨别。……尽管德军费尽心机，并且满有把握地认为发现了敌人的一些防空阵地，但后来才弄清楚原来那些阵地都是用木头‘炮’设置的假阵地，而真阵地却设在别处，伪装得十分成功。”[①]

德军关于英军在克里特岛上防御阵地、火力、兵力配属等情报的缺失，给整个作战的进程造成了很大的影响，结果是德国空降兵遭到了极其严重的损失。如若不是德军的作战方式超出英军想象，战役的后果或许会被改写。

（二）德军战场情报支援比较有力

情报获取是一个不间断的过程，德国人比英国人更懂得及时了解战场情况的重要性并更主动地付诸实践。其实双方对于战场上到底发生着什么都很迟钝，只不过德国人最先反应过来。双方通信设备都不通畅，但对待如何迅速及时地了解战场情况，双方的反应效率有所差距。德军为获得真实战场情况敢于冒险，从而推动了战役进程走向胜利。

在空降过程中，德军一度失去对空降部队的有效指挥，空降情况不能及时反馈到指挥部，造成部队伤亡。当运输机安全返回基地（仅损失百分之一点四）和收到第八空军的报告时，给人的印象是“第一波已按计划着陆成功”。当时驻雅典的空降军司令部丝毫没有得到伞降部队的消息。……由于最初抱有的乐观态度，所以第二波仍按计划出发，结果酿成了更大的失误和遭受到更大的挫折。[②] 幸运的是，德军负责此次战役的指挥官斯徒登特能够主动尝试去了解战场情况变化，并最终赢得了战役主动权。比如，斯徒登特能够敏锐地注意到战前计划与战役进程的脱节，主动寻找原因、了解战场情况。当斯徒登特的敌人在犹豫不决的时候，斯徒登特却已采取了行动。尤其当德军空降部队攻占马莱迈机场附近的 107 高地出现困难时，斯徒登特立即下令克莱上尉亲自飞往马莱迈，向前线指挥官和士兵了解情况，在获得第一手的战场情报后，斯徒登特及

---

①〔德〕汉斯·雅各布森：《第二次世界大战的决定性战役》，军事科学院外国军事研究部译，江苏人民出版社 1982 年版。

②〔德〕汉斯·雅各布森：《第二次世界大战的决定性战役》，军事科学院外国军事研究部译，江苏人民出版社 1982 年版。

时调整作战部署，果断地以有生力量对进攻克里特岛的德军实施有力支援，把他能搞到手的每个伞兵都增援马莱迈，然后把山地第五师机降到那里，结果，到5月24日，德军空降兵力已达3.5万余人，完全控制了岛上的机场。接着，德军航空兵又轰炸了英国舰队，开通了海上运输线，为空降兵提供了及时的补给。这就从根本上保证了战役进程向英军失败的方向逆转，奠定了克里特岛空降作战的胜局。到27日，英军开始撤退，德军最终占领了克里特岛。

四、评析

作为二战中的重要战役和空降反空降作战的经典战役，克里特岛之战中英、德双方情报工作的经验与教训是丰富而深刻的。

第一，战前情报准备不仅要对敌人可能发起战役的时间、地点、战役企图等问题给予高度重视，更重要的是必须弄清楚敌人的作战指导思想、作战方式与方法，以便于找到对付敌人弱点的有效方式。从战争史上看，交战的一方如果突然使用新的先进的作战方法，往往可以使对方一时茫然不知所措，而使己方获得巨大的优势。在克里特岛防御作战中，英军在兵力上占有很大优势，投入了全部地中海舰队的兵力，计有4艘战列舰、11艘巡洋舰、32艘驱逐舰和大量其他舰艇，同时，在情报准备工作方面已经尽可能地去了解德军的一切。但最后英军仍难免失败，其原因恰恰在于对于德军战略空降这一“独创的、迥然不同的”作战方式缺乏了解。[①] 结果，在德军紧锣密鼓地进行空降登陆准备，占尽优势的英军根本无视来自空中的危险，而是在海岸加紧进行抗登陆准备，其失败是自然的。因此，战前的情报工作必须将敌方的作战思想和作战方法作为重要问题予以关注和研究，为战争指挥导者和作战部队指挥官了解敌人的特点和找准其弱点并预做相应准备提供条件。

第二，情报支援必须贯穿战役组织和战斗部署的始终。战场情况瞬息万变，即使再全面系统的情报准备，也不能代替动态及时的战场情报支援，因此，作为战场指挥官必须以主动的精神开展情报工作，通过不间断的敌情侦察，准确捕捉战场态势的变化，并据以变更部署，创造消灭敌人的可能并利用这种可能。在克里特岛之战中，本来，因对英国守军的情况不够了解，德军作战计划

---

①〔德〕K. 蒂佩尔斯基希：《第二次世界大战史》，赖铭传译，解放军出版社1986年版，第185页。

漏洞重重，指挥官斯徒登特仍旧想用一系列的小规模突击，而不是单一的大规模作战。他的作战计划，不是主要对最具有决定意义的目标实施强大攻击，而是用一系列助攻牵制对方，使之不能增援关键目标。结果，战役开始后，德军空降部队在马莱迈机场附近的107高度进攻受挫，而且，机降部队和海上登陆部队也未进行有效的协同。但斯徒登特能够立即了解战场情报，临机变更部署，从而以及时准确的情报弥补了作战计划的不足。相反，英军指挥官在战前既对敌情估计与判断不准确，战役过程中又不能主动地获取战场情报，结果根本不清楚敌军的弱点，不能灵活地变更作战部署，以致丧失了战机，并最后失掉了整个战役。

第四章　卫国战争前苏联的战略预警失误

战略预警，是指及时分析国家安全利益威胁在特征或级别上出现的重大变化，并就此与政策官员进行有效沟通，使其重新评估国家为慑止威胁或减少损失所做的战备状况。[①] 战略预警的核心是情报，但并不意味着事先拥有了相关情报就能实现战略预警的目的，避免灾难的发生。卫国战争前苏联对德军入侵战略预警的失败就是最典型的案例之一。

卫国战争前，苏联从各个渠道获悉了大量有关德军入侵时间的预警性情报，但最终仍未能避免德国的突然袭击。造成苏联战略预警失败的根本原因是斯大林模式的社会体制，直接原因是情报工作未能取得决策者的充分信任，此外，情报本身的缺憾作为诱发因素最终导致战略预警的彻底失败。

一、战争简介

1940 年 12 月 18 日，希特勒下达了《第 21 号指令》，详细制定了“巴巴罗萨”计划。指令一开始就表明了德国的意图：“德国国防军必须准备在对英国的战争结束之前即以一次快速的远征将苏俄击败。”[②] 指令明确规定，德军进攻时应集中优势兵力：“陆军必须动用一切可供使用的部队，但是有一个条件，

① 参见张长军：《情报分析技巧在战略预警中的运用：以美国情报界为个案》，载《情报科学》2006 年第 11 期。

②〔德〕瓦尔特·胡巴奇编：《希特勒战争密令全集（1939—1945）》，张元林译，军事科学出版社 1989 年版，第 65 页。

就是必须保卫已占领的地区免遭突然袭击。”“对空军来说，重要的是，应抽出强大兵力支援东方战局中的陆军，以期加快地面作战的进程和尽可能减少敌空袭对德国东部地区造成伤害。”[①] 同时，指令还在准备的时间上提出要求：希特勒将在“对苏俄作战开始之前 8 个星期命令军队开始集结”，“准备工作，将需要较长时间；如果尚未开始，那么现在就必须着手进行，并且务必在 1941 年 5 月 15 日以前完成。”指令中还特别强调“切切不可暴露进攻企图”[②]。

至 1941 年 6 月 21 日傍晚，德军准备实施首次突击的陆、海、空三军部队均按“巴巴罗萨”计划部署完毕。侵苏德军共编成南面、中央、北面三个集团军群，辖 7 个集团军、4 个装甲集群，共 152 个师（含 19 个装甲师、13 个摩托化师又 3 个摩托化旅，不包括在芬兰的德军挪威集团军所属的 4 个师和 1 个旅），计 305 万人，占德军总兵力的五分之四。此外，德国还纠集其同盟国罗马尼亚、斯洛伐克、芬兰、匈牙利、意大利和西班牙共四十多个师编入侵苏战争的序列。[③]

1941 年 6 月 22 日凌晨 3 点 15 分，德军三个集团军群在波罗的海与喀尔巴阡山脉涌入苏联国境。6 月 22 日当天，德军就突破苏军防线，向前推进 25 至 50 千米。德军空军的猛烈轰炸使得大部分苏联飞机来不及起飞就被摧毁，德军获得了绝对的空中优势；德军装甲师的迅速推进使苏军惊慌失措，防御部队秩序紊乱，步步后退，并遭受巨大损失。在德军发动进攻的第一天，苏军西部战线就有 66 个机场遭到轰炸，损失飞机 1200 架。18 天内，德军侵入苏联腹地 500 至 600 千米，占领了拉脱维亚、立陶宛全部，白俄罗斯大部、乌克兰和摩尔达维亚（今摩尔多瓦）的部分领土，并进入俄罗斯联邦西部，进抵列宁格勒附近，威胁到斯摩棱斯克和基辅。10 月上旬，德军深入 850 至 1200 千米，占领了工业产值占全苏联 2/3、拥有 7450 万人口、150 万平方千米的苏联领土。6 个月后德军已经进攻到距莫斯科只有 25 公里的地方。截至 7 月 9 日，苏军共损失士兵 200 多万人，近 30 个师被歼灭，约 70 个师的人员、装备损失 50%

①〔德〕瓦尔特·胡巴奇编:《希特勒战争密令全集（1939—1945）》，张元林译，军事科学出版社 1989 年版，第 65 页。

②〔德〕瓦尔特·胡巴奇编:《希特勒战争密令全集（1939—1945）》，张元林译，军事科学出版社 1989 年版，第 66 页。

③ 军事科学院历史研究部:《第二次世界大战史（第 2 卷）：大战的全面展开》，军事科学出版社 1995 年版，第 212—213 页。

以上，3500 架飞机以及一半以上的燃料、弹药仓库被毁。[①] 至 10 月上旬时，苏联损失兵力已近 700 万人，被俘士兵 300 余万人。[②]

二战结束以来，探讨苏联在卫国战争前战略预警失败原因的学术文章和专著层出不穷。俄罗斯学者 Н.Ф. 普什卡列夫指出，“几百年的历史经验表明，任何军事情报都是制订有效政策或战略的前提，但情报永远也无法替代政策、战略或军事实力，而使用情报资料的能力才是决定性因素。如果没有有效的政策，即使掌握了最准确、最可靠的情报资料也是徒劳，苏联军事情报在战争中充分完成了自己的任务。”[③] 美国哈佛大学国际问题研究所乌埃利博士在《代号“巴巴罗萨”》一书中认为，苏联未能对德国的突然袭击做出有效预警的原因有三点：第一是情报和战略计划之间存在差距；第二是德国欺骗活动取得成功；第三是斯大林的估计错误。[④] 理查德·贝茨在《突然袭击——防御计划的教训》指出，“德国有意的战略欺骗与苏联对形势的误判导致了突袭的最终发生”，这种误判主要是斯大林的先入之见引起的。[⑤] 我国学者彭训厚认为，“1941 年上半年，尽管有种种迹象表明，苏德战争即将爆发，但斯大林却固执、主观地认定 1941 年打不起来，为战备工作带来了不可低估的消极影响”[⑥]。概括来看，上述研究大多认为苏联情报机构在战前已完成了自己的任务，而将预警失败归罪于斯大林的固执己见。事实上，大量新解密的档案资料表明，如此严重的预警失败绝不仅仅是斯大林一个人的责任，其中既有当时苏联社会体制的因素，也有情报机构不可推卸的责任。

① 军事科学院历史研究部：《第二次世界大战史（第 2 卷）：大战的全面展开》，军事科学出版社 1995 年版，第 219 页。

② 赵文亮：《二战研究在中国》，武汉大学出版社 2006 年版，第 171 页。

③ Н. Ф. Пушкарев Специальная служба ГРУ：*вымыслы и реальность. М.*：*Эксмо*，2004.，С.112.

④《战例研究 4：被错觉和幻想欺骗——1941 年 6 月 22 日德军进攻苏联的“巴巴罗萨”作战》，见〔日〕岩岛久夫：《突然袭击的研究》，张健、贺小铭、姜培善译，国防大学出版社 1987 年版。

⑤ 张晓军：《美国军事情报理论著作评介》，时事出版社 2005 年版，第 28 页。

⑥ 彭训厚：《对苏德战争初期苏军失利主要原因的再思考》，载《军事历史研究》1994 年第 4 期。

二、苏联预警失误的原因

(一)根本原因:斯大林模式的弊端

美国中央情报局前局长艾伦·杜勒斯指出,“政策必须根据对全部事实所作的最好的估计而建立。而那种估计则又须由某个既不怀有私心、又不墨守成规的机构来作出”[①]。“既不怀有私心、又不墨守成规”理应成为情报机构提供战略预警时应坚持的基本原则,但苏联在卫国战争前遵循的斯大林模式的社会体制使这一原则在情报机构内部被彻底颠覆了。

斯大林模式,是指20世纪20年代下半期至50年代初期斯大林执政时期建立起来的苏联社会主义模式,简称苏联模式。[②] 斯大林模式最根本的特征是高度集中,或称高度集权。这个特征反映在政治、经济、军事和文化思想的各个领域,权力高度集中于中央政权,最终集中于联共(布)中央,实际上常常集中于党的领袖斯大林个人。1934年,联共(布)第十七次代表大会决议“责成各级党组织以斯大林同志报告中所提出的原理和任务作为自己工作的指南”[③]。

在反侵略战争准备上,以斯大林为代表的联共(布)中央对法西斯德国的入侵虽有警觉,但在战争爆发时间和德军主攻防线等问题上有诸多先入之见,这直接导致了情报部门的工作失误。比如,斯大林曾固执地认为希特勒在没有完全结束对英战争前不大可能在东方采取行动。

苏联情报机关中过分迎合上级意图的典型代表是当时的总参谋部情报局局长戈利科夫和内务人民委员贝利亚。戈利科夫在进入情报机关之前是一名军人,习惯于服从命令。他的一位部下回忆说:由于担心所提供的情报与斯大林的想法不一致,向斯大林汇报情况后戈利科夫经常把他找来以试图理解“主人”

---

①〔美〕维克托·马凯蒂:《中央情报局与情报崇拜》,约翰·D.马克斯著,曹山、慕絜、知然译,生活·读书·新知三联书店1979年版,第272页。

② 陆南泉、姜长斌、徐葵、李静杰:《苏联兴亡史论》,人民出版社2002年版,第464页。

③《苏联共产党代表大会、代表会议和中央全会决议汇编》(第四分册),人民出版社1964年版,第401页。

（情报人员对斯大林的通称）的意思。[①] 还有资料表明，戈利科夫在对情报进行评价时常将情报分为两类：由“可靠来源”提供的情报和由“可疑来源”提供的情报，并将大多数有关德国真实企图的情报归入第二类中。[②] 1941 年 3 月 20 日，戈利科夫向斯大林呈送了一份重要报告《德军进攻苏联军事行动意见、组织措施和方案》。报告中讲到了德军进攻苏联时可能采取的几个突击方案。后来查明，这些方案依次反映了“巴巴罗萨”计划的制订过程，其中之一甚至实际上反映了这个计划的基本内容。报告对德军进攻苏联的时间也有准确的描述，但戈利科夫在报告结尾得出的两条结论却是：“1. 根据上述言论和（德国）今春可能的作战方案，我认为（德国）发动对苏战争最可能的时间，是在战胜英国以后，或在德国缔结光荣的对英和约以后。2. 关于今春（德国）对苏战争不可避免的传说和文件，必须看作是英国甚至可能是德国情报机构散布的假情报。”[③]

当然，不能仅仅因为这份报告就武断地怀疑戈利科夫的情报分析能力。尽管戈利科夫在报告中认为战争不会在 1941 年爆发，但实际上他早在 1941 年 1 月 15 日就签署了命令，要求针对 1941 年 4 月 15 日这一天制订情报局的动员计划。这看起来有些自相矛盾，但后来的事实证明这一命令是完全正确的。根据这份命令，7 位军区和集团军参谋部情报处长于 1941 年 1 月 23 日至 2 月 22 日在莫斯科召开会议，研究了如何将情报活动由平时转向战时的问题。与会者就如何加强战时情报工作问题提出了一系列具体的建议，其中包括：恢复各军区和集团军情报处战时人员编制，给予各情报处充足的装备和供给保障，在距边境 400 公里纵深处建立基地以备实施必要退却时使用等。会议结束后，戈利科夫向工农红军总参谋长朱可夫呈送了一份计划，打算在苏联边境各军区建立

① И.А.Дамаскин："*Сталин и разведка*"，Москва：Издательский дом" Вече"，2004，С.255.（达马斯金：《斯大林和情报机关》，莫斯科：Вече 出版社 2004 年版，第 255 页。）

② О.Гориевский："*КГБ.История внешнеполитических операций от Ленина до Горбачёва*"，Москва：NOTA BENE，1992，С.45.（戈尔季耶夫斯基：《克格勃：从列宁至戈尔巴乔夫时期的对外活动史》，莫斯科：NOTA BENE 出版社 1992 年版，第 45 页。）

③ Доклад начальника Разведуправления Генштаба Краснай Армии генерал-лейтенанта Голикова в НКО СССР，СНК СССР и ЦК ВКП（*б*）？ Высказывания [оркмероприятия] и варианты боевых действий германской армии против СССР ？，20 марта 1941 года.

贮备有武器、弹药及其他军用物资的秘密基地，并在苏联境内 100 ～ 150 公里纵深范围内建立备用间谍网。朱可夫于 1941 年 5 月批准了这项计划。1941 年 2 月 24 日，戈利科夫再次向各边境军区和独立集团军情报处长下达训令，要求各情报处和行动分队针对 1941 年 5 月 10 日进行动员准备。① 两次动员令的下达至少可以说明戈利科夫对苏联能够在 1941 年夏季避免战争持怀疑态度。

具有卓越情报分析能力的戈利科夫之所以在其报告中得出两条错误的结论，完全是为了与当时斯大林的分析保持高度一致。苏联历史学家维亚切斯拉夫·达希切夫据此指责戈利科夫，说他“为了讨好斯大林”，自己杜撰报告。② 英国情报史学家克里斯托夫·安德鲁也认为在莫斯科情报评价系统的上上下下充满了奴颜婢膝的恐怖，这种恐怖以“勤于揣摩、投其所好、保全自己”的原则在最大限度地表现着。③ 但是戈利科夫的报告并不是他个人奴颜婢膝的结果，因为，联共（布）十七大后，是否执行斯大林的指示和决定已经成为一条政治准则，接纳党员、职务升降、“派别活动”的划分、“人民公敌”的定案，一概以此为界。④

内务人民委员会贝利亚就曾坚定地向斯大林表示：“我们坚决相信您的英明指示：1941 年希特勒不会向我们发动进攻。”他在工作中也一直坚持这种原则。苏联间谍勒曼获得德国将于 1941 年 6 月 22 日凌晨 3 点进攻苏联的情报后，为及时上报这一情报，苏联驻德国的谍报机构没有通过正常的汇报渠道，而是将情报通知给苏联驻德大使杰卡诺佐夫，希望能利用杰卡诺佐夫与贝利亚、斯大林是同乡（三人均为格鲁吉亚人）的关系引起贝利亚和斯大林对这份情报的重视。但这份情报不但没有引起贝利亚的重视，反而使他感到厌烦。战争前一天，贝利亚写信给斯大林说：“我再一次坚持将我们驻柏林的大使杰卡诺佐夫

① Колпакиди А.И. и Прохоров Д.П. Империя ГРУ：*Очерки истории российской военной разведки*. М：ОЛМА-ПРЕСС，1999. http：//www.agentura.ru/dossier/russia/gru/imperia/.

② Олег Гордиевский и Кристофер Эндрю. КГБ. С.162.

③ См. Олег Гордиевский и Кристофер Эндрю. КГБ. С.167.

④ 参见陆南泉、姜长斌、徐葵、李静杰：《苏联兴亡史论》，人民出版社 2002 年版，第 480 页。

召回并予以惩罚，他一直向我报告一些关于希特勒准备进攻苏联的假情报。”[①]贝利亚无视驻德谍报人员的努力，主观地将这份极为重要的情报判断为假情报，其主要原因就在于他对斯大林的盲目支持。

不但如此，贝利亚甚至还将提供真实情报的情报人员当成西方挑拨苏德关系的“帮凶”，并对他们加以惩罚。1941 年 6 月 21 日，贝利亚在一份报告上做了如此批示：最近一段时间许多情报人员受到厚颜无耻的挑拨行为的影响，开始制造恐慌。国际上有一些人企图挑起我们与德国之间的战争，部分情报人员已成为他们的帮凶，其他人应引以为戒。[②]

卫国战争前为苏联决策者提供情报保障的另一套组织系统——国家安全人民委员部也面临着同样的尴尬。国家安全人民委员部国外局局长菲京接到过来自情报总局和内务人民委员部关于战争威胁的情报，并准备了一份关于“来源可靠性”的论证报告，但他的顶头上司梅尔库洛夫却拒绝签字并上报斯大林。“上面，——他（梅尔库洛夫）对菲京说——他们（就是斯大林）更清楚该怎么评价这个问题。”[③]

在斯大林模式的社会体制下，情报不再是决策的依据，而沦为了决策的佐证和注脚。在这种社会体制下，即便掌握了最精确的情报，但只要与决策者意见相左，就很难对面临的战争威胁作出成功预警。

（二）直接原因：情报工作未能取得决策者的充分信任

朱可夫曾在战前根据获得的情报向斯大林汇报了苏德两国军力对比情况，斯大林听后恼火地说：“不能完全相信情报……”[④] 这句看似无意的话，反映了

---

① И.АДамаскин：*“Сталин и разведка”*，Москва：Издательский дом “Вече”，2004 ，С.256.（达马斯金：《斯大林和情报机关》，莫斯科：Вече 出版社 2004 年版，第 256 页。）

② И.АДамаскин：*“Сталин и разведка”*，Москва：Издательский дом “Вече”，2004 ，С.247.（达马斯金：《斯大林和情报机关》，莫斯科：Вече 出版社 2004 年版，第 247 页。）

③ См. *Олег Гордиевский и Кристофер Эндрю*. КГБ. С.161.

④ 参见〔苏〕朱可夫：《朱可夫回忆录》，陆仁益译，中国广播电视出版社 1991 年版，第 293 页。陆仁益在其译著《朱可夫回忆录》中译为“不能完全相信侦察”，在俄语中“侦察”与“情报”一般使用同一个词“разведка”，故根据上下文意，此处译为“不能完全相信情报”更为恰当。

卫国战争前苏联的主要决策者斯大林对苏联情报工作的不信任。所以，大多预警性情报都未被决策者接受，而造成这种不信任的原因是多方面的。

1. 苏芬战争中的情报失误使决策者心有余悸

在 1939 至 1940 年的那个冬天，发生了一件令人难以置信的怪事。苏军对芬兰发起进攻时在苏芬边境集中了 30 多万人，但却未能摧毁平时陆军只保持 3.2 万人（动员集结后的正规军 12.7 万人）的芬兰小国的抵抗。[①] 关于造成这种结果的原因，在所有苏联的历史著作中都提到了缺乏情报这一重要因素。[②] “很明显的，苏联当局是吃了情报错误的亏：他们认为芬兰人不仅不会做认真的抵抗，反而会乘机起来推翻那个不孚众望的政府。”[③] 战前，列宁格勒军区的一份侦察材料，竟把芬兰军队苦心经营的“曼纳海姆”防线说成是“一种宣传”[④]。进攻芬兰受阻的丑闻发生后，总参谋部情报局刚就任不久的新局长普罗斯库洛夫将军和他的参谋人员就被“清洗”了。

1940 年 6 月，戈利科夫从普罗斯库洛夫手里接过了总参谋部情报局的指挥棒。虽然戈利科夫在短短一年之内使苏军情报工作起死回生，但苏芬战争中因情报失误造成的重大损失在苏联决策者心中留下的伤疤甚至到卫国战争爆发后都未能抚平。这一点可以从什捷缅科元帅的回忆录中找到充足的证据。卫国战争期间，苏联总参谋部每年都要在 5 月 1 日之前总结冬季战局，11 月 7 日之前总结夏季战局，并提出对未来战局和重大战役的展望。只供高级机构掌握的密级材料就是提出这些展望的重要基础。“起初，斯大林对总参谋部的展望是持怀疑态度的。后来，在华西列夫斯基和安东诺夫的领导下，总参多次在拥有全面依据的基础上做出了正确的判断，斯大林的怀疑才逐步打消了。”[⑤]

2. 决策者对英美等西方国家有意制造假情报心存顾虑

除了苏联情报机关，英美等西方国家也曾向斯大林发出战争警报。1941 年 3 月美国国务卿助理曾向苏联驻美大使提供过这样的情报：据来自柏林的可

① 参见吴春秋主编：《世界战争通鉴》，国际文化出版公司 1995 年版，第 1134 页。

② 参见 Suvorov V. *Inside Soviet Military Intelligence*. London：MacMillan Publishing Company，1984.

③〔英〕利德哈特：《第二次世界大战战史》，钮先钟译，上海人民出版社 2002 年版，第 63 页。

④ 姚有志、过毅：《百年战争评说》，军事科学出版社 2001 年版，第 88 页。

⑤〔苏〕什捷缅科：《第二次世界大战什捷缅科亲历记》，毕长虹、李青译编译，国防大学出版社 1995 年版，第 259 页。

靠消息，希特勒计划于1941年春发动对苏战争。两周后，英国首相丘吉尔在给斯大林的密信中提到德军将有5个坦克师从罗马尼亚调往波兰，信中还详细说明了德国精锐部队在苏联边境的部署情况。但斯大林却认为这是英美等西方国家企图挑起苏德战争的证据。斯大林之所以有这种认知的原因在于英美等西方国家之前的一贯态度使斯大林极度不信任这些国家。

斯大林认为英国等西方国家所提供的情报是为挑起两国战争而散布的谣言，并且认为这种谣言会对本国情报机关产生不良影响，因此他总是反复地说："不要受人挑拨！""不要被人离间！"[①] 他甚至还将本国情报机关提供的类似情报看作是西方国家挑拨离间的手段。1941年6月21日，情报机关向斯大林报告德国将于第二日进攻苏联，斯大林对此报告的批语是"这份情报是英国的挑拨手段。去查一下这份情报是谁提供的，要对他进行惩罚"[②]。在这种情况下，英国等西方国家所提供的情报不仅没有起到示警的作用，反而产生了相反的效果：为了不让英国等西方国家的"阴谋"得逞，斯大林更加坚定了推迟战争的决心。

3. 敌方改变作战计划使情报准确性遭到怀疑

预警性情报只能等到事情发生后才能判断其是否真实可靠，但如果敌方因种种原因中途改变或取消了原来的作战计划时，最初正确的情报后来却好像变成错的了。卫国战争前，苏联的情报工作恰恰遭遇了这一困境。1940年12月18日希特勒签署的对苏作战计划《第21号指令："巴巴罗萨"方案》中要求："准备工作，……务必在1941年5月15日以前完成。"[③] 但由于1940年至1941年的冬季严寒期较长，春季相应地解冻较晚，加上1941年4月在巴尔干地区作战，进攻日期后推到1941年6月22日。对情报工作来说，"5月15日"和"6月22日"这两个进攻日期都是正确的，但在决策者看来，有关6月22日之前将发生战争的报告无疑都是错误的。因为，"所报告的日期一个个都过去了，消

---

①〔俄〕沃尔科戈诺夫：《斯大林》（中册），张慕良译，世界知识出版社2001年版，第832页。

② И.АДамаскин: "*Сталин и разведка*", Москва：Издательский дом "Вече", 2004, С.247.（达马斯金：《斯大林和情报机关》，莫斯科：Вече出版社2004年版，第247页。）

③〔联邦德国〕瓦尔特·胡巴奇：《希特勒战争密令全集（1939—1945）》，张元林译，军事科学出版社1989年版，第66页。

息本身却都未得到证实。斯大林终于不再相信这类报告了”①。而这类报告大多来自英、美、德三国，这又加深了斯大林对英美等西方国家有意制造假情报的顾虑。

表 1　战前苏联收到的关于战争发起日期的几条主要预警情报②

预警情报报告日期	预警情报来源	预警战争发起日期	预警与当时德军计划进攻时间是否一致	预警与德军最终实际进攻时间是否一致
1940 年 9 月 28 日	苏军情报局	1941 年春	基本一致	不一致
1941 年 3 月 20 日	苏联驻柏林武官	1941 年 5 月 15 日到 6 月 15 日	一致	不一致
1941 年 4 月 15 日	巴黎	1941 年 5 月 15 日	完全一致	不一致
1941 年 5 月 6 日	苏联驻柏林海军武官	1941 年 5 月 14 日	基本一致	不一致
1941 年 5 月 28 日	布加勒斯特	最迟在 1941 年 6 月中旬	基本一致	基本一致
1941 年 6 月 16 日	柏林	1941 年 6 月 22 日至 25 日	一致	一致
1941 年 6 月 21 日	德驻莫斯科领事馆情报人员	1941 年 6 月 22 日凌晨 3 至 4 时	完全一致	完全一致

4. 自身的经历使斯大林对苏联情报能力信心不足

斯大林曾利用内务人民委员部（НКВД СССР）③ 排除异己，对其欺骗和捏造伎俩了如指掌；他年轻时曾从事过秘密活动，对谍报活动中的圈套有清醒的认识；他曾多次对红军，包括红军情报机构进行过大清洗，对红军是否已经恢

①〔苏〕朱可夫：《朱可夫回忆录》，陆仁益译，中国广播电视出版社 1991 年版，第 288 页。

② 根据朱可夫元帅和俄罗斯前武装力量总参谋部情报总局第一副局长、苏军情报局老战士协会主席 A. 帕夫洛夫上将的回忆整理。参见〔苏〕格·康·朱可夫：《回忆与思考》（上册），生活·读书·新知三联书店 1972 年版，第 397—399 页；吴恩远：《剧变后俄罗斯的卫国战争史（1941—1945）研究》，载《历史研究》1995 年第 6 期。

③ 内务人民委员部的前身是契卡（ВЧК），负责领导国内秘密警察和国外情报机构。

复战斗力并无信心。[①] 斯大林的这些经历使他对本国情报系统的水平和能力信心不足。

（三）诱发因素：情报的缺憾

除了体制问题和决策者对情报工作缺乏足够的信任之外，情报本身的缺憾也是导致苏联战略预警失败的原因之一。不准确的情报在一定程度上误导了决策者，而鱼龙混杂的真假情报更是让决策者难以分辨。这种情况下，苏联情报工作自然要为战略预警的失败承担不可推卸的责任。

1. 所获情报的不准确性

战前，情报机关获取了很多有关德国战争企图的情报，但这些情报中有很大一部分内容并不准确，并且相互矛盾，致使决策者无法从大量情报中了解到有用的准确信息并对形势作出正确判断。

例如，1940 年 12 月 29 日苏联驻德武官图皮科夫少将（В.И.Тупиков）向莫斯科报告说："希特勒下达了进行对苏战争准备的命令，战争将于 1941 年 3 月开始。" 1941 年 1 月 4 日他又强调说自己的情报不是"道听途说得来的，而是以希特勒的特别命令为依据，这一命令属于绝密范畴，只有很少几人知道"。事实上这份情报虽反映出德国将袭击苏联这一企图，但所提供的战争时间并不准确。[②]

又如，苏军总参谋部情报局虽然获悉并确认了德国正在向苏联边境调动军队的相关情报，但缺乏有关德国集团军数量的准确情报，经常把德国师的总数估计过高。这就导致了一种错误观点，认为 1941 年 6 月 1 日德国集中了 41.6% 的师计划进攻苏联（实际上是 62%），而对付英国的德国师却多达其总量的 42.6%。不准确的情报导致了两条错误结论：在战胜英国之前，德国不会进攻苏联；德军在苏联边境地区的集结还未完成。[③]

① 参见 Lyman B. Kirkpatrick, Jr. *Captains Without Eyes*：*Intelligence Failures in World War II*, New York：Macmillan, 1969, p.68.

② Известия ЦК КПСС. 1990. No4. С. 219；Военно-исторический журнал.1992. No2. С.36；Миф "Ледокола".Москва.1995. С 135-136.（《苏联共产党中央委员会通报》1990 年第 4 期，第 219 页；《军事历史杂志》1992 年第 2 期，第 36 页；戈罗杰茨基：《"破冰"神话》，1995 年版，第 135—136 页。）

③ См. А.И.Колпакиди и Д.П.Прохоров. Империя ГРУ：*Очерки истории российской военной разведки*. http：//www.agentura.ru/dossier/russia/gru/imperia/.

再如，苏联著名红色间谍佐尔格（Зорге）曾因多次获得关于德国的重要情报，尤其是关于德国进攻的准确时间而闻名。但据一些回忆录如《情报机关与克里姆林宫》的披露，以及一些俄罗斯学者根据历史档案的研究显示出，历史档案中所保存的由佐尔格提供的情报原文，确实有一些有价值的情报，但他提供的情报数量不太多，而且内容相互矛盾，甚至确实被德国当做散布假消息的渠道，其中也并无德国进攻的准确时间。

2. 鱼龙混杂的情报真假难辨

“在事件发生之后区分有关的与无关的信号更加容易。理所当然的，在事后，信号常常是显而易见的；因为灾难已经发生，我们现在可以看到事先那些信号所发出的灾难信息。但是，事先它是模糊含混的并且蕴涵着各种相互冲突的含义。”[①] 美国兰德公司的著名学者罗伯塔·沃尔斯泰特就“珍珠港事件”发表的这番评论同样适用于卫国战争前苏联战略预警的情景。

1939 年 8 月 23 日，德国与苏联就签订了《苏德互不侵犯条约》，排除了十年内苏德两国之间发生军事冲突的可能。1939 年 9 月两国又秘密实现了对波兰领土的瓜分。1940 年 6 月 10 日在莫斯科苏德又签订了旨在解决两国边境冲突和不愉快事件的条约，该条约使希特勒无法以边境事件为由发动对苏战争。正如白俄罗斯内务人民委员部边境部队负责人在报告中指出的：“德国代表满足苏联代表的所有要求，并以对苏有利的方式解决冲突问题。这样，应当承认，边境局势有所缓和。”[②] 不但如此，德国还与苏联签订了一系列经济条约，与苏联保持密切的经贸关系，表明德国因自身的限制而极其需要苏联的经济支援，并期望能从苏联那里获得更大的经济利益。德国的这些外交欺骗，使斯大林相信了两国的“友好”关系，相信德国不会在近期内对苏联发动战争。

而战前，“为了隐蔽按照‘巴巴罗萨’计划实施的战役准备工作，德军总参谋部情报处和反间谍处，策划并进行了许多散布谣言和假情报的活动。军队的东移，被说成是‘为了隐蔽入侵英国的最后准备工作而采取的有史以来最大的佯动’；大量出版了英国地图；军队配备了英语翻译；准备‘包围’英吉利海

---

① THE 9/11 COMMISSION REPORT：*Final Report of the National Commission on Terrorist Attacks Upon the United States*. p.339. http：//www.9-11commission.gov/report/911Report.pdf.

② И.А.Дашаскин：*Сталин и разведка*，Москва，Издательский дом Вече，2004，c .226.

峡、加莱海峡的海岸和挪威的若干地区；散布一个不存在的空降军的消息；在海岸上安放了假火箭架；军队中散布的一种说法是，他们正在进行入侵英国以前的休整，另一种说法是军队将取道苏联进攻印度；为了使人相信登陆英国之说，特意制定了代号为'鲍鱼'和'鱼叉'的特别作战计划；宣传机构完全针对英国，中止了往常那种对苏联的攻击"[①]。德国的这些欺骗活动实际上造成了对苏联和英国的双重欺骗，德国海军总司令部早在1941年2月18日的作战日志中就对双重欺骗作了最好的概括："针对苏联进行的兵力集结必将是军事史上最大的欺骗行动，这一行动在外人看来，完全是为了转移人们对入侵英国的注意力。"[②] 这类情报与一些真实情报一起汇总到斯大林手中时，这位决策者"表现得格外小心谨慎"[③]。

三、评析

美国"9·11"委员会在《国会关于恐怖主义袭击的审查报告》中有一段颇的见地的论述："'后见之明'常常可以帮助我们用准确的视角清楚、敏锐地审视过去的世界，但是已经发生的事情的来龙去脉被照射得如此透明，以至于其他的一切都被蒙上了更深的阴影。随着时间的推移，可以有更多的文件、档案供我们参考，并且所发生的事实也变得更加明晰了。但是，事情发生时的真实图景也更加难以重现，因为过去世界附带的种种不确定性和偏见在记忆中慢慢退却了，留下的部分会因已发生的事和随后对其的描写而逐步改观。切记这一点，我们在评判他人之前应扪心自问：考虑到当时人们所知或所为可能带有的合理的局限性，那些在目前看来明显的见识在事发当时确实有意义吗？"[④] 战略预警的失误是最大的情报失误，其对国家安全的影响和危害也最大。在这方

①〔苏〕朱可夫：《朱可夫回忆录》，陆仁益译，中国广播电视出版社1991年版，第281页。

②〔美〕唐纳德·丹尼尔、凯瑟林·赫伯格：《战略欺骗》，徐晓军、扈新生译，军事科学出版社1991年版，第188页。

③〔苏〕朱可夫：《朱可夫回忆录》，陆仁益译，中国广播电视出版社1991年版，第281页。

④ THE 9/11 COMMISSION REPORT：*Final Report of the National Commission on Terrorist Attacks Upon the United States*. p.339. http：//www.9-11commission.gov/report/911Report.pdf.

面，卫国战争前苏联的战略预警失误，留下了深刻的教训，对于人们深入思考如何改善情报与决策的关系、如何提升战略预警的效能，都将是一个值得反复检讨的典型个案。

第五章　珍珠港战役前的美日情报对抗

珍珠港事件是美国近代历史的一个“拐点”。事件爆发后，美国立即着手进行了官方调查。到二战结束，美国官方 8 个调查团完成了几百万字的调查材料。与此同时，美国学者也从各个角度对此进行了全方位研究，情报是其中一个重要角度。在众多从情报角度研究珍珠港的著作中，罗伯特·沃尔斯泰特（Roberta Wohlstetter）的《珍珠港：预警与决策》是其中的代表作，得到了众多学者的肯定。“9·11”事件后，时任美国国防部长的拉姆斯菲尔德曾要求其幕僚阅读此书以便加深对情报失误的了解。此外，埃里克·奈夫（Eric Nave）和詹姆斯·鲁斯布里奇（James Rusbridge）的《珍珠港的出卖》、A. 霍林（A.Hoehling）的《珍珠港事件前的一周》、霍姆·沃林（Homer N.Wallin）的《珍珠港》都是从情报角度研究珍珠港事件的代表作，但遗憾的是以上著作均没有中译本。

日本方面出版了很多有关珍珠港事件的回忆录和研究著作，其中较为重要的有实松让的《偷袭珍珠港前的 365 天》《情报战》和吉川猛夫的《潜伏珍珠港：一个日本间谍的回忆》，均提供了大量日本战前情报活动的细节。此外，英国学者约翰·科斯特洛根据华盛顿国家档案馆、美国国家安全局和伦敦公共档案馆 20 世纪 70 年代最新解密的材料而撰写的《太平洋战争（1941—1945）》，对包括珍珠港事件在内的太平洋战争的众多战役进行了系统的研究。

一、战役简介

美、日对亚洲和太平洋地区霸权的争夺由来已久，日本为了向东南亚和太平洋扩张，早在1936年就由陆军部和海军部共同制定了“北进”和“南进”并行的“基本国策”，认为日本的“根本国策是在外交国防密切配合之下，于确保本国在东南亚大陆地位的同时，向南方海洋发展”。基于这一战略，美国的太平洋海军基地珍珠港就成为日军实现“南进”战略的直接障碍。

珍珠港位于夏威夷群岛的瓦胡岛南部，距日本有3600海里，水区面积32平方公里，平均水深15米，同时可以停泊各型舰艇500艘，是太平洋上的交通总枢纽，素有“太平洋心脏”之美誉。第一次世界大战后，美国为了建立海上霸权，保护其在亚洲及太平洋地区的利益，以珍珠港为军事基地，组建了一支庞大的太平洋舰队。

到了1941年，日美矛盾日趋尖锐。但双方实力对比仍然相当悬殊，国力有限的日本并无决胜的把握。于是，日本便把胜利的希望寄托在“短期决战”的偷袭上，决定先发制人。1941年1月7日，日本联合舰队司令长官山本五十六（Isoroku Yamamoto）正式提出了偷袭美国在夏威夷珍珠港的海军基地的设想，6月，日本大本营通过了以突然袭击的方式摧毁美国太平洋舰队，夺取太平洋地区的制海制空权的战争方案。8月，山本五十六又具体制定了作战计划，计划以空袭手段，消灭在珍珠港的美军太平洋舰队主力。计划还决定，突击舰队在空袭前10多天从日本出发，从北线隐蔽接近，于日出前到达瓦胡岛以北约200海里处，展开作战队形后把飞机分两批次投入战斗，执行轰炸，并由潜艇执行侦察通信任务、配合进攻。

1941年11月中、下旬，美日在华盛顿的谈判陷入了僵局，日本政府下令南云忠一指挥的特遣舰队从千岛群岛的单冠湾（Tankan）秘密起航。担负侦察、监视、截击任务的先遣部队和担负攻击任务的机动部队先后驶向夏威夷海域，在美军毫无知觉的情况下完成了作战部署。

12月7日（夏威夷时间）拂晓，日本特遣舰队急速前进至瓦胡岛以北230海里处的偷袭起飞点完成集结。这一天，美太平洋舰队除了3艘航母出港外，几乎全部舰只都锚在珍珠港内，一共有战列舰8艘、巡洋舰9艘、驱逐舰20艘、飞机供应船3艘、潜艇5艘、医疗船1艘，以及运输船、修理拖船和炮艇等共96艘。数百架飞机毫无遮蔽地停在瓦胡岛的6个机场上。早晨，太平洋舰队官兵有的正在吃饭，有的已上岸度假，有的准备着星期日早检查。总之，大部分水兵离舰，飞行员不在机场，炮手不在炮位，连雷达也已被关机休息，整个瓦胡岛一片太平景象。

7点50分，51架轰炸机俯冲轰炸，40架鱼雷飞机、49架水平轰炸机和

43 架战斗机共 183 架飞机组成的日本第一攻击部队，迅速飞抵瓦胡岛上空，展开队形，飞向预定攻击目标，轮番轰炸和扫射，7 点 58 分，大批日本鱼雷飞机集中攻击港内的太平洋舰队。突然间，爆炸声震天，港内的军舰、机场的飞机、立刻燃起熊熊大火，5 分钟之内，瓦胡岛美国空军力量即陷于瘫痪。8 时 55 分，第二批突击机群 168 架也飞临珍珠港上空，对珍珠港进行了再度轰炸。与此同时，潜入港内的日本特种潜艇也发射鱼雷攻击。9 时 30 分，突袭结束，在历时 1 小时 50 分钟的突袭中，日军共投下鱼雷 50 枚，炸弹 100 多吨，炸沉美各类舰只 40 余艘，占珍珠港舰船总数的一半，此外，击毁美军飞机 300 架，占太平洋舰队飞机总数的一半，毙伤美军官兵 4500 多名。

对珍珠港的偷袭使日本赢得了战争初期的主动权，保障了其在太平洋西部和西南部的战略进攻。而美太平洋舰队经此打击，几乎全军覆没，在近半年的时间内都未能恢复元气。不过，日本偷袭珍珠港却促使美国这个“沉睡中的巨人”立即对日宣战，并最终改变了第二次世界大战的结局。[①]

二、战前日本的情报工作

研究太平洋战役的专家约翰·科斯特洛在详细考察珍珠港战役过程中日、美双方的情报工作后曾指出：“在珍珠港事件上，日本成功和美国失败的关键是情报。山本海军大将开始执行计划和协调这场大规模海空军作战的艰巨任务，以实现他控制西太平洋的战略冒险计划。在“长门号”战列舰上，他的办公桌上方挂着夏威夷海军基地的详图，锚地、防御工事和油库都在地图上标了记号。在他的抽屉里，保存着厚厚的一本材料——《夏威夷地区舰队的习性、力量和防御工事》，这本资料记载了航船的活动、水深、海空巡逻的方式（夏威夷的间谍的报告使这方面的情报不断更新）、潜艇监视、截收的无线电通信，以及报纸上透露的总的背景情报。”[②] 日本在珍珠港事件前之所以取得情报优势，有赖于其对美国持续且全面的情报搜集工作。

①〔美〕保罗·A. 戴维斯：《影响人类历史进程的 100 场决定性战役》，张铁西等译，海南出版社、三环出版社 2006 年版，第 497—502 页。

②〔英〕约翰·科斯特洛：《太平洋战争（1941—1945）》（上册），王伟等译，东方出版社 1996 年版，第 99 页。

（一）广泛搜集情报，充分知彼

日本方面将袭击珍珠港定位为一次战略空袭，而掌握准确的情报从而达成突然性是作战成功的关键。因此，需要不间断地、准确地掌握珍珠港内的美国舰队的动态以及其他军事情报。

1931 年“9·18”事变后，日美关系日渐紧张，日本海军就开始密切关注美国舰队在太平洋的动向。为了加强对美情报工作，日本海军向美国西海岸派出军官重点负责搜集美国舰队的情报。除此之外，日本海军还经常在美国海军举行重大演习时向演习海域派出特务舰，搜集大量的通信信号，从中获得美军的编制以及演习过程等重要情报。由于袭击珍珠港作战的特殊性，日本海军需要很多特殊专业情报，为了搜集这些情报日本海军利用了一切可以利用的机会。例如，1941 年 10 月 23 日，日本海军的三名军官伪装成船员、随船医生搭乘民船“大洋丸”号实际考察了从日本到夏威夷的北方航线，对这条航线上的气象、海上情况、在海洋上能否进行燃料补给作业、能否使用水上飞机、与商船遭遇的情况等进行调查，以便为进攻夏威夷做好准备。[①] 事实上，这条航线就是机动舰队后来所走的北方航线，他们的实地考察为机动舰队获取了必不可少的一手情报。

但是袭击珍珠港仅靠这些情报远远不够，日本海军需要珍珠港现场的第一手情报。日本方面在夏威夷建设了庞大的情报网，负责搜集有关珍珠港方面的各种情报。据不完全统计，为了顺利实施袭击珍珠港的计划，日本派到珍珠港的间谍多达 200 人，从各方面搜集珍珠港的天气、水文、地形和美军基地、飞机、舰艇部署情况，日本驻檀香山总领事馆是其间谍活动大本营。在这些人中最重要的就是化名为森村正的海军预备役少尉吉川猛夫，他以外务省书记官的身份为掩护，在檀香山搜集了大量重要情报。日本人对情报的搜集可谓事无巨细，凡是和珍珠港有关的他们都关心，以致美方的情报部门居然认为日本的情报工作太琐碎了。开战前，日本海军曾经向吉川猛夫提出了 97 个事关袭击成败的问题，吉川根据以往的了解一一给以作答。在 212 天的时间内，吉川猛夫共发出了 177 份情报。[②] 12 月 6 日晚 7 时 22 分，即偷袭前 12 小时，他发回的

①〔日〕实松让:《情报战》，王云辅等译，江苏人民出版社 1980 年版，第 238 页。

②〔日〕实松让:《珍珠港事件前的日日夜夜》，张焕利等译，新华出版社 1984 年版，第 364 页。

最后一份情报称“6日珍珠港停泊舰只情况如下：战列舰9艘，轻巡洋舰3艘，潜艇母舰3艘，驱逐舰17艘。还有4艘巡洋舰和2艘驱逐舰进入船坞维修，航空母舰和重巡洋舰都不在港内，舰队航空兵没有进行航空侦察的迹象；拦阻气球也并未布放。所以我认为对珍珠港的突袭，成功是十拿九稳的”。日本参战人员对此给予了高度评价——“中央之情报甚为准确，得以对瓦胡岛状况了如指掌。”“由于军令部巨大而无微不至的关怀，才得以及时了解珍珠港内的敌情。”①

（二）严守秘密，隐蔽企图

“绝对保密和准确的情报是Z作战计划取胜的关键。美国如果事先知道日本舰队正在前地面观察站偷袭珍珠港，就会出动军舰和轰炸机发动反攻。自一九三二年的战术演习以来，美国海军一直意识到它在太平洋的主要基地有遭到空袭的危险。仅仅三年以前，金海军上将再次指出了这个危险。陆海军的飞机因此加强了巡逻。在一九四一年的最初几个月里，华盛顿根据东京的外交行动发出一系列警报，巡逻的飞机便深入到太平洋更远的地方。”②

实际上，为了确保袭击珍珠港的成功，日本方面特别重视严格保密，隐蔽企图，以免一旦美国人有任何警觉而导致全盘计划功亏一篑。他们的保密工作主要体现在以下几方面：

一是严格控制知情范围，坚决把无关人员排除在外，减少泄密途径。谋划袭击珍珠港之初，山本五十六就是在极其秘密的情况下将此事交给了第十一航空舰队参谋长大西泷次郎，后者又选中源田实秘密承担先期研究工作。10月7日机动部队司令官南云忠一才向预定参加此次奇袭的第一航空舰队高级军官公布了计划，此时甚至航空母舰的副舰长也仍被排除在外。在备战训练时期，飞行员对于训练的目的都不甚了解，只知道要攻击敌人但是并不知道目标是哪里，大多数飞行员一直到机动部队出发才知道真正的攻击目标是珍珠港。联合舰队在分发作战命令时，采取了区别对待的政策。由于各阶段作战任务与参战部队并不一样，联合舰队司令部对那些与某阶段作战没有直接关系的部队，分发下去的《（机密）联合舰队作战命令第一号》的附件里，凡是涉及该阶段作

①〔日〕实松让：《情报战》，王云辅等译，江苏人民出版社1980年版，第128页。

②〔英〕约翰·科斯特洛：《太平洋战争（1941—1945）》（上册），王伟等译，东方出版社1996年版，第98页。

战的内容都是空白。这种区别对待不仅是这一次，联合舰队 1941 年 9 月在海军大学举行年度例行的图上演习时就采取了这一措施。夏威夷作战被当作“特别图上演习”放在年度演习之后进行，无关人员一律不得参加。[①]

二是秘密行动，隐蔽己方企图。预定参加珍珠港作战的飞行队把训练地点选在日本最南端的佐伯湾和鹿儿岛。而机动部队却把集结地点选在日本本土北端的择捉岛单冠湾，这里人烟稀少有利于保密。11 月 17 日到 19 日，机动部队的 30 多艘舰艇分批以不同的航线，从各自所在地点悄悄出发，汇聚到单冠湾，目的就是为了躲避美国潜艇的监视。机动部队进入后，立即切断了单冠湾同外界的交通、运输、通信等一切联系，直到开战后才恢复了这些联系。在单冠湾期间，机动部队官兵写给家人的信件统统被暂时扣留，直到开战后才得以寄出。

为了保密，日本舰队选择了最为隐蔽的航行路线，确定了合适的攻击时间。当时，突击舰队有北、中、南三条航线可供选择，中、南两条航线气候好，但来往船只多，易于暴露，北路航线航程较远，气候恶劣，多大雾，冬季几乎无法航行，但比较隐蔽，国外商船来往较少，离美国基地较远，不易为人发觉，所以日军选择了北路作为突袭路线，沿北太平洋航道逼近珍珠港，这就避开了商船和美方巡逻飞机，有利于机动部队达成突袭。

在整个行动中，特混舰队为了隐蔽自己的行踪，执行了严格的无线电静默，为了防止误触电键发出信号，甚至不惜对无线电实行铅封，同时，让日本内海的舰队进行频繁的电台联络，以掩人耳目。除此之外，日方为了保密还严格雕琢了每个细节，12 月 7 日晚上（东京时间）在东京霞关海军省和军令部的大楼里，三宅板陆军省和参谋总部的建筑物内的灯光都和往常一样。日方充分考虑到了如果只有这一夜灯光格外地亮或者格外地暗，那么对保守机密非常不利。因此，有关人员对灯光的明暗非常敏感，要求与平常没有什么变化。[②] 为了干扰美方的无线电侦察工作，日本海军在 12 月 1 日变更了舰船的无线电通信呼号。过去日本海军每六个月或更长时间才变更一次，上次变更呼号的时间是 1941 年 11 月 1 日，此次变更的目的就为了防止泄密。

①〔日〕实松让:《情报战》，王云辅等译，江苏人民出版社 1980 年版，第 146—147 页。

②〔日〕实松让:《珍珠港事件前的日日夜夜》，张焕利等译，新华出版社 1984 年版，第 366 页。

（三）积极实施欺骗，达成突然性

尽管扩大侵略、发动太平洋战争的企图早已有之，但由于深陷中国战场，马上动手还有困难。为了争取时间进行充分的战争准备，并达成战争的突然性，日本方面在加紧进行战争准备的同时，采取了谈判、伪装、保密等一系列措施，从而成功地麻痹了美军。

首先是不断施放和平烟幕，玩弄和谈，麻痹美国。战前，日方任命美国总统罗斯福的私人朋友、日本海军上将野村为日本驻美大使，同美国就日美在太平洋的利益举行和谈。在长达 9 个月的时间里，双方谈判达 54 次之多。为配合假和谈，日本首相还于 1941 年 7 月亲自致电罗斯福，声称两国间没有不可用谈判方式解决的问题，并保证日本决不侵犯美国在太平洋的利益。11 月 5 日，日本海军司令部向突击舰队下达“大海令第一号”的当天，日本又派来栖特使协助野村与美方进行谈判，表达和平诚意。日本突击舰队出发后，日本还电令野村：“但望你们不惜一切牺牲，继续进行谈判。”1941 年 11 月 26 日，美国国务卿赫尔向日本驻美大使野村吉三郎提出了“赫尔备忘录”。11 月 28 日，日本政府致电野村：“赫尔备忘录是对日本的无理建议，日本政府断然不能以此为谈判的基础。我方对这个建议的答复两三天内就能通知大使先生。日美谈判实际上可能因此就破裂了，但不要给美方留下中止谈判的印象。”事实上，在美国提出“赫尔备忘录”的同一天，日本的机动部队就已隐蔽启航。甚至在日本开始袭击珍珠港后 1 小时，野村和来栖还要求会见美国国务卿，把美国欺骗到最后。

其次，为了假谈真打，日本采取了多种手段进行战略伪装，以隐蔽行动企图，秘密进行战争准备。1941 年 9 月，日本陆军的“南方登陆作战”训练已接近完成，海军也全面完成了战时编制、夜间训练，并选择了四面环山、港口狭窄、地势与珍珠港相似、难以侦察到的鹿门岛湾进行训练。美国虽已觉察到了日本加紧调兵遣将和异常的军事动向，但由于日本加紧施放和平烟幕，对其主要军事行动巧布疑阵，使美国对日本可能发动突然袭击的地点发生了战略上的误判。

为了隐蔽自己的企图，达成作战突然性，除了小心行动争取不被美军发现之外，日本海军还积极主动实施欺骗，有意误导美国人的关注焦点。1941 年 11 月 15 日前后，准备参加袭击珍珠港行动的第一航空舰队所属各飞行队结束训练，返回航空母舰。日本人考虑，庞大的飞行部队原来不分昼夜在各基地进行飞行训练，如果它们突然消失，马上会被敌方的情报部门发现。于是为了掩人耳目，调来相应的飞行部队进驻这些基地，继续维持飞行，而且还故意制造虚假通信，维持与以前相同的通信量，让不明就里的外人看来似乎一切如故。① 在当时的技术条件下，美国侦察日本舰队最有效的手段，就是无线电定位技术。日方将计就计，特地派靶舰“摄津号”到西南群岛方面冒充航空母舰拍发电报，给美方造成航母在该地活动的假象。美国方面果然受骗，华盛顿美国海军情报处 11 月 25 日的情报分析就判断日本舰队的航空母舰在九州南部及吴军港附近活动。②

为了更好地迷惑美军，日本人绞尽脑汁把欺骗维持到最后一刻。就在突击舰队悄无声息地逼近珍珠港、完成作战部署的同时，12 月 2 日，日本邮船“龙田丸”号以撤侨的名义开出横滨港，驶向美国西海岸，《朝日新闻》对此进行了专题报。此前的 11 月 27 日，《朝日新闻》已经据来自外务省人士的消息有意对外宣布了“龙田丸”号的行程：预定 12 月 14 日到达洛杉矶，12 月 16 日从洛杉矶出发，12 月 24 日到达巴拿马。事实上，“龙田丸”号最初预定于十一月中旬启航，可是后来延期为 11 月 20 日，接着又延迟了两三天，最后终于在 27 日决定于 12 月 2 日启航了。这种一再延期的做法就是为了向外界宣示，在 12 月中旬，日本仍忙于撤侨，不会立即宣战。12 月 5 日，日本海军还组织数千人到东京参观游览，让他们参拜明治神宫、靖国神社，参观《朝日新闻》总社以及东京闹市区，《朝日新闻》对此也作了大张旗鼓的宣传。这些安排完全不像大战在即的样子。其实以上行动都是日本海军为了掩饰开战意图而有意实施的欺骗。③

三、战前美国的情报工作

美国海军在 1904 年，也就是日本和俄国仍在激烈鏖战之时，就已经把日本海军列为太平洋地区的主要敌人，并且展开了战备和相关研究。美国海军很早就推断，日美一旦爆发战争，日本很可能对珍珠港的美国舰队进行先发制人

①〔日〕渊田美津雄：《袭击珍珠港》，许秋明译，商务印书馆 1980 年版，第 51 页。

②〔日〕实松让：《情报战》，王云辅等译，江苏人民出版社 1980 年版，第 151—152 页。

③〔日〕实松让：《珍珠港事件前的日日夜夜》，张焕利等译，新华出版社 1984 年版，第 314、335 页。

的突然袭击。这种推断从20世纪30年代初期就存在，在某种意义上，可以说已经是美国海军军官的“常识”。[①] 既然如此，珍珠港为什么还会遭到突袭？要回答这个问题，必须从美国战前的情报工作入手。

美国学者罗伯特·沃尔斯泰特在《珍珠港：预警与决策》中直陈“在此之前的（军事活动中），我们从未得到过如此完整的情报。今后也不太可能有如此充分的情报资源可供利用了”[②]。仔细梳理一下珍珠港事件前美方获得的情报素材，数量和质量确实惊人。美方的情报来源包括以下几个方面：第一，破译了日本外交密码，美国决策层可以看到东京和日本驻外主要使领馆之间的往来通信。第二，破译了日本间谍密码，足以了解分布在美国以及世界各主要港口的日本间谍的活动情况。第三，美国海军能够对日本海军的无线电通信进行侦听和分析，通过这一技术手段，美国海军能够确定日本海军舰船的所在位置。第四，驻日大使格鲁和他的下属是优秀的专家，尤其长于分析日本高层的政治经济情况。第五，英国的情报机关也向美国提供了大量情况。除此之外，美方还从公开途径获得了大量有用的情报素材。纽约时报、华盛顿邮报驻东京、上海以及堪培拉的记者是一个非常好的来源，他们对日本政治情况的报道、分析以及预测都到达了相当高的水平，同时日本的报纸也是一个重要来源，它们及时报道了日本的政策走向。还有一个容易被人忽视的情报来源：美方自己的远东政策和行动。日方的政策和行动是对美方的回应，因此了解美国的政策和行动，就能有效预测日本的政策和行动。[③]

1941年，美国政治和军事领导人可以利用以上提到的所有公开或秘密的情报素材，但是他们却没能预见到日本会对珍珠港发动突袭。这说明美方的情报搜集工作在战前发挥了应有的作用，而在情报分析和情报使用中出现的问题，才是导致预警失败的关键所在。

（一）情报分析

珍珠港事件前，美国的情报部门搜集到了大量反映日军动向的情报，诸

①〔日〕实松让：《情报战》，王云辅等译，江苏人民出版社1980年版，第161页。

② Roberta Wohlstetter, *Pearl Harbor: Warning and Decision*, Stanford University Press, 1962, p.382.

③ Roberta Wohlstetter, *Pearl Harbor: Warning and Decision*, Stanford University Press, 1962, pp.382-384.

如：1941 年 11 月 1 日和 12 月 1 日日本海军军舰两次改变呼号；11 月间日本海军航空母舰的无信电信号消失，美国无法确认日本海军所在位置；日本计划诱使英国入侵泰国以使自己获得进入该国的正当理由；东京要求驻珍珠港的间谍将珍珠港水域标分为 5 个区，并汇报各区停泊的舰艇情况，随后又要求汇报港内舰艇停泊的动态情况（开始每周两次，频率随时间推移逐渐加强，袭击前达到一天数次）；东京发出关于日美和谈的“最后”期限，日本驻夏威夷领馆焚毁密码；日本设立了紧急情况下使用的表示日美关系破裂的密码——“风密”（WIND CODE）……

事后回顾，根据这些情报足以断定日军即将突袭珍珠港。但是除了这些情报之外，美国当时还搜集到了大量其他情报。罗伯特·沃尔斯泰特把那些可以反映日军动向的情报叫作“信号”；与日军动向无关和不相干的情报则称为“噪音”，“噪音”会误导情报分析人员。突袭发生前，很多情报分析人员对“信号”视而不见，就是因为大量“噪音”扰乱了他们的视听。比如：在华盛顿，同时存在反映大西洋战场和珍珠港的情报，当时美国的既定政策是优先考虑大西洋战场，有关珍珠港的情报自然乏人问津，因此大西洋战场的情报就成了干扰效果极强的“噪音”。在珍珠港，虽然没有来自大西洋战场的“噪音”，却多了大量日本即将进攻西伯利亚的“噪音”[①]。1941 年 11 月间，美国情报机构发现大量日军正在中国沿海集结登船并驶向印度支那，美方据此判断日本的进攻目标将是“菲律宾、泰国或克拉半岛或婆罗洲”等地。[②] 1941 年 11 月 21 日，英国联合情报委员会将其情报评估电告美军远东司令部，称如果美日外交谈判破裂，日本不会进攻西伯利亚，也不会试图切断滇缅公路或入侵马来西亚和荷属东印度，因为日本害怕引起全面战争，预料只会有限地入侵泰国。美国陆军部转发了这些情报。[③]“魔术”情报还提供了有关日军准备进攻西伯利亚的详细情况。在“魔术”破译的日本外交电报中，有关菲律宾的情报资料最多，相比较而言，有关珍珠港的情报最少。

---

① Roberta Wohlstetter，*Pearl Harbor*：*Warning and Decision*，Stanford University Press，1962，p.387.

②〔英〕约翰·科斯特洛：《太平洋战争（1941—1945）》（上册），王伟等译，东方出版社 1985 年版，第 141 页。

③〔英〕约翰·科斯特洛：《太平洋战争（1941—1945）》（上册），王伟等译，东方出版社 1985 年版，第 139 页。

各种不同来源的情报都携带“噪音”，而且“信号”越多，“噪音”也就越大，“噪音”与“信号”的区别只有事后才能一目了然，事前不仅模糊不清而且双方还可以相互倒置。日本海军航空母舰的无线电信号消失后，美国海军内部存在两种不同的判断，一种观点认为日本海军进行了无线电静默，所以美国无法收到信号，另一种观点认为航空母舰回到了母港，改变了通信波段，因此美国无法收到信号。1941 年 2 月和 7 月，日本航母的无线电信号曾经两度消失，美方的判定结论都是航母回到了母港，事实证明这两次美方都作出了正确判断。此次美方依据过去的成功经验再次认定，日本航母返回了母港。该情报中的“信号”在事后看来一目了然，但是事前其中的“信号”和“噪音”却难以分辨。正是大量“噪音”的存在才导致了美方情报分析的失误。

除了大量“噪音”干扰，情报单位的体制问题也是导致分析失误的一个重要原因。珍珠港事件前，美国尚没有一个统一的中央情报机构，情报单位主要分布在陆军和海军内部，其他政府部门也有少量分布。各情报单位之间互不隶属，没有明确的协同和分工，单位之间条块分割、各自为战是常态。而且由于情报工作的保密特性，以及陆军和海军之间的竞争关系，双方情报单位缺乏合作关系，甚至有时还相互封锁消息。以至在珍珠港事件前，居然没有任何一家情报单位或个人在同一时间掌握了所有的情报“信号”[①]。美方尽管掌握了很多信号，但是“从没有一个独立的确定的信号说：‘准备好，就绪，开始’。只有一系列放在一起，才能将原来的猜疑变得明确的信号”[②]。因此大量分散的单个信号基本没能发挥预警作用。体制桎梏导致情报单位缺乏足够的“信号”，高质量的情报分析工作自然无从谈起。以夏威夷为例，当时海军在夏威夷有三个情报单位，分别是作战情报部（Combat Intelligence）、舰队情报部（Fleet Intelligence）和反间谍部门（Counterespionage），陆军有两个情报单位，分别是情报部（The main G-2）、隶属陆军航空队的特别情报部（The special G-2 unit for the Army Air Corps）。[③] 除此之外，联邦调查局在夏威夷的单位负责了

① Roberta Wohlstetter, *Pearl Harbor*: *Warning and Decision*, Stanford University Press, 1962, p.385.

② Roberta Wohlstetter, *Cuba and Pearl Harbor*: *Hindsight and Foresight*, The RAND Corporation, 1965, p. Ⅴ.

③ Roberta Wohlstetter, *Pearl Harbor*: *Warning and Decision*, Stanford University Press, 1962, pp.29-30.

部分反间谍任务。各个单位不仅职责不同，而且隶属关系也各不相同，互相之间没有明确的法定联系，主要依靠私人发生联系，情报共享和情报交换根本无从谈起。混乱的体制问题给情报分析带来了难以摆脱的困境。

（二）情报分发使用

由于“魔术”情报得来不易，美方对“魔术”情报的使用范围作了严格限制，只发给少数人使用。1941 年 1 月 23 日，陆军情报部和海军情报部联合决定：“魔术”只分发给军方的陆军部长、陆军参谋长、陆军情报主任，海军部长、海军作战部部长、海军战争计划部长、海军情报主任；政府方面则是国务卿、总统的军事助理（负责将情报转给总统）。[①] 战区司令官不在“魔术”情报的分发范围之内，为了保密，甚至不向他们透露有关内容。因此，太平洋舰队司令金梅尔和夏威夷基地司令肖特对日美关系出现重大变化知之甚少，连日本对珍珠港表现出强烈兴趣的相关情报也没有转发给他们。日本驻美国大使馆决定焚毁密码本，这是日美关系破裂的前奏，但肖特等人却蒙在鼓里。美方规定“魔术”情报由专人分发给各位用户，用户阅读后情报还要带回陆海军情报部保存。受限于严格的保密制度，“魔术”的情报用户只能在短时间内浏览最新情报，却无法对其进行综合分析研究。美方对“魔术”情报的利用始终停留在原始阶段，人为降低了“魔术”情报的价值。注意保密是必需的，但过多限制情报的使用范围和程度，则有待商榷。情报如果不能发挥作用，那也就没有价值可言。

1941 年，美方的一些情报分析人员和决策层相信如果日本发动进攻，其首要目标不是西伯利亚就是东南亚。受这种观念的支配，他们很难相信日本会进攻珍珠港，因此导致大量情报无法得到有效利用。1941 年 11 月 27 日，陆军部长马歇尔和海军部长斯塔克联合向总统递交了一份备忘录：“如果目前的谈判最终没有达成协议，日本可能进攻滇缅公路、泰国、马来亚、荷属东印度、菲律宾、俄国沿海省份……”同日，太平洋舰队收到了特别警报：“这封电报应被视作战争警报……今后几天日本将有侵略行动。”但是附加的情报摘要表

① Roberta Wohlstetter, *Pearl Harbor*：*Warning and Decision*, Stanford University Press, 1962, p.176.

明，日本的进攻目标是“菲律宾、泰国或克拉半岛或婆罗洲”①。12月7日，美国已经知道日本将在下午1时递交备忘录，马歇尔下令通知夏威夷，日本可能于下午1时中断外交关系，一位将军竟然冲着通信官员大叫，如果发电顺序有先后的话，第一份电报应首先发给菲律宾而不是夏威夷。

四、评析

虽然此次袭击没能击沉美国航空母舰，但是日本仍然获得了三大利益：(1)美国太平洋舰队实际上已经暂时完全丧失活动能力。(2)日本在西南太平洋的作战可以安全地不受美国海军的干扰。(3)日本人现在可以有较多的时间来扩张和建立他们的防御圈。② 作为一次成功的突然袭击，珍珠港海战在情报战方面提供了很多有益的教训。无论是日本还是美国，他们或者成功或者失败的经验教训都值得重视。

（一）保密是达成突袭成功的必备条件

突袭珍珠港从构思到成功实施，需要克服重重困难，整个过程是一个复杂的系统工程。完成战备工作既要井然有序又要悄然无声，任何一个环节发生泄密事故，后果都不堪设想，轻则前功尽弃重则全军覆没。纵观日本海军突袭珍珠港的所有细节，保密几乎考虑到了每个角落。比如机动部队在单冠湾集中期间，为了避免被美军潜艇发现，甚至舰上的生活垃圾都不允许倒入海内。没有扎实细致的保密工作，日本能否突袭成功确实值得思量。但是即使如此，日本的保密工作仍有漏洞。山本五十六1941年1月在给海军大臣及川古志郎的信中，首次提出了袭击珍珠港设想。不久之后，美国驻日大使格鲁就从秘鲁驻日公使那里听说“万一日美开战，日本就要奇袭珍珠港”，并将该情报在第一时间报给了国务院。③ 只是这条情报没能引起美方的重视，美方想当然地将其视

---

①〔英〕约翰·科斯特洛：《太平洋战争（1941—1945）》（上册），王伟等译，东方出版社1985年版，第141页。

②〔英〕利德哈特：《第二次世界大战战史》，钮先钟译，上海人民出版社2002年版，第297页。

③〔日〕实松让：《珍珠港事件前的日日夜夜》，张焕利等译，新华出版社1984年版，第430页。

为街头流言而弃之不用，否则日本的出其不意很可能变成美国的守株待兔。保密就是保打赢，日本人用历史细节告诉每个军人，这句话的正确性不容置疑。

（二）要从战略高度重视情报分析

美国对日军偷袭珍珠港不能说没有察觉，但二战初期美国一直奉行“绥靖政策”，想把日本这股祸水引向苏联，他们估计，日本的战略企图是，在德国进攻苏联的同时向苏联的远东地区进攻，或者是进攻菲律宾、泰国、东印度群岛和新加坡。他们认为即使日本不进攻苏联，也会进攻东南亚，而根本没有想到日本会偷袭距自己本土6000多公里以上的珍珠港。甚至到了1941年底，美方已经得到了“一旦美日关系处于‘困难’状态，日可能袭击珍珠港”这个情报，但美国军界仍然认为此情报纯属无稽之谈。特别是珍珠港事件发生前数小时，美方情报部门还截获了日本国内对其驻美大使的电报，电报中指示：“继续谈判已毫无意义”，可以说信息已经十分明确，但美方仍未把它当回事，而一直沉浸在和平的气氛中。“关于海军史上这次惨剧的两万五千页调查会议记录，十分清楚地表明，日本将要发动进攻的报告以及从雷达和海军驱逐舰‘沃德号’那里得到的事先通知，都受到了漠视。一些负责官员，包括海军部长弗兰克·诺万斯在内，绝不相信日本会对珍珠港发动大规模进攻，对有关进攻的一切征兆熟视无睹。”①

同时，情报素材价值有限，只有经过缜密分析才能获得有效的情报。战前美国搜集的情报不仅来源多样而且价值颇高，但是由于美方原始和初级的情报分析工作，这些情报素材大多没能发挥应有的价值。以“魔术”情报而言，其原始素材的作用并没有外行人想象的那么大。比如“风密”暗示了东京要求驻美大使馆销毁密码，事后很多美国人将其视为宣战信号。但就在同一时间，美国也要求其驻东亚的使领馆销毁密码，可是没有谁从中看出美国有向日本宣战的打算。既然美国销毁密码不等于宣战，为什么日本销毁密码就是宣战？这样前后矛盾的解释难免有自欺欺人之嫌。事实上，“风密”只说明美国和日本的关系极度紧张，单凭这一情报无论如何也不能说明日本准备对美国发动突然袭击，只有综合其他情报才能得出日本准备对美发动袭击的结论。“惨痛的珍珠港事件事后调查表明，明显的弱点与其说是缺乏情报，还不如说是缺乏判断这

①〔美〕桑契·德·格拉蒙特：《秘密战》，贝金译，群众出版社1964年版，第43页。

种情报的机构。"① 任何情报素材都要经过加工处理后才能显示其应有的价值，没有高质量的情报分析，情报工作很难发挥应有的作用。

此外，美国在珍珠港事件中的情报失误还充分说明，情报分析工作必须尽力排各种"噪音"的干扰，否则即使掌握了众多的情报，仍然无法作出正确的判断。

（三）情报体制上要注重"全源整合"，有集中统一的领导、协调机制

如果有一个因素能把1941年美国的情报失误都联系起来，那就是"全源整合"。独立的情报工作务必像国家的其他稀缺资源一样与国家最高层的情报努力相协调、相整合，从而作出正确的情报评估，这也是情报系统全部工作中最为重要的部分，这一点在今天已经成为公理。然而1941年的美国情报体制却恰恰在这一点上存在着严重问题，缺乏集中统一的领导、协调机制，具体表现在：没有整体的国家情报需求：尽管认识到与日本一战在所难免，而且每个情报机构都忙于搜集情报，但却没有任何整体的国家情报需求；没有统一的搜集计划：在单独的情报服务部门里有明确的搜集任务和计划，但各部门之间没有协调统一的搜集规划，资源重复浪费严重；没有统一的情报分析机构：各部门和机构都把自己珍贵的情报隐藏起来不向其他机构透露，只单独向上级报告。没有哪个机构能够在获得所有不同来源的情报的前提下，进行综合性的分析研究。珍珠港惨案发生后，美国学术界多次就酿成该事件的原因进行了分析论证，此外，1955年美国国会专门成立了"胡佛委员会"，就"我国军事当局之所以没有在事前得到有关日本进攻的充分而及时的警告，究竟是情报工作的责任还是由于缺乏情报"的问题，对珍珠港事件的原因进行深入调查。② 这些学者和委员会一致认为，如果要按轻重缓急对所罗列的种种原因加以排列的话，那么缺乏专门的综合、协调性的情报机构是首要原因。也就是说，是由于在情报体制上未能实现全源整合而酿成了苦果。时至今日，珍珠港事件的这一教训仍然发人深思。

（四）处理好保密与情报分发问题，最大限度地发挥情报价值

保密是必要的，但不能为了保密而保密。战时，情报的最终指向是支援作

①〔美〕桑契·德·格拉蒙特：《秘密战》，贝金译，群众出版社1964年版，第42页。

②〔美〕桑契·德·格拉蒙特：《秘密战》，贝金译，群众出版社1964年版，第43页。

战，因而一切情报工作都应从服务于作战需要出发。与战场情势密切相关的情报应积极提供给相应的指挥人员，而不能为了保密过于限制情报的分发使用，最终造成因噎废食的恶果。珍珠港战役中，美国就出现了这样的失误，给太平洋舰队司令金梅尔和夏威夷基地司令肖特的预警带来很大困扰。在获取“魔术”这个绝密的情报来源后，美国一直担心因为暴露而失去，因而决定限制它的分发范围。1941 年 1 月 23 日，陆军情报部和海军情报部联合决定：“魔术”只发军方的陆军部长、陆军参谋长、陆军情报主任，海军计划和作战部长、海军情报主任；政府方面则是国务卿、总统的军事助理（负责将情报转给总统）。战区司令官不在“魔术”情报分发范围之内。为了保密，甚至不向他们透露有关内容。因此，金梅尔和肖特对日美关系出现重大变化一无所知，连日本对珍珠港表现出的强烈兴趣也没有通报给他们。后来，肖特在国会两院联合委员会作证说，陆军部应该想办法把获取的情报概要告诉我，而不必透露情报来源。[①]金梅尔的情报参谋莱顿少校也说：“当获取的情报与你有关时，你往往会更加重视它……，如果我们看到‘魔术’的解密电报，我们肯定会对偷袭珍珠港的可能性有所警惕。”但是，当莱顿要求获得外交电报时，他的要求却被拒绝了，理由是，尽管莱顿可能对政治感兴趣，但是，“你对政治问题却无能为力，因此，具有重要意义的政治情报对你来说仅仅是一个兴趣问题而不是使用问题”[②]。可见，注意保密是必要的，但因此而过分限制情报的分发使用，则是不恰当的。任何情报如果不能在决策中发挥作用，那就没有什么价值。

① Bruce Bidwell, *History of the Military Intelligence Division*, Frederick, University Publications of America, 1986, p.498.

② Robert Wohlstetter, *Pearl Harbor: Warning and Decision*, Stanford University Press, 1962, pp.39-40.

第六章　中途岛海战中的情报战

1942年6月爆发的中途岛海战是第二次世界大战中太平洋战场的一次决定性战役，堪称太平洋战争的转折点。美国在此次海战中的胜利，一举扭转了珍珠港事件后的被动局面，并进而转入进攻。日本则被迫转入防御，“从此以后，日本每况愈下，直到最后投降”[①]。

战后，无论是日本各界对此次海战失败教训的反思，还是美军方面对胜利经验的总结，都无一例外地彰显了情报的关键性作用。曾经亲历中途岛海战的日本人渊田美津雄和奥宫正武在《中途岛海战》一书中认为：“美军提前发觉日本的进攻计划，是日本失利的唯一最主要的也是直接的原因，这是无可置疑的。”[②] 在太平洋战争爆发前担任日本驻美海军武官助理、后又在军令部从事对美情报工作的实松让在《情报战》一书中，对日本海军轻视情报工作的状况更是耿耿于怀：“战争期间日本海军那种忽视情报的例子，恐怕是比较罕见的。战争初期的珍珠港作战另当别论，珍珠港作战之后，说情报部是一个‘可有可无’的部门，也不过分。极言之，甚至可以说日本海军是在没有情报的情况下

①〔日〕渊田美津雄、奥宫正武：《中途岛海战》，许秋明译，商务印书馆1979年版，第247页。

②〔日〕渊田美津雄、奥宫正武：《中途岛海战》，许秋明译，商务印书馆1979年版，第154页。渊田美津雄曾任日本海军大佐，在南云部队的旗舰“赤城号”航空母舰上服役，亲历了中途岛海战的始终。战后，他受到特别任命，用所有私人和官方资料对这场海战进行探讨，并写出报告。奥宫正武是中途岛败仗中唯一幸存的航空母舰舰队参谋，二战结束前，又在军令部工作，所以有机会接触全部作战报告和资料并做出深入的研究。

‘无的放矢’地进行战争的。”[①] 美英方面的研究者对此次战役中的情报因素也十分关注，美国著名海军历史学家塞缪尔·E. 莫里森教授在《第二次世界大战美国海战史》这一 14 卷巨著中，把美军在中途岛海战的胜利直接称之为“情报的胜利”[②]，二战中太平洋战区司令兼美国太平洋舰队司令 C.W. 尼米兹（Chester Nimitz）在与 E.B. 波特合著的《大海战》一书中，更直言不讳地指出：“中途岛海战的胜利，主要是情报工作的胜利。企图进行突然袭击的日军，反倒遭到突然袭击。加之，日军犯了严重的错误，且为美军指挥巧妙地加以利用。”[③]

此外，美国学者阿里尔·列维特（Ariel Levite）的《情报与战略突袭》（Intelligence and Strategic Surprises）一书，从情报获取、预警及反应的独特角度，对中途岛海战中美国的情报工作进行专题审视，得出了高质量的预警情报是美军取得中途岛海战胜利重要原因的结论；[④] 乔治·埃尔德（Gregory Elder）在对中途岛之战进行细致探讨的基础上，明确提出“先知”是美军取得胜利的决定性因素；[⑤] 另一美国学者迈克尔·汉德尔（Michael I. Handel），则在《第二次世界大战中的战略、战役欺骗》（Strategic and Operational Deception In The Second World War）一书中，辟一专章探讨了中途岛海战中美国实施的欺骗行动。[⑥] 而英国学者约翰·科斯特洛在研读了大量美国国家安全局最新解密档案之后著成的《太平洋战争（1941—1945）》，第一次系统披露了中途岛海战中

①〔日〕实松让：《情报战》，江苏人民出版社 1981 年版，第 187 页。作者实松让在太平洋战争爆发前担任驻美海军武官助理，之后又在军令部从事对美情报工作。由于战争结束之时大部分宝贵的资料都被销毁，作者只能基于他能搜集到的材料，以与他直接发生过关系的事件为主执笔写书。但情报工作者的特殊身份使他能够从新的角度重新观察整个太平洋战争，并从情报战的角度阐述了他对中途岛失败的看法。

②〔日〕渊田美津雄、奥宫正武：《中途岛海战》，许秋明译，商务印书馆 1979 年版，第 248 页。

③〔美〕C. W. 尼米兹、E.B. 波特：《大海战：第二次世界大战海战史》，赵振愚等译，海洋出版社 1987 年版，第 312 页。

④ Ariel Levite, *Intelligence and Strategic Surprises*, New York: Columbia University Press, 1987.

⑤ Gregory Elder, “*Intelligence in War: It Can Be Decisive*,” Studies in Intelligence, May 2006（2）.

⑥ Michael I. Handel, ed., *Strategic and Operational Deception In The Second World War*, London & New York: Frank Cass, 1987.

美国在无线电侦察和密码破译方面的众多鲜为人知的细节。

一、战役简介

中途岛位于太平洋中部，陆地面积5平方公里，是北美与亚洲的海上交通要冲，由于地处太平洋航路的中途，故名中途岛。太平洋战争爆发时，它是美国的海军航空站。日军中途岛作战计划是在联合舰队司令山本五十六主持下制订的，其主要作战意图是出其不意地攻占中途岛，作为日本海军航空兵前进基地，威胁夏威夷，将剩下的美国海军诱出珍珠港予致命一击，以实现其珍珠港空袭未能实现的全歼美国太平洋舰队的目标。如果日本取得了这次战役的胜利，美军在太平洋的关键据点夏威夷将沦于日军之手，美军舰队将不得不从北美西海岸展开军事行动，这将严重阻碍美国为重获太平洋控制权而作的种种努力，使美国在太平洋的反攻时间推迟到1944年以后，这对美国的战斗意志将是一次沉重的打击。这一计划在1942年4月提交到日本海军军令部时曾遭到强烈反对。军令部认为：中途岛作战不同于珍珠港作战，难以做到出敌不意，而且即使占领了中途岛，防御和维持补给也都将面临很大困难。然而在山本的一再坚持下，军令部最终还是原则上同意了这一计划，但双方在实施时间和其他细节上仍存在较大分歧。

1942年4月18日，为打击珍珠港事件后日本的嚣张气焰，鼓舞士气，美军轰炸机从由中途岛驶出的航空母舰上起飞轰炸了日本东京、横滨等城市，给日本统治者造成了极大恐慌。日本开始认识到美军控制下的中途岛对日本本土安全造成的巨大威胁，决心夺取该岛，这使得争论不决的中途岛作战计划立即获得通过。5月5日，日军大本营下达了攻占中途岛和阿留申群岛西部岛屿的命令。

为实施进攻中途岛的作战计划，日本决定投入所有能调集的海军兵力参加战斗，包括各类舰艇200余艘，舰载飞机约700余架，由联合舰队总司令山本五十六海军上将统一指挥。山本五十六亲自指挥主要由3艘战列舰组成的第一舰队的主力。这支舰队尾随在主力航空母舰的后面，一旦美国舰队出现，将是主要的攻击力量。指挥第一支航空母舰突击队的是南云忠一中将，他曾指挥过对珍珠港的袭击。这次他指挥这支包括“赤城”号、“飞龙”号和“苍龙”号航空母舰的舰队。此外，日军还派出了一支入侵舰队和一支由12艘潜艇组成的先遣部队；入侵舰队由近藤（Kondo）海军大将统率，先遣部队由海军上将小松（Komatsu）统率。[①] 5月26—29日，各编队先后由日本本土启航，准备6月4日对中途岛发起突然进攻。

早在5月中旬，美军已通过破译日本海军密码电报，掌握了日本进攻中途岛的企图。美太平洋战区总司令C.W. 尼米兹海军上将十分清楚日本海军将对阿留申群岛的美军基地的攻击只是掩护日军主力突袭中途岛的一次牵制性行动，于是及时集结兵力，调集航空母舰3艘（舰载机230多架）及其他作战舰艇约40多艘，组成第16特混舰队（由斯普鲁恩斯少将指挥）和第17特混舰队（由弗莱彻少将指挥），在中途岛东北海域展开，隐蔽待机。同时，19艘潜艇部署在中途岛附近海域，监视日舰行动。

6月4日清晨，南云按计划下令由主力舰队4艘航母上同时起飞108架飞机，发动了对中途岛的第一次攻击，而早有准备的美军立即派出了26架飞机迎战。尽管此战美机损失较多，但日军未能达成以第一次攻击摧毁基地上美军轰炸机的企图。南云考虑在第一波空袭后，有进行第二波空袭的可能性和必要性，于是命令第二波飞机全部将鱼雷换成炸弹，准备再次空袭中途岛。不久之后，日军发现了美国航母，战场形势骤变。其间，南云指挥机动部队打退了六波来自中途岛的攻击。在收回第一波攻击中途岛的飞机后，南云通过机动躲过了美国航母舰载机的第一波攻击。上午9时到10时24分之间，南云指挥机动部队先后击退了美国航母舰载机的三波攻击。与此同时，日本航母的舰载机也已准备完毕，只需几分钟就能起飞，日本海军胜利在望，但仅仅几分钟后，战场形势突发逆转。10时24分，在中途岛东北海面列阵设伏的美特混舰队发现了南云的机动部队，于是美军轰炸机立即从“企业号”“约克城号”上起飞，向日本舰队发起突然且猛烈的攻击，几分钟内，日旗舰“赤城号”航空母舰中弹后引起舰上鱼雷爆炸，随即沉没，“嘉贺号”“苍龙号”号航空母舰也中弹失去作战能力。“飞龙号”航母侥幸未受攻击，并利用仅有的航空兵力组织了对美军的反击，重创了“约克城号”，导致下午三时美军被迫弃船。但下午5时，由“企业号”起飞的美俯冲轰炸机对“飞龙”号航空母舰发动攻击，翌日上午将其炸沉。山本五十六得知四艘航空母舰被击沉的消息后，终于明白了美军是有备而战，鉴于第1机动编队损伤惨重，只好于5日清晨下令取消第2机动编队南下的命令，停止中途岛作战，率联合舰队西撤。虽然他仍然希望把美军诱

①〔美〕保罗·K. 戴维斯：《影响人类历史进程的100场决定性战役》，张铁西等译，海南出版社、三环出版社2006年版，第506—512页。

入陷阱，利用威克岛的航空兵与美军再分高下，但是美军并没有上当，也撤出了战斗，结束了中途岛海战。至此，中途岛海战以日本失败而告终。

中途岛海战是日本海军自太平洋战争爆发以来第一次遭到失败，也是美军在太平洋战争中取得的第一次决定性胜利。战役的胜利，有力地遏制了日军的进攻势头，彻底扭转了盟军在太平洋的不利态势，使战局出现了有利于盟军的转折。而日本的惨败，则使其丧失了在战争初期夺得的海空控制权，也丧失了战略主动权。战役结束后，日军仅剩下1艘重型航空母舰、4艘轻型航空母舰，被迫停止了战略上的全面攻势，只得采取守势。从此，日本帝国海军再也没有发动过一次重大的入侵行动，只能偶尔干预一下美军的进攻。金上将说："中途岛战斗是日本海军三百五十十年以来的第一次决定性的败仗。此外，它结束了日本的长期攻势，恢复了太平洋海军力量的均势。"① "这是一次稀有的海战，一支数量劣势的舰队突然地击败了一支优势兵力，而使战争局势完全改观。日本的航空母舰实力被毁去了三分之二，把他们原定的大战术观念，完全击毁了。他们现在已经无法再用机动兵力，来与'刺猬'配合来守住太平洋，而只能改取纯粹消极的守势。"②

曾经担任战时日本大本营海军参谋的实松让，在谈到中途岛海战时说："中途岛海战的结局，对我们来说是'难以置信的败北'；从美国方面来看，却是'难以置信的胜利'。"③ 如果仅从战前的战略态势，战时的兵力配置等要素观察中途岛海战，此战的结果确实显得"难以置信"。但是，当我们换个角度，从情报战的视角来观察这场海战时，所谓"难以置信"的困惑即可迎刃而解。

二、美国在中途岛战役期间的对日情报工作

虽然没能准确预报日本对珍珠港的袭击，但是战前美国对日本的情报工作就已经到达了很高水准，尤其是在密码破译方面。美国曾经破译了日本的外交密码"紫密"。太平洋战争爆发后，美国海军为了洗刷珍珠港的耻辱，在情报

①〔英〕约翰·科斯特洛：《太平洋战争（1941—1945）》（上册），王伟等译，东方出版社1985年版，第379页。

②〔英〕J. F. C. 富勒：《西洋世界军事史》（第三卷），钮先钟译，军事科学出版社1981年版，第483页。

③〔日〕实松让：《情报战》，王云辅等译，江苏人民出版社1980年版，第254页。

战线上也活跃了起来。美国海军之所以能取得中途岛海战的胜利，与其在情报斗争中付出的巨大努力密不可分。美国在海战开始前及海战期间的情报工作集中体现在以下几个方面，一是破译日本海军密码（即 JN25b，这是日本海军的作战密码，JN25b 是美国命名的代号）[①]，二是有效使用情报，三是积极进行战场侦察。

（一）破译日本海军密码

珍珠港事件后，海军通讯局通讯保密科（OP-20-G）成为美国海军内主要负责对日情报工作的部门，由罗彻福特少校领导的夏威夷站则发挥了重要作用。尼米兹到达珍珠港后不久，就对通信保密科进行了视察。不过这里并没有给他留下什么印象。他认为，要是无线电情报部门能够卓有成效地完成任务的话，为什么在日军袭击珍珠港之前没有提供情报呢？但是不久之后，通讯保密科出色的工作使尼米兹改变了看法。"那时（1942 年 4 月）他对无线电收到的情报已经深信不疑。"[②]"到 1942 年 5 月，通信情报单位的工作人员由开战之初的 30 人增长到了 120 人。"[③] 尼米兹也改变了对珍珠港事件的看法，不是美国情报单位的工作效率不高，而是日本人十分谨慎。当时美国人破译的日军密码电报中根本没有提到这次行动计划。袭击前几个星期，日本航空母舰部队的电台通讯已经销声匿迹，全部舰艇严格保持无线电静默。

夏威夷站专门负责 JN25b 的破译工作。日本海军使用的 JN25b 密码与已被破译的外交密码不一样。它包括三种数码，第一种有约 45000 个五位数，分别代表不同的词或词组，第二种的数目甚至比第一种的还要大，是任意编成的，发报者可以随意选用加入电文中，使敌方难以破译，还有一组特别数码，用以告诉己方收报人员在电文的什么地方施加了伪装，以便收方译读。当然，还不断有新编制出的数码本供报务员们使用。[④]

---

① 日本方面对此事有不同看法，他们认为 JN25 的失密是由于美国海军打捞了在澳大利亚沉没的日本潜艇，从中搜获了日本海军的密码本。参见〔日〕实松让：《情报战》，王云辅等译，江苏人民出版社 1980 年版，第四章。《山本五十六》一书认为两种说法究竟哪种正确，不得而知。本书主要介绍美方的说法。

②〔美〕E. B. 波特：《尼米兹》，蒋恺等译，解放军出版社 1987 年版，第 93 页。

③〔日〕实松让：《情报战》，王云辅等译，江苏人民出版社 1980 年版，第 235 页。

④〔美〕戈登·W. 普兰奇等：《中途岛奇迹》，王喜六等译，上海译文出版社 1991 年版，第 136 页。

日本海军由于南征北掠，通信量大为增加。美军截获的日方电报日渐增长，为密码破译提供了大量素材。尤其是杜利特尔的航空队轰炸东京后，联合舰队几乎倾巢而出，在海上进行了3天的徒劳追逐，其间大量的往来电报被美军截获。由于这次的大规模行动的目的十分明确，美国人借机弄懂了许多五位数的含义。“到了四月底，美国人对JN25b已经非常熟悉了，以至每天能破译收到的全部密码电报的二十分之一。”[①] 5月上旬，太平洋舰队通过分析破译的电报发现，日军将在太平洋中部、北部发动攻势。随后，美军截收到的情报中越来越多地提到了AF这个地点，所有的情报都在表明，日军下一阶段的攻势将围绕AF展开。罗彻福特认为是中途岛。为了证明自己的观点，罗彻福特想出了一个办法。在得到尼米兹和莱顿的批准后，他要求中途岛的守军用明语发电报，就说岛上的水蒸馏塔坏了，淡水奇缺。两天后，夏威夷站果然破译了一份日军关于AF缺乏淡水的报告。AF就是中途岛，确认无疑。

除了罗彻福特之外，太平洋舰队情报工作的另一位主角是海军少校埃德温·T. 莱顿。“莱顿的职责是从罗彻福特的战斗情报单位以及别的方面搜集资料加以分析，然后，将情报分析综合材料呈交给太平洋舰队的例行早间会议。”[②] 5月中旬，他和罗彻福特一起根据侦听来的情况，撰写了一份完整的情报评估。但是开战时间等几个关键问题，罗彻福特和莱顿依然无法回答。5月24日，罗彻福特带来了好消息，他的一个助手——韦斯利·赖特少校成功地破译出敌军将在6月3日进攻阿留申群岛，6月4日进攻中途岛。根据罗彻福特的最新情报，莱顿向尼米兹作了最后的情报评估，他说：“他们将从西北方向，方位三百二十五度发起进攻，距离中途岛约一百七十五海里的地方即可观察到，时间约在中途岛时间早晨6点钟。”[③]

后来的历史证明，情报单位的杰出工作使美国海军基本掌握了联合舰队的战略意图，进而获得了“先知”的优势。正如詹姆斯·邓尼根所指出的：“如果你能了解敌人想干什么，同时又能掩饰自己的计划，那么你获胜的机会就会大大增加。1942年具有决定意义的中途岛之战之所以能够获胜，主要是由于美国破译了日军的密码，了解到日本人的计划，而日本人对美军的部署却几乎一

①〔英〕约翰·科斯特洛：《太平洋战争（1941—1945）》（上册），王伟等译，东方出版社1985年版，第299页。

②〔美〕波特主编：《世界海军史》，李杰等译，解放军出版社1992年版。

③〔美〕E. B. 波特：《尼米兹》，蒋恺等译，解放军出版社1987年版，第120—122页。

无所知。”[①]

（二）科学分析并合理使用各种情报

从今天看当年，很多人都会认定，既然美国海军几乎掌握了准确情报，取胜顺理成章。殊不知，这种想当然不是历史事实。只有用当时的眼光看待美国海军对情报的使用，才能避免对历史的误解。只有设身处地，才能理解尼米兹在使用情报时所面对的种种压力。波特既是美国海军史的权威又是尼米兹的好友，由他所著的《尼米兹》一书在描述这段历史时，提到了一个细节，可以说明一些问题：

在珍珠港，太平洋舰队通信官莫里斯·E. 柯茨少校，拿着这份有关双方接火的报告跑到尼米兹的办公室，将军正在那里同莱顿少校商量问题。尼米兹看完电报，突然从座位上站起来。他激动地说：“莱顿，你看到这份报告没有？”“这是什么，长官？”“发现日军部队了！”尼米兹微笑着。这倒没有什么奇怪的，因为他经常微笑。但这时他的脸色看上去容光焕发，因此莱顿说他是“喜形于色”。“情况明朗了，”莱顿说，“好像有人打开窗帘一样，他的微笑和蓝眼睛使人感到心情舒畅。”尼米兹对忧心的事一向不露声色，但现在却丝毫掩饰不了他轻松的感觉。他把电报递给莱顿。“这应当使你宽心了。”他轻声笑着说，“现在一切怀疑都澄清了。他们看到这种情况将不得不承认我告诉他们的是正确的。”[②]

想知道晓尼米兹何以“喜形于色”，必须关注一下美军其他情报单位对日本动向的研判。五月中旬，太平洋情报处虽然对日本的下一步行动作出了准确预测，但却没能得到其他单位的认可。华盛顿海军部的情报处截获的情报称，南云要求为他在特鲁克的航空母舰提供卧铺，因此判定日军仍在南进。美国陆军航空队情报处认为日本对美国西海岸的入侵迫在眉睫，有鉴于此陆军暂时不再向西南太平洋部署新式轰炸机。麦克阿瑟的情报处依然坚持认为日本正在计

①〔美〕詹姆斯·邓尼根：《现代战争指南》，军事科学院外军部译，军事科学出版社 1986 年版，第 2—3 页。

②〔美〕E. B. 波特：《尼米兹》，蒋恺等译，解放军出版社 1987 年版，第 133—134 页。

划入侵澳大利亚，他要求陆军部给他提供增援。[①]

在太平洋舰队内部，很多人对罗彻福特和莱顿的情报也持怀疑态度。5月24日，罗彻福特虽然揭示了日本的作战计划，但却没能说服太平洋舰队司令部持怀疑态度的人，反而加深了他们的猜疑。日本人是否在故意向美国人施放假情报？为什么联合舰队将如此高度机密的情报用无线电波发出？为何对中途岛、基斯卡岛、阿图岛这些不大的目标派出如此庞大的舰队？[②] 在美国最高决策内部，对太平洋舰队的情报也缺乏信心。“但是美国方面并不是所有的人都同意尼米兹对形势的估计。上层的许多人不大愿意相信日军的真正目标不是瓦胡岛，也不是美国西海岸。”[③]

开战前，美军内部仍然有人怀疑情报的准确性。“陆军无论如何不能完全打消日军的真正攻击目标是美国本土西海岸这个念头。六月四日夜，他们搞得神经非常紧张。士兵被禁止外出……”“为了预先发出敌人攻击的警报，海军部队向加利福尼亚州海岸以西四百英里海面派出巡逻部队。”[④] 直到6月3日，美军侦察飞机发现了联合舰队的踪迹，尼米兹才能如释重负，“喜形于色”。了解了这些背景，我们才能体会使用情报时的不易，才能理解为什么尼米兹对情报的合理使用是中途岛海战美军胜利的基石之一。

（三）积极进行战场侦察

美国在通过密码破译获取预警情报、掌握日本作战计划的基础上，积极进行了严密的战场侦察。中途岛的美军PBY水上飞机，从5月30号起便每天拂晓起飞。前往中途岛以西700海里的海域进行搜索，这一搜索距离是经过计算的，可保证日航空母舰机动编队到达其舰载机起飞阵位之前必被发现。[⑤] 6月3日，美军的巡逻机终于发现了日本的运输船队，最终确认了之前情报的准确性。随后，美军对运输船队进行了攻击。6月3日，日军按计划对阿留申群岛展开

①〔英〕约翰·科斯特洛：《太平洋战争（1941—1945）》（上册），王伟等译，东方出版社1985年版，第331页。

②〔美〕E.B.波特：《尼米兹》，蒋恺等译，解放军出版社1987年版，第121页。

③ 参见塞缪尔·埃利奥特·莫里森：《珊瑚海海战、中途岛海战及潜艇作战：1942年5月—9月》，第80页。转引自《中途岛奇迹》第四章。

④〔日〕实松让：《情报战》，王云辅等译，江苏人民出版社1980年版，第251页。

⑤〔美〕C.W.尼米兹、E.B.波特：《大海战：第二次世界大战海战史》，赵振愚等译，海洋出版社1987年版，第292页。

了攻击，中途岛海战正式打响了。此时在中途岛方向，南云率领的机动部队尚不知道自己的行踪已经暴露，大战未开已经先输一招。

由于在兵力上不占优势，美军将取胜的最大希望放在首先发现日本舰队，先敌攻击上。6月4日拂晓，中途岛的美军巡逻机就已经悉数出发。上午6点多钟，侦察机报告，“两艘航空母舰和主要舰艇，方位三百二十度，航向一百三十五度，航速二十五节，距离一百八十度。”侦察机所报告的情况与莱顿少校事前预测相差五海里、五度和五分钟。美军航母编队也比较重视侦察，进入可能与敌接触的海域后立即派舰载机进行最大距离的侦察。当击沉日军的三艘航母后，又从“约克城”号起飞十架飞机进行侦察，找到了日军“飞龙”号航母，为全歼日军四艘航母创造了条件。

三、中途岛海战中日本对美情报工作的失误

（一）情报侦察过于疏忽

1. 忽视无线电信号侦察

随着无线电技术的飞速发展，太平洋战争期间，通过无线电信号侦察获取情报已逐渐发展为一个最主要的情报来源。无线电信号侦察情报，对于准确掌握敌方的意图和动向起着至关重要的作用。然而，由于思想上不够重视，加上技术手段落后，日本在无线电信号侦察方面成效甚微。

在中途岛海战中，为了不影响舰载机的起飞和着舰，日本机动部队航空母舰上的无线电侦察设施装备较少，并且无线电接收天线高度过低。当时，机动部队参谋长草鹿龙之介少将曾提出两个补救方案：一是由具有强大功率无线电设施的联合舰队旗舰“大和”号将截获的重要敌方通信及时通报给机动部队旗舰“赤城”号；二是“大和”号与机动部队一起行动，由联合舰队司令山本五十六直接进行作战指挥。但这两个建议均被否决。对这一问题的忽视导致日本机动部队丧失了截获敌方无线电通信的能力，最终陷入了不明敌情、被动挨打的境地。

在雷达使用方面，太平洋战争时期雷达已开始应用于军事领域，借助雷达技术，能够在作战中及早地发现敌情，掌握敌方动态，从而为己方采取行动赢得时间。但由于日本对其技术性能认识不够，一直没有真正着手开发研制。中途岛海战中，日本联合舰队没有一艘航空母舰装备雷达。机动部队在出发前两天曾得到两套试验性的雷达，分别装在战列舰“伊势”号和“日向”号上，但

这两艘战列舰都编在阿留申警戒部队里，没有前往中途岛，致使中途岛海战期间日军在侦察敌情方面处于不利地位。[①]

2. 战场情报侦察不力

中途岛海战前日军曾对战场侦察作出过具体部署，准备要加紧对中途岛海域的侦察，并在夏威夷、中途岛之间配置潜艇部队，监视美航母动态。但由于思想上不够重视，这些侦察任务都没有得到很好的落实。

一是潜艇侦察形同虚设。中途岛作战计划中，要求先遣部队的各潜艇于1942年6月2日之前，在中途岛和夏威夷之间海域建立甲、乙、丙3道警戒线，以预先发现美舰队。但是先遣部队却因出发较迟和其他原因，除1艘潜艇在规定时间内驶抵以外，其余的直到6月3日以后才进入指定阵位。而美军的第16、17特混舰队早在6月2日之前就已通过了上述海域，因而日军对此毫无觉察。并且日军潜艇也没有发挥机动侦察的特点，未能在夏威夷到中途岛一线展开广泛的侦察，而是在固定位置原地待命。整个中途岛海战期间，尽管日本联合舰队司令部试图利用潜艇侦察敌情，但结果却只在6月2日收到过“伊-168”号潜艇所发的关于中途岛状况的唯一一份重要情报。[②]

二是航空侦察出现严重失误。首先，侦察计划执行不力。日军原本打算从威克岛环礁出动大型水上飞机对中途岛东北海面进行侦察，但由于环礁过于狭窄，水上飞机满载燃料后难以夜间起飞，只得取消侦察计划。[③] 按照拟对夏威夷进行空中侦察的第二次“K号作战”计划，日军原本准备在5月30日至6月3日期间，派出两架水上飞机先到达弗伦奇—弗里格特礁脉，再由潜艇加油后飞往夏威夷进行侦察。但这个侦察计划最终也出现了问题。5月30日，当“伊-123号”加油潜艇驶抵弗伦奇—弗里格特礁脉时，发现那里竟停着两艘美舰。于是，日军决定把这个任务推迟一天执行。但第二天“伊-123号”潜艇又发现该礁脉附近有两架美军水上飞机。可见，美军已经把弗伦奇—弗里格特礁脉作为水上基地使用了。因此，日军不得不放弃侦察夏威夷的计划。由于麻

---

①〔美〕戈登·普兰奇、唐纳德·戈尔茨坦等:《中途岛奇迹》，王喜六等译，上海译文出版社1991年版，第518页。

②〔日〕渊田美津雄、奥宫正武:《中途岛海战》，许秋明等译，商务印书馆1979年版，第136页。

③〔日〕吉田俊雄:《日本帝国海軍はなぜ敗れたのか——戦後五十年目の総括》，文藝春秋株式会社1995年版，第204页。

痹轻敌，日军针对上述情况并未及时采取弥补措施重新组织侦察，从而未能准确掌握中途岛海域情况和珍珠港内的美军兵力状况。

其次，临战侦察犯了严重错误。日军空袭中途岛之前，机动部队司令南云忠一并没有组织充分的敌情侦察，只在第1批攻击机队离舰前的15分钟，从战列舰“榛名”号上派出1架水上飞机、重巡洋舰“筑摩”和“利根”上各派出2架水上飞机、航空母舰“赤城”号和“加贺”号上又各派出1架舰载攻击机进行象征性的侦察。当时，“利根”号上的两架侦察机因弹射器发生故障，比预定的出发时间晚了30分钟。“筑摩”号上的一架侦察机因引擎发生故障，加上天气恶劣，不得不中途返航。“筑摩”号上的另一架侦察机按计划本应正好从美特混舰队上空飞过，然而由于侦察不仔细，错过了这一良机。“利根”号派出的侦察机在回程搜索时发现了美舰队，但由于判断不准，隔了很长时间才判明其中有航空母舰存在，致使日军贻误战机，失去了先发制人的机会。[①]

（二）情报分析判断失误

1. 错误判断战果

正确判断战果，对于指导战争或战役、对于判断敌方企图，制定和实施作战计划，都是十分必要的。如果战果判断失误，必然导致以此为基础的敌情判断错误，进而使己方作战不利，遭到意外的失败。[②] 中途岛海战之前的珊瑚海海战，日方就错误地判断了战果，从而严重影响了中途岛海战时期日本对美方情况的判断。

表1　珊瑚海海战后日方判断战果和美方实际损失情况对比表

战果 / 损失情况		日方判断战果	美方实际损失情况
击沉	航空母舰	2艘（“萨拉托加”号、“约克城”号）	1艘（“列克星敦”号）
	战列舰	1艘（“加利福尼亚”号）	—
	巡洋舰	1艘（“波特兰”号）	—
	驱逐舰	1艘	1艘（“西姆斯”号）
	输油舰	—	1艘（“尼奥肖”号）

①〔日〕渊田美津雄、奥宫正武：《中途岛海战》，许秋明等译，商务印书馆1979年版，第162—164、180—185、252页。

②〔日〕实松让：《情报战》，王云辅等译，江苏人民出版社1981年版，第309页。

续表

战果 / 损失情况		日方判断战果	美方实际损失情况
重创	战列舰	1 艘（“北卡罗来纳”号）	—
	巡洋舰	1 艘（“路易斯维尔”号）	—
	输油舰	1 艘	—
飞机		98 架击落	66 架击落

通过表中日本发表的战果和美方实际损失情况的比较可以发现，日军在珊瑚海海战后过高地估计了战果，特别是认定美 2 艘航母已被击沉，其实只击沉了 1 艘。“约克城”号虽然受了较大损伤，但经过抢修仍然参加了中途岛海战。由于日方对战果作出了错误判断，以为参加珊瑚海海战的 2 艘美航空母舰都已沉没，所以在中途岛海战前低估了美军实力，认为美国顶多还有 2 艘航空母舰可以参加中途岛海战。可事实上，美国仍有 3 艘航空母舰可以参加中途岛海战。日军狂妄轻敌，放松了对美航母编队的搜索侦察，结果遭受了美航母航空兵力的沉重打击。单从参加中途岛海战的美航母数量这点来看，日军战果判断的严重错误对日本联合舰队是致命的。

2. 错误分析敌情

在中途岛海战前夕，日军 1 架巡逻机曾于 5 月 15 日报告：“在马绍尔群岛以南发现 2 艘美航空母舰向西航行。”日本军令部便据此下发敌情通报称，美航母编队仍在所罗门地区活动。在日军机动部队向中途岛的进发过程中，联合舰队司令部也没有进一步查明敌情，只根据半个月前的敌情通报便轻率地作出如下判断：“敌人残存的航空母舰，在南太平洋的可能性极大……也许不会在中途岛方面出现。”① 事实上，美军的两支航母编队已于 5 月下旬返回珍珠港，正准备开往中途岛战场。日军情报部门对此重要情况毫无察觉，对敌情作出了错误的分析。在这种先入为主观念的影响下，进攻中途岛前，南云忠一乐观估计：其一，美军缺乏战斗意志，美舰队大概会在日军中途岛进攻作战开始后出来应战；其二，美军尚未察觉日军企图，可以确信至少到 6 月 5 日晨为止日军不会被美军发现；其三，没有迹象表明美航空母舰在中途岛附近海面。据此，南云认为日军可以首先空袭中途岛，歼灭岛上岸基飞机和支援登陆作战，然后迎击美特混舰队，并予以歼灭。他当时根本没有想到，美国特混舰队早已在中

① 赵振愚：《太平洋战争海战史（1941—1945）》，海潮出版社 1997 年版，第 239 页。

途岛东北海域隐蔽待命，准备随时对日军机动部队发起攻击。[①] 可见，日军对敌情的判断建立在盲目推测的基础之上，缺乏准确的情报分析，是没有任何根据的想象。

（三）情报传递不通畅

情报传递是情报工作的重要环节。掌握了情报却不能及时通报给相关部门，那么无论情报多么准确，也起不到丝毫作用。日本在中途岛海战中就存在情报传递不通畅的问题。日军内部由于受“作战至上主义”的影响，没有认识到情报对于作战的重要保障作用，忽视了情报的传递。

在进攻中途岛之前，日本联合舰队旗舰“大和”号上的无线电侦收人员于5月30日，截听到一艘美潜艇发往中途岛的长篇紧急电报。由于这艘潜艇就在日本运输船队的附近，这就意味着运输船队可能已被美方发现，日军的行踪可能已经暴露。5月31日，“大和”号又侦察到美军在夏威夷和阿留申附近活动的迹象。山本五十六和他的幕僚猜测这可能是一支特混舰队出动的前兆。6月1日，“大和”号进一步侦收发现，美军从夏威夷发出的180份电报中有72份是急电，并据此判断美军舰队可能正在向中途岛方向行动。这些重要敌情本应该及时传递给位于联合舰队主力部队前方的机动部队。但是，联合舰队以保持无线电静默为由，并没有将这些重要情况通报给机动部队，他们轻率地认为机动部队离美军更近，自然会截听到这些情报，南云忠一会根据这些情况作出正确判断。[②] 可事实上，由于机动部队旗舰“赤城”号航母的无线电侦收能力有限，根本没有侦获上述情报，南云无法及时掌握敌情，只得凭主观臆断采取行动。可见，情报传递的不通畅，正是日本在中途岛海战中惨败的又一个很重要的原因。

（四）情报保密工作不力

1. 思想上轻视情报保密

开战初期的巨大战果使得日军变得狂妄自大起来。中途岛海战之前，日

①〔日〕伊藤正德:《联合舰队的覆灭》，刘宏多译，海洋出版社1991年版，第77—78页。

②〔日〕渊田美津雄、奥宫正武:《中途岛海战》，许秋明译，商务印书馆1979年版，第135—137页。

军官兵普遍存在这种心理："总说什么保守机密，其实泄露一点也没啥。若是美国人出来的话，那正好。那样就可以像老鹰捉小鸡一样，轻而易举地干掉它。"① 由于思想上不重视保密，以至于日军向中途岛进发之前其作战计划就已经被泄露出去。一些日军军官家属在一起闲聊的时候竟然谈到海军最近有作战行动，而吴军港的理发师也了解到日本将进行中途岛作战的情况，军官们在酒楼茶馆里公开谈论这次行动。最后，不仅国内百姓，甚至连远在中国和夏威夷的日本人中间都开始流传日本要攻打中途岛的消息。② 当时，日本海军第 2 联合特别陆战队的一名副官曾用低级密码发电说："6 月 5 日以后，本部队的邮件请寄到中途岛。"③ 这一电文被美国太平洋舰队情报机构截获破译，暴露了日军进攻中途岛的企图。

2. 核心密码被破译

日本海军一直没有对使用的密码机产生怀疑，而且为了方便，主要采取更换密码本的方式保密，在密码机的研制上则没有下更多功夫，结果开战不久核心密码即被美方破译。1942 年 1 月 20 日，日本海军"伊 -124"号潜艇在澳大利亚达尔文港海域执行布雷任务时被美、澳驱逐舰击沉，美军从该潜艇中获得了日本海军 JN25b 密码本。通过对这些密码资料的研究，美国太平洋舰队情报机构最终破译了日本海军 90% 的重要密报。而日本海军对此事毫无察觉，也没引起足够的重视，他们误认为该潜艇在返航途中发生了事故，因此仍然使用这些密码本。④ 日本海军原定于 1942 年 4 月 1 日启用新的密码体系 JN25c 代替原密码 JN25b。但由于密码本管理工作极其混乱，导致不能按时分发新密码本，不得不将更换新密码的日期推后 1 个月，改到 5 月 1 日，后来又推后 1 个月，直到 6 月 1 日才启用了新的密码体系。但为时已晚，美军早已通过破译密码 JN25b 对日军作战计划了如指掌，提前做好了一切迎战准备。

"JN25b"密码的破译，使美军掌握了日军准备再度进攻的企图，但美军并不知道密文中的地点代码 AF 具体指何处。他们推测 AF 可能就是中途岛，于是利用明码发出中途岛淡水设备发生故障的电报，5 月 12 日，日军果然受到该电报的诱骗，向上级报告了 AF 缺乏淡水的情况，从而使美军搞清了代号

① 〔日〕实松让：《情报战》，王云辅等译，江苏人民出版社 1981 年版，第 253—254 页。

② 〔日〕加藤正秀：《山本五十六》，郭宏军编译，京华出版社 2004 年版，第 361 页。

③ 颜春连：《无线谍报》，金城出版社 1995 年版，第 344 页。

④ 颜春连：《无线谍报》，金城出版社 1995 年版，第 323—324 页。

AF指的就是中途岛。5月25日，反映日本联合舰队作战计划全貌的密码电报又被美军破译，从而完全暴露了日军进攻中途岛的行动企图。①

由于日军过分相信自己的密码技术，认为他们的密码万无一失，所以根本没有意识到密码已经被美国破译，致使中途岛海战成为“盲人”日本和“明眼人”美国之间的战役，日本的失败也就在所难免。

四、评析

对日本来说，中途岛海战的失利是自16世纪末期露梁海战后的首次惨败，以这次战役为转机，太平洋战场的趋势开始朝有利盟国方向发展。利德哈特说：“所以可以很合理地说，中途岛海战实为一个重大的转机，并终于决定了日本最后败亡的命运。”②

中途岛海战既是美军特混舰队的胜利，也是美军情报部门的胜利。尼米兹说：“美国破译了日本的密码电报，所以我们完全掌握了关于日军计划的情报。我们搞到的情报是日军的作战目的、日本舰队的编制概况、接近方向及实施攻击的大概日期。正因为如此清楚地掌握了敌情，美国的胜利才成为可能。对付日本的威胁，美国海军兵力实在相差太远了，所以，这个情报使美军指挥官事先知道了一场难以避免的灾难。”③

回顾这场海战的情报对抗，有几点值得后来者借鉴思考。

（一）无线电通信情报对抗的水平直接关系到战争的进程与结局

珍珠港事件爆发后，日美双方的驻外人员都被对方作为人质扣押，间谍网被对方破坏，无线电通信情报成为双方最有价值的情报来源。

在通信情报工作方面，日本做得并不出色。由于在整个战争期间日本都未能破译美国的任何高级密码体制，只能主要依靠通信分析和测向来确定美军的编制、位置及动向。过于依靠单一的情报来源使日军极易遭到美军欺骗。在中途岛战役中，由于美军巧妙地施加欺骗，日本海军通信情报部门误判了美军航

①〔日〕实松让：《情报战》，王云辅等译，江苏人民出版社1981年版，第244—245页。

②〔英〕利德哈特：《第二次世界大战战史》，钮先钟译，上海人民出版社2002年版，第493页。

③〔日〕实松让：《情报战》，王云辅等译，江苏人民出版社1980年版，第254页。

母舰队的位置，他们相信哈尔西的航母舰队在最近出没过的所罗门群岛东部的某个地方。[①] 到了5月30日，弗莱彻指挥的第17航母特遣舰队离开珍珠港驶向中途岛，将于6月3日与斯普鲁恩斯指挥的第16航母特遣舰队在中途岛以北350英里的洋面上汇合，而此时日本海军参谋部仍然坚信，且通知了正在开赴战场的日本部队说：美国特混舰队正在所罗门地区作战，这样就强烈地暗示美军还没有发觉日本部队即将进攻中途岛。[②]

相反，美军胜利的起点则源于对日军密码破译。早在珍珠港事件前，美军的通信情报侦察就有一定成效，1942年1月，美国海军又成功地从被击沉的日潜艇中打捞到日军密码本，加上“魔术”般的破译能力，使美军在4月17日以前就准确地掌握了日本南下的战略企图和行动计划。随后通过无线电侦察，美军又得知敌人向珊瑚海派出了3艘航空母舰分别掩护进攻莫尔兹比港和图拉吉的部队，于是派出“列克星敦”号和“约克城”号组成的两支航母特混编队急速南下，提前做好了在珊瑚海附近迎战敌人的准备。日军无论在飞机质量、飞行员素质、后勤人员训练、兵种协同作战能力、后勤保障水平还是在航母数量上，相对当时的美军都占有相当的优势，但日军最终却战败了，足以说明无线电通信情报对抗的重要性。

当然，日本在无线电情报对抗上处于劣势还有一个根本原因，就是日本在科学技术上与美国有着相当大的差距。日本发动太平洋战争的时候，在科学技术成就方面明显落后于美国的，最突出的例子就是缺少雷达。由于日本在电子技术方面落后得可怜，航母完全没有装备雷达。如果南云的机动舰队拥有雷达，情况可能大为不同。雷达能够穿透阻碍南云部队前进和接近战场道路上的大雾。更重要的是，雷达可以及时发现美军侦察机和测出其位置，这样日军战斗机便能在美机向舰队报告日军阵位之前将其歼灭。雷达还可以提早发出美机来攻击日军航空母舰的警报。而且如果日军侦察机装备了雷达，就能比目力观察更早发现美特混舰队。可见，谁更好地掌握了先进的情报侦察技术，就更有可能在战场上长久地处于不败之地。

---

① Katherine C. Herbig, *"American Strategic Deception in the Parcific". Strategic and Operational Deception In The Second World War*, ed. Michael I. Handel. London：Frank Cass，1987，pp.262-264.

②〔日〕渊田美津雄、奥宫正武：《中途岛海战》，许秋明译，商务印书馆1979年版，第154页。

（二）有效的欺骗与保密是达成突然性的关键

日本袭击中途岛的作战目的是通过占领中途岛，吸引美国太平洋舰队的主力，在其从珍珠港驰援中途岛之时对其展开伏击。本来，从参战兵力看，日军在数量上占有绝对优势（见表 2），① 日军如果能够集中用兵的话，不管美军多么走运和有多大能耐，也难以凭借 3 艘航母战胜或击退日军的 8 艘航母。

表 2　中途岛海战日美参战兵力比较

\	战列舰	航空母舰	巡洋舰	驱逐舰
日本（包括阿留申方面）	11	8（轻航空母舰 4）	13	65
美国	0	3	8	25

然而日军却将航母分散使用，将 2 艘轻型航母派到阿留申方面，1 艘轻型航母编入山本的主力部队，另一艘轻型航母编入登陆编队，这些编队都距离南云进攻中途岛的机动编队太远，在南云的舰队与美军交战时不能及时提供支援。因此，在战役的关键点上日军只有 4 艘航母（见图 -1）。

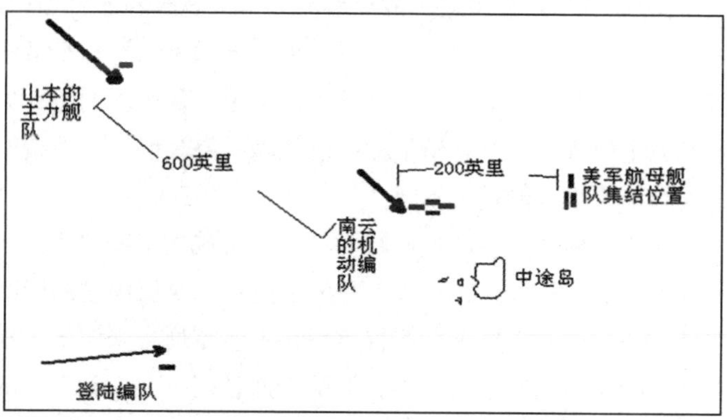

图 1　中途岛海战日美舰队配置示意图

这是一个非常冒险的作战计划，如果日军不能达成突然性，那么美军就可能调集仅有的 3 艘航母，提前在中途岛附近做好准备。这样的话，日军不仅在关键点上的兵力上不占优势，而且如果不能提前发现美军舰队，还很可能遭其

①〔日〕实松让：《情报战》，王云辅等译，江苏人民出版社 1981 年版，第 143 页。

伏击。所以，日军能否达成突然性，以及能否准确地掌握美军航母舰队的动态，就成了胜败的关键。

而在中途岛战役中，这两项要求都没有达到。

日本人在总结中途岛失败时，曾普遍认为狂妄自大和轻率愚蠢的“胜利病”是这一惨败的根本原因。由于日本人在之前取得了一连串的胜利，每一个作战人员为有效战斗所必须具备的那种健康而正常的自信心理蜕变成了过分的自负和对敌人的轻视。这种过分自负的毛病在日军计划和执行中途岛作战的各级人员中都存在。如在制定中途岛作战计划时，“完全是根据想象敌人大概会怎样做，而不是敌人可能怎样做或者有能力怎样做来制订计划的”[①]。正是在这种自大狂妄、过度自信的心理支配下，日本当局和海军指挥官忽视了了解情报保密和情报欺骗问题：“总说什么保守机密，其实泄露一点也没啥。若是美国人出来的话，那正好。那样就可以像老鹰捉小鸡一样，轻而易举地干掉它。”[②] 发起中途岛战役前后，日军广泛使用的舰队通用密码（JN-25）已经不再安全，原计划是在 1942 年 4 月 1 日更换新的密本，由于日军分布在广大的战线上，要把新的密码同时分发给这些移动舰船非常困难，加上日军负责保管和分发密码的“海军省文库”工作混乱，不得不推迟新密启用时间，经过两度推迟，新密码在 5 月 28 日才正式启用。可是，联合舰队山本总司令在 5 月 20 号就已经发布了作战的详细指令，结果山本的指令被美军如数破译。[③] 日军虽然进行了一系列欺骗行动，如呼号变换、无线电静默等，但由于保密上的致命失误，作战的突然性已经完全失去，日军在情报战中已先输一筹。假如日军按时更换了密码，这次海战的结果很可能就会不同。

相反，美军为了掩护自己的反制行动则进行了成功保密与欺骗。保密行动包括：通过海底电缆（日军无法截获）发出了指令，要求中途岛用明语发出淡水设备出故障的假报告；[④] 尼米兹授权莱顿在不泄露情报来源的前提下，把山本的作战计划大纲用专门发给海军将官们的特殊备用密码发到有关的收报人手

---

①〔日〕渊田美津雄、奥宫正武：《中途岛海战》，许秋明译，商务印书馆 1979 年版，第 162 页。

②〔日〕实松让：《情报战》，王云辅等译，江苏人民出版社 1981 年版，第 143 页。

③ 吴明冰：《特种战线：百年来国际无线电信号侦察和信号保密的斗争历程及经验教训》，金城出版社 1996 年版，第 156—157 页。

④〔美〕E. B. 波特：《尼米兹》，解放军出版社 2005 年版，第 125 页。

里；第 16 和 17 航母特遣队在开往“幸运角”和在此待机时保持无线电静默。欺骗行动主要包括：尼米兹指示哈尔西海军中将率领第 16 特遣舰队在 5 月中旬离开所罗门群岛回到珍珠港之前，应故意将自己的行踪暴露给日军，让日军认为美航母舰队仍在西南太平洋活动。[①] 之后，尼米兹安排停靠在埃法特岛的“坦吉尔号”供应舰和在澳大利亚水域的“盐湖城号”巡洋舰发出无线电信号，假装航空母舰在出动飞机，以便欺骗敌人的情报机关，使他们相信哈尔西的舰队仍然在西南太平洋。[②] 这一相对简单的欺骗行动收到了巨大的回报。日本军令部直至 30 日仍然相信美国的两艘航母依旧在所罗门群岛附近，以为奇袭中途岛胜券在握的机动舰队反而遭到美军特混舰队的突然袭击。

（三）战场侦察不可忽视

纵观中途岛的战局，日军的无线电通信情报侦察方面远逊于美军，但如果能够实施有效的战场侦察，及时发现中途岛以北的美军舰队，以山本大将的指挥才略，或许可以取消攻击中途岛的计划而直扑美军舰队，达成以优势兵力与美国海军展开决战的目的，这样，中途岛战役的结局就可能截然相反。

然而，日军战场侦察进行得非常糟糕，首先，没有对珍珠港进行计划中的侦察飞行，所以没有发现停泊在那里的舰队；第二，派往珍珠港进行侦察和拦截的潜艇在 6 月 1 日才进入阵位，而弗莱彻的舰队在前一天已经通过了这一地区，所以日军的潜艇没有发现任何异常情况。第三，南云没有命令战列舰和巡洋舰所载的十架水上飞机全部出动，在黎明时对中途岛周围的海面作一次全面的侦察。他只出动了四架水上飞机，而“利根”号重型巡洋舰的飞机弹射器忙得不可开交，耽误了一架飞机的弹射，这架飞机奉命搜索最东面的海面，只要一个多小时它就会飞到美国航空母舰的上空，于是这最后的机会也就失去了。期间，日军一架中途折返的侦察机本应该正好从美军舰队上空飞过，而在这架飞机以南搜索扇面内进行搜索的又正好是另一架晚起飞的侦察机，它因为返回途中航向偏差才意外发现美军舰队。但这一情报并未引起应有的重视。6 月 4 日，南云海军中将在看了东京的最新情报之后，却在黎明前的最后一次情况介

---

① Michael I. Handel，ed.，*Strategic and Operational Deception In The Second World War*，(London & New York：Frank Cass，1987)，pp.262-264.

②〔英〕约翰·科斯特洛：《太平洋战争（1941—1945）》(上册)，王伟等译，东方出版社 1985 年版，第 188 页。

绍会上说："没有证据表明我们附近有敌人的特遣舰队。"[①] 这一系列糟糕的情报侦察工作导致了严重的后果，由于不知道美军航母舰队就集中在中途岛以北，南云海军中将的指挥出现了致命的失误，当日军的三艘航母遭到美军重创时，南云还不知道美军航母的数量和确切位置。疏忽大意和糟糕的运气使日本舰队一步步陷入圈套而不自知，本想通过突然袭击而一举歼灭美军太平洋舰队，自身却陷入了美军的伏击之中。

与日军相反，美国海军把三分之一的兵力用来侦察，直到6月4日开战之前，美国的指挥官很清楚日本人的位置，那些通过一系列侦察手段所获取的战场实时情报，帮助指挥员抓住了有利时机，果断地下达了作战决心。如果日本方面的战场情报工作能扎实一些，南云就能在下达换弹命令前发现美军舰队，则鹿死谁手，犹未可知。渊田美津雄在分析日本海军此次失败的原因时就敏锐地指出："这次失败的根本原因还是在于日本海军过分强调攻击，一直对于搜索和侦察注意不够。日本海军在飞行人员的训练和编制方面，都过分偏重于攻击，侦察只作为正规课程的一部分附带讲授，以后并无专门训练。在编制上，日本海军当时也没有相当规模的侦察飞行队。"[②]

（四）情报是战斗力的倍增器，但它本身不是战斗力，只有得到有效使用，才能转化成战斗力

凭借情报取胜后，美方对此认识深刻、论述精辟，《第二次世界大战美国海战史》的作者莫里森博士说："中途岛海战的胜利，是英明的利用情报的胜利。"这次海战的英雄斯普鲁恩斯司令回忆说："中途岛海战的胜利，其主要原因首先在于得到了第一流的情报。其次应归功于尼米兹司令的判断和处置；他根据情报充分地发挥了他的大胆、果敢、聪明和天才。"[③] 当然，美军虽然在这场海战中取得了最后的胜利，但由于个别指挥官在作战中不相信无线电侦察情报，美军也遭受了不应有的损失。"尼米兹司令官属下的罗伯特·西奥博尔德海军少将，对于侦获的关于日军准备炮击荷兰港，但要占领阿图岛和基斯卡岛

①〔英〕约翰·科斯特洛：《太平洋战争（1941—1945）》（上册），王伟等译，东方出版社1985年版，第194页。

②〔日〕渊田美津雄、奥宫正武：《中途岛海战》，许秋明译，商务印书馆1979年版，第164页。

③〔日〕实松让：《情报战》，王云辅等译，江苏人民出版社1980年版，第254页。

的情报并不相信，自认为日军要在荷兰港登陆。于是，将其部队展开。结果是日本海军6月5日晨，只炮击了荷兰港，与无线电侦察情报所获悉的情况一模一样。由于西奥博尔德司令的错误部署，因而使荷兰港遭到严重破坏。而他又无法对日本海军采取军事行动，日本舰队在毫无阻碍的情况下跑掉了。接着，阿图岛和基斯卡岛被日军占领。”[①] 指挥官灵活、正确地运用情报的能力在战争中往往比情报获取本身显得更为重要，即使战争中的一方及时获取了准确的情报，却因为指挥官没有懂得如何去使用情报，胜利往往也会失之交臂。美国学者德鲁·米德尔顿对此的评论极为精当：“正如第二次世界大战情报史中经常指出的那样，精确的战役前情报用处不大，除非情报接收者能干脆果断，用之以方。”[②]

① 颜春连：《无线谍报》，金城出版社1995年版，第346页。

②〔美〕德鲁·米德尔顿：《用兵之道——二十世纪十六次重大战役》，于尔振、赵之援等译，新华出版社1986年版，第142页。

第七章　瓜达尔卡纳尔岛战役中的空中侦察

瓜达尔卡纳尔岛战役（简称瓜岛战役）是二战时期太平洋战场的重要转折点。它彻底扭转了珍珠港事件以来美守日攻的战略态势，此后日军再也无法实施大规模的海战来挽回最后的败局。

在这场关键的战役中，美日空中侦察力量发挥了举足轻重的作用。作为获取情报的最重要的来源和手段，空中侦察在瓜岛战役中发挥了尤为重要的战术预警作用。由于美军在战役初期牢牢掌握了瓜岛附近的空中侦察权，日本海军无法在美军的空中监视下完成其海上部署和作战目的，并直接导致日本陆军无法在海军的配合下实现其战略企图。因此空中侦察成为美军夺取战略胜利的最大优势，同时也是日军展开战略计划和实现战略目的的最大障碍，这种差距的不断扩大最终帮助美军赢得了最后的胜利。尽管如此，由于客观环境限制和人为的主观失误，美军还是在战役的最后阶段对空中侦察结果的判断上出现了失误，使得日军以完美的撤退为美军夺取瓜岛的胜利划下了一个不完美的句号。

一、战役简介

瓜达尔卡纳尔岛位于南太平洋所罗门群岛的东南端，东西长 145 公里，南北宽 40 公里，陆地总面积约 6500 平方公里，是群岛中较大的岛屿之一。第二次世界大战中，日军在珊瑚海和中途岛海战失败后，元气大伤，被迫暂时停止对东南太平洋一些岛屿的进攻。但为了重新夺取战略主动权，在牢牢控制南方地区各重要据点的同时，继续攻占新几内亚的重要海空军基地莫尔兹比港和所罗门群岛，扩大在南太平洋航空支援作战的区域，进逼美军的反攻基地澳大利亚，阻碍美澳交通。日海军于 1942 年 6 月底派遣施工部队在瓜岛修建机场以掩护主要行动的侧翼安全，至 8 月 5 日修建工程基本完工。日军在瓜岛仅有海军警备部队 240 人，施工部队 2700 人。

美军早在 1942 年春就研究了在南太平洋的反攻问题，并制订了代号为“瞭望台作战”的计划。其目标是逐步夺取新不列颠、新爱尔兰、新几内亚等地区。在此之前，首先夺取新赫布里底群岛以北的圣克鲁兹岛。7 月 2 日，该项计划由美国参谋长联席会议下达。恰在此时，美侦察机发现日军在瓜岛修建的机场已竣工。美军认为，日军利用瓜岛机场既能直接轰炸美军的库马克机场，又能掩护日军攻占莫尔兹港的侧翼，还将直接威胁美澳交通线上的重要基地新赫布里底和新喀里多尼亚，对尔后美军作战非常不利，因而临时决定将夺取瓜岛及其附近的图拉吉岛作为执行“瞭望台作战”的第一步，以打乱日军部署，牵制它在新几内亚的作战，使其陷于被动。这一作战由美太平洋战区所属南太平洋部队负责实施。该部队下辖 2 个特混编队，共有航母 3 艘、战列舰 1 艘、轻重巡洋舰 14 艘、驱逐舰 32 艘，以及其他舰艇。地面作战部队有海军第 1 陆战师以及第 2 陆战师一部。

1942 年 8 月 7 日，美陆战第 1 师约 2 万人分乘 23 艘运输船，由空中支援第 61 特混编队（作战舰只 26 艘）和护航编队（9 艘）掩护，在瓜岛和图拉吉岛登陆。至 8 日下午，美军占领了整个图拉吉岛以及瓜岛的机场、仓库、通信站和发电站等重要设施，瓜岛日军稍作抵抗后逃入该岛的西北部丛林。日海军第 8 舰队司令闻讯后率轻型巡洋舰 2 艘、重型巡洋舰 5 艘和驱逐舰 1 艘于 7 日下午由拉包尔出发前往增援，8 日晚驶抵瓜岛以北的萨沃岛海域时同盟军巡逻舰只遭遇。盟军猝不及防，在约 1 小时的混战中，被击沉巡洋舰 4 艘，伤巡洋舰 1 艘、驱逐舰 2 艘，而日军仅有 1 艘巡洋舰受伤。但日军顾虑天亮之后会遭到美航母飞机的攻击，因而没有乘胜攻击停泊在瓜岛海岸的大批运输、补给舰船，于 9 日 1 时许急忙撤退。这次海战中，盟军虽损失了较多舰只，但由于运输船只侥幸未受攻击，对其登陆作战影响不大。

日军大本营对美军登陆瓜岛估计不足，仅把它看作一次侦察行动，并认为即使美军登陆，也不难夺回。因此，仍按原计划继续进攻莫尔兹比港，同时以一木支队（约 2400 人）配属第 17 军担负增援瓜岛的任务，并以第 8 舰队和第 11 航空大队为主负责支援。日本联合舰队司令山本企图一雪中途岛之耻，于 8 月 7 日下令舰队准备出击。17 日，山本率第 2、第 3 舰队（共有作战舰只约 50 艘，舰载机 150 余架）从日本出发，赶赴所罗门以北海域待机，同时调集原在该海区活动的舰只20余艘联合作战，以期寻机歼敌。瓜岛日军于9月12日夜发动了夺取机场的第一次总攻，激战两天，日军伤亡很大，再次败退下来。

瓜岛作战屡遭失败之后，日军大本营才逐步将作战重点由新几内亚转至瓜岛方向。9月17日，大本营下令将驻东印度群岛的陆军第38师团，以及从中国战场、南方方面军和日本国内抽调的兵力配属第17军。10月24日夜，第17军司令官组织部队从三个方向进逼机场，但此时美军阵地已经大为加强，美陆军1个师也运抵岛上，日军第二次总攻再次遭到惨败。此次总攻，日联合舰队为支援陆上作战和寻歼美舰，于10月26日在圣·克鲁兹岛以北海域同美待机编队进行交战，结果美方航母大黄蜂号被炸沉、企业号受伤；日本航母翔鹤号和瑞凤号受伤。

第二次总攻失败之后，日军大本营为了挫败美军从南太平洋方向的反攻，下令驻东印度群岛的独立混成第21旅团迅速开赴拉包尔，归第17军指挥，并令驻中国的第51师团迅速南下。第17军司令官要求联合舰队速将陆军第38师团主力1.35万人输送瓜岛。为保证运输船队航行安全，日第11舰队开赴瓜岛炮击机场。11月12日夜该舰队在瓜岛东北和美掩护编队相遇，双方混战30分钟，盟军损失虽较大，但挫败了日军炮击机场的企图并迫使其运输船队折返。14日凌晨，日运输队再次驶向瓜岛时，由于美军侦察机提前发现，其11艘运输船被击沉10艘，仅有1艘重伤返回。在3天多的海战中，盟军共被击沉巡洋舰3艘、驱逐舰7艘，伤战列舰1艘、巡洋舰2艘；日军被击沉战列舰2艘、巡洋舰1艘、驱逐舰4艘。日军的增援计划又被挫败。

日军大本营仍不甘心失败。从11月以后不断采取措施加强南太平洋的作战力量。11月上旬，大本营下令在拉包尔成立第8方面军，司令为今村均中将。下辖第17军，专门负责对所罗门群岛方向的作战，并得到由国内派遣的陆军第6飞行师的加强；第18军，专门负责对新几内亚方向的作战。12月23日，又下令抽调驻朝鲜的第20师团配属第17军，抽调驻中国的第41师团编入第18军。海军部也于同日下令将东南方面的海军部队编组为东南方舰队。第8方面军司令预定以第6师团及51师团在1943年1月底增援瓜岛，2月中旬开始发动总攻。但日大本营这一企图已难实现。

自1942年12月中旬起，由于争夺海空控制权的失败，日军在瓜岛约3万人的补给已无法维持，海上运输几乎断绝，不仅武器弹药不足，就连日常生活也难以保障。日军每日口粮仅能保持定量的五分之一至三分之一，甚至以树皮、野草充饥，疟疾、痢疾、疥癣等热带病流行，疾病死亡人数大增。盟军的增援补给却从未中断，12 月初地面作战部队进行了换防，瓜岛机场又增加了 5 个陆战队航空兵中队、4 个海军航空兵中队和 1 个陆军航空兵中队，空中力量得到进一步加强。在此情况下，日军大本营才被迫承认失败。1942 年 12 月 31 日，日本御前会议决定，停止瓜岛作战，准备撤退。1943 年 2 月 1 日至 7 日，日军利用黑夜组织各种舰艇将瓜岛的 1.2 万余人撤离。

瓜岛争夺战从 1942 年 8 月开始至 1943 年 2 月结束，时间长达 6 个月之久。这次作战共进行大小海战 30 余次，其中较大规模 6 次。双方损失驱逐舰以上的舰只各为 24 艘。日军损失各型飞机 600 余架，大大超过了盟军的损失。陆上的争夺战也较激烈。盟军先后参战兵力约 6 万人，伤亡 5800 人；日军侵入瓜岛兵力约 3.5 万余人，被歼 2.4 万余人。日军在这次作战中不仅海军（包括海军飞机）受到沉重打击，陆军也遭到惨败。瓜岛一战，日军不仅没有实现其重新夺回战略主动权的企图，反而遭到进一步削弱，从此在太平洋战场上完全丧失了战略主动权，被迫处于战略守势，处处设防，步步退缩，直至投降。盟国经此一战，挫败了日军继续向东南太平洋推进的计划，进一步改善了态势，赢得了时间，其人力和物力的动员已上轨道，因而越战越强，为在太平洋战场上开始逐岛和越岛的战略进攻创造了良好条件。[①]

二、空中侦察力量的准备与对抗

（一）战前美日对空中侦察力量的使用

瓜达尔卡纳尔岛战役前，美军最靠近该岛的基地是圣埃斯皮里图岛，两地相距 560 海里。从基地起飞的岸基侦察飞机可以对瓜达尔卡纳尔岛及其以东海域进行远程侦察。在距离更远的新喀里多尼亚岛的库马克机场，美军的岸基侦察机对瓜达尔卡纳尔岛部分及其以西海域进行了远程侦察。美军在战前还使用水上飞机进行空中侦察，并随着战役的发展，在前沿岛屿为侦察机建立临时基地，增大空中侦察的距离。在登陆瓜达尔卡纳尔岛的当天，水上飞机母舰“麦克金纳克”号在马莱塔岛东南海岸为 9 架水上飞机建立一临时基地，自 8 月 8 日起，这些水上飞机把侦察距离延伸了 500 海里，并负责侦察特鲁克群岛和瓜达尔卡纳尔岛之间的航线。美军还得到了澳大利亚侦察机的情报支援，当侦

① 参见黄玉章等：《第二次世界大战》，世界知识出版社 1984 年版，第 141—143 页。

察机发现日本海军编队时会返回基地报告或者在紧急状况下直接使用无线电通联。此外，澳大利亚还派出一部分人员沿俾斯麦群岛和所罗门群岛的海岸设置一些无线电台，组成“海岸监视哨”。当日军占领图拉吉岛时，澳大利亚就曾把海军的海岸监视哨组织留在岛上。[①] 这些隐蔽电台与上级保持无线电联系，向美军提供了敌人舰艇、地面部队和飞机的活动情况，使美军的空中侦察活动有效地展开。

日军靠近瓜达尔卡纳尔岛最近的基地位于拉包尔，相距560海里，由于日军岸基侦察机的侦察范围最大为300海里，主要负责瓜达尔卡纳尔岛西北方向的海域。靠近瓜达尔卡纳尔岛20海里的图拉吉岛有一个日军的水上飞机基地，侦察机可以对整个瓜达尔卡纳尔岛和附近的海域实施监控。日军总的空中侦察力量较之美军略为处于劣势，但是日军占领的图拉吉岛基地享有侦察距离的绝对优势。美军只有通过舰载机靠近瓜岛才能进行侦察活动，而日军在天气条件允许下即可以进行连续监控和预警。但恰巧因为天气原因，图拉吉岛的侦察机在战前两天并没有起飞，这为美军的突袭提供了良好的条件。

（二）战役发起后美日空中侦察力量的部署

美军占领瓜达尔卡纳尔岛之后，为了得到准确的预警情报，防范日军的进攻，需要使用航空兵来实现远距离空中侦察。空中侦察任务由美国海军少将麦克恩指挥的南太平洋航空兵、麦克阿瑟指挥的陆军航空兵和弗列彻指挥的舰载航空兵共同担任。美军认为，日军可能从俾斯麦群岛、特鲁克群岛和马绍尔群岛选择一个出发点，所以麦克阿瑟指挥的航空兵负责对俾斯麦群岛方向进行空中侦察，麦克恩指挥的航空兵负责对特鲁克群岛和马绍尔群岛方向进行空中侦察，弗列彻指挥的舰载航空兵负责在岸基飞机因天气不好不能前去的区域进行近程补充侦察，具体的侦察时间和地点则根据麦凯恩的通知来决定。与此同时，美国水上飞机母舰按照战役的进程，在前沿岛屿建立临时基地，为水上飞机提供补给，增大侦察机的侦察距离和范围。

日军因失去图拉吉岛，无法在瓜岛海域进行岸基的近距离空中侦察。在得到有限力量的远距离侦察的情报支援的同时，日军主要依靠海军编队的重巡洋舰和航空母舰携带的侦察飞机进行战场空中侦察活动。但因为舰载侦察机侦察

---

① 〔美〕C. W. 尼米兹、E. B. 波特：《大海战：第二次世界大战海战史》，赵振愚等译，海洋出版社1987年版，第322页。

距离短，战前接触容易受到攻击以及停靠平台的易损性等限制，通常日军的空中侦察只能满足时效性强的战斗情报支援，其作用极为有限，而以瓜达尔卡纳尔岛为中心的美军岸基航空兵在侦察方面则发挥了重要作用。此外，由于美军牢牢控制了瓜岛亨德森机场，日本海军在失去瓜岛海域制空权的情况下，舰载侦察机常常被先发现而遭到摧毁，飞机损失率远远大于美军，这种不利局面使得日军空中侦察权逐渐丧失，无法与美军抗衡。

（三）美日空中侦察力量的对抗

在封闭的岛屿和广阔的海域环境下，通过侦察机获取敌情报告成为战斗支援最直接和最有效的方式。瓜岛战役中，美日双方都派出了大量的侦察机进行空中侦察活动，空中侦察力量的对抗也愈加激烈，并循着先敌发现、发现后摧毁和发现后规避这三种方式进行。

“先敌发现”就是以己方空中侦察力量先于敌军而发现对方的踪迹。美日双方的海战尤其是航母战斗群参加战斗后，没有哪一方因为侦察机的数量占绝对优势而赢得先机，只有先敌发现才能发挥空中侦察的优势。在圣克鲁斯海战中，美日航母编队的侦察机都发现了对方的踪迹，但美军“企业”号航母的侦察机因为先发现了日军航母“瑞凤”号，得以指挥轰炸机率先炸伤了该艘日舰；同样日军“翔鹤”号航母的侦察机先发现了美军航母“大黄蜂”号，日军于是先于美军 20 分钟发动了攻击而使美舰重创。从这些例子可以看出，抵消对方空中侦察力量的最有效方式就是先敌发现，先敌攻击，就算敌方侦察机同样发现了我方的踪迹，但由于双方情报时效性的不同而让敌方的空中侦察受到限制或者完全失效。

“发现后摧毁”就是发现敌方的空中侦察平台后立即予以摧毁。这是瓜达尔卡纳尔岛战役中最激烈和最常见的斗争方式。美军较之日军有两个优势：一是拥有以亨德森机场为基地的岸基飞机的近距离强力支援；二是美军的大型舰船都装备了新式雷达，拥有目力不可比拟的超视距侦察能力。根据二战时飞机的性能，日军的远程空中侦察力量不可能达到远距离、长时间和全覆盖式的侦察水平，当美军牢牢控制住瓜达尔卡纳尔岛亨德森机场和附近的海域后，日军的空中侦察力量几乎不能发挥作用，其敌情报告主要还是依靠舰载侦察机的阵前侦察，这就导致了容易被发现、预警时间短、覆盖范围受限等种种不利后果。日军飞机在袭击瓜达尔卡纳尔岛美军时，最高损失率竟然达到过六比一，同样没有近距离火力支援的日军侦察机的损失率也是大大高于美军的。另外，在瓜达尔卡纳尔岛战役中，日本海军还没有装备雷达，而美军部分舰船却装备了先进的 SG 型雷达。美军雷达不仅可以发现日军的舰船，同样也可以发现日军的侦察机。例如在所罗门以东海战中，美军航母“萨拉托加”号的雷达就发现了距它 20 海里的日军侦察飞艇，并立即派出战斗机将其击毁。摧毁敌军的空中侦察平台不仅让他们的侦察活动无法继续进行，保障了己方的情报安全，而且消耗了敌方赖以进行空中侦察的平台，这对空中侦察力量的薄弱方而言是一个不可估量的损失。正是由于日军侦察机消耗过多，美日空中侦察力量对比从一开始的势均力敌发展到向美军“一边倒”。

“发现后规避”是一种消极的方式，当自己无力完成侦察或侦察后的攻击任务，或者为了达到突袭和其他目的而要隐藏自己的行踪时，一方可以选择避开敌方的空中侦察力量来对抗他们的情报搜集，保护自身的安全。美军在萨沃岛海战惨败后丧失了瓜达尔卡纳尔岛附近的制海权，当获知日军又在集结大量兵力打算一举夺下该岛时，美军南太平洋部队和地区司令果姆雷命令弗列彻指挥的第 61 特混编队只负责保护通往所罗门群岛的航线，要求必须保持在日军侦察机的战斗活动半径之外，防止被日军发现。同样当所罗门以东海战前美国侦察机发现日军登陆输送队时，日军指挥官田中为了避开美军轰炸机的战斗活动半径，多次转换航线而使美军飞机失去该输送队踪影，错失战机。发现后规避虽然手段消极，但却是弱势一方进行情报对抗的有效方式，往往能化被动为主动，使敌人空中侦察力量无法有效发挥作用。

三、空中侦察在瓜达尔卡纳尔岛战役中的作用

从第一次世界大战开始，飞机即被用于观察地面部队的作战行动，尽管当时的手段是目视侦察，但从此开启了侦察的新空间。第二次世界大战中，飞机被盟军总司令艾森豪威尔称为“获取敌人情报的最宝贵工具”[①]，更成为空中侦察活动的最重要平台。瓜达尔卡纳尔岛战役中，空中侦察活动不仅是构成战役侦察的主要方式，而且是战役对抗的有机组成部分。

①〔美〕詹姆斯·邓尼根:《现代战争指南》，军事科学院外国军事部译，军事科学出版社 1986 年版，第 107 页。

（一）空中侦察促使美日战略碰撞不期而至，成为瓜达尔卡纳尔岛战役爆发的导火索

中途岛海战后，为巩固和加强太平洋“防御圈”，日军中止了进一步南侵的“FS”作战计划，但盟军牢牢占领着“防御圈”的战略要地莫尔兹比港，因此日军把战略攻击的主要方向放在巴布亚半岛的莫尔兹比港上。为了掩护攻占莫尔兹比港的日军侧翼，日军决定在瓜达尔卡纳尔岛修建轰炸机场。1942 年 7 月 4 日，美军侦察机发现了日军正在瓜达尔卡纳尔岛的隆格岬附近修建飞机场的举动。这一情报显示了日军的作战企图，直接打乱了美军 7 月 2 日正式制订的旨在夺取图拉吉岛和圣鲁克斯岛的“瞭望台”计划。因为，要实现“瞭望台”计划的战役企图，就必须扩大作战规模，并将瓜达尔卡纳尔岛的登陆纳入该作战计划之中。为此，海军上将金特批将“瞭望台”计划的执行推迟一周，登陆日期改为 8 月 7 日，以便在日军修完机场之前夺取该地。因为，谁在作战中首先使用这个机场，谁就能赢得胜利。[①] 更重要的是，日军修建的机场已经快要完工，美军占领后在短期内就可以将其修建完并投入使用，借以掌握瓜达尔卡纳尔岛附近的制空权，为日后六个月残酷战斗提供坚实的保障。结果是让美军抓住了战略机遇期，在日军毫无防备的情况下以微小的代价一举夺下瓜达尔卡纳尔岛。

从以上情况可以发现，成功的空中侦察导致美军紧急修改了战役计划，改变了原先把拥有水上飞机场的图拉吉岛放在了瓜达尔卡纳尔岛前面的决定，进而导致美日在瓜达尔卡纳尔岛上激烈碰撞，发展成为出人意料的海陆空大战役。

（二）美军对瓜达尔卡纳尔岛空中侦察权的掌握遏制了日军海上和陆上战略企图的实现

由于日军初期情报判断失误，认为美军登陆瓜岛的人数不多，只是一支小规模的部队，因此战争初期没有在陆上进行决定性作战，只是通过不间断的小规模增援妄图夺回瓜达尔卡纳尔岛，导致亨德森机场一直牢牢控制在美军手中。为此日军丧失了瓜岛附近的制空权，以陆地为依托进行空中侦察的权利完全落入了美军手中，致使日本的护航编队在到达瓜达尔卡纳尔岛之前，一直处

① 〔美〕C. W. 尼米兹、E. B. 波特：《大海战：第二次世界大战海战史》，赵振愚等译，海洋出版社 1987 年版，第 318—319 页。

于美军空中侦察机的监视下。11 月 14 日的瓜达尔卡纳尔岛海战中，正是由于美军侦察机提前发现日军三川编队，亨德森机场和“企业”号的轰炸机得以在该编队未到达瓜达尔卡纳尔岛之前就给予其重创，击沉了 7 艘各载 1000 名陆军的运输船。① 而后日军因为瓜达尔卡纳尔岛作战的失利，停止了巴布亚半岛的胜利脚步，在进占莫尔兹比港指日可待之际，撤回到布纳，转而集中力量支援瓜岛。但在美军空中侦察力量的监视下，日军无法大规模运输兵力支援瓜岛，只有通过“东京快车”式的小规模运输来输送部队和进行后勤补给，完全丧失了主动权。同样日本陆军也在没有空中侦察的支援下，无法了解美军的火力部署和部队调动，盲目地进攻让他们损失大量人力，最终失败而归。在瓜岛战役中，日本陆军的作战计划是在海军的掩护下先夺取亨德森机场，进而攻占全岛；海军的作战计划是在陆军攻下亨德森机场，解除美军制空权的威胁后，动用航母编队支援陆军行动，并在陆上飞机的掩护下，伺机歼灭美军海上舰船力量。比较日本陆军和海军的计划可以看出，没有掌握空中侦察权，海军无法有效支援陆军，陆军在没有大规模武装力量输送和后勤补给的情况下又无法为海军扫清空中障碍，而日本海上和陆上战略被美军的空中侦察权牢牢卡死，成为战役中最后也无法逾越的障碍。

（三）空中侦察在瓜达尔卡纳尔岛海战中发挥了重要的战术预警作用

美军在瓜达尔卡纳尔岛战役中取得具有战略意义的成功，在于对日本陆军的消耗，在于对日本海上舰船和舰载机的大量消耗。如果说中途岛战役后，日军还可以抽调出与美军势均力敌的海上作战编队，那么经过此次战役后，日本海军元气大伤，直至战争结束的最后一刻也无法发动大规模的海上战役。瓜达尔卡纳尔岛战役有六场大规模海战，其中两次是航母特混编队之间的战斗，使用侦察飞机进行战前的空中侦察是美日必不可少的一个作战程序。谁能够更早发现对手并发出警报，谁就能先占据有利的战斗序列而发动进攻，以最大的可能性获得突袭的胜利。空中侦察的战术预警功能是保障瓜岛战役双方海战胜利的重要因素。现将六次海战中开战当日的美日空中侦察的预警情况简要归结如下（见表 1）。

---

①〔美〕C. W. 尼米兹、E. B. 波特：《大海战：第二次世界大战海战史》，赵振愚等译，海洋出版社 1987 年版，第 343—344 页。

表 1　美日空中侦察预警情况

战役名称	空中侦察获取的情报	预警成功	预警不成功	战果
萨沃岛海战	8 月 8 日，一架澳大利亚飞机发现日军三川编队，并通报给美军。8 月 8 日，日军派出的水上飞机发现美运输船和巡洋舰。	日军	美军	日军突袭美军两栖编队成功，警戒部队受到重创。
所罗门以东海战	8 月 24 日，美军巡逻机发现日军近藤编队。	美军	日军	美军先发制人，击沉日航母“龙骧”号。
埃斯佩兰斯角海战	10 月 11 日，美军远程侦察机发现日军在槽海向南行驶，后派出水上飞机跟踪日舰。	美军	日军	美军斯科特编队率先进入阵位，对日军发动攻击。
圣克鲁斯海战	10 月 26 日，美军水上飞机发现日军近藤编队。“企业”号航母侦察机不久后发现日本航母编队。	美军	日军	美军率先炸伤日本轻型航母“瑞凤”号。
瓜达尔卡纳尔岛海战	11 月 12 日，美军侦察机获悉日炮击编队向美军接近。（第一阶段）11 月 14 日，美军侦察机发现两支日军舰船编队——三川的炮击编队和田中的增援编队。（第二阶段）	美军（第一阶段和第二阶段）	日军	美军成功撤离护航运输队，并抽调舰船拦截日军。（第一阶段）美军轰炸机突袭三川编队和田中编队，日军损失惨重。（第二阶段）
塔萨法朗加海战	11 月 30 日，美军侦察机未能发出发现日军编队的报告。		美军 日军	赖特编队没有发现田中编队向“铁底湾”移动，虽然美舰雷达先于发现，但由于预警时间较短，美军错失最佳战机。

从表 1 可以看出，在瓜达尔卡纳尔岛战役中通过空中侦察手段获取的正确情报大部分能够起到成功的战术预警作用，从而让预警的一方在战斗初期可以成功实施突袭或抢占先机的预先部署。但是，需要注意的是，通过空中侦察达到战术性的成功预警只是保障战斗胜利的重要因素之一，在充满不确定性的战场环境中，抢占先机的一方并不一定获得胜利。

四、瓜达尔卡纳尔岛战役中美日空中侦察的缺陷

在瓜达尔卡纳尔岛战役中，空中侦察技术手段还较为落后，无法达到全天

候和长时间远距离侦察，受物理空间环境的各种制约较大，并且侦察的最终结果受到各种主观思维局限的影响，还是不可能完全避免侦察员和指挥员的判断失误。

（一）空中侦察容易受到自然环境的影响而难以发挥作用

瓜达尔卡纳尔岛战役中的空中侦察主要是通过可见光侦察。首先，这种方式十分容易受到天气的影响。在瓜达尔卡纳尔岛战役中，日本为何未能对美军的突袭作出及时预警？靠近瓜岛的图拉吉岛就有日军的水上飞机基地，日军的侦察机为何没有对附近的海域实施有效监视？当 1942 年 7 月 31 日弗莱彻的登陆编队从珊瑚海转向北上驶向瓜岛时，恶劣的天气使得日军所有的飞机都不能起飞，其中就包括侦察机[①]，8 月 6、7 号两天的天气更是阴云密布，空中侦察机无法观测海面[②]，这也就解释了为什么美军如此大的登陆规模却能轻易突袭成功。在瓜达尔卡纳尔岛战役中，日军在封闭的岛屿环境中，获取情报的方式单一，除了通过无线电获取情报部门的情报通报，空中侦察就成了及时获取战场情报的最重要手段，但天气的影响让他们错失了至关重要的情报，以致日军在瓜达尔卡纳尔岛战役中一开始就丧失了主动权。

其次，空中侦察在夜晚效果也较差，这个侦察盲点使日军在夜间战斗中常常能够扳回优势。尼米兹认为，“在瓜达尔卡纳尔岛战役中，日军真正高于美军之处，始终是其水面舰艇部队的夜战本领”[③]。瓜达尔卡纳尔岛战役中的6次大规模海战有 4 次是夜间战斗，缺乏优势空中侦察支援的美军常常在夜战中陷入苦战。日本海军还依靠夜色的掩护让“东京快车”维持数月的补给，使得日军能够苦撑六个月的惨烈战斗，最后也是在夜色的掩护下日本陆军成功地撤出瓜达尔卡纳尔岛，为美军的胜利划上一个不完美的句号，这都不得不说是日军充分利用了美军的空中侦察盲点。

①〔美〕C. W. 尼米兹、E. B. 波特：《大海战：第二次世界大战海战史》，赵振愚等译，海洋出版社 1987 年版，第 319 页。

②〔美〕格里夫·科恩：《喋血瓜岛》，王永梅编译，京华出版社 2004 年版，第 9 页。

③〔美〕C. W. 尼米兹、E. B. 波特：《大海战：第二次世界大战海战史》，赵振愚等译，海洋出版社 1987 年版，第 353 页。

（二）空中侦察人员的失误直接影响到情报的质量

在瓜达尔卡纳尔岛战役中，空中侦察人员的失误主要有两个主要方面：一是情报判断失误；二是情报分发延误。由于技术的落后，瓜岛战役的空中侦察很多时候需要依靠侦察员的目力来获取情报，侦察人员的主观失误成为瓜达尔卡纳尔岛战役中众多情报保障不利的主要原因。美军在萨沃岛海战的惨败，虽然有指挥员疏于防守的责任，但事前的情报失误是重要原因所在。1942 年 8 月 8 日上午 10 时澳大利亚的侦察机发现日本编队，之前美军侦察机也两次发现它们，但由于前面两次的侦察情况过于简单或者距离过于遥远而被指挥员搁置。而这一份最详细也最关键的情报，侦察员却没有当作紧急情报立即报告，而是违反规定在日落前才把情报送到总部。当时三川编队已经快接近瓜岛海域，预警时间大为缩水。侦察机不仅延误了情报，而且上报的内容虽然详细但却大为偏差，报告说“日本编队有 3 艘巡洋舰，3 艘驱逐舰，2 艘水上飞机母舰或炮舰”，但真实情况是三川编队有重巡洋舰 5 艘，轻巡洋舰 2 艘和驱逐舰 1 艘。① 据此报告，当时的两栖编队指挥官特纳判断日军企图在所罗门群岛中部修建一个水上机场，而没有把这支编队当作是日军袭击运输队的编队。落后的技术使得瓜达尔卡纳尔岛战役中情报的准确性和时效性在空中侦察活动中更多受到侦察人员的主观影响。

（三）空中侦察提供的客观事实仍然无法消除指挥员的判断失误

空中侦察永远只能看到客观事物的表面，而不能分析出敌人的主观意图和下一步计划，更重要的是，相同的现象在不同的决策者眼中会产生不同的意图。在瓜达尔卡纳尔岛战役中，美日双方都存在着自己的侦察机发现敌人的踪迹，而指挥员却作出与事实相反的结论而贻误战机的现象。日军虽然在瓜达尔卡纳尔岛战役中惨败，但最后成功实现了完美的撤退，这是不是情报本身的失误呢？战役的最后，美军已经完全掌握了瓜达尔卡纳尔岛附近的制空权和制海权，空中侦察机已经多次发现日军的异常调动。1943 年 1 月份的最后一个星期，美军侦察机在所罗门海域发现日军运输舰船日益增多，并且战斗舰艇积极活动，但美军指挥人员认为，日军将再次运送援兵到瓜达尔卡纳尔岛登陆；2

---

①〔美〕C. W. 尼米兹、E. B. 波特：《大海战：第二次世界大战海战史》，赵振愚等译，海洋出版社 1987 年版，第 324 页。

月初，美军发现日军20艘驱逐舰在瓜岛附近，同时日军驳船在瓜岛和伦纳尔岛之间往来频繁，但美军指挥员仍然认为，日军是在向南增援。美军侦察机在日军撤离的最后几天都有详细的日军动向情报，但却只是加重了美军对日军是否要再一次进行大规模夺回瓜岛的疑虑。战机稍瞬即逝，当美军企图对日军封锁包围，一举歼灭的时候，日军已经逃之夭夭。原来美军侦察机发现的日军驱逐舰并不是所谓的作战增援，而是作为暗渡陈仓撤退瓜岛日军的运输舰只。日军的成功撤退为美军的胜利划上了一个不完美的句号，美军空中侦察的客观结果最终没有揭开日军的真实意图而导致失误。在瓜达尔卡纳尔岛战役中，空中侦察的情报弱势和情报优势一样明显，但随着技术的发展，空中侦察的全时全天候性和微精确性的产生，它生产的情报将在战场中发挥无可替代的重要作用。

五、评析

在瓜岛战役中，空中侦察力量发挥了其特有优势来达成美日双方的战略企图。从双方的作战可以看出，空中侦察最重要的作用体现在战场预警方面，尤其是一方的海上预警成功往往给另一方带来致命的打击。随着侦察技术的发展，在瓜岛战役中体现的空中侦察受客观自然环境限制的缺陷已经大为改善。日军依靠夜色摆脱美军空中侦察在新的战争条件下已不太可能成为现实。但瓜岛战役中却更多体现了人在空中侦察中的主观失误。由于侦察人员责任心不强和主观思维的局限，空中侦察情报往往不能发挥其时效性和价值，直到现在这也是各国在情报战中面临的巨大弊病。最后值得说明的是，空中侦察手段虽然能使目标情报获取的精确度越来越高，但瓜岛战役最后的结果告诉我们：情报虽能反映客观事实，但指挥员对敌方意图的判断才是至关重要的。

第八章　库尔斯克战役中的苏军情报工作

1943 年 7—8 月苏德双方进行的库尔斯克战役既是人类战争史上规模最大的一次坦克战，又被军事史家公认为二战中的一场“决定性战役”，对于二战的进程和结局有着极其重要的战略意义。库尔斯克战役之后，苏德双方在东部战线中的攻守态势彻底扭转。德军几乎完全丧失了在东部战线再次发动大规模进攻的能力，被迫在整个苏德战场完全转入战略防御。苏军则巩固了战场上的主动权，为战略反攻创造了条件。斯大林在评价库尔斯克战役时就指出：“如果说斯大林格勒战役预告了德国法西斯军队的覆灭，那么，库尔斯克战役就把它推到了覆灭的边缘。”① 库尔斯克战役对整个第二次世界大战的进程也产生了巨大的影响：削弱了德国法西斯集团的影响力，提高了苏联的威望，促进了各国人民争取自由与独立的斗争，也坚定了英美尽快开辟欧洲第二战场的决心。

库尔斯克战役不仅检验了苏联的军事力量，也检验了决定性战役中的苏军情报工作。苏军之所以能取得这场战略性战役的胜利，其周密的战前情报准备及作战实施过程中准确及时的情报支援功不可没。在库尔斯克战役前，苏军调整了情报力量，运用多种情报侦察手段实施战略侦察、战场侦察，通过分析各种情报侦察手段获取的情报资料，准确地研判了德军的战略意图和主要战略方向，并据此制定了相应的作战计划；在库尔斯克战役作战实施过程中，苏军全方位的情报工作提供了不间断的有效战场情报支援，从而保障了作战计划的顺利实施。正如库尔斯克战役总指挥朱可夫元帅评价的那样：“多亏苏军情报机构 1943 年春季的卓越工作，我们才在夏季攻势之前掌握了德国军事集团的一

① 军事科学院编辑：《斯大林军事文集》，战士出版社 1981 年版，第 320 页。

系列重要情报……情报机构的卓越表现是保证这次伟大战役取得成功的重要原因之一。”[①]

一、战役简介

1943 年 2 月初，斯大林格勒战役后，苏军乘胜反攻，德军丧失了对南面许多关键地区的控制权，包括高加索地区、库尔斯克地区、别尔哥罗德地区和哈尔科夫地区，德军在苏联南部的处境日趋恶化。2 月 19 日，希特勒命令曼施坦因指挥重新组建的南方集团军群向顿聂兹河和第聂伯河之间的苏军发起反击，3 月，重新占领哈尔科夫和别尔哥罗德。苏军被迫后撤至库尔斯克南面的奥博扬地域。自此，形成了一个以库尔斯克为中心的突出部。[②] 在库尔斯克突出部的北面，德中央集团军群控制了奥廖尔附近的突出部。在南面，德南方集团军群控制了别尔哥罗德地域。突出部内是苏中央方面军和沃罗涅日方面军。库尔斯克突出部就像嵌入德军防御线的一个巨大的拳头，对其防线构成严重威胁。但进入 3 月，苏联的“泥泞”季节严重地阻碍了双方军队的机动，作战无法进行，双方呈现僵持状态。

在僵持的战线上，苏军控制着凸入德军防线的库尔斯克地区。库尔斯克突出部在德军的防线上撕开了一个长达 175 公里的口子，深入德军阵地达到 140 公里。库尔斯克突出部的正面防线有 250 公里，其根部却只有 70 公里。更为重要的是，库尔斯克突出部两翼的根部分别是战略交通枢纽奥廖尔和别尔哥罗德，便于坦克机械化部队机动。在苏军掌控的库尔斯克地域突入德军的防线的同时，德军中央集团军群控制的奥廖尔地区、南方集团军群在顿涅茨地区的防线，也深深地嵌入苏军防线内。这就为德军大规模集中使用坦克兵力从根部切断苏军突出部的兵力集团提供了地形上和战场态势上的有利条件。为了改善德国的处境和防止法西斯集团崩溃，德军统帅部决定在苏德战场发动大规模的夏

---

① Прохоров Д. П, Разведка от Сталина до Путина. СПб.: Нева. 2005. стр. 200.（普罗霍罗夫:《从斯大林到普京时期的情报工作》，圣彼得堡：涅瓦出版社 2005 年版，第 200 页。）

② 突出部也叫弧形地带，是突入敌方战线的一部分。一方面，突出部在进攻时是有利的出击阵地，可左右开弓打击敌人；另一方面，在防御时却会因两翼暴露而容易被敌方从概况切断而陷入敌人的包围圈。

季攻势，其重点就是对库尔斯克突出部实施攻击，企图消灭苏军的主要突出力量，重新夺取战略主动权。

1943 年 4 月 15 日，希特勒签署了德军统帅部第 6 号作战命令（代号“堡垒”）。德军的企图是：从北部和南部沿向心方向同时实施进攻和突击，围歼苏军中央方面军、沃罗涅日方面军的大量兵力。而后，粉碎抵近的苏军战略预备队，切断顿河上游，以便或是再次抵达伏尔加河一线，或是从南部威胁莫斯科。对德军来说，“对库尔斯克突出部实施的代号为‘堡垒’的攻击行动是夺取东线主动权的最后机会，它的失败将彻底粉碎德军夺取最后胜利的希望”[①]。为此，德军展开积极的准备，甚至下了最大的赌注。为弥补兵员的不足，德国于 1943 年实行全国总动员，征召了 200 余万人，到战役爆发前，德军及其仆从国军队总计 232 个师。至 1943 年 7 月前夕，德军在库尔斯克地区共调集了 3 个集团军和 1 个战役集群（苏德战场共有 12 个集团军和 5 个战役集群）、7 个步兵军和 5 个坦克军，在它们的编成内共有 50 个师（34 个步兵师、16 个坦克师和摩托化师）。德军在库尔斯克城下集结了 70% 的坦克兵团。这些军团和兵团拥有 90 万人、1 万门大炮和迫击炮、2700 辆坦克。给军队提供支援的是第 4 和第 6 航空队，编成内有 2000 架作战飞机（占总数的 60%）。

1943 年 7 月 5 日，德军正式实施“堡垒”行动，从奥廖尔和别尔哥罗德向库尔斯克方向发起炮击，拉开了库尔斯克战役的序幕。苏联最高统帅部在识破了德国法西斯的冒险企图后，决定在库尔斯克突出部暂时转入防御，以消耗德军突击集团，为苏军转入反攻，进而转入战略总攻创造有利条件。其中，中央方面军奉命抗击德军从奥廖尔方面的进攻，沃罗涅日方面军抗击德军由别尔哥罗德地域的进攻。在完成预定的防御任务后，苏军主力从 7 月 12 日起，先后在库尔斯克突出部以北至奥廖尔方向和突击部以南至别尔哥罗德—哈尔科夫方向转入反攻。经过 1 个多月的激烈较量，到 1943 年 8 月 23 日，苏军共击溃德军 30 个精锐师，歼敌 50 多万人，缴获和击毁德军各种火炮 3,000 门，飞机 3700 多架。[②] 在苏军的打击下，德军被迫从哈尔科夫撤退，苏军取得了库尔斯克战役的伟大胜利。库尔斯克战役彻底地扭转了苏德战场上的战略态势，正如

①〔美〕邓肯·安德森：《第二次世界大战七大战役》，李清站译，中国人民大学出版社 2004 年版，第 235 页。

②〔苏〕格·康·朱可夫：《朱可夫回忆录》，陆仁益译，中国广播电视出版社 1991 年版，第 673 页。

德国历史学家格利茨评论的，德国人在进攻过程中“最后一批有进攻能力的兵团也燃尽了，变成了灰渣，德国装甲坦克兵的颈脖被扭断了。”[①]

在库尔斯克战役的准备和进行过程中，苏德双方在情报领域同样展开了激烈的斗争，最终苏联情报机构以更为出色的工作取得了情报战线的胜利，进而保障了苏军在战役中的胜利。

二、战前苏军的情报准备工作

库尔斯克战役之前，苏军完成了对情报体制的调整，使之更为适应大规模机械化兵团作战的需要；同时，还积极开展谍报侦察和战场情报侦察，识破了德军的战略意图并保障了已方的合理决策，为苏军明确战略方向和定下作战决心奠定了坚实的基础。

（一）适应作战需求，加强情报力量建设

战前，苏联着眼适应战争需求，加强了国内情报力量的建设。苏军一方面强化最高统帅部对情报工作的集中领导，形成了统帅部——总参谋部——各方面军（有时还包括集团军）的高效指挥系统；一方面根据战争形势的发展和对德战争的经验，对其情报力量作出相应调整。

1942年10月23日，苏联国防人民委员部签发第00222号命令，撤销总参谋部下属的情报总局，建立由国防人民委员部直接领导的情报总局，在总参谋部下设军事情报局。其中情报总局负责对境外和被敌军临时占领的苏联领土上的外国军队实施间谍侦察，总参谋部军事情报局则负责领导和组织各方面军和集团军的军事侦察工作。虽然第00222号命令一定程度上对苏联红军的情报工作的指挥机制进行了合理调整，但该命令将战场情报侦察职能人为地分割为谍报侦察和非谍报侦察，并分别由不同的部门负责，这使得前线的军队无法直接获得方面军谍报，降低了战场情报的效率。为了提升战场情报效率，1943年4月，苏联国防人民委员部签发第0071号命令，将总参谋部军事情报局改组为总参谋部情报局。通过此项改革，总参谋部情报局全权负责领导各方面军的军事及间谍侦察，同时各方面军参谋部所属的情报处升级为

① 侯鲁梁编译:《二战十六大战役战事秘档全公开》，京华出版社2005年版，第665页。

情报局。该命令还规定，情报总局仍负责苏联境外谍报工作的组织和领导工作，将负责在苏联被侵占的领土上实施间谍工作和破坏活动的职能划分给总参谋部情报局。

作为战争期间部队侦察的主要实施者，苏联各方面军和军也担负着无线电侦察和航空侦察等职能。卫国战争开始后，苏军规定，方面军（集团军）司令部在进攻准备乃至进攻过程中，必须根据已有的侦察条件，组织统一的侦察系统，采取多种手段实施侦察。在不断的战争实践中，各方面军情报局也逐渐建立起较为健全的组织，其机构设置与总参谋部情报局类似，下设六个处：军事侦察处、间谍侦察处、破坏处、情报处、航空侦察处、无线电侦察处；七个科：间谍技术科、密码科、审讯科、干部科、行政—经济科、财务科、秘书科；一个无线电中心站和一个独立摩托连。① 各方面军情报局负责本方向内500公里纵深范围内的情报工作，并指导下属各军的情报活动。各军的情报部门在方面军情报局的领导下，负责其方向内200公里范围内的情报侦察工作。② 此外，苏军还加强了敌后游击战争中的情报工作，针对德国及其仆从国开展侦察活动，在沦陷区建立情报网，利用无线电通信制造假情报以欺骗德军。为了消除内务部和总参谋部情报局在游击战领导与指挥方面的摩擦，苏联最高统帅部决定成立游击运动中央司令部，集中指挥在敌后开展活动的游击运动；③ 同时，在游击运动中央司令部内建立专门的情报部，以组织和领导游击队的人力情报搜集活动。

（二）统一部署，正确研判德军进攻战略方向

1943年春，为了查明德军下一步行动计划，苏军情报力量围绕德军是否具有进攻意图、能力和可能的进攻方向等问题，展开了周密侦察。情报侦察的主要任务是："搜集有关敌军部队配置，以及装甲坦克兵团、炮兵兵团、轰炸和歼击航空兵变更配署的情报，而最重要的是搜集敌军指挥部的企图的

① Niklas Zetterling and Anders Frankson, *Kursk 1943 : A Statistical Analysis* Routledge, 2000, p.98.

② 参考刘宗和、高金虎主编:《第二次世界大战情报史》，解放军出版社2009年版，第116页。

③〔苏〕朱可夫:《朱可夫元帅战争回忆录》，徐锦栋、思齐等译，解放军出版社2002年版，第566页。

情报。”[①]

在展开具体的侦察工作前，苏军对情报搜集任务进行了统一的计划和部署，命令“在中央、沃罗涅日和西南方面军地段上采取措施组织周密的对敌侦察”[②]。总参谋长华西列大斯基还给情报部和游击运动总司令部下达了命令，指示其“查明敌军纵深中预备队的数量及其配置情况，查清由法国、德国及其他国家调来的部队的部署和集中情况”[③]。在总参谋部的指挥下，1943年3月，各方面军都加强了在自己行动地带的情报侦察工作，强化了对德军的航空侦察和部队侦察。经过这些严密的侦察，苏军在4月初就“有了足够的奥廖尔、苏梅、别尔哥罗德和哈尔科夫地区敌军情况的全面情报”[④]。除立足于自己的情报力量之外，苏军在抵抗法西斯德国的过程中，也逐渐开始重视与盟国的情报合作问题。尽管由于长期相互敌对，苏联与美英等西方国家还是心存猜忌，但在法西斯德国的强大军事压力之下，双方还是能够在情报领域展开一定程度的合作。在此次战役爆发之前，英国的情报机构就通过密码破译情报获悉了德军的战略意图和动向，并积极向苏联有关部门通报了相关情报。根据1943年3月破译的德国空军情报，布莱切利庄园确认德军的进攻目标是库尔斯克弧形地带；而根据4月25日破译的德军陆军总部和南方集团军群联系的SOUID电报，英国情报机构确认库尔斯克是德军的主攻方向。随后，英国通过情报交换渠道向苏联提供了这些情报[⑤]，引起了苏军的高度重视。

为了尽快判明德军的真正企图，苏军非常重视对以上各种情报来源的分析研究。通过对各战线德军力量的分析研判，苏军总参谋部向最高统帅提出了对德军能力的基本判断：“敌人在1942年冬季和1943年春季战局中遭到惨重损失，显然不可能在开春以前建立更多的预备队，重新发起进攻以夺取高加索并

①〔俄〕帕维尔·苏多维拉托夫:《情报机关与克里姆林宫》，东方出版社2000年版，第144页。

②〔苏〕朱可夫:《朱可夫元帅战争回忆录》，徐锦栋、思齐等译，解放军出版社2002年版，第545页。

③ 刘宗和、高金虎主编:《第二次世界大战情报史》，解放军出版社2009年版，第221页。

④〔苏〕朱可夫:《朱可夫元帅战争回忆录》，徐锦栋、思齐等译，解放军出版社2002年版，第546页。

⑤ 刘宗和、高金虎主编:《第二次世界大战情报史》，解放军出版社2009年版，第222页。

前出到伏尔加河地域，以便深远迂回莫斯科。敌人由于预备队数量有限，1943年春季和夏初将不得不在较狭窄的正面上展开进攻，并严格分阶段完成，战役的基本目标是夺取莫斯科。"[①] 通过对库尔斯克德军的部署和库尔斯克地理位置的分析，苏军做出了德军将在库尔斯克狭窄地域发动进攻的判断。苏军总参谋部认为：德军"能够很好地加强其某一战略方向上的部队"，通过对库尔斯克地域的总攻，德军能够"粉碎该处我中央和沃罗涅日方面军的部队"，如果战役胜利，将"大大缩短德军的整个战线并提高其防御的总的战役密度"，使得整个战略形势变得对德军有利。[②]

（三）依据战场情报，制定针对性的作战计划

1943年4月15日，希特勒签署了代号为"堡垒"的第6号作战命令，其中特别对情报欺骗提出具体要求，以达突袭效果。该作战命令指示："为了欺骗敌人，在南方集团军群的战区内，应继续为'黑豹'行动做准备，并通过引人注目的勘察、显示坦克、准备渡河器材、进行无线电联络、派出特务、制造谣言、出动空军等手段来突出这种准备活动，尽可能把时间拖得长些。在中央集团军群的战区内，无需采取大规模的欺骗措施，但应通过各种形式给敌人制造假象（进行逆向运动和佯动，在昼间进行运输，散布关于进攻日期定在6月的假情报等等）。"[③]

但是在苏军高效的情报工作支持下，德军的作战计划很快就被送达斯大林手中。其中，瑞士的"露西"间谍网提供了大量准确的情报。在库尔斯克战役前，"露西"对苏联军事领袖提出的情报需求，诸如"在东方战线南部的哪一点上德国人将发动进攻？使用多少兵力？部队向哪个方向推进？进攻的具体日期是哪一天？"等等这样直截了当的问题，都一一作了答复。[④] 苏军对德军部队调动的严密侦察也证实了德军的指向，在战役开始之前，苏军最高统帅部通

①〔苏〕朱可夫：《朱可夫元帅战争回忆录》，徐锦栋、思齐等译，解放军出版社2002年版，第546页。

②〔苏〕朱可夫：《朱可夫元帅战争回忆录》，徐锦栋、思齐等译，解放军出版社2002年版，第546页、554页。

③ 刘宗和、高金虎主编：《第二次世界大战情报史》，解放军出版社2009年版，第221页。

④ Walter Dunn，Kursk，*Hitler's Gamble 1943*，Praeger，1997，p.203.

过航空侦察发现了德军向奥廖尔、克罗梅、布良斯克、哈尔科夫、克拉斯诺格勒、波尔塔瓦地域的兵力调动和弹药集结情况。[①] 但是，战前的情报工作不仅要弄清楚敌人可能发动进攻的时间、地点等重要问题，还必须关注和研究敌作战思想与作战方法，从而制订有针对性的作战计划。关于苏联下一步的作战计划，在 4 月份和 5 月初期，苏军内部存在两种声音，第一种是以朱可夫元帅为代表的防御派，他们主张在库尔斯克地域通过强有力的防御消耗并彻底粉碎德军进攻能力，待到时机成熟便转入进攻。第二种是以瓦图京大将为代表的先发制人派，他们主张先对其别尔哥罗德—哈尔科夫集团实施突然突击，主动将德军拖入战场。[②] 经过对德军作战思想和战法的反复研究，苏军最高统帅部最终摒弃对战略防御的偏见，于 5 月底决定采纳朱可夫元帅等人的建议。为了有效抗击德军装甲兵力的冲击，苏军最高统帅部决定，“以纵深梯次防御的各种火力、航空兵的猛烈突击及战役和战略预备队的反突击迎击德军的进攻，消耗和疲惫进攻之敌”[③]。苏军决定分三步，第一步，一旦查明德军主要集团在进攻出发地域集结完毕，即突然使用各种火炮和迫击炮实施猛烈的覆盖射击，并同时使用航空兵进行突击；第二步，德军转入进攻时，苏军各部队以火力、反冲击和自纵深实施的反突击坚守每一阵地和每一防御地区；第三步，当德军被削弱，立即转入反攻。[④]

苏军统帅部还深入研究德军惯常使用的“闪击合围”战术，并对德军的进攻路线进行了准确的研判。[⑤] 早在 1943 年 4 月，朱可夫就根据对各种情报的分析，向斯大林汇报了对德军进攻路线的预判，认为德军“将在大量航空兵支援下，以其奥廖尔—克罗梅集团从东北迂回库尔斯克，以其别尔哥罗德—哈尔科

① 〔苏〕朱可夫：《朱可夫元帅战争回忆录》，徐锦栋、思齐等译，解放军出版社 2002 年版，第 560 页。

② 〔苏〕朱可夫：《朱可夫元帅战争回忆录》，徐锦栋、思齐等译，解放军出版社 2002 年版，第 561 页。

③ David Glantz and Harold Orenstein ed., *The Battle for Kursk 1943 : The Soviet General Staff Study*, Routledge. 1999, p.125.

④ David Glantz and Harold Orenstein ed., *The Battle for Kursk 1943 : The Soviet General Staff Study*, Routledge. 1999, p.133.

⑤ 希特勒在 1943 年 4 月 15 日发布的命令中，指示“进攻的目的是，以一个突击集团军的兵力从别尔哥罗德地域，以另一个突击集团军的兵力从奥廖尔以南地域实施坚决而迅速的集中突击，以集中进攻的方法合围处于库尔斯克地域的敌军并将其消灭。”

夫集团从东南迂回库尔斯克"，并提出"敌人为切断我防线而实施的辅助突击，预计会从西边的沃洛日巴地域从西南对库尔斯克实施。敌人将企图以这次进攻粉碎并合围我第 13、70、65、38、40 和 21 各集团军"[①]。为了抗击德军的合围攻击，苏军最高统帅部命令中央方面军防守库尔斯克北部，沃罗涅日方面军防守其南部，在防御战役过程中消耗和疲惫德军；预备队布良斯克方面军及西方面军的左翼部队部署在中央方面军后方，最高统帅部预备队草原方面军及西南方面军则配置在沃罗涅日方面军的后方，并要求预备队在保障防守的同时为最后反击德军做好充分准备。由此可见，在法西斯德军即将实施突击的方向上，苏军建立了最强大的集团，组织了最强大的、纵深梯次配置的防御。因此，法西斯德军的突击看起来是指向了敌人的翼侧，实际上是撞上了组织得很好的防线的"额头"。

三、战役过程中苏军的情报支援

在库尔斯克战役过程中，苏军综合运用多种情报搜集手段，并注重加强各级情报力量之间的协调和合作，在苏军进行炮火反准备、构建纵深防御和进行防御及反攻的过程中，全程提供了及时有效的情报支援，有效保证了苏军的决策优势，确保苏军赢得了战役的最终胜利。

（一）掌握德军进攻时间，为炮火反准备提供准确情报

尽管"堡垒"行动中的进攻路线和方式在 4 月份就已经确定，但是实施时间却一再更改。为了及时展开计划中的炮火反准备，苏军围绕德军实施"堡垒"行动的时间展开了全方位的持续跟踪。经过残酷的战争考验，苏军同 1941-1942 年的情况不同，情报工作得到了极大改善：及时查明了德军的行动企图和敌主要集团在库尔斯克方向的集中。尽管敌人不止一次地推迟发起进攻，但苏军仍然十分准确地查明了法西斯德军转入进攻的时间。

1943 年 3 月 13 日，希特勒发布的第 5 号行动命令将进攻时间定为 4 月，4 月 15 日发布的第 6 号行动命令将时间确定为 4 月 28 日后的 6 天内。在第 6 号命令发布后，第 9 集团军就以各种理由向希特勒反映"无法在规定的时间

①〔苏〕朱可夫：《朱可夫元帅战争回忆录》，徐锦栋、思齐等译，解放军出版社 2002 年版，第 547 页。

节点内完成部署”，并坚称“要么削减任务，要么将行动时间推迟到5月15日”[①]。其后，希特勒又从第9集团军司令沃兹·莫德尔那里得知，“苏军已得知了德军将进攻库尔斯克地域，并采取了相应的防御措施”[②]。4月30日，希特勒宣布取消原定发动进攻的时间，并规定“新的进攻时间待定”。5月6日，德国国防军陆军总司令部宣布进攻时间定为6月12日。6月18日，在德国国防军总高统帅部建议取消“堡垒”行动的情况下，希特勒宣布7月3日发动进攻，而后又推迟到7月5日。为了获取德军进攻时间的准确情报，苏军严密监视对峙战线上德军的备战情况，并据此对进行了分析推测。由于苏军认为德军在1943年春的进攻将主要“依靠坦克师和航空兵”，参与此次战役的苏军各方面军和军的将领组织了对德军航空兵和坦克兵部署情况的观察和监视。5月22日，朱可夫元帅在向斯大林的汇报中就指出，“从敌坦克部队的配置，步兵兵团不够密集，没有重型炮兵集团，以及预备队分散等情况来看，我认为5月底以前敌人不可能转入进攻”[③]。到6月底，情况就已经明朗化，苏联最高统帅部和各方面军通过各种侦察手段终于查明了敌人转入进攻的时间。7月2日，苏联“最高统帅部给各方面军领导人预报说，敌人可能在7月3日—7月6日期间转入进攻”[④]。可以说希特勒下达命令后，斯大林即得知了这一命令，虽然还不尽确切。

在具体何日何时发动进攻上，先遣支队所抓获的俘虏起到了至关重要的作用。7月4日傍晚，通过审讯德军步兵第168师士兵，苏军了解到德军将于7月5日拂晓转入进攻。而被俘虏的德军步兵第6师的工兵则供认，德军将于大约3时左右发动进攻。苏联统帅部根据这些关键情报立即下令转入全线动员，并于2时20分下达了炮火反准备的命令。一时间，苏军的2,500门火炮、迫击炮和火箭炮万炮齐鸣，平均每公里正面的火炮密度达30～35门，在重要地

①〔英〕J. F. C. 富勒：《西洋世界军事史》(第三卷)，钮先钟译，广西师范大学出版社2004年版，第387页。

② Earl F. Ziemke, *Stalingrad to Berlin*：*The German Defeat in the East*, United States Army Center of Military History, 1987. In Enrique Ramos, Analysis and Significance of the Battle of Kursk in July 1943, Fort Leavenworth, Kansas, 1995, p.48.

③〔苏〕朱可夫：《朱可夫元帅战争回忆录》，徐锦栋、思齐等译，解放军出版社2002年版，第564页。

④ David Glantz and Harold Orenstein ed., *The Battle for Kursk 1943*：*The Soviet General Staff Study*, Routledge, 1999, p.147.

段上甚至达60～70门。苏军及时的炮火反准备使德军的首次突击力量遭到重创，德军的战斗队形和指挥系统被打乱。在交战过程中抓获的俘虏供称，德军在苏军炮火反准备中损失惨重，其通信联络、观察和指挥系统普遍遭到破坏，以至于德军不得不推迟约3个小时才发起进攻。

（二）以德军新型坦克的情报为基础研究德军战术，为构建纵深防御体系提供依据

库尔斯克战役之前，苏军已经掌握了德军将在“堡垒”行动中使用新型坦克的重要情报。因此，苏军对德军将以装备新型坦克的部队为主力实施分进合击的战术进行了认真的研究，构建了纵深防御体系，并加强部队反坦克作战的演练，有针对性地精心设计相对应的战术。

第二次世界大战初期，德军坦克的性能偏重于机动性，装甲防护比较薄弱，火炮威力不大，坦克重量也比较小，在与综合战斗性能较好的苏联T-34坦克交战中明显居于劣势。鉴此，希特勒命令不惜一切代价研制出能对付T-34的坦克。波尔舍公司设计的“虎”式、“豹”式坦克、“斐迪南”自行火炮深受希特勒的青睐，希特勒认为这几种坦克和火炮的装备可以改变敌我力量的对比。第一批“豹”式坦克在1943年初被加紧生产出来。3月1日，第一批21辆“豹”式坦克首次装备德军部队。到推迟的“堡垒”行动最终开始之前，共有421辆新型突击战车加入德军部队，其中包括200辆“豹”式坦克、131辆“虎”式坦克和90辆“斐迪南”自行火炮。希特勒相信，凭借这三张王牌，势不可挡的“堡垒”攻势将彻底摧毁苏军的所有抵抗。

苏军对于德军拟使用新型武器装备实施突击的意图早已洞悉，并在战前就获悉了两种新型坦克的详细情报。苏联在西欧的一个间谍网“红色乐队”还设法获得了“虎”式坦克的图样，促使苏联工厂设计出性能超越“虎”式坦克的KV型新坦克。[①] 对德军新型坦克性能的详细了解，帮助苏军在库尔斯克战役中防范敌坦克突击作了充足的准备，从而最大限度地配备炮兵、坦克、工程器材和地雷，在整个防御纵深内建立了反坦克防御配系。这一配系由纵深梯次配置的反坦克支撑点（部署于第一梯队师）、师团反坦克地域、各级反坦克炮兵预备队和快速障碍设置队、防坦克障碍物配第、遮蔽的炮兵火力等部分组成。

---

① 刘宗和、高金虎主编:《第二次世界大战情报史》，解放军出版社2009年版，第354、357页。

据军史专家统计分析，苏军在库尔斯克战役过程中对德军主要突击力量坦克部队的防御，较之斯大林格勒战役时大有进步：首先是每公里正面上反坦克火炮的平均密度，已由斯大林格勒保卫战时的四到九门，增加到 14 到 20 门。其次，对坦克防御是在集团军防御的整个地带内组织的，其纵深已达 30 至 35 公里。再次，在第一梯队师的防御地带内，反坦克支撑点已同步兵的战斗队形结合起来；反坦克炮兵扼守固定地段已同战斗天字第一号中实施机动结合起来；反坦克火力已同防坦克障碍物结合起来；以大量炮兵从遮蔽阵地实施射击打敌坦克。因此，在这一阶段，苏军成功地抗击了德军坦克集群的进攻。仅在库尔斯克战役的防御阶段，就毁伤敌坦克近三千辆。

（三）实施伪装行动及反情报行动，保障作战计划的实施

为了不使德军知悉苏军发起反攻的意图和能力，苏军有效地实施了伪装、欺骗以及反情报行动，诱使德军对苏军实施突击的地点、时间和兵力作出错误的判断。“苏军统帅部特别广泛地采用了这一措施，这对顺利实施战略性战役起了很大作用。”①

对于库尔斯克战役，苏联总共预备投入“1,008,100 名战士，25,500 支枪支和迫击炮，3,200 辆坦克和自行火炮，3,950 架飞机”，“整个库尔斯克防线纵深达 150 公里，包括 5—6 条防线，6,000 公里的堑壕和 500,000 个地雷”，而且，“每条防线上第一梯队都组成了宽达32—64公里的防御”②。但由于苏军进行了周密的伪装和欺骗，使得希特勒和德军将领尽管都知悉苏军有所准备，但是对于具体备战情况却知之不详，仅就知悉的情况而言，也包含许多虚假的信息。德军第 19 装甲师师长对于所了解的情况是这样描述的：“在发动进攻前，我们对该区域的苏军军力知道的太少了。他们比我们预估的四倍还要多。”③负责别尔哥罗德方向总攻任务的南方集团军群司令曼施坦因也有相似的表述，“在我

---

①〔苏〕瓦·达·索科洛夫斯基主编：《军事战略》（上册），解放军出版社 1980 年版，第 331 页。

② James E. Elder, *The Operational Implications of Deception at the Battle of Kursk*, Fort Leavenworth, Kansas, 1989, p.19.

③ COL. David M. Glantz, *The Kursk Strategic Operation*, July 1943, Unpublished Manuscript, Fort Leavenworth, KS : Soviet Studies Office, 1989, p.212. In James E. Elder, *The Operational Implications of Deception at the Battle of Kursk*, Fort Leavenworth, Kansas, 1989, p.24.

们的坦克被地雷炸毁前或苏联反坦克枪开火前，我们没能侦察到甚至是一片雷区或者反坦克区”。[①] 从德军参战将领事后的回忆来看，苏军的伪装不仅骗过了德军的侦察，而且严重误导了德军的战略判断。肯普夫集团军级支队的成员在战后回忆：“高层的司令部都预期他们需要应对的是一个在抵抗中被削弱的军队。但这被证明是幻觉。在交战中发现，敌人不仅物质上准备充分（武器装备、人员数量），而且斗志昂扬（充满爱国主义情绪、对胜利信心十足），丝毫没有衰退的迹象。”[②]

苏军在伪装和欺骗中之所以能够取得成功，部分原因在于苏军对德军的谍报侦察进行了有效的打击和巧妙的利用。1942 年开始，为了满足日益增多的情报需求，德国针对苏联实施了由舒伦堡负责的“齐柏林计划”，将经过训练和装备的苏军俘虏，空投到苏军后方搜集情报和向苏联党团组织进行渗透。随着战事的不断发展，德军派往苏军的谍报人员越来越多。为揭露和利用这些谍报人员，1943 年 4 月，苏联在内务部特别处管理局的基础上成立了苏联国防人民委员部反间谍总局和苏联海军人民委员部反间谍局，统一领导军事反间谍机关的工作，并取得了显著的成效。德谍报机关 104 军事情报队从 1942 年 10 月到 1943 年 9 月共向苏军后方派遣了 150 组间谍和破坏分子（每组 3-10 人不等），但是据德国军事情报局资料记载，完成预定任务的仅有两个小组。[③] 苏军反谍报工作并不终止于揭露德军间谍的身份，还积极利用德军谍报人员发送假情报迷惑德军。这些组织严密的假情报，不断地使德军对苏军指挥部的计划、部队的调动和后方的局势产生错误的判断。

（四）实施有效的战场情报支援

在库尔斯克战役中，苏军情报部门对苏军作战行动实施了极为有效的战场情报支援，特别是在进行电子战、配合作战部队夺取制空权和实施战略反攻等

① U.S. Army Study #T—26, *The Zitadelle Offensive*（*Operation Citadel*）, Eastern Front, 1943, pp.12-13. 转引自 James E. Elder, *The Operational Implications of Deception at the Battle of Kursk*, Fort Leavenworth, Kansas, 1989, p.24.

② U.S. Army Study #T—26, *The Zitadelle Offensive*（*Operation Citadel*）, Eastern Front, 1943, p.44. In James E. Elder, *The Operational Implications of Deception at the Battle of Kursk*, Fort Leavenworth, Kansas, 1989, p.24.

③〔苏〕尤·鲍·多尔戈波洛夫：《苏军反间谍史：秘密战争纪实》，张亚和、陈晓兰译，世界知识出版社 1988 年版，第 181 页。

方面表现卓越，从而保证了苏军在面对训练有素、装备先进的德国装甲兵团时，始终拥有相对的战术优势，并占据着有利的战略态势，最终取得了战役的胜利。

1942 年底，苏联最高统帅部组建了 129、130、131、132、226 共计 5 个特别无线电营，派往各方面军司令部执行无线电侦收、测向与干扰、欺骗等活动。[①] 这些无线电营除侦收电报、提炼情报研究使用外，也伺机干扰，甚至巧妙插入德军电台网络收发真假电报进行欺骗和干扰。由于长期的对德军事斗争，库尔斯克战役时，苏军情报部门已基本摸清了当面德国的通信底数，尤其是完全掌握了当面德军的联络情况和信号的各种数据。在战斗的紧要关头，战术情报部门配合无线电干扰部队，对德军通信进行全面压制和干扰，共计干扰敌台通报 3,500 份以上，使德军的通信能力下降到 30% 以下，从而严重影响了德军的作战指挥。

在库尔斯克战役正式打响前，苏德双方就围绕着制空权展开了激烈的斗争。从 3 月开始，德国航空兵加强了对苏联铁路枢纽、干线、城市及最重要的后方目标的突击，到 6 月份越加频繁。苏军严密地侦察了德军航空兵的相关情况，首先获悉德航空兵的总体力量和隶属关系，得知德航空兵“由航空兵第 1、4 和 8 军组成，共有约 2,000 架作战飞机，统一由希特霍芬元帅指挥”[②]。其后，苏军情报机构查明了德各机场飞机和防空兵器的配置情况，找到了德军弹药库、燃料仓库的具体位置，掌握了德空军的活动规律。在此基础上，苏联空军于 1943 年 5 月和 6 月对德军实施了有效的轰炸，大大地削弱了德空军力量。

此外，情报部门还为苏军实施反攻计划提供了有效的情报支援。按照原定作战计划，苏军准备于适当时机，分别在别尔哥罗德—哈尔科夫方向（“鲁缅采夫”反攻计划）和奥廖尔方向（“库图佐夫”反攻计划）发起反攻。在别尔哥罗德—哈尔科夫方向，苏军需要把德军后备军团引向南方。为此，苏军在苏贾地域模拟了坦克集团军和诸兵种合成集团军的集结，假装准备在苏贾地域发起进攻。在此关键时刻，苏军的无线电侦察弄清了敌情[③]，证实德军受骗，从

---

① 吴明冰:《特种战线：百年来国际无线电信号侦察和信号保密的斗争历程及经验教训》，金城出版社 1996 年版，第 135 页。

② Robin Cross，*The Battle of Kursk*：*Operation Citadel 1943*，Penguin Global，2005，p.156.

③〔苏〕朱可夫:《朱可夫元帅战争回忆录》，徐锦栋、思齐等译，解放军出版社 2002 年版，第 573 页。

而为苏军实施反攻计划奠定了基础。7 月 23 日，别尔哥罗德—哈尔科夫方向的沃罗涅日方面军和草原方面军击退了德军的进攻。随后，苏军花了整整 10 天的时间，“为航空兵和炮兵进攻实施了周密的目标侦察，给遭受损失的部队补充兵力兵器，储存燃料、弹药及实施深远的进攻战役所需的一切物资器材”[①]。这些准备为苏军 8 月 23 日的最终胜利奠定了坚实基础。

四、苏军情报工作的主要经验

在库尔斯克战役中，情报工作为苏军指挥层的决策提供了全程支援。从战略方向的选择、作战计划的制定到作战计划的实施，苏军的决策和行动始终是以准确、翔实的情报为基础的。苏军围绕着库尔斯克战役而进行的情报工作，堪称决定性战役中情报支援的典范。

（一）充分发挥情报功效，提升情报在决策中的地位

情报归根到底是为用户服务的，情报用户是决定情报发生功效的关键因素。美国研究突然袭击的专家理查德·贝茨就指出，“导致突袭发生的主要原因不是情报的失误，而是由于政治领导层不愿相信情报或是对情报做出足够迅速的反应”[②]。从情报分析心理学的角度而言，每一个人心中“都存在着一系列关于人们行为动机和外国政府运作过程的假设和预期”[③]，情报用户也不例外。

卫国战争之前，在苏联领导人错误估计德国进攻时间的问题上，情报用户的个人思维模式、情报用户与情报机构的关系是决定性的影响因素。我国著名二战史研究专家彭训厚先生就指出，1941 年上半年，尽管有种种迹象表明，苏德战争即将爆发，但是斯大林对苏联情报机关抱有极大的偏见，不愿全面分析各种情报，而是过分沉溺于自己的错误推测，固执、主观地认定 1941 年打不起来。到了 1943 年夏，苏联党政军首长和机关对情报工作的重视程度都得

①〔苏〕朱可夫:《朱可夫元帅战争回忆录》，徐锦栋、思齐等译，解放军出版社 2002 年版，第 586 页。

② Richard K Betts，*“Analysis，War and Decision：Why Intelligence Are Inevitable”*，World Politics，October 1978. 转引自张晓军等:《美国军事情报理论研究》，军事科学出版社 2007 年版，第 165 页。

③〔美〕小理查兹·J. 霍耶尔:《情报分析心理学》，军事谊文出版社 2008 年版。

到了很大的提升，斯大林吸取了 1941—1942 年的惨痛教训之后，开始倾听最高统帅部大本营代表、总参谋部和方面军司令员们的建议。在库尔斯克战役中，情报对决策的作用大大提升，发挥了“全程”保障决策的功效。正是依靠卓有成效的情报工作，在清楚地了解和预测事态可能发展的基础上，苏军定下了最符合情况条件的、合理的战略、战役决心，选择了集中基本力量的方向，建立并集中了必有的军队集团，最主要的是确定了最合理的战役——战略行动方法。

（二）“五间并举”，综合运用多种情报搜集手段

我国古代著名的军事家孙武，在论述战争中的情报斗争活动时，提出了“五间并举”的重要命题，即战争中必须综合运用多种情报搜集手段，从而形成对敌的情报优势乃至决策优势。库尔斯克战役中，苏军获取的情报优势和决策优势，正来源于其对多种情报搜集手段的综合运用。

库尔斯克战役的苏军总指挥朱可夫在战后曾指出：“大家都知道，这项多方面的工作[①]是由谍报和部队侦察机构的数千名人员、游击队及同情我们斗争的人们共同完成的。”[②]1943 年 4 月至 7 月，中央方面军和沃罗涅日方面各部共建立了 2,700 多个情报观察哨所，组织了 100 多次战斗侦察，夜间搜捕俘虏 2,600 多次，设伏大约 1,500 次，抓获了数百名俘虏，通过审讯获取了大量德军情报。[③]比如，关于德军可能在 7 月 5 日拂晓发动全面进攻的重要情报，就是通过对俘获的德步兵第 168 师士兵和德步兵第 6 师的工兵进行审讯而获得的。库尔斯克战役前夕，参与此次战役的苏联各个方面军完全掌握了敌军调动的情况，在敌后也有大量侦察——破坏分队积极活动。布良斯克方面军和中央方面军情报局先后向敌后派遣了 20 支侦察——破坏分队，沃罗涅日方面军情报局派遣了 30 支。更为重要的是，库尔斯克战役对苏军来说是一场正义的解放战争，其情报工作得到了苏联人民的广泛支持。在苏军进入奥廖尔市内时，留在市内的居民立即前来帮助部队，把德军在市内的防御配置等情报提供给了苏军指挥部。

① 指情报搜集工作。

②〔苏〕格·康·朱可夫：《朱可夫回忆录》，陆仁益译，中国广播电视出版社 1991 年版，第 640 页。

③ Прохоров Д. П，Разведка от Сталина до Путина. СПб.：Нева. 2005. стр. 199.

（三）重视情报分析工作，加强情报分析力量建设

对于情报机构来说，不仅要及时地获取关于敌人的各种情报，尤其是在战争前夕，而且要善于对这些情报进行归纳总结和加工整理，去伪存真，要客观地向上级报告这些情报，无论这些情报是多么地令人不快。而作为领导人，则应该对情报作出正确的判断。历史不止一次地证明，客观地判断和汇报情报，所需要的勇气不亚于在敌人营垒中活动的情报人员。库尔斯克战役中，苏军的情报分析工作称得上是可圈可点。

库尔斯克战役苏军的总指挥朱可夫元帅在回忆录中总结战役胜利经验时，曾这样评价情报分析工作的重要性：“总参谋部在整理搜集到的情报时，必须深入地进行分析，从大量的、其中包括假的和错误的情报中得出相应的结论来。准备进攻的敌人，采取了掩盖其意图的一系列特别措施，进行假的变更部署和其他欺骗行动。高级司令部必须辨别清楚这种情况，并能从虚假现象中找到其真实意图。”① 朱可夫写道：“没有什么比搞马后炮更容易的了。也没有什么比搞清楚当下的问题、信息和因素的方方面面更难的了。”为了加强情报分析工作，苏联国防人民委员部于 1942 年 2 月 16 日签署了有关情报机构调整的第 0033 号命令，将红军总参谋部情报局内专门负责情报分析的情报处提升为第 2 局（情报局），下设 7 个处，分别负责有关德国情报分析、欧洲情报分析、远东情报分析、中东情报分析、公开来源情报分析、情报整编和密码破译工作。② 苏联国防人民委员部还于库尔斯克战役前夕的 1943 年 4 月 19 日，签署了第 0071 号命令，撤销了红军情报总局第 2 局（情报局），其分析职能由国防人民

①〔苏〕格·康·朱可夫：《朱可夫回忆录》，陆仁益译，中国广播电视出版社 1991 年版，第 640 页。

② Прохоров Д. П，Разведка от Сталина до Путина. СПб.: Нева. 2005. стр. 195.（普罗霍罗夫：《从斯大林到普京时期的情报工作》，圣彼得堡：涅瓦出版社 2005 年版，第 195 页。）

委员部直属的情报分析组负责[①]，组长由Φ·戈利科夫[②]担任，进一步提升了情报分析工作的地位。

（四）注重战略情报工作与战役—战术情报工作间的协调

卫国战争期间，战略情报与战役—战术情报工作间的协调问题始终倍受苏军关注。1942年10月23日，苏联国防人民委员部签发第00222号命令："（1）将情报总局（ГРУ ГШ КА）从红军总参谋部编制中撤销，转由国防人民委员部直接领导；（2）红军情报总局（ГР КА）负责对境外和被敌军临时占领的苏联领土上的外国军队实施间谍侦察；（3）情报总局不再负责军事侦察；（4）在总参谋部编制内成立军事情报局（УВР ГШ КА），负责领导和组织军事侦察工作，各方面军和集团军情报处隶属于总参谋部军事情报局。"[③]这次机构调整使总参情报总局一分为二，为区别这两个情报机构，首次使用了"战略情报"和"战术情报"两个术语。红军情报总局（ГР КА）隶属于战时最高统帅部，直接对斯大林负责，通过其间谍网获取敌方战略情报。而红军总参谋部军事情报局（УВР ГШ КА）则隶属总参谋部，负责领导和组织各方面军和集团军的军事侦察工作，统一协调苏联对德作战的所有战线上的军事侦察行动。

此次调整试图通过明确的分工，使总参军事情报局从当时的全球性问题中解脱出来，从而能够集中全部精力从事战场情报侦察活动。但是，这次改革实际上剥夺了各方面军情报处实施间谍活动的权力。由于总参谋部军事情报局还处于组建时期，各方面军司令实际上无从获取有关敌后情况的作战情报。而红军情报总局从以前的方面军间谍那里获取的情报素材，在经过总参谋部军事情报局情报处分析研究后分发给各方面军时，情报的时效性几乎丧失殆尽。同时，对间谍活动实施领导和任务分配的效率也大大降低。作战指挥官们也不适应谍报形势的新变化，因为此前这些情报都是直接呈送他们的。

① Прохоров Д. П，Разведка от Сталина до Путина. СПб.：Нева. 2005. стр. 198.（普罗霍罗夫：《从斯大林到普京时期的情报工作》，圣彼得堡：涅瓦出版社2005年版，第198页。）

② Φ·戈利科夫，苏联元帅。1940年7月至1941年10任苏联红军总参谋部副总参谋长兼情报局长。伟大卫国战争初期，戈利科夫率领苏联军事代表团去英国和美国进行善于向苏联提供军用物资的谈判，并在国外恢复了大清洗中被破坏的间谍网络。1943年4月任苏联副国防人民委员，1961年当选为苏共中央委员。

③ Прохоров Д. П，Разведка от Сталина до Путина. СПб.：Нева. 2005. стр. 196.

库尔斯克战役前，鉴于1943年春季的复杂形势，各方面军司令向最高统帅部提出撤销1942年10月的改组命令。国防人民委员会充分考虑这一请求后，于1943年4月19日签署第0071号命令，将红军总参谋部军事情报局改组为红军总参谋部情报局（УВР ГШ КА），负责领导各方面军的军事及间谍侦察。为此，原情报总局负责在苏联被侵占领土上开展间谍工作和破坏活动的相关部门重新划归情报局，但苏联境外情报仍由情报总局负责。同时，各方面军参谋部所属情报处也都升格为情报局。此次机构调整，加强了各方面军的情报力量，合理地处理了战略情报与战役战术情报的关系。经过库尔斯克战役的考验后，苏军这种情报体制一直持续到卫国战争结束。

（五）"形人"与"我无形"并重，注重反情报工作

库尔斯克战役中，无论是战役准备还是战役实施阶段，苏军的情报防护工作都取得了明显的成效。其间，苏军不仅采取了无线电静默等大量反侦察手段，还实施了大规模的欺骗活动，包括制造坦克云集的假现象、搭建假的无线电通信网络和通信中心、构建假的飞机场和飞机、在前线散播谣言[①]，等等，这些措施成功地迷惑和误导了德军，使得德军错误地评估了苏军防御能力、方向，在战争发起后陷入了极大的被动。总的看，整个战役都是建立在对苏军能力估计不足、与对手的实际行动脱节的基础上的。战争之后，凯特尔也承认了这一点："我们无论如何没有料到，红军不仅准备好了抗击我们的突击，而且还掌握了足够的预备队，以便转入强大的反攻。"

① James E. Elder, *The Operational Implications of Deception at the Battle of Kursk*, Fort Leavenworth, Kansas, 1989, p.19.

第九章　诺曼底登陆战中的盟军情报保障

英、美、加等盟国精心策划并于 1944 年 6—7 月实施的诺曼底登陆战役，是有史以来规模最大、组织最复杂的两栖登陆作战，也是第二次世界大战中具有决定性意义的战略性登陆作战，对于实现盟军进军欧洲的“霸王”计划，对于开辟欧洲第二战场以发展对西欧的进攻并配合苏军最后击败德国，都起到了不可估量的作用。

诺曼底登陆作战之所以成功，有着诸多因素，但盟军在准备和实施战役过程中周密细致的情报保障，无疑是其中的决定性因素之一，值得认真研究。

一、战役简介

苏德战争爆发后，苏、美、英三国曾多次商讨在西欧开辟第二战场，共同打击希特勒德国。1943 年 11 月的德黑兰会议上，苏、美、英三国首脑最后达成协议，确定开辟第二战场的日期不迟于 1944 年 5 月 1 日，届时苏军将发动大规模进攻相配合。1943 年 12 月 7 日，艾森豪威尔被任命为盟军最高司令，统一指挥盟军在西欧的登陆作战，并在伦敦市郊的布歇公园区设立了盟国远征军最高统帅部，并于 1944 年初开始了进行登陆作战的各项准备工作。

1944 年上半年的世界形势，对盟军在西欧登陆开辟战场极为有利。在亚洲太平洋战场，日本陆军深陷中国大陆，海、空军也在太平洋上连遭失败，可以说已自顾不暇，无力与德国进行战略配合。在意大利战场，由于意大利政府投降，德国不得不把大批兵力部署在那里，以对付美、英军队的进攻。在苏德战场，苏军已经发动了大规模的战略反攻，法西斯德军一再溃退，希特勒不得不把大量预备队和西线兵力调去阻止苏军的推进。在西欧各国，大规模的反法西斯运动正蓬勃发展，各国人民展开了反对占领制度的武装斗争，德军在各占领国已立脚不稳。在地中海和大西洋，盟军已控制了那里的海上通道。所有这些，都为盟军在西欧登陆开辟第二战场提供了最有利的条件。

盟军开辟第二战场总的企图是，在法国西北部登陆，夺占登陆场和港口，保障主力登陆和后勤供应，然后发动攻势占领整个法国西北部地区，并与在法国南部登陆的部队配合，向德国内地进攻，协同苏军最后战胜法西斯德国。

为实现战役企图，盟军将法国西北部诺曼底地区的奥恩河口至科唐坦半岛南端作为登陆场，由西向东分为 5 个登陆地段：“犹他”（美）、“奥马哈”（美）“戈尔德”（英）、“朱诺”（加）和“斯沃德”（英）。登陆部队编成第 21 集团军群，下辖美第 1 集团军、英第 2 集团军和加拿大第 1 集团军。登陆部队和发展陆上进攻部队多达 288 万人（其中陆军有 23 个步兵师、10 个装甲师、3 个伞兵师）、军舰 5300 余艘（其中战斗舰只 4126 艘）、运输船 5000 余艘、作战飞机 13700 架。德军方面，西线守军为龙德施泰德元帅指挥的“B”“C”两个集团军群，共 58 个师。“B”集团军群由隆美尔元帅指挥，防守法国北部、比利时和荷兰沿海一带，主配置在加来地区，诺曼底地区只有 6 个师。德国海军用于抗登陆的兵力仅有中、小型水面舰艇 500 余艘和驻泊在比斯开湾各港口的潜艇 49 艘 . 防守法国的第 3 航空队有战斗力的飞机仅 90 架轰炸机和 70 架战斗机。①

1944 年 6 月 6 日晨，盟军利用涨潮时机和刚刚出现的暂短的好天气，开始在诺曼底地区登陆。在登陆前 4 至 5 小时，美第 82 师、第 101 空降师和英第 6 空降师共 17000 人作为第一梯队在登陆地域两翼距海岸 10 至 15 公里的纵深处实施了空降，占领登陆地域内的交通枢纽、渡口、桥梁和其他设施，有力配合了即将开始的登陆行动。美第 1 集团军所属第 7 军步兵第 4 师、第 5 军步兵第 2 师（配属 1 个团）和英第 2 集团军所属第 30 军步兵第 50 师（加强 1 个装甲旅和 1 个突击营）、第 1 军步兵第 3 师及加拿大步兵第 3 师（加强 1 个装甲旅和其他部队）陆续登陆。由于盟军掌握着制空权，德军抗登陆的准备又不足，所以登陆部队未遇德军强大的反击，当日已夺占了数个纵深 8 至 10 公里的登陆场。但各登陆场未建立起联系。有的地段，登陆兵上陆的速度非常缓慢，有的师在 6 日只前进了 1.6 公里。从 6 月 7 日起，登陆部队开始建立统一登陆场。经过激

①《中国军事百科全书·世界战争史分册》，军事科学出版社 1995 年版，第 448—452 页。

战后，各登陆场于6月12日连成一片，正面宽约80公里，纵深12—18公里。

从6月月中旬起，盟军开始扩大登陆场。6月26日，攻占了瑟堡港，从而使登陆部队的物资供应有了保障。6月底，盟军占领了正面100公里、纵深50公里的登陆场。7月初，盟军已有13个美国师、11个英国师和1个加拿大师，100万人在诺曼底登陆场登陆，有近56.7万吨物资和17.2万辆车辆被运送上岸，而这时在那里抵抗的德军只有13个师。7且9日，英军攻占了卡昂西北部，至7月18日完全占领该城。与此同时，向圣洛方向进攻的盟军占领圣洛，从而在西欧大陆上建立起从卡昂，经科蒙、圣洛，一直延伸到莱赛的稳固战线。至此，盟军已具备了收复西欧大陆的条件。从6月6日到7月18日，德军伤亡11.7万人，盟军伤亡12.2万人。[①]

诺曼底登陆成功，美英军队突破了希特勒的“大西洋铁壁”，重返欧洲大陆开辟第二战场，这意味着纳粹德国陷入两面作战、腹背受敌的困境，使第二次世界大战的战局发生了根本性的变化，敲响了纳粹德国的丧钟，加速了法西斯德国的灭亡。正如斯大林所说：“在战争史上，从未出现过像这样深思熟虑、规模巨大和行动熟练的壮举……这件大事将作为一个极其辉煌的成就载入史册。”[②]

二、诺曼底登陆中盟军情报保障与斗争的特点

作为一场史无前例的成功的登陆战役，诺曼底战役的情报保障周密细致，情报斗争波澜壮阔。这不仅体现在战役决策与准备上，而且贯穿于战役的始终。

（一）以“超级”（ultra）情报为核心并采取多种侦察手段

诺曼底战役中，盟军通过多种途径大力加强情报的搜集、整理和利用，对实施正确的决策指挥和演练登陆作战的有效战术技术，为作战的实施，均发挥了重要作用。

1. 以“超级”为核心情报来源

以“超级”为基础的无线电通信信号侦察，是盟军在整个诺曼底登陆中获取情报最基本和最重要的手段。《超级机密》的作者——英国空军上校F·W·温

① 黄玉章等:《第二次世界大战》，世界知识出版社1984年版，第289—292页。

②〔英〕阿诺德·托因比:《第二次世界大战史大全》（第五卷），上海译文出版社1995年版，第659页。

德博瑟姆认为，“超级机密”不但能很快提供“敌人部队的组成、实力和驻地的准确情报，而且，除个别情况外，能事先确切了解到，第二次世界大战中，敌人在许多军事行动和战役中的意图”[①]。

所谓“超级”，就是英国在二战期间，与波兰、法国等国家合作，通过无线电侦察手段，破译了据称是“不可破的”恩尼格玛机器密码，获得德国最高级、最核心情报的代号。“恩尼格玛”密码机最初是一个名叫胡戈·科赫的荷兰人发明的本来要用于商业目的机器。后来，德国人将其改装成军用型，使之更为复杂而可靠。1933 年，德军最高统帅部将“恩尼格玛”密码机作为与其下属各军、师地面部队，以及同空、海军、党卫军及其他国家机构之间的秘密通信的加密机器。“恩尼格玛”密码机结构坚固，便于携带，绝对可靠，因为最出色的数学家也需截获大量电文，并进行数星期研究之后，才能破译一个密码，而到那时，所获情报已毫无价值可言。更加神奇的是，只需调节一下转子和插头，该机在瞬间就可产生无数不同的密码。由于机器性能复杂，即使被敌方缴获，也无关紧要，因为除非他了解变化无穷的调节程序，否则这机器毫无用处。

但是，“魔高一尺，道高一丈”。1940 年 5 月，在波兰和法国科学家长期研究的基础上，英国的政府密码学校——布莱切利庄园终于破译出第一批“恩尼格玛”密码情报，内容是有关德国空军人员的调动和驻丹麦德军的补给分配情况。虽然情报本身价值并不大，但其意义却非同寻常。从此，“超级”便成为所有来自布莱切利的情报代号，它也成为丘吉尔及盟国在整个二战中的一张王牌。“丘吉尔很重视‘超级’情报的内在价值，而且当他要做出事关整个战争进程的最高决定时，总喜欢以‘超级’为依据。”[②]

“超级”情报发挥作用的高潮，是在诺曼底登陆战役。“超级”自始至终向盟军最高司令部提供了一切与作战有关的情报，而且还为情报欺骗和两面间谍的使用提供了依据。美国陆军军事学院的哈罗德·多伊奇教授在他的文章《无线电侦察对第二次世界大战的进程有什么影响》中称“超级”为“欺骗行动之母”。

“超级”情报在诺曼底登陆战中的作用主要表现在三个方面：

一是“超级”对战略决策的影响。整个第二次世界大战期间，英格兰布莱

---

①〔英〕安东尼·布朗：《兵不厌诈》(上册)，新华出版社 1996 年版，第 26 页。

②〔德〕于尔根·罗韦尔：《密码与战争——无线电侦察及其在第二次世界大战中的作用》，武利平等译，群众出版社 1984 年版，第 282 页。

切利庄园的密码情报破译中心，高效率地将通过“超级”破译获得的核心内幕情报上报盟军统帅部，使盟军在登陆前已对德军的防御部署了如指掌，而且，破译后的情报加密后还根据需要被及时送往战场上的最高指挥官，对盟军实施登陆作战指挥发挥了重要作用，例如，当德军增强诺曼底海岸线上的兵力时，英国通过“超级”及时截获破译了这些部队调动的情报，从而使盟军登陆作战心中预有底数。

二是“超级”成为盟军进行战略、战役欺骗独一无二的重要武器。比如“超级”在盟军对德欺骗的“卫士”计划中就起着举足轻重的作用，或者可以说是它促成了欺骗行动。罗纳德·卢因教授评价说：“布莱切利庄园破译机构有能力截破德军的无线电报，这首先意味着可把敌人头脑中想的东西描绘成一幅内容丰富的图画；其次意味着，能够向敌人情报机构和指挥部门传递符合敌方自己的想法而又显得十分可信的假情报；再其次——也许这是最有用的——盟军可以借助‘超级’，密切注视敌方接受还是拒绝了投给他的诱饵。换言之，能如此准确而迅速地确定德国人的反应，就像确定病人服药后的反应一样。我认为，这在战争史上是前所未有的。”①

三是“超级”作为盟军源源不断涌出情报的宝库，确保了盟军领导人和战场指挥官将德国的欺骗行动一一揭穿。自 1940 年 6 月起，凡是针对英美盟军的欺骗行动，成功的记录确实少得可怜，而且在整个秘密战中没有取得任何较大的胜利。尤其在诺曼底登陆作战期间，德军的行动计划总是被盟军抢先一步获悉，因而盟军方面没有受到德军的任何欺骗或干扰，这主要归功于“超级”。

总之，以“超级”为主要手段的无线电通信信号侦察，作为最重要、最具决定性作用的利器，不仅获取的情报时效性高、内容广，而且准确、隐蔽、安全，对诺曼底登陆作战的战役决策和实施起到了举足轻重的作用。

2. 采取多种手段实施情报侦察

除了以“超级”为主要手段的无线电通信信号侦察之外，盟军在诺曼底登陆战役中还采取了空中侦察、谍报侦察、潜艇侦察等多样化的情报侦察手段，大力加强情报搜集。

第一，进行广泛的空中侦察和地面侦察。丘吉尔在《第二次世界大战回忆录》中提到：“不断的空中侦察使我们得知英吉利海峡对岸的情况。当然还有

---

①〔德〕于尔根·罗韦尔：《密码与战争——无线电侦察及其在第二次世界大战中的作用》，武利平等译，群众出版社 1984 年版，第 180—181 页。

其他侦察敌情的办法。我们派出许多小分队坐小船出航，以弄清一些疑点，探清海岸附近的水情，检查新的障碍或测量海滩坡度和地质。这些都必须在黑夜中完成，悄悄逼近目的地，秘密侦察，并及时撤回。”①

事实上，从盟军开始制定“霸王”计划时起，盟军侦察机便在法国北部上空展开了广泛的侦察活动。目的是查明德军的海岸防御配系、海滩障碍物的设置，以及岸炮连的配置等。盟军的主要侦察手段为低空照相，在登陆前的两个多月里，盟军侦察机共出动 4500 架次，对整个登陆地段都拍摄了立体照片，这些照片作为重要的情报来源，不仅查明了德军的海岸防御配系、海滩障碍设置、火炮配置情况、预备队集结地域、弹药和补给品贮存位置，以及纵深内交通枢纽、桥梁、机场和军工生产基地的位置，等等，而且对沿岸的地理结构及其纵深地区的地形地物都有了较为细致的了解，甚至能从照片中分辩出障碍物是木质、钢质还是混凝土的，为盟军制定具体的作战计划和研究成功登陆的技战术提供了重要依据。

当然，空中侦察并不能代替其他侦察手段。如空中侦察无法辨别出海滩的是硬质的还是软质的。如果是软质型的流沙和淤泥，重型坦克和装甲车就容易陷进去，必须采取措施加以预防，这就要求必须通过地面侦察搞到海滩泥沙的样品。此外，潮汐的情况也需要实地勘查。1944 年 1 月，为掌握预定登陆地段的详细情况，盟军派出一支由 1 艘袖珍潜艇、2 艘拖网渔船和 2 艘巡逻艇组成的考察队。艇上有 3 名海军军官和 2 名水兵。在这次行动中，水兵成功地游到预定岸上，连续侦察两个夜晚，获得了大量有价值的情报，如海滩的坡度、水下障碍物的设置情况、沙滩和卵石滩的情况等，并取回了海滩泥沙的样品。从这些样品中发现，有的海滩存在大片淤泥。为解决这一问题，后勤部门给许多坦克装上了叫做“转筒”的钢垫滚筒，把它们铺在坦克前进的道路上，使后续坦克也能顺利通过。这些具体有效的措施，为尔后突击登陆的成功创造了有利条件。②

第二，谍报侦察。盟军非常注意利用谍报手段来搜集德军在西线的重要情报。到 1943 年底，仅英国情报局就在法国北部和巴黎建立了一个拥有 1500 人

①〔英〕温斯顿·丘吉尔：《二战回忆录》（下册），康文凯、宋文译，江苏人民出版社 2000 年版，第 963 页。

② 军事科学院军事历史研究部：《第二次世界大战史》（第 4 卷），军事科学出版社 1995 年版，第 131 页。

的庞大的、盘根错节的间谍网，并在法国各地设立了许多电台。这些谍报人员通过各种方式搜集到大量的德军在法国境内的战斗序列、部署、防御工事和铁路运输等情报。盟军在使用“内间”和“反间”上也取得了不错的成果，从中获取了很多有价值的情报。“黑色乐队”是一个由德国军官和士兵，包括德国特务机关德国谍报局局长威廉·卡纳里斯海军上将组成，旨在推翻希特勒和第三帝国的团体。从战争开始直到终了，“黑色乐队”系统地向盟军最高司令部提供了德军许多重要的有关作战的机密情报。这些情报稳定而又准确，并经常从敌人内部来反证盟军从其他渠道得到的情报。盟军以“双十委员会”为首的反间谍机构，把抓获的德军的一些间谍发展成为其所用的“反间”，不断给德军提供假的情报，为大规模的情报欺骗的成功实施做出了重要贡献。

第三，重视气象、水文情报的保障。对于大规模登陆作战而言，只有充分掌握气象、潮汐等自然因素，才能正确确定登陆作战的发起时间，并满足各军种的作战需求。诺曼底战役发起前，盟军最高司令部组织专家对 6 月上旬适合登陆的 4、5、6、7 日这 4 天的潮汐涨落情况和日出时间、月光情况进行了认真比较，从而科学地确定了可适应各军种需要的方案，即登陆部队在高潮和低潮之间登陆，并根据这个时间与当天日出时间进行综合比较，初步选定有适当日出时间便于空军实施火力准备的 5 日和 6 日为 D 日。6 月初，当有庞大的登陆部队即将整装待发之时，天气却不断恶化，登陆行动被迫推迟 1 天，而 6 日以后天气是否会好转，气象专家也不敢肯定。在此关键时刻，大西洋上的气象观测潜艇报告有一个较小的高压正向东移，气象专家据此推断，诺曼底地区从 6 日起至少有两天较为适宜登陆的天气。最高司令部因此果断地定下了 6 月 6 日实施登陆的决心。

（二）实施巧妙并卓有成效的情报欺骗

1944 年，法西斯德国虽然已在苏联、意大利、比利时和北非战场遭到重创，但仍然拥有相当强大的军事力量。在西线，100 万德军精锐之师坚守着一系列相互支援而又坚固的战略要点，面对英国构成“大西洋壁垒”。依仗这堵“壁垒”，德军企图在盟军从英吉利海峡渡海登陆时，以逸待劳，使盟军在滩头阵地即全军覆没。

面对种种困难，为达成登陆作战的突然性，盟军在诺曼底登陆战役的准备与实施过程中，进行了周密细致的战略筹划，专门制定了威胁挪威、加来海峡、比斯开湾和法国地中海海岸等地，代号为“坚韧”的规模宏大的欺骗计划，以期将德军的 90 多个步兵师和一些空军、海军及军需供应等力量钳制在远离诺曼底的其他地区。而且，在制订欺骗计划时，充分考虑到任何一份情报的价值和真实性："伦敦监督处的组织结构就造成了这样一种局面：斯托利门扔出一块石头，就会引起一连串一圈比一圈大的水波——政治的、财政的、民政的、外交的、科学的、军事的——直到成了德国最高统帅部的历史学家赫尔姆斯·格雷纳所说的'令人发昏的诈骗浪潮'。"[①] 这些欺骗措施包括：

一是重视"伐交"，以达成外交上的欺骗。在诺曼底登陆之前和实施登陆的过程中，盟军一方面通过隐秘的方式，同德国在欧洲南部的巴尔干卫星国匈牙利、罗马尼亚、保加利亚等频繁接触，制造这些国家与德国的不和。另一方面，又将这些国家同西方的接触情况，通过特设的渠道及时地"泄露"给德国。这些外交行动，掩盖了盟军在西北欧登陆的真实意图，分散了希特勒在大西洋彼岸的兵力。希特勒误以为盟军有可能选择在巴尔干地区登陆，而且认为那里的协从国有背叛德国的可能，于是从驻法德军中抽调了 2 个精锐的装甲师和 1 个精锐的步兵师前往巴尔干地区，加强防御力量。

二是运用佯动，大造声势，掩护盟军在诺曼底地区的登陆行动，将德军部署在北欧地区丹麦、挪威和芬兰等国的 27 个师牵制在远离诺曼底的地区。当时盟军最高司令部派出 1 个营的部队，伪装成强大的集团军，在苏格兰大唱"空城计"，进行频繁的调动和通信联络。同时，让舆论工具（电台、报纸）也无中生有地报道该"集团军"举行足球赛及各种联谊活动。这些虚假消息令德国统帅部信以为真，德军真的以为英国的 1 个集团军正在苏格兰地区集结，将配合美国的第 15 军（该军番号是真，但隶属于另外一个集团军）和一支苏联军队（其实并不存在）正准备向北欧挪威方向发动大规模进攻。所以他们不仅放弃了从这一方向抽调兵力的打算，而且还加强了那里的力量。到诺曼底登陆前，德军共有 3 个陆军师，9 万多海军部队，6 万多空军部队，6000 名党卫军以及 1 万多准军事人员在挪威准备着对付盟军的进攻。

此外，盟军还在德军假想的登陆区加来实施了一系列大规模的火力、兵力和电子佯动行动。首先是火力佯动。预先轰炸是判明登陆地点的一种征候，从空中轰炸来看，一般的判断是对真目标的打击力度一定比对假目标的打击力度大。然而盟军的做法恰恰相反，在登陆前几个月对法国沿岸一些重要地区进行轰

①〔英〕安东尼·布朗：《兵不厌诈》(上册)，李潞译，新华出版社 1996 年版，第 341 页。

炸时，对加来地区的投弹量为同期轰炸诺曼底地区的两倍。“因为，作为欺骗计划的一个组成部分，空军是按一定程式活动的：每打击诺曼底区域的一个目标，必须打击加来海峡的两个目标。”[①] 临战前，盟军又用重型轰炸机对加来地区的德军岸防阵地进行了集中轰炸。其次是兵力佯动。在登陆战役开始时，盟军派出运输机向加来地区空域佯动飞行，还向加来地区投送了500多个假人，假人身上被装上了爆炸物，并配以战斗的录音，使德守军在黑暗中以为是盟军的伞兵部队发起了攻击，牵制了德军整整一个团的兵力。最后，是电子干扰与佯动。伦敦监督处制定的代号为“微光”和“征税”的电子干扰和佯动计划起到的欺骗作用是最大的。盟军研制了几种电子干扰和对抗装备来保证这两个计划的实施。其中，代号为“窗口”的箔条反雷达偶极子反射体，主要用来迷盲德军雷达。代号为“月光”的电子装置，主要用来接受德军雷达脉冲，再将其反射回去，在其雷达屏上产生一种类似大批军舰和飞机行动时产生的图像，使德军真假难分。为了使这些电子欺骗装置发挥作用，盟军有意识地在战前大规模的轰炸中保留了德军设在塞纳河以北的十几个雷达站，以便使德军能通过这些残存的雷达站及时发现盟军的电子模拟舰队。登陆作战前两小时，盟军的电子干扰与佯动在加来地区开始，德军中计，除了进一步加强加来的防御外，还将一支战略机动装甲部队派往了该地区，在一定程度上减轻了盟军在诺曼底地区的压力。

三是为了避实击虚，坚定德军的错误判断，不惜假戏真唱。盟军在加来对岸的英格兰东南部，大胆地上演了一出由美军虎将巴顿将军领衔主演的假戏，即指挥一支虚构的号称百万人的“第1集团军群”，造成盟军将在加来登陆的假象。为了将这出戏演得逼真，盟军故意在这一地区进行频繁的通信联络；并在“第1集团军群”驻地制造了大量的假目标，准备并修建了能供几十万大军集结所需要的“军事设施”，设置了模拟的登陆舰队，这些由英国电影制片厂布景师用帆布制作大量的假兵营、假野战医院、假仓库、假飞机、假大炮和用橡胶制作的充气坦克，“通过部署假登陆艇、假飞机和假伞兵部队，进行欺骗性照明和无线电通信欺骗，设置音响器材，最后弄出来一整个无中生有的集团军群”[②]。为了使德军深信美第1集团军群进攻的目标是加来地区，盟军请英国最优秀的建筑师，在多佛尔港修建了一座巨大的输油码头。这座码头包括输油

① 〔英〕罗纳德·卢因：《蒙哥马利》，熊秉慈等译，解放军出版社1990年版，第290页。

② Donald C. Daniel, Katherine L. Herbig, *Strategic Military Deception*. New York : Pergamon Press. 1982. p.226.

管道、储油罐、发电厂、消防队乃至警卫室和货车车场等，全部是用伪装了的脚手架、纤维板和旧下水管道制成的。盟军的示假是为了对付德军可能进行的空中侦察和间谍。“所有正常的进攻准备都应能从空中看到——登陆艇、帐篷、车库等等都必须配置在适当地点，以便使敌人相信我们正在集结和运载进攻部队。而且，假准备必须从地面上看也具有真实性，要能骗过间谍。”[①] 与此同时，盟军不断散布要在加来地区登陆的假情报，让活动在英国的双重间谍纷纷向德国报告这个集团军的计划加来登陆的各种情报；此外，盟军飞机还重点加强对加来地区的轰炸，盟军的侦察飞机也更加频繁地飞临加来地区而不是诺曼底地区，以显示出盟军欲全力摧毁加来地区德军防御力量以便登陆的急切心情。这些苦心孤诣的谋划，使德国只能得出一个结论，即盟军将在加来方向登陆而不是在其他方向登陆。于是，德军 25 万大军只好死死盯住加来，而在诺曼底则仅有 1 个装甲师驻防。

四是充分利用无线电通信欺骗敌人。为了让假部队显得实有其事，盟军又诉诸通信欺骗。也就是建立模拟无线电通信网，以便让德军的无线电侦察部队侦听获取此类情报。盟军为这些虚构的部队建立一整套完善的无线电通信体系。按照英美军的惯例，依战斗序列组网联络。这些无线电通信台的组网方式、呼号组成，频率使用的方式方法，联络时间的使用规律，通信联络的程序，改变频率、约定联络时间、电台代号，通信联络使用的机器、报务员，所发电报的外形特点，以及通信结束时的关闭机器的动作，与真正的英美战斗部队无线电通信一模一样。这一来，德军的无线电侦察单位通过侦听、测向、报务分析、密码破译等手段，逐步把这些部队的隶属关系、番号、代号，各部队的分布、部署情况、战斗力、主管人员的姓名，以及作战任务等情况，搞得一清二楚。在“水银”计划中，这种欺骗尤其搞得出色。为进一步证明美第 1 集团军群的集结地是在多佛尔和剑桥地区，盟军甚至从蒙哥马利的实际驻地朴次茅斯到多佛尔敷设了通信专线，使所有电讯信号均从多佛尔发出，并故意让德军侦听到盟军正在换防的假情报。“这一行动是如此有效，以至于隆美尔在 5 月 21 日还认为：‘盟军的主要突击力量在英格兰南部和东南部集结，此事已再次为蒙哥马利的司令部位于伦敦以南所证实。’”[②] 结果，德军统帅部坚信英军将针对

① Donald C. Daniel，Katherine L. Herbig，*Strategic Military Deception*. New York：Pergamon Press. 1982. p.227.

②〔英〕罗纳德·卢因:《蒙哥马利》，熊秉慈等译，解放军出版社 1990 年版，第 289 页。

法国南部采取行动，遂将德国驻守在卢瓦尔河以南的 4 个装甲师钳制在原地。

五是实施宣传欺骗。战役发起前后，盟军还开动宣传机器来加强对德军的欺骗，“伦敦监督处还有一大有利因素：英国出色的商业、军事及外交的通信联络系统。这些遍布全球的通讯网使伦敦监督处能够迅速、安全、可靠地下达命令，并做到立竿见影。这就是说，假如在里斯本的外交界有意散布了一件虚构的事情，那么华盛顿的某个政治行动、斯德哥尔摩的某段新闻报道、叙利亚—土耳其边境的一次军事行动、马德里的一次深思熟虑的泄密事件、开罗的一个谣言、以及德里某位高级指挥官的声明，都会来证实它。”① 于是，英国广播公司（BBC）和伦敦的各大报刊都成了发布假情报的基地。电台和报刊上对“美第 1 集团军群”和“英国第 4 集团军群”毫无顾忌的报道，使德国情报机构误以为得到了宝贵的公开情报资料，他们据此核定这两支部队的番号和编制，从而判定盟军的兵力部署和作战意图。另外，盟军的两位著名将领也参与到宣传欺骗中来。美国骁将巴顿将军能征善战，德国人相信他出现的地方必会有重大战役要发动。盟军就利用了德国人的这种心理，“任命”巴顿为虚构的“美第 1 集团军群”司令官。巴顿将军在英国各种公开场合频频露面，盟军最高司令部也故意含糊其辞地宣布，巴顿已放弃了他在第 7 军的指挥职务，另有任用。所有这些都让德情报部门相信，“美第 1 集团军群”的确存在，并会在即将到来的登陆战中担任主力，连老练的隆美尔元帅也对此深信不疑。而英国特种委员会则实施了一项名为“铜头蛇”的欺骗计划，其主角是英国的蒙哥马利将军和一个长相酷似他的中尉詹姆斯。“按照‘铜头蛇’计划，詹姆斯将冒充蒙哥马利，在特种委员会和 A 部队的指导下，在登陆日的前夕，到直布罗陀和阿尔及尔去炫示一番。炫示的目的有三：使德国人相信，蒙哥马利如果不在英国，盟军就不会在六月的头一周横渡海峡，发起进攻，其他方面的情报和迹象也表明了这一点；使德国人相信，‘尼普顿’行动中舰队的开航只不过是又一次海上演习；使德国人相信，蒙哥马利是从非洲和意大利指挥盟军针对法国南部的军事行动的，因而可以牵制住驻在卢瓦尔河以南的四个装甲师（其中两个是党卫军装甲师）。”②

六是巧妙利用两面间谍实施欺骗。二战开始后不久，英国情报机构“双十

①〔英〕安东尼·布朗：《兵不厌诈》(上册)，李潞译，新华出版社 1996 年版，第 344 页。

②〔英〕安东尼·布朗：《兵不厌诈》(下册)，李潞译，新华出版社 1996 年版，第 795 页。

委员会”便将一部分德国间谍发展成为己所用的两面间谍，并“依靠这个两面间谍系统，在事实上完全控制和掌握了德国人在英国境内的全部间谍组织。”[①]到1944年，由于盟军的空中优势和出色的保密工作，使得德军的航空侦察和无线电侦听工作很不得力，因而“德军总参谋部才几乎完全依赖于德国谍报局的报告，而这些报告又全部是由英国控制的德国间谍写的。”[②]同其他欺骗手段相比，“两面间谍是向敌人灌输欺骗计划的有力渠道之一，……也可以说，是个得力工具”[③]。《“坚忍”》的作者赫斯基思（二战时为英国情报系统的少校，曾在盟军最高司令部专门处理欺骗问题的机构——作战2处工作过）也认为：“要想在较长时期内和在大范围内进行战略欺骗，集准确、可靠和快速诸素质于一身的唯一手段是双重间谍。双重间谍可以具体详细、毫不含糊地传递情报，直到自己的情报能迅速而不受阻碍地传送到接收对象手中。”[④]1944年1月，“双十委员会”已经控制了20余名两面间谍，在执行“坚忍”计划的“欺骗活动中所使用的主要力量就包括：加宝、三轮车和布鲁特斯；其他进行配合的人员还有屈息儿、塔特、墨雷特、杰拉丁、布朗克丝，还有马特和杰夫以及一些不大著名的人员”[⑤]。其中，“三轮车”于1944年2月把有关盟军在英国的战斗序列的欺骗性情报提供给德军，受到了德西线外军处的重视。而加宝、布鲁特斯和塔特则在向德军情报机构发送虚构的美第1集团军群的情报中，起到了关键作用，对于“南方坚忍”的成功有突出的贡献。

所有这些欺骗措施，坚定了德国对盟军登陆方向的错误判断。就在盟军实施大规模登陆的当天上午，希特勒仍然认为加来地区是盟军的主要登陆方向，诺曼底登陆只不过是佯攻行动。到盟军登陆18个小时以后，德军才向诺曼底调动预备力量，但为时已晚。盟军完全实现了在作战地点、方向和时机上

①〔英〕约翰·马斯特曼：《两面间谍：第二次世界大战中的两面间谍系统》，肖中译，群众出版社1979年版，第3页。

② Donald C. Daniel，Katherine L. Herbig，*Strategic Military Deception*. New York：Pergamon Press. 1982. p.228.

③〔英〕约翰·马斯特曼：《两面间谍：第二次世界大战中的两面间谍系统》，肖中译，群众出版社1979年版，第147页。

④ Donald C. Daniel，Katherine L. Herbig，*Strategic Military Deception*. New York：Pergamon Press. 1982. P234.

⑤〔英〕约翰·马斯特曼：《两面间谍：第二次世界大战中的两面间谍系统》，肖中译，群众出版社1979年版，第13页。

的出敌不意。1944年6月6日清晨，奇迹出现了，几天来一直风雨交加、大浪滔天的“恐怖的海峡”——英吉利海峡，在人们的焦急等待中终于突然变得温顺无比。这时，早已整装待命的5000余艘盟军舰船组成的迄今为止世界历史上最为庞大的舰队，神兵天降，突然出现在诺曼底海岸，一举击败猝不及防的德军，攻占滩头阵地。接着，盟军强大的空降部队在诺曼底侧后着陆，进一步扩大了登陆场。盟军主力也在光天化日之下完成了兵力渡送。随后，盟军经过25天的连续作战，终于实现了诺曼底登陆的胜利。这对顺利开辟第二战场，加速法西斯德国的灭亡起到了决定性的作用。

（三）出色的反情报工作

1. 保密工作卓有成效

成功的战略欺骗要求严格的保密措施，如果让敌人觉察到自己的意图，那么欺骗就不会有任何效果。“只有对盟军自己的情报严格保密，他们那些计划才能生效。要想诈骗成功，最根本的是一言一行都要谨慎，要一致。一篇鲁莽的声明，一次错误的行动，一个被破译的密码——任何一个错误都会使骗局暴露无遗。为了保密，盟军的真实意图只能让极小一批盟军指挥官知道。简言之，为了欺骗敌人，有时也需要迷惑朋友。”[①] 因此，盟军在制定欺骗计划的时候，十分强调做好保密工作。约翰·马斯特曼爵士指出：“‘霸王’行动的巨大成功，同我们的保密工作和严格有效的封锁消息是分不开的。”“对敌人的情报封锁和给他们假情报一样，都是对敌人的沉重打击。”[②]

盟军的保密措施主要有：

在内部，严格限制接触作战计划的人员数量，将其控制在最小范围，同时规定部队训练使用的地图一律不标出真实地名；在登陆作战前的两个半月，盟军的登陆部队和登陆工具的集结区被划定为禁止旅游的地区，中止该地区与英国其他地区的一切交通，任何与作战无关的人员不得入内；登陆前的一个半月，参战部队一切来往书信、公文必须受到检查。从登陆的前10天开始，与作战有关人员的信件一律延期发出，并严禁军人使用电报、电话对外联系，舰艇人

①〔英〕安东尼·布朗：《兵不厌诈》（上册），李潞译，新华出版社1996年版，第345页。

②〔英〕约翰·马斯特曼：《两面间谍：第二次世界大战中的两面间谍系统》，肖中译，群众出版社1979年版，第147页。

员不得擅自离舰，陆军部队不得擅自走出有铁丝网围起的集结地。直到5月28日，盟军指挥部才将登陆日期和各军群登陆时间通知登陆部队的主要指挥官。临近登陆前，才下发了数十份登陆地区的海图和地图及有关敌情资料，而许多舰艇部队是出海后才受领战斗任务的。在下达作战命令后，为严格贯彻保密措施，所有舰只和登陆人员一律禁止外出，并派出2000多名反情报人员在军队中严密监视检查执行情况。

在外部，为切实保守有关诺曼底登陆作战的机密，英国政府不仅对在伦敦的各国流亡政府代表守口如瓶，而且严格的限制中立国政府驻英使节的对外联络。4月17日，英国战时内阁甚至不顾外国外交人员的抗议，又断然决定中止和外国的一切外交关系，除美国、苏联和英国自治领外，其他国家驻英使节的对外通信联络被完全切断，如果有特别紧急的事情，必须提请英国外交部由英方人员通过英国的设备用英国的密码发出，英国还负责译送电报和处理复电。同时，暂时取消外交人员的特权，对其来往的外交邮袋实行强制检查，任何有利于敌人的材料都不准寄出，来函、来电都要延迟送出，电话受到监听，任何情况下，领使馆人员及其家属都不准离开英国，没有外交部的批准，外交人员禁止旅行。禁令一直实施到6月21日，在此期间，严格的保密措施使英伦三岛处于封闭状态，德国的情报系统尽管想尽了切办法，也打听不到任何有价值的关于盟军登陆作战的真实情报。

2. 反间谍、反侦察工作严密

如果说严格的保密措施还只是盟军在诺曼底情报战中采取的被动性工作，那么积极的反间谍、反侦察工作便体现了盟军最高司令部主动的一面，正是严密的反情报工作为盟军的欺骗行动提供了有力的保障。

盟军的“双十委员会”和英国陆军情报局第5处（MI—5）密切配合，几乎全部掌握了纳粹派入英国的间谍网，成功地控制并利用他们进行了情报与反情报工作。担任“双十委员会”主席的约翰·马斯特曼爵士这样描述了当时的情况：“在环境上，由于德国人的错误判断和缺乏远见，使德国派入我国的全部间谍系统落入了我们的掌握之中。通过各种秘密渠道，我们能够有效地观察我们控制发出的情报是怎样送往柏林，并使德国人对它深信不疑。相反，在我们这里，他们却缺少必要的复线情报，这些条件给我们造成了极为幸运的局面。”①

①〔英〕约翰·马斯特曼：《两面间谍：第二次世界大战中的两面间谍系统》，肖中译，群众出版社1979年版，第4页。

盟军的反间谍工作包括两个方面：一是堵塞住情报流失通道，不让德军间谍获取有关盟军登陆准备的真实情报；二是利用德军信任度高的间谍进行欺骗，把盟军精心炮制的数千份假情报传送到德最高统帅部，误导德军，从而使他们对盟军登陆的时间和地点做出错误的判断。约翰·马斯特曼爵士在谈到两面间谍给盟军带来的七点好处时认为，盟军成功的反间谍工作既防止了己方情报的泄露，同时又“借此来欺骗和愚弄敌人，在发出的正确情报中，夹杂着一些假情报。”他总结说：“事实上，经验证明，通过两面间谍来搞欺骗敌人的活动，最好是建立在反间谍工作的基础上并且是以反间谍工作为目的而发展起来的。”[①]

三、评析

诺曼底登陆战役的硝烟已经散去半个多世纪了，虽然像诺曼底登陆战这样大规模、长时间、高强度、大影响的登陆作战在未来不一定会再次发生，但它留给我们的思考和启示还是很多的。特别是诺曼底登陆中英美盟军和德军双方在情报战中展开的激烈对抗，无论是成功的经验还是失败的教训，都将会对未来的登陆作战产生许多有益的启示。

（一）准确全面的情报保障是登陆作战制胜的基础

对于登陆作战来说，情报既是登陆作战取得成功的重要基础和保障，也是指导登陆作战的依据。因为登陆的进攻方要跨水渡海作战，难度很大，完全没有了退路，一旦登陆失败，就有被守方赶下海的危险。所以攻方必须完全占有准确而全面的情报，特别是水文、气象、地形以及守方的防御部署等方面的情报。这样，才能选定合适的登陆时间和地点，并根据守方的防御情况来制定己方的登陆作战计划。英美盟军正是通过以“超级”为核心的多手段、全方位的情报侦察，获取了详尽而又准确的情报，对于诺曼底地区的水文、气象等情报和德军的防御部署、兵力配置、后勤保障以及决策者的信心和思路等，都有了全面的了解和把握。所以才能有的放矢，选择了正确的登陆地点和时间，制定了“霸王”作战计划以及为保证此计划顺利实施的“卫士”欺骗计划，并最终取得了作战的胜利。

① 〔英〕约翰·马斯特曼：《两面间谍：第二次世界大战中的两面间谍系统》，肖中译，群众出版社 1979 年版，第 12 页。

（二）成功的情报欺骗有利于获取决策和行动优势

诺曼底登陆战中的情报战，其核心就是情报欺骗。“卫士”欺骗行动的成功，是诺曼底登陆胜利的主要原因所在。盟军在战役前后所有的情报工作，都是为欺骗行动服务的，欺骗行动的成功也就是盟军情报战的胜利。

这里所说的“欺骗”（Deception），当然主要是从军事意义上来说的，也“就是在军事对抗中，以示假、隐真、诈骗等各种手段制造种种假象，蒙蔽、迷惑敌人，使敌难以做出情况判断，或诱使敌人做出错误的情况判断，进而定下错误的决心，采取于敌不利、于我有利的举措，从而达到以小的代价获取大的战果的目的”①。美国海军研究生院的教授唐纳德·丹尼尔认为，欺骗行为有三个目的：一是使对方相信，二是向对方的行动施加影响，三是欺骗者从对方的行动得到好处。克劳塞维茨则认为：“使用诡诈的人要使被欺骗的人自己在理智上犯错误，这些错误在最后造成一种结果，使他看不到事物的真相。”②

（三）严格的情报保密是成功实施情报欺骗乃至赢得情报战的保障

严密封锁消息，保守秘密，是反敌侦察，达成佯动，隐真示假的重要环节，也是情报防护成败的关键，所谓“谋成于密，败于泄”，说的就是这个道理。

诺曼底登陆战中，盟军的情报保密工作是十分出色的。可以说，盟军在英国全民动员方面，成功地做到了全方位保密，德军只是得到了一些盟军想让他们得到的假情报（当然，为了更好地使德军相信盟军的这些假情报，盟军在它们中也夹杂了少量的价值不高的真情报）。卓越的情报保密工作，为盟军以欺骗为中心的情报战的成功提供了有力的保障。

（四）做好情报保障工作永无止境

诺曼底登陆战中，盟军的情报保障工作虽然做得非常成功，但也存在不足之处，有一些失误和漏洞。只不过德军的情报部门效率太差，没有及时抓住这些失误和漏洞而已。

一方面，盟军的泄密事件时有发生。例如，1944年3月下旬，一份包有“霸王”作战行动内容的盟军最高司令部邮件，在美国芝加哥邮局未经许可便被打开了，先后有十几人看到了这些文件。另一方面，盟军的情报侦察也有失误。

---

① 马金生：《军事欺骗》，军事科学出版社1992年版，第2页。

②〔德〕克劳塞维茨：《战争论》（上卷），解放军出版社1964年版，第174页。

盟军的情报工作是细致的，登陆前对各方面的情报掌握也是详尽准确的。但“百密一疏”，在某些细节的情报侦察上盟军有失误，给登陆作战造成了一定的负面影响。比如，盟军在“奥马哈”海滩登陆时，这里的防御非常坚固，易守难攻。更可怕的是，盟军对这里敌情的掌握完全是错误的。盟军的情报部门一直认为，防守在这里的德军是战斗力很差的海防第 76 师。可事实上，盟军登陆时面对的则是从别处调来的战斗力很强的德精锐机动师第 352 师。盟军在情报工作方面的这些失误，虽不是致命的，但也给我军未来的登陆作战敲响了警钟。那就是情报工作永无止境，登陆作战中的情报保障工作一定要做到详尽、准确。我们从事情报工作的人员，要以高度的爱国心和责任感来对待自己的工作，做到全心全意，精益求精。

第四编

现代局部战争的情报战

第一章　朝鲜战争中的美军情报工作

一、战争简介

1950 年 6 月 25 日至 1953 年 7 月 27 日历时三年零一个月的朝鲜战争，是第二次世界大战后第一场国际性的局部战争，是世界现代局部战争的开端，以不同方式参加这场战争的达 24 个国家和地区。[①] 朝鲜战争按战争进程可分为两个时期。第一个时期，朝鲜人民军单独与美军、韩国军作战。这个时期分为两个阶段：从 1950 年 6 月 25 日至 9 月 15 日为第 1 阶段，朝鲜人民军连续进行了 5 次进攻战役，由三八线进至洛东江；从 9 月 15 日至 10 月中旬为第 2 阶段，美军和韩国军发起反攻，朝鲜人民军被迫由洛东江向北部中朝边境地区撤退。第二个时期，中国人民志愿军入朝后和朝鲜人民军一起共同对以美军为首的“联合国军”作战。这一时期也分为两个阶段：第 1 阶段，从 1950 年 10 月 19 日至 1951 年 6 月上旬，中朝军队进行 5 次运动战战役，恢复了朝鲜民主主义共和国三八线以北领土；第 2 阶段，从 1951 年 6 月中旬至 1953 年 7 月 27 日，中朝军队在三八线地区胜利地进行了阵地防御和阵地进攻作战，迫使美军在停战协定上签了字。[②]

朝鲜战争对二战后国际形势的发展产生了巨大影响，在战后发生的多次局部战争中，占有突出的地位。“朝鲜战争是冷战的重要转折点，它把美国及其全部潜能又带回到竞争中来，使东亚的局势得以稳定。但由于美国把财力大量

---

① 姚有志、过毅：《百年战争评说》，军事科学出版社 2001 年版，第 205 页。

② 吴春秋主编：《世界战争通鉴》，国际文化出版公司 1995 年版，第 1516 页。

地投入到战争之中，日本开始逐步上升为经济超级大国。同时，朝鲜战争也在美国创造了一种氛围，使运用常规部队保卫西欧的允诺成为可能。当然，朝鲜战争还是在美国煽起了反对共产主义的巫士们搜寻的激情，并且消除了可能使美国与斯大林之后的苏联取得实质性和解的一切可能。”①

二、战争期间美军的情报工作

1950年，朝鲜战争的爆发暴露了美国情报系统存在的问题。美国情报界未能预测到1950年6月朝鲜对韩国的进攻，此后又错误地认为新中国不会大规模派兵援助朝鲜。这种错误判断导致了美国在朝鲜战争初期军事行动的被动局面，同时也迫使美国情报界在这两次失误之后，进行了迅速调整，加强了针对朝鲜的情报力量。

（一）战略决策的情报支援

朝鲜战争爆发前，美国情报界对东北亚的情报工作几乎是完全忽视的。国际形势与对外政策的变化，造成了对朝情报力量的投入严重不足。具体表现在：

1. 情报工作重点不在朝鲜

二战结束后，美国大幅裁减军事力量，情报力量也在其中。情报机构重组，人员大量缩减，资源不足，是二战结束初期情报部门面临的主要问题。虽然冷战的爆发对美国情报力量的恢复发展客观上有一定的推动，但在初期并不足以使其达到二战时的最高水平。另一方面，随着冷战的开始，美国情报工作的重点转向应对苏联的扩张以及与其在全球的对抗。此时，柏林危机还没有完全结束，苏联在东欧、东南亚的扩张都令美国情报界应接不暇，对于东亚形势的掌控也就大为忽略。“政府方面指出，朝鲜当时只不过是许多危险地区之一。”②战争爆发前，美国对朝鲜半岛政策的基本内容是，把朝鲜问题定位为先欧后亚战略和“第一道防线”的次要位置。因此，在朝鲜战争爆发前，美国情报界对朝鲜半岛的形势没有给予足够的重视，情报力量也没有更多地投向朝鲜。

①〔美〕杰弗里·帕克:《剑桥插图战争史》，傅景川等译，山东画报出版社2004年版，第311页。

②〔美〕威廉·曼彻斯特:《光荣与梦想：1932—1972年美国实录》（第二册），广州外国语学院美英问题研究室译，商务印书馆1978年版，第532页。

战争爆发时，中情局在中国和朝鲜的情报力量几乎为零，有关中国大陆的情报还主要依靠台湾当局提供。战略情报局（OSS）以前在中国东北地区和朝鲜布有不少间谍人员，但一方面由于间谍的情报并不完全可靠，另一方面也由于战略情报局被撤销，新成立的中央情报局没有很好地管理和利用这些间谍，造成人力情报流失，因此这些间谍在朝鲜战争期间基本上没有发挥应有的作用。

2. 情报队伍建设滞后

缺少足够的专职情报人员和分析专家也是朝鲜战争初期美国情报界面临的重要问题之一。战前，各情报单位的训练机构管理混乱，没有统一的训练条令，各种训练无法可依，培训力量也不足。战争发生后，无论是远东司令部的情报部门还是国内的情报部门，都发现一个严重的问题——语言学家、图像情报解析员和情报分析人员匮乏。为应对战争，他们不得不将只经过短时间培训的人员派向战场，情报工作水平因而大大降低。虽然空中侦察能为美军提供大量的图像情报，但由于判读人员不足，能力有限，造成1:5000的航空照片没有办法判读，只好将照片的比例尺提高到1:7000。① 由陆军安全局（ASA）主管的信号情报可能是朝鲜战场上美军唯一成功的情报来源，但在战争爆发前，陆军安全局的信号情报主要针对苏联和中国，客观上限制了对朝鲜情报的搜集。1950年6月，陆军安全局只有一个朝鲜方面的分析员，而且没有关于朝鲜的任何材料。

3. 情报搜集与决策的责任系统运行不畅

美军搜集情报的责任和决定政策的范围，是按以下系统分工的：

一是参战的第8集团军、第10军部队，主要负责当面的战术情报搜集；

二是战区部队即远东司令部、联合国军总司令部，负责提供战区的政略、战略情报；

三是由陆军部和中央情报局提供世界性的政略、战略情报；

四是总统包括其直属助理官员——各部部长、联合参谋部首脑，负责进行最终的根本的形势判断和决定政策。②

这种责任系统是在二战中形成的，并在战时得到了有效运行，帮助美军取

① Robert A. Culp IIB.A., Stephen F. *North Korean Invasion and Chinese Intervention in Korea*：*Failures of Intelligence*, Austin State University, August 2004，p.36.

②〔日〕陆战史研究普及委员会：《朝鲜战争》（上册），高培等译，第958页。

得了战场上的一次次胜利。但在朝鲜战争中这样的系统却未能顺利运行，原因是无法得到有助于决策的可靠情报。“这恰好是第二次世界大战之后的空白时期，大概是以往对中共的政策和对中共的看法造成这种情报上的缺陷。”因此，在最高层的情报判断中，来自麦克阿瑟的情报最多，麦克阿瑟的情报判断失误自然也就导致了华盛顿的决策失误。“总之，当时的华盛顿并没有就其情报上的缺陷，适时地给麦克阿瑟以正确的指令。因而麦克阿瑟只能边揣测华盛顿的意图和见解，边采取应付局势突变的措施。”

（二）仁川登陆前的情报准备

尽管美军 1945 年 9 月至 1949 年 9 月驻留韩国期间，将仁川作为主要补给港使用，但对其相关情报并无清晰把握。因此，仁川登陆前美军搜集了大量相关情报，包括朝鲜驻守仁川军队的编制序列、作战能力以及仁川的地理环境、防御设施等情况。

8 月底，联合国军司令部和第 10 军判断，朝鲜军队将其全部兵力倾注于洛东江畔，驻守在汉江和仁川地区的兵力只有一些小部队（汉城 5000 人，仁川 1000 人，金浦 500 人。其后调查表明，担任汉城警备勤务的是第 18 师，仁川的是仁川海岸警备队，金浦的是第 31 旅的 1 个营），并且这些部队主要是补充和担任后方勤务的，战斗部队很少。仁川除了依赖天险，没有构筑真正的防御阵地。9 月 4 日，又有情报报告说，仁川的兵力增加到 1800 ～ 2500 人。由此判定朝鲜的军队可用兵力全部投入到了釜山正面，朝鲜没有迅速增援汉城仁川地区的预备兵力。

8 月 23 日，联合国军的登陆作战计划中明确，编配前进群 TF90-1，于 9 月 13 日对仁川地区进行强行侦察。其目的在于发现可能妨碍登陆的月尾岛和仁川附近的炮台，并且进行压制和破坏；巡逻和侦察部队 TF90-2，其任务是提供整个作战地域的远距离侦察和其他的空中巡逻；封锁和掩护部队 TF91 遂行特殊侦察任务（后面所述的克拉克上尉的侦察支援和群山的佯动作战）；作战部队中还编有 TF99-11 第 6 巡逻队，由第 88 和第 209 航空侦察队编成，遂行空中侦察保障任务。①

为了查明飞鱼峡水道的情况，以及月尾岛和仁川陡岸的防御设施与兵力

① 参见〔日〕陆战史研究普及委员会:《朝鲜战争》(上册)，高培等译，第 456—495 页，其中 TF-XX 指战斗计划中的兵力编组。

部署，美军反复进行了大规模的航空侦察，并开展谍报活动，从世界各地将以前在仁川港工作过的官兵召回，搜集有关潮汐、陡岸和卸载能力的技术情报。为了测量陡岸的高度，美军从本国召来了 3 名航空测地权威专家。专家们以 RF-80 喷气式侦察机在周密计算的时间里，从 60 ～ 70 米高度拍摄的 4 次共 210 张斜向照片为基础，在其他来源情报资料的佐证下，确定了各种潮位时陡岸的高度。后来的调查结果表明，这一测地的误差在 10 厘米以内。

此外，为了获取更为确切的情报，美军还对仁川地区进行了人力侦察，派遣克拉克上尉前往仁川以南的灵兴岛，以此岛作为据点对仁川周围进行侦察。克拉克上尉将岛上的韩国人组织起来，命名为青年团，并派遣他们对仁川地区进行大胆侦察。这些人在克拉克的安排下，侦察了月尾岛上火炮阵地的数量和位置，测定了仁川陡岸的高度，查明了汉城城市内的兵力、兵种和配置等情况。事实证明，他们所提供的情报基本上是正确的。在登陆的前一夜，克拉克还修复点亮了八尾岛灯塔，为登陆部队照亮航道。

正是由于在登陆之前实施了这些周密细致的情报活动，仁川登陆达成了战役突袭的效果，最终取得了完全的成功。仁川登陆的成功使得朝鲜几乎完全丧失了此前的主动权，转入了防御。

（三）对中国参战的情报搜集与判断

1. 对中国参战可能性的判断

在战争爆发后，美国决策层有两方面的考虑导致他们认为中国不可能参战：一是对中国积贫积弱的固有印象。不论是决策层还是情报分析人员，都认为中国没有能力进行干涉，而在他们看来，没有能力自然也就没有了干涉的意图；二是认为中国是苏联的卫星国，一切行动一定会听从苏联的安排。而苏联并没有参战的可能，也没有在东亚与美国发生大战的可能，因此苏联不支持中国参战，中国也就不会参战。在对中国发出的警告的判断上，中央情报局在综合美国国内的观点后，于 10 月 12 日提交报告称，中共在朝鲜进行干涉仍然很有可能，但考虑到中共面临的不利因素，这种干涉不可能在 1950 年发生，在目前的时间里，只局限于对朝鲜提供援助的水平上。

由于驻远东空军的侦察机被禁止到中国境内进行侦察，人力情报也不足以让人相信，这使麦克阿瑟几乎完全依赖于外界情报来源去了解中国军队在东北的实力和部署。联合国军司令部的每日情报摘要（DIS）由信使送到陆军部，这个摘要包括了搜集中国情报的全部机构的所有报告。中央情报局则把它搜集到的情报与联合国军司令部的报告结合起来，据此为政府部门分析中国人的行动和意图。随着美军向中朝边境推进，远东司令部情报处和军事情报部长威洛比得到的关于中国参战的情报也越来越多，在东北集结的兵力数量也越来越大，时有情报报告说中国有可能参战。[①] 他们认为，中国参战有3种可能：1. 为保护边境和鸭绿江水电设施的安全；2. 为从战略上钳制和削弱美国的军事实力，打一场有限规模的消耗战；3. 为把"联合国军"赶出朝鲜半岛。中情局和军方都认为第一种可能性最大。但他们同时认为，从经济角度看，中国参战会加大对苏联的依赖，而这并不是中国所希望的；从军事上看，参战的最好时机都已经过了，共产党军队也没有把握打赢美军。因此，中国不会在短时间内全面介入朝鲜战争。[②]

2. 对是否要越过三八线的考量

对于美国能否越过三八线，美国决策层是有所争论的：国务院认为越过三八线后，中国和苏联参战的可能性会大大增加，因而不主张越过三八线；国防部认为，三八线没有任何军事上的意义，中苏在8月中旬朝鲜军队陷于停顿时都没有参战，越过三八线也就不会导致这种可能性；中央情报局在8月18日的一份备忘录中指出，越过三八线对于美国来说风险更大，中苏参战的可能性大大增加，因而不主张越过三八线。因此，国家安全委员会在NSC81/1号文件中，对于越过三八线也采取了较为谨慎的政策。然而，仁川登陆的成功以及随后的军事胜利使华盛顿深受鼓舞，最终同意越过三八线"统一"朝鲜。

3. 对中国参战规模与介入力度的考量

中国在1950年10月25日参战之后，美国情报界仍没有得到准确可靠的结论。虽然不断从一线作战部队得到一些情报——从战俘口中得到的情报表明中国已经参战，但这些零碎的报告没有得到中情局和陆军情报部的重视。同时，也由于这些来自战俘的情报没有得到其他情报来源的证实，而被认为是不可信的。

第8军为了查明形势，侦察机昼夜24小时出动，对整个区域进行空中照相，并向四面八方派出众多的侦察人员。但是，与所付出的努力相比，实际效果似乎并不大，这充分证实了战场侦察的限度及其困难性。同时他们通过对战俘的

①〔美〕詹姆斯·F. 施纳贝尔：《朝鲜战争中的美国陆军（第二卷）：战争爆发前后》，南佐民、许武慧、朱少青译，国防大学出版社1990年版，第215—219页。

② 于力人：《中央情报局50年》，时事出版社1998年版，第75—76页。

讯问计算出中国“有18个师即18万名战斗员参战”，但这是他们不可能相信的数字，因为他们在圣诞节攻势发起前得出的结论是6万名。第10军也遇到了相似的情况，结果，第10军和第8军一样，过少地估计了“当面之敌”。后来，美国公开史料认为，先入之见、情报力量的贫乏、技术上的缺陷、无线谍报的不足是造成这些失误的原因。

尽管现在看来，证明中国军队大规模介入的征候很多，但麦克阿瑟的判断仍是“没有全面介入的可能性。10月下旬出现的中国军队，是对信仰相同的邻国进行礼节性的援助的表现；因此，其兵力最多是7万人左右的义勇军，其意图是防御性的”。据此，麦克阿瑟决定发动圣诞节攻势。

（四）战争期间的情报分析工作

1. 情报分析工作的背景

从朝鲜战争爆发之日起，美国首先担心的是苏联出兵，同时又怀疑苏联是通过朝鲜战争声东击西，意在欧洲动手。此时的苏联为了巩固在东欧的既得利益，在欧洲驻扎了20个精锐师，这百万苏军对美国和西欧各国是一个极大的威胁。中情局还在1950年8月10日的一份总结中指出，东欧一些国家，例如捷克斯洛伐克、匈牙利等国的迹象也表明苏联的战略重点并不在亚洲。中情局相信，苏联到1952年将完成发动全面战争的准备。美国对于苏联的各种忧虑贯穿整个朝鲜战争始终。这一观点与白宫的“先欧后亚”的战略是完全一致的，同时也反映了美国在战后对苏联军事实力一直过高估计的倾向。这应该是美国情报界分析的一个现实背景。[①]

2. 情报分析：重能力轻意图

重能力轻意图是造成美国情报部门对朝鲜和中国误判的深层主观因素。他们认为，对于能力，情报机构是可以量化的，获知能力的方法也更为科学，对于能力的预测即便是错误的，造成的失败也只是局部性的，而非全局性的。而对于意图的分析刚好相反，更多依靠猜测，也较为含糊，造成的损失是全局性的。因此，当时的情报界更注重对于能力的分析，他们的前提是：即使有意图，但没有能力，事件是不会发生的。美国情报界正是认为朝鲜和中国的能力不足以发动一场战争，因而也就判定中国和朝鲜没有了意图或不会去实现其意图。

---

① 于力人：《中央情报局50年》，时事出版社1998年版，第73页。

3. 情报分析者：自欺

对于中国的干涉，美国情报界不是没有得到预警情报，只是对于这些预警情报没有给予足够的重视。情报分析人员认为，中国是苏联的附庸国，在没有苏联授意的情况下，中国是不会参战的。而从苏联方面得到的情报都显示苏联没有大规模干涉的可能性，更没有发动全球战争的可能性。因此，他们认为苏联不可能让中国参战，中国也就不可能参战。美国情报分析人员高估了意识形态在苏中关系中的作用，而且始终把中国会遵从苏联的领导权作为主导性因素，没有从中国自身的国家利益角度做出客观分析。实际上，当时美国国内极端反共的“麦卡锡主义”盛行，也导致美国情报界内外“熟悉中国的美国学者集体沉默”，而他们本来有可能会劝告领导者说，中国永远不会在国家利益方面受控于苏联。受这种自欺观念的影响，对于中国政府的警告和中国国内兵力的集结与调动，情报界都认为这只是共产党在进行威胁和恐吓，目的是让美国停步于三八线之外。所以，当中国出兵时，情报界出现失误也就在情理之中了。

（五）两次情报失误之后，美国情报界加强情报工作的举措

美国多数学者认为，美国情报界在朝鲜战争中主要出现了两次严重失误：一是没有预测到朝鲜 1950 年 6 月 25 日发动突然袭击；二是没有预测到中国 1950 年 10 月的参战。出现失误后，不断有人质问“美国的情报机构拥有巨大的极为机密的高级器材，而一支庞大的共产党军队，又有着一切设备、弹药、给养和骚动，怎么能够在一个友邦的边界对面集结起来，并且直到第一轮炮火开始倾泻到韩国陆地上，竟然没有一个人事先对此有所察觉呢？”[①] 两次重大情报失误对刚刚重新改组之后的情报界来说，无疑是当头一棒。与二战中的情报工作比较起来，这时的能力和水平并没有很大的提高。为了更好地应对朝鲜战争这场突如其来的事件，美国情报界进行了较大幅度的调整。

1. 情报机构的调整和加强

（1）加强内部管理，提高工作效率。由于未能预测到朝鲜的突袭，杜鲁门总统迅速撤换了中央情报局局长。而就在新局长史密斯上任数周之内，中国军队入朝作战，美国遇到了最大的战场失败。这是情报界在六个月之内的第二次重大失误，不论是中情局还是其他情报单位都未能预测到这次行动，这次失误

①〔美〕亚历山大·贝文：《朝鲜我们第一次战败：美国人反思》，郭维敬等译，中国社会科学出版社 2000 年版，第 7 页。

导致了对中央情报主任的改革。史密斯任命威廉姆·杰克逊为中情局副局长，任命艾伦·杜勒斯为主管行动的副局长。这三个人加强了中情局内部的管理，改革情报最终产品，对情报界内不同单位的任务做了明确的划分。

（2）建立调查委员会，重组信号情报机构。由于武装部队安全局前雇员威廉·威斯邦德的泄密，朝鲜改换了其通信方式，使陆军安全局不能监听到朝鲜的信息，史密斯向国家安全委员会提议对武装部队安全局进行调查。于是在1951年12月1日，杜鲁门下令成立了布劳内尔委员会。该委员会进行了6个月的彻底调查后，报告建议成立一个更强大的集中管理的新机构。4个月之后，即1952年10月24日，“杜鲁门发布一道极端保密的命令：撤销武装部队安全局，建立一个新机构取而代之”①，即国家安全局。“这种改进保护了不同部门的保密系统，同时认识到他们共同努力给国防部长提供更紧密的合作和更好的支持，这从国家意义上讲是重要的。”②

2. 加强战场情报支援力量，情报单位部署前沿化

（1）为情报队伍增加人力物力。战争爆发后，美军迅速增加了人员和拨款。在战争爆发后的一个月内，参联会批准了244名军官和464名士兵转入武装部队安全局，并建议大量增加文职人员。8月份，国防部批准增加253名文职人员。战前，武装部队安全局负责朝鲜情报分析的只有2人，另外还有两个兼职的分析人员和一名语言专家。到10月就已经增加到36人，1951年为49人，1953年为87人。战前针对中国的分析人员为83人，1950年10月为131人，1951年1月为156人，另外还有大量兼职人员。③

（2）加强战场情报支援力量。陆军安全局计划给朝鲜战场上的每三个师配置一个通信侦察营。首先到达战场的是一个太平洋地区的陆军安全局信息搜集小组，它于9月18日抵达。第60信号勤务连于10月9日抵达战场。④ 这些单位刚开始从事的主要是非加密文件的截收和通信分析，实际上主要是通信分析

---

①〔美〕詹姆斯·班福德：《秘密机构：美国国家安全局揭秘》，艾波等译，世界知识出版社2002年版，第30页。

② Michael Warner J，Kenneth Mcdonal，*U. S Intelligence Community Reform Studies Since 1947*，April 2005，Strategic Management Issues Office & Center for the Study of Intelligence，p.12.

③ 林靖：《朝鲜战争中的美军通信情报活动》，载《情报杂志》2002年12期。

④ Robert A. Culp IIB.A.，Stephen F. *North Korean Invasion and Chinese Intervention in Korea：Failures of Intelligence*，Austin State University，August 2004，pp.31-32.

工作。[①] 朝鲜战争中也催生了低层侦听小组（LLVI），该小组由台湾的中国民族主义者管理，于1951年夏天部署在台湾。LLVI主要由4～6名语言学家组成，主要任务是截听对方的通信信号，报告敌人的活动、位置和计划，并对对方电台进行测向，LLVI提供了及时的战术情报，而且给战场指挥员提供了重要的情报产品。虽然是在中国人朝作战之后才开始工作的，但也提供了价值重大的情报。[②] 这些情报组织给朝鲜战场初期的美军带来了源源不断的信号情报，从而最大限度地利用了有限的人力和物力。此外，远东轰炸机指挥部于1950年7月成立，其中包括有91战略侦察中队，第21和43航空气象队，第5航空队的1个照相侦察联队，为美军提供战场图像情报。

（3）情报分析、审讯单位靠前配置。1951年，战线重新回到三八线之后，陆军安全局设在汉城的梨花女子大学校园里。在这里，电讯分析专家几乎将中国军队的作战序列完整地拼集出来。在1951年的停战谈判期间，还窃听到了朝鲜谈判小组成员在会谈期间的谈话。[③] 在普山，美军设立了战略情报中心，审讯高级战犯。1950年10月28日后，随着战犯的增多，美军的审讯变得更为有效。审讯员们更加熟悉对朝鲜战场情况和战犯们的背景，提出了更合适的问题，大大提高了审讯的效率，获得了更为详尽的情报。

3. 提高情报分析质量和水平

（1）重建研究与分析部门。中情局局长史密斯将曾主管战略情报局研究与分析工作的威廉·郎格重新召募进中情局，让他重建了研究与分析部门。郎格从全局挑选人员成立了以他为首的国家评估办公室（ONE）。该办公室分为两个部分，一个是评估委员会，另一个是评估办公室，情报经过这个系统的加工之后，文件就被提交至情报咨询委员会。通过这样的程序，情报分析的质量得以大大提升。

（2）改进中情局分析产品。史密斯上任前，中情局的情报产品代表了中情局情报分析人员的研判，但并不是都能整合和反映其他情报机构的观点和信息。在对朝鲜半岛局势的评估上，中情局的报告与评估办公室（ORE）缺乏

---

① 林靖:《朝鲜战争中的美军通信情报活动》，载《情报杂志》2002年12期。

② Robert A. Culp IIB. A., Stephen F. *North Korean Invasion and Chinese Intervention in Korea*: *Failures of Intelligence*, Austin State University, August 2004, p.33.

③〔美〕詹姆斯·班福德:《秘密机构：美国国家安全局揭秘》，艾波等译，世界知识出版社2002年版，第29页。

及时的、加以整合的评估，史密斯对此非常不满。为了使中情局成为“决策者可资利用的最权威的评估报告”的生产者，他将报告与评估办公室分为三个部门。第一个部门由起草和整合国家情报评估的专家委员会组成，即国家评估办公室和委员会。第二个部门是新组建的动态情报办公室，负责为总统生产每日报告。第三个部门是研究办公室，负责开展超出既定情报机构工作范围之外的情报分析。情报界的成员履行他们固有的基本分析职责，中情局则不再重复这些工作，而将重点放在整合美国情报分析工作上。①

这些调整实施以后，美军在朝鲜战场上的情报工作有所改进，再也没有犯下战争之初那样大的错误。从长远看，情报界在失误之后的调整，总体上增强了情报力量，提高了分析工作的水平。

三、评析

美军情报部门在朝鲜战争期间出现了两次严重失误，但在此之后，经过改进和加强，情报部门仍然取得了相当的成就。总结朝鲜战争中的情报工作，以下几点值得思考。

（一）国家安全战略与意识形态决定情报工作的方向与方式

“美国人，包括美国政府，对原子弹的威力如此深信不移，以致他们认为原子弹是医治一切军事病痛的灵丹妙药。他们根据歼灭取胜来考虑战争的习惯是如此根深蒂固，以致偶然发生的有限战争的警报远未引起他们的重视，而且不管是人民、政府还是许多军人，都几乎无法想象会有一场规模小于第三次世界大战的共产主义军事进攻。”② 正是由于采取这样一种全面战争的策略，以致对在朝鲜或其他地区发生的局部战争没有给予足够的重视。情报工作的重点集中在对付苏联的大规模战争中，朝鲜战争初期美国出现情报失误也在所难免了。

另一方面，意识形态也对情报工作产生了影响。在“遏制理论”以及50

① Michael Warner J，Kenneth Mcdonal，*U. S. Intelligence Community Reform Studies Since 1947*，April 2005，Strategic Management Issues Office & Center for the Study of Intelligence，pp.11-13.

②〔美〕拉塞尔·F. 韦格利：《美国军事战略与政策史》，彭光谦等译，解放军出版社1986年版，第457页。

年代麦卡锡主义的影响下，情报工作也带有政治色彩，一切都以共产主义为重点，将朝鲜会不会发生战争放在意识形态之下来考虑，认定共产主义是联为一体的，在朝鲜的战争只是共产主义发动大规模战争的配角，一定在西欧有另一场更大的战争，情报工作也就迷失了方向。

（二）客观、中立的情报分析仍是情报工作的重中之重

从这场战争中，不难看出：情报分析工作仍是决定情报工作得失的关键所在。“情报分析方面的错误和行政方面的阻碍往往使得搜集情报方面花的最大力气功亏一篑。”[①] 从“重能力轻意图”的分析观念和决策者自欺的角度来看，情报分析不能从政治的角度出发，而应持中立立场，采取较为理性和客观的态度。

（三）战场上作战行动的失败与情报工作并不存在必然联系

朝鲜战争初期，美军情报工作的确出现了不少问题，而其时美军恰巧在战场上失利。这不免使人将战场上的失败归因于情报工作的失败。事实上，与战场作战的失败更加直接相关的是当时美军的低战备水平。美军“在日本的部队没有受到良好的训练……像 1950 年时期几乎所有的美国陆军编制一样，他们的单位是不满员的”[②]。这样的军队自然不能保证强大的战斗力。

另一方面，也应将情报技术水平的发展与当时的情报保障任务结合起来对战争中的情报工作做一个客观的评价。以空中侦察为例，朝鲜战争中，美军占有完全的制空权，因而也具有空中侦察的优势。但朝鲜多山多森林的地形使美军的空中侦察优势受到了限制，朝鲜人民军和中国人民志愿军也充分利用了美军空中侦察的缺点。空中侦察技术缺陷的暴露，一方面迫使美军加大技术开发的力度，于 50 年代中期发展了高空侦察飞机，1959 年发射了卫星；另一方面，也促使美空军订购更多的侦察机，到 1953 年 6 月，空军已拥有 255 架由 B-47E 改装的 RB-47E 型侦察机和 35 架 RB-47H 型侦察机。[③]

---

①〔英〕威廉·维·肯尼迪等:《现代情报战的内幕》，罗光夏等译，解放军出版社 1986 年版，第 105 页。

②〔美〕拉塞尔·F. 韦格利:《美国军事战略与政策史》，彭光谦、张孝林、赵汉生译，解放军出版社 1986 年版，第 458 页。

③〔美〕拉塞尔·F. 韦格利:《美国军事战略与政策史》，彭光谦、张孝林、赵汉生译，解放军出版社 1986 年版，第 473 页。

第二章　“滚雷”行动中的情报战

“滚雷”行动是越战期间，美国在错误的战略评估之下发动的空中作战行动。在围绕这次行动而展开的情报战中，交战双方各据优势。对美国来说，技术侦察是其情报工作的亮点；而对越方来说，凝聚着政治、地理、语言和文化等因素的人力情报则是最大的优势。美国最终没有能利用好与南越当局的情报合作关系来弥补它在人力情报上的劣势。“滚雷”行动也并没有实现其战略目标。

一、“滚雷”行动简介

20 世纪 50 年代法国从印度支那退却之后，美国开始介入越南事务。1954 年，美国牵头成立了东南亚集体防务条约组织（包括英、法、澳、新、菲、泰、巴基斯坦），把越南南方划入由美国实际操控的东南亚集团的“保护”范围。1955 年 1 月以后，美国趁法军撤离之机，向南越派遣大量军事人员，将“美驻印支军事援助顾问团”改为“美驻南越军事援助顾问团”，取代了法国在南越的地位。同时，美国积极扶植西贡吴庭艳傀儡政权，驱使其发动大规模“肃共”“灭共”运动，对赤手空拳的南越人民进行血腥镇压。到 50 年代末，美国已经控制了南越的经济命脉和军队，并不断向南越输送武器装备，在南越建立了多个海空军基地。面对南方政权的腐朽统治和美国的不断渗透，越南人民坚持斗争，开始了反对美国侵略，争取实现国家统一的民族解放战争。

越南抗美救国战争从 1961 年 5 月至 1964 年 7 月为“特种战争”阶段，主要是美国出钱、出枪、出顾问协助南越伪军进行所谓的“反游击战”；从 1964

年8月到1968年12月为局部战争阶段，这一阶段，美国逐步扩大战争规模，将战火引向越南北方。1964年，美国以“北部湾事件”为借口，对越南北方进行轰炸，这成为由“特种战争”转入“局部战争”的前奏。此后，美国侵越战争转入“南打北炸”阶段，即在越南南方以地面作战为主，在越南北方以空袭为主。自1965年2月7日对越南北方的大规模空袭开始，至1968年10月31日约翰逊宣布“全面停炸”时止，历时3年零8个月，代号“滚雷”行动（the Rolling Thunder）。开始时，轰炸集中于北纬20度线以南地区，后逐步扩大到越南和中国的边境地区。其基本目的是切断越南北方与南方的联系，阻断中国对越南的物资援助，使南方陷入孤立无援的境地。为此，美军的轰炸强度不断加大，由每日几十架次到最多一天749架次。轰炸重点为南下交通线、运输补给基地、机场和防空设施等目标，并多次轰炸河内、海防。整个轰炸期间，用于空袭越南北方的美机数量，约占美国用于印度支那战场全部作战飞机的35%，据美国防部1968年7月31日透露，共投掷各种炸弹达258万吨，为侵朝战争的4倍。与此同时，美军还集中了200多艘舰艇对南越沿海实施多层次的巡逻封锁，每日还出动包括B-52等在内的各型飞机数百架次，对越南南方进行“空中支援”和对“老挝走廊”进行封锁，妄图截断南下补给线。

从过程上看，“滚雷”行动经历了逐步升级、全面轰炸、部分停炸到全面停炸等几个阶段：

逐步升级阶段（1965年2月7日—1966年6月底）。1965年2月7日—5月中旬为第一步，集中轰炸20度线以南地区：空袭规模由每天出动30、40架次增加到每天出动240架次；空袭时间由白天轰炸发展到昼夜进行；空袭目标开始为兵营、仓库、雷达站等，后转为以交通系统为主。1965年5月中旬—1966年6月底为第二步，美军突破20度线的界限，将空袭地区扩大到河内—老街和河内—友谊关铁路线以及河内、海防周围地区；空袭目标仍以交通系统为主；空袭范围扩大到整个越南北方，靠近中国的老街等地也多次遭到空袭。

全面轰炸阶段（1966年6月底—1968年3月底）。1966年6月29日，美机轰炸了河内、海防的石油设施，突破了美军自己划定的所谓“禁区”。此后，美机除继续轰炸过去的目标外，又轰炸了河内、海防地区的油料、工业和交通系统，并多次袭击机场、水利工程和居民区。空袭强度也较以往增大，平均每天出动飞机约300架次，最多一天达749架次。

“部分停炸”到“全面停炸”阶段（1968年4月—10月）。美国总统约翰逊迫于政治、经济危机和国内外的压力，于1968年3月31日抛出了“部分停炸”

方案。此后，美机即集中轰炸北纬19度线以南到非军事区的狭长地带，重点对“胡志明小道”[①] 实施遮断轰炸，同时保持对整个越南北方的空中侦察。“部分停炸”期间，由于和谈的需要，轰炸范围虽有缩小，轰炸强度反而大大加强，出动飞机最多是每天达380架次，对交通目标和各种活动目标的攻击次数也显著增加。在越、美第28次巴黎会谈之后，美国宣布从1968年11月1日起，“全面停止”对越南北方的轰炸和炮击，只是保持每天平均出动10架次左右的各型侦察机，加强对越南北方的侦察。[②]

“滚雷”行动期间，美对越南北部空袭共10.77万次，投弹258万余吨。越南北方军民则实行军队防空与群众防空相结合、消极防空与积极防空相结合，开展全民防空运动。在反空袭斗争中，共击落敌机3300余架，打破了美军“空中优势不可打破”的神话，有效地挫败了美国的“北炸”企图。美国的战略轰炸给越南造成了巨大损失，但是轰炸没有达到切断越南北方对南方的人员和物资补给，摧毁越南北方军民抵抗意志的战略目的。

二、“滚雷”行动中美军的情报支援

美国在越南战场拥有完备而发达的情报系统、先进的情报侦察平台与技术。其遂行情报支援的情报资源相当丰富，相关组织机构包括：国家情报评估办公室；中央情报局；国防情报局；国家安全局 ；国家侦察办公室；海军情报办公室；联合情报军事支援司令部（南越）；联合情报中心（南越）；联合军事审讯中心；联合文件开发中心；联合材料开发中心。[③] 这些机构分工负责，在向美国的决策层提供有关越南战争进展的战略情报的同时，也向实施战略轰炸行动的第7航空队和第7舰队的空中力量不断提供关于敌人战略目标、交通运输线、兵力行动以及轰炸效果评估等情报。美国对轰炸行动的情报支援是非常全面的，情报支援手段多种多样。

① 贯穿越南9号公路向南延伸至柬埔寨的南北公路网。

② 许方策：《20年战争管窥：当代局部战争战例选析》，军事科学出版社1989年版，第32—35页。

③ Colonel John Hughes-Wilson，*Military Intelligence Blunders*，New York：Carroll & Graf Publishers，Inc，1999，p.172.

（一）人力情报支援

早在1955年关于印度支那半岛问题的日内瓦协议之后，美国就开始对越南进行渗透，中央情报局就开始培训越南特工，然后让这些特工在海防登陆，在北越潜伏下来搜集情报，待命行动。在整个60年代，中央情报局西贡站一直负责组织针对越南北方的低级别间谍活动，以广泛掌握越南北方的军事、政治、经济、外交等各类情报。其中最著名者为“34A”[①]行动。这是一项先由中央情报局组织，后由国防部太平洋战区接手的情报活动，其任务就包括利用在北越的间谍进行情报搜集，针对交通运输线进行秘密侦察，为寻找轰炸目标、监听北越通信等做准备。1961—1963年间中央情报局在北越安插了近250名间谍，从事情报搜集活动。这些活动获得了关于北越军营、机场、铁路、公路、桥梁、雷达阵地，以及各种物资仓库等重要目标的丰富的情报资料。为了对胡志明小道进行有效的轰炸与破坏，1964年，美国援越驻军司令威斯特摩兰亲自参与组建了一支特殊的“研究和观察大队”，对胡志明小道采取侦察行动。上述一系列侦察行动，使美军掌握了越南北方的军营、雷达阵地、机场、弹药库、桥梁和仓库等战略目标的相关情报，为轰炸行动奠定了一定基础 。

但是从总体上来看，这些行动成效多不大，大量情报人员丧命于越南战场。原因有二：一是自然环境，丛林不仅有利于掩护军事行动和伪装、隐藏目标，而且有利于熟悉地形的北越人员寻找和打击美国特工；二是人民战争的政治环境，在这种环境中，越南民众本身形成了一张密集的侦察监视网络，美国情报人员要在其中开展工作非常困难。

（二）信号情报支援

美国人在介入之初，就接收了法国人在越南的信号情报侦察系统；此外，美军在整个越南和老挝拥有多个信号监听站，负责对北越当局的密电码通信进行侦听，获取北越当局的各类情报，尤其是核心内幕性情报，这种情报的可靠程度是最高的。在针对越南北方的“滚雷”轰炸行动中，这些信号情报侦察力量监控着北越向南越进行支援和渗透的动态，并将这些情报传给美国海空军的空中突击部队，以帮助他们准确轰炸越南北方南下的交通运输系统。

---

①〔美〕麦克纳马拉:《回顾越战的悲剧》，陈丕西等译，作家出版社1996年版，第142页。

此外，美军为有效开展电子战，对北越的电子系统展开了全方位的情报侦察，在“德索托巡逻”中，配备有特殊装置的美国海军舰艇，在公海上接收北越沿海基地发射出来的无线电和雷达讯号。这些电子情报被用来支援海军作战飞机对北越港口、海军基地的轰炸行动。美国空军和海军均拥有装备了高性能电子侦察系统的专用侦察飞机。如“民团团员”式飞机除照相侦察设备外，还装备有高性能的 ALQ-61 电子侦察系统。为了应对 SA-2 防空导弹的威胁，中央情报局曾将其多项情报搜集计划合并为一项，即所谓“联合努力”计划，对“瑞安 147E”无人机进行了改装，为其装上能覆盖导弹制导信号、脉冲转发器和导弹引爆雷达使用频带的接收机。无人机还装有发信机，用来转发接收的任何信号。每架无人机还带有一台雷达回波增强器，使其成为有吸引力的目标。以上行动确立了美军在电子情报方面的优势。

（三）航空情报支援

美军具有强大的空中力量，现代的美国侦察机机组成员可充当司令官的耳目，他们使用一系列效果显著的先进航空照相机和传感器来获得有关敌人和他们所处环境的照片和电子情报。美国空军配备多个型号的侦察机，包括以 U-2 为代表的战略侦察机以及由战术飞机改装的侦察机，如 RF-4C 型以及 RF-101 型。侦察机飞行员事先为攻击机飞行员提供照片，让他们了解目标及其防御的情况，然后再跟随他们飞到目标上空记录破坏的情况。美国海军也拥有性能先进的侦察机，例如海军第 7 侦察攻击机中队的 RA-5C“民团团员”式飞机。这种装备了先进侦察设备的飞机所搜集到的照相情报和电子情报，经过综合处理，传给航空母舰编队的“综合作战情报中心”，从而为海军轰炸服务。美国同时还拥有“火蜂”无人驾驶侦察机。如此先进的航空侦察平台与设备，北越当局是不可匹敌的。

然而，这些侦察平台与设备并未发挥理想的效果，尤其体现在轰炸后效果评估上。一方面，侦察平台受到北越防空系统的火力威胁，不少飞机和侦察照片都落到了北越人员手中；另一方面，航空照相侦察技术有限，飞机为了避开防空炮火，往往在较高的高度进行侦察，从而影响了侦察效果。

（四）美越（南越）情报合作

美国情报工作也存在局限，如对越南地理环境不熟悉、语言文化存在障碍等。原本这可以通过南越当局情报机构的工作来弥补，然而，盟友之间的合作并不和谐。相互猜疑与不信任造成了很多的不必要的损失，例如在“联合情报中心”里，南越的情报官员不能接触到所谓的“高级别”材料，如美国国家安全局的“信号情报”。相应的，南越的情报官员出于自身考虑而不愿意把很多至关重要的人力情报交给美国情报部门，这间接造成了北越当局情报优势的扩大化。①

总的来看，尽管美国拥有情报资源的优势，但是在这场不对称的战争中，美国情报力量并未取得与其资源相匹配的成绩。整个越南国境覆盖着大片的森林，侦察飞机照相只能获得关于越南北方固定军事目标的相关情报。北越当局根据这种情况，对相关设施进行积极转移，减少了美军轰炸所造成的损失。此外，美军通过航空侦察获得的北越军事力量的情报要么十分有限，要么漏洞百出。由于北越采用游击战的作战方式，其指挥通信十分原始，美军的信号侦察不能在轰炸行动中发挥决定性的支援作用。美军虽然不断获得大量关于敌方防空系统的电子情报，但是由于北越军队创造性战术的运用，以及不断得到苏联和中国新式防空武器的支援，美国空中力量在进行轰炸取得战果的同时，也付出了沉重的代价。在自身情报资源优势不能有效发挥的情况下，美军的人力情报活动虽然从不间断，但是能为美国空中力量提供的情报支援却十分有限。这从美军不断轰炸清化桥，不断袭扰胡志明小道却收效甚微的作战中，就可看出其准确情报的严重缺失。

三、“滚雷”行动中北越的情报支援

北越在“滚雷”行动中的情报支援相对来说是比较出色的。它充分发挥了自身人力情报的优势，同时努力避开在技术情报侦察方面的劣势。“越共所掌握的美军将采取的作战行动的细节比多数美军参战部队掌握的还多”②，充分保障了北越军队实施的防空作战，给美国空军和海军造成了飞机的大量损失。北越情报工作的优势在于“越南人在本土活动”，其显著特点是主要依靠人的因素来获取情报，而不像西方的情报机构那样依赖于先进的科学技术。

---

① Colonel John Hughes-Wilson, *Military Intelligence Blunders*, New York: Carroll & Graf Publishers, Inc, 1999, p.185.

②〔美〕詹姆斯·邓尼根，雷蒙德·马塞多尼亚：《美军大改革：从越南战争到海湾战争》，军事科学院外国军事研究部译，海南出版社1999年版，第72页。

（一）覆盖面广的越共基层组织

越共当局以“人民战争”来对抗美军的现代化海空作战，“为打败美帝国主义的现代化空军和海军，越南北方军民进行了一种崭新的人民战争：全民打敌人的飞机和战舰，全民做防护工作，全民保证交通运输”[①]。在这种思想指导下，由共产党的地方党部领导的基层政治组织遍布全国大部分地区。这些基层组织在防空作战、情报保障、物资运输、兵力补充、后勤补给等各个方面均发挥了巨大的作用，尤其在情报保障方面更是拥有巨大优势。对美军来说，无论是空军基地，还是海军港口，到处都没有安全感，甚至在南方的西贡和海军陆战队的防线以内也是如此，似乎都暴露在越方的眼皮底下；在农村地区，所有的美军几乎都处在越方的监视之中。这种态势帮助北越当局获得了大量关于美国海空军实施空中突击的动态情报。

（二）卓有成效的特工活动

北越当局在越南南方开展了卓有成效的特工活动。由于拥有语言和文化优势，北越当局和越南南方的越共在南越政权内部安排了大量的情报人员，他们角色繁多，身份各异，都为越方广泛搜集情报。同时，他们还对南越政权的人员进行策反和拉拢。民族主义的政治优势使得这种策反和拉拢往往很成功。美国中央情报局1970年5月的一份报告指出：“在南越的政府机关、军队、警察、情报机关或同美国有关的机构中，为北越工作的人员达3万人。”[②] 此外，在南越军和美军的南越雇员中，有大批越共的同情者。这些越共同情者为北越当局的防空作战提供了大量关于美国海空军的技术资料、作战计划等重要情报，不仅延长了防空作战的预警时间，也大大促进了对被袭目标的保护工作。北越总参谋长文进勇将军在回忆录中说：“我们没有侦察机，依赖潜入敌军阵营的‘居民’的报告进行对空炮击，这些报告非常准确。”

（三）军民结合的防空警戒观察网络

在人民战争的防空作战理论指导下，战术上，北越当局建立了群众性的防

①〔越〕武元甲：《抗击美国海空战争的人民战争》，越南外文出版社1975年版，第34页。

②〔日〕朝日新闻社：《新情报战》，曹章祺等译，海洋出版社1985年版，第91页。

空警戒观察网络，为高炮部队、防空导弹部队和防空战机部队提供情报支持。为严防敌机偷袭，弥补军队对空观察网的不足，越南北方各省、县、乡普遍建立了群众性的对空警戒观察哨，并建立了报知、音响警报通信系统。北越当局还利用沿海高地设立观察哨，建立顺畅的通信联络，简化通报手续，做到目标指示联动化。防空指挥机关正是利用这个网络指挥群众性的防空作战。在防空部队，每个营派出1—2个远方观察哨，距离8—10公里；对阵地进行严密观察；每个连设3—4名对空观察哨，区分观察界、组成环形观察网，及时判明美国的主攻方向。这些措施一方面减少了美军轰炸所造成的损失，另一方面也大大提高了防空作战效率，使美军付出了更大的代价。

在应对“滚雷”行动的情报战中，北越一方充分利用地理环境的特点，对美军的侦察对象进行隐蔽和伪装；充分利用人民群众的力量，破坏美国特工的渗透；创造性地革新战术，依靠现有武器装备开展电子对抗。与此同时，千方百计利用潜伏在敌方的情报人员，利用越南南方的革命力量，依靠最广大的人民群众，开展情报搜集工作，通过覆盖广泛的基层组织网络来传递情报，取得了较大成功。面对强大的空中攻势，无论是在保护交通线，守卫战略目标还是在防空作战方面均取得了不俗战绩，挫败了美国的战略意图。

四、评析

“滚雷”行动是美越双方运用战争实力进行综合对抗的结果。对美国来说，之所以最终失败有多方面的综合因素。从战略层面来说，表面上看是战争的政治目的对军事行动形成了束缚，而从根本上说，则是缘于非科学的战略决策；战役战术层面则涉及技术、人员、环境、战术等各个方面。在这些因素中，情报是一个不可忽视的重要因素。美国错误的战略计划与战略指导跟情报分析与评估质量不高密切相关；而美军空袭作战的失败则与战场情报支援不力有着紧密联系。

（一）战略评估攸关战争成败

战争是政治的继续，军事力量的使用服务于政治目标的实现。而在战争中，政治目标是什么，军事力量又应如何正确使用，往往是令人困惑的问题。从越战的实践来看，美国的失败事实上是国家决策当局对于这两个问题的错误认识。美国人不仅对冷战大背景下的中苏关系缺乏深刻认识，也对越共集团的民族主义立场缺乏了解，从而树立了不合理的政治目标；同时，由于美国对越南的地理、历史、语言、文化也缺乏深刻的认识，从而错误地使用了军事力量。战略的失败或许源于反共的思维定式和冷战的国际格局，但战略评估是整个国家情报工作成果的体现，从结果来看，美国的战略评估是失败的，情报部门难辞其咎。

（二）技术优势不等于情报优势

美国拥有领先于世界的科技能力，开发出了多种高技术传感器，也拥有与之相匹配的先进情报侦察监视平台。但是由于特殊的地理条件、复杂的人文环境、情报机构的协同问题、美越情报合作问题，在越南战场上，其技术优势并未转化成压倒性的情报优势，有效地为作战服务。情报部门无法很好地辨识丛林地带的隐蔽与伪装；没有一块越南地区能保证不存在北越的特工；情报机构之间缺乏有效沟通与交流，情报产品往往错误百出。由此可见，技术优势并不等于情报优势。

（三）非对称作战中弱势方可以在一定范围内夺取情报优势

“滚雷”行动中交战双方实力悬殊，越南北方能够挫败美国的战略意图，除了坚定的战斗意志、源源不断的外来援助以及正确的战略战术之外，出色的情报工作功不可没。北越情报工作的成功证明，即便在实力悬殊的非对称作战中，弱势方只要善于充分利用和发挥自己所长，仍然可以形成情报优势。而情报优势是作战优势的重要基础，更是夺取战争胜利的重要保证。

第三章 第三次中东战争中的以阿情报斗争

一、战争简介

1967 年，美苏两国对中东地区的争夺加剧，阿拉伯国家反控制、反扩张的斗争日益发展。在这一年的 6 月 5 日至 10 日，以色列与阿拉伯联合共和国（埃及）、叙利亚、约旦、伊拉克等阿拉伯国家之间爆发了以争夺西奈半岛和加沙等地区为目的的第三次中东战争，也称“六五战争”“六月战争”“六日战争”。

第二次中东战争后，以色列不甘心失败，念念不忘寻机报复，而埃及总统纳赛尔在胜利面前有些大意，加上受苏联的蒙蔽，对以色列未能保持高度警惕，这就给以色列发动突然袭击以可乘之机。1967 年 6 月 5 日，在美国支持下，以色列借口封锁亚喀巴湾，向埃及、约旦、叙利亚等阿拉伯国家发动了突然袭击。以军趁埃军开饭和军官上班前戒备松懈之际，集中使用 200 架飞机空袭埃及空军基地，将埃军大部分飞机摧毁于地面，而后又击毁叙利亚、约旦的大量飞机；随后出动了 22 个旅的兵力实施多方面快速突击，仅 4 天时间就攻占了埃及的西奈半岛、约旦河西岸及耶路撒冷的约旦管辖区、加沙地带和叙利亚的戈兰高地。阿拉伯国家对以军的突然袭击缺少应有的准备，武器装备也很陈旧，无力对抗以军，结果损失惨重。约旦、叙利亚、埃及相继被迫同意停火。在 6 天的战争中，以色列以伤亡 809 人的轻微代价，占领了阿拉伯国家 6.5 万平方公里的土地，迫使 100 万阿拉伯人和巴勒斯坦人逃离家园，沦为难民。

第三次中东战争中，兵力明显处于劣势的以色列（军力对比如下页表所示），能通过成功的“闪击战”取得巨大的军事胜利，很大程度上得益于其出色的情报工作，而从另一方面来看，阿拉伯国家特别是埃及的众多情报失误正是导致惨败的重要原因之一。

表 1　开战前以色列与阿拉伯国家兵力对比[①]

	总兵力（人）	坦克（辆）	装甲车（辆）	飞机（架）
以色列	25 万	1000	1500	290
阿拉伯国家	32.8 万	2300	1800	680

二、以色列的情报工作

（一）对国际形势的准确判断和利用

美苏两国在中东阿以冲突中，虽然各支持一方，积极插手，却又都力求避免发生正面对抗。以色列利用了美国始终支持本国立场的机会，成功地在一些关键时刻“拖着美国的对外政策行走”[②]。

1967 年 5 月 22 日埃及宣布封锁蒂朗海峡后，美国即明确表示支持以色列。以色列则接受了美国提出的“48 小时内暂缓向亚喀巴湾派出船只进行示威性通航”的建议，并于 25 日派外长埃班前往华盛顿，同美国总统约翰逊、国务卿腊斯克、国防部长麦克纳马拉紧急磋商，谋求美国的具体保证。约翰逊对埃班说：“以色列不会孤立，除非以色列单独行动。”并保证“美国会在军事上充分保卫以色列。”

26 日，苏联在关键时刻向约翰逊建议“两国采取行动缓和中东局势”，即苏美分别承担约束埃及和以色列的任务；当天，约翰逊即照会以色列总理艾希科尔，要求他“不诉诸武力”。以政府接到照会后，耍了一个花招，成功地借助一份假情报，借美苏两大国、特别是苏联之手束缚了埃及的行动手脚。以总理艾希科尔通知美国政府说，他已得到埃及即将发动进攻的“紧急情报”。美国立即将“情报”告知苏联政府，并召见埃及驻美大使卡迈勒，要他立即将约翰逊的信转交给纳赛尔。信中说：“埃及必须停止采取任何可能导致大规模战争的军事行动。”苏联得知此事后十分紧张，命苏联驻埃及大使立即求见埃及总统。纳

① 王绳祖主编：《国际关系史》（第九卷）（1959—1969），世界知识出版社 1996 年版，第 291 页。

② 王绳祖主编：《国际关系史》（第九卷）（1959—1969），世界知识出版社 1996 年版，第 293 页。

赛尔于5月27日凌晨3时被叫醒接见苏联大使。苏大使向他转达了美国通知的内容，并强调埃及不能首先开火，“因为开第一枪的人在政治上处于难以防守的地位……苏联已从美国得到保证，以色列不会发动进攻。如果以色列发动进攻，苏联不会坐视不顾。如果纳赛尔发动战争，他必须依靠自己单独作战。”[①]

5月31日，以情报部长迈耶·阿米特秘密飞往华盛顿，会见了美国中央情报局局长理查德·赫尔姆斯，进一步谋求美国的支持。赫尔姆斯根据刚刚开过的欧洲共产党会议分析，虽然苏联对西方的政策变得更强硬，在中东也蓄谋制造事端；但苏联的目的只是想借此来牵制美国对越南的军事行动，并不打算冒真正和美国在中东冲突的风险。6月1日，赫尔姆斯介绍阿米特给国防部长麦克纳马拉。麦克纳马拉听了阿米特的意见后说：“明白了。我刚刚听到达扬将军就任国防部长的消息。1965年在他访问越南之后我曾有机会和他谈话。他是一位善于对形势进行深入分析的人。我希望他能完成自己的使命。”怀着美国国防部长的“希望”这一重要讯息，阿米特当晚就回到特拉维夫向总理艾希科尔和国防部长达扬作了汇报。以决策层正确地作出判断：美国已默认以色列军事行动的意象，它的限制已不复存在了。[②] 6月2日，达扬和以军参谋长拉宾就完成了作战计划的最后审订，并于3日顺利得到批准。

（二）巧妙的战前欺骗措施

战争前夕，以色列为发动突袭，在战略、战术层面均实施了几乎完美的情报欺骗。

首先，以政府上层开展了战略层面的欺骗活动，麻痹对手。

6月1日，作为“鹰派”首领而闻名于世的达扬突然被任命为以国防部长，阿拉伯各国领导人与世界各国有识之士对此都深感吃惊，认为“以色列已下定了战争决心”；但3日夜，达扬在就任后的第一次公开演讲中，却发表了令人难以想象的讲话。次日清晨，《耶路撒冷邮报》做了如下报道：“达扬国防部长说，……对于埃及封锁蒂朗海峡的问题，以军事手段来对付已为时太晚，而采取外交行动，下结论又为时过早。达扬宣布：‘政府……在我上任之前就采取了外交手段。我们一定要在外交上给予解决问题的机会’……”这篇讲话很快

① 李云龙主编:《战后之战》(中册)，解放军出版社1994年版，第689—690页。

②〔日〕田上四郎:《中东战争全史》，军事科学院外国军事研究部译，解放军出版社1985年版，第101—102页。

就通过报纸和电报传送到全世界各个角落。为使人们相信该声明，达扬施展了一系列“障眼术”：第一，让数千名官兵休假，周末到热闹繁华的场所去游玩，以色列各报星期天的晨报则都以照片形式大肆报道官兵们在海滩和酒吧游玩的情景。第二，6月4日，以色列按惯例召开了内阁例会并发表新闻公报，向有关宣传报道部门公布讨论的主要议题是：债券和税捐、移民和退伍军人的雇用、与比利时的文化交流、同秘鲁协作开发和平利用原子能，等等。

这些情况使得阿拉伯各国领导人安心地渡过了星期日（6月4日）的休息时间。达扬在他后来写的《紧急突击——以色列六日战争的战史》一书中却清楚地写道，他的声明“通篇都是假话”，4日内阁会议的真情是“经过7个小时的讨论后，终于决定开战”，这些欺骗手段收到了很好的效果——“不仅欺骗了敌人，甚至迷惑了本国国民”，“从世界各地云集而来搜集战争情报的各种人员，都同往常一样……发稿后各自回去休息了”。

以色列的战略欺骗直到开战前最后一刻还在继续，主要是为对付国际舆论和向美国交代。为避免遭致联合国的起诉、被谴责为“侵略者”并被强行停战，以色列刻意留给人们“全面战争是由埃及首先挑起”的印象。6月5日晨8点55分（开罗时间）①，以色列发出第一次空袭警报；实际上，10分钟前，以空军飞机就已发起攻击。9点15分，以广播电台突然中断节目，由国防部长达扬的匿名发言人向全体公民发表公告：“为对付埃及军队的攻击，战争现在已经开始。”斗争的舞台就此从军事转向外交。以外长埃本立即飞往纽约，连续采取“先发制人”的外交措施，在联合国会议上“将政治谎言和国民的愤怒交织在一起”，口诛笔伐“埃及的挑衅行为”。

其次，以军各军种与政府配合，在战术上“欺敌”“误敌”，使阿拉伯各国特别是埃及的军队按照以色列所希望的那样进行配备。

1. 海军

以色列只拥有小规模海军，且较为落后，难以在地中海沿岸有力配合陆军在西奈战线发动的进攻。开战前几天，以海军装扮出准备以主力在以红海的亚喀巴湾为中心的地区实施登陆战的样子，故意在昼间大张旗鼓地从陆路将本国驻红海海军部队仅有的4艘鱼雷快艇运往埃拉特，晚上又偷偷地将它们掩盖好、返回原地。这样循环运送几天后，埃及终于中计，在开战前两天将2艘驱逐舰（占埃海军总兵力的30%）从地中海调到了红海。

① 以色列时间顺时前推一小时，即7点55分。以下除特殊说明外，均为开罗时间。

2. 陆军

开战前，埃及在西奈地区配备了 7 个师的兵力，以军在当面仅能集结起 3 个师。按计划，以军的主要突击方向将是面对苏伊士运河的正西方。为使埃军误认为一旦战事爆发、西奈中部战线的以军的主攻方向将是西奈南部，时任以军装甲师师长的沙龙在战线南部配置了大量假坦克；在后方地域，则让小规模的坦克部队来回移动，并堆起很多土堆，看上去好象有大规模的坦克部队集结。埃及方面果然产生了错误印象，认为以军主力部队将通过孔蒂拉向南方的亚喀巴方向进攻，从而将注意力南移，致使战争打响后，在西奈中部战线以军的配合下，沿地中海海岸西进的以军几乎未遇任何有力抵抗，仅三天即兵临苏伊士运河东岸。

3. 空军

以色列空军的主要任务是分散位于作战地域正面的埃及空军兵力。为此，以空军与海军采取的措施相呼应，增强对亚喀巴湾和红海地区的空中巡逻，引诱埃军认为它企图对西奈南部地区进行空中攻击。埃及果然将第一线的 20 架苏制飞机从西奈北部的基地转场到了南部基地，结果这 20 架非常重要的飞机在开战的重要时刻没有发挥任何作用；更糟糕的是，战争打响后，这些飞机接到紧急情况报告立即返航时，机场跑道已被炸毁；正在束手无策时，却被正在那里等候的以军飞机击落了。以色列空军在攻击前也进行了出人所料的欺骗行动。空中攻击发起前，通常都要采取电子干扰措施；以空军 6 月 5 日发动首轮攻击时，为避免实施电子干扰会促使埃军进入戒备状态，从而妨碍达成袭击的突然性，并未实施电子干扰，而是选择了海上秘密迂回、超低空突防的战法，即：机群并不直奔埃及，而是利用西奈半岛上的萨马里山和朱第安山的阻挡，超低空进入地中海，飞过尼罗河后，在地中海上拐一个弯，以超低空的飞行高度直插埃及腹地的各个机场。事实证明，以空军在埃军没有丝毫察觉的情况下，就成功地实施了攻击。

（三）战场情报的正确使用

以色列国防军认为，“情报是战斗力，有助于发现决胜点和捕捉战机”，“战役战斗情报和战略情报的连续性极为重要。”[①] 在六天战争的突然袭击及后续作

①〔日〕田上四郎：《中东战争全史》，军事科学院外国军事研究部译，解放军出版社 1985 年版，第 103 页。

战中，以色列情报部长阿米特指挥的“战场之雾”作战起到了不可忽视的作用。“战场之雾”作战的任务是：向己方战斗部队提供准确的敌军情报，特别是敌空军基地的情报（例如准确地通报假飞机的位置）；同时，乘双方战斗情况混乱之机，充分地利用己方的成功和敌人的失败，扰乱敌军指挥，引诱敌人进入圈套，将敌军部队引向错误的方向，使敌高级指挥机关产生混乱、误解和错觉，促使敌军丧失士气，破坏敌军的指挥体系。[①]

以色列能在开战后最初的170分钟内就在地面上成功摧毁埃及空军主力飞机300多架（占其第一线飞机的90%；空袭后，能够升空的埃军飞机只有8架），奠定了在极短时间内取得决定性胜利的基础，很大程度上要归功于对战场情报的搜集和正确使用。

1. 攻击时刻的选择

攻击时刻的正确选择，是突袭获得成功的重要原因之一。正是根据以色列国家情报部的特工和持续数月的侦察机高空侦察获得的情报，以军将发起空袭的时间定在了星期一早晨8点45分（开罗时间）。这主要是出于以下几点考虑：

第一，这样可以避开埃军的最高戒备时间段。以情报部门对所获情报进行综合判断后认为：上午8点30分是埃军戒备最松懈的时间。这是因为，埃军根据第二次中东战争的经验和过去以空军在拂晓进行的空中训练情况，形成了这样的定势思维：对突袭特别拿手的以空军惯于利用休息日发动进攻，而且选择的时间都是天刚蒙蒙亮的时候，因为这个时候人的警惕性最低，空袭最易得手。因此，5月中旬以来，埃军每天拂晓时分总有2架米格-21在空中巡逻，另有数架处于半待命状态，各处雷达在早上5点统一开机，随时准备告警和截击，周末则尤其警觉；但过了2～3小时，到7点45分以后，埃军的雷达就会关机，飞机则结束早晨的巡逻、返回基地加油。这就会出现一段很长的防卫空白时期，这也是埃军飞行员飞行训练中难以发挥战斗力的时间。以军随即将计就计：就在埃军的森严戒备开始解除的时刻——周一早晨8点，以空军正式出动；8点45分飞临埃及各个机场上空时，埃军雷达兵正在换班，飞行员们则刚洗漱完毕，机场上空没有战斗机巡航，机库里的飞机也还没有拖出来。由于空袭来得突然，第一批炸弹落下时，埃军大部分人都跑到掩体里去了，几乎无人想到让己方战斗机紧急升空迎击，也没有人考虑到去脱掉高射炮的炮衣。

①〔日〕岩岛久夫：《突然袭击的研究》，空军指挥学院研究部译，解放军出版社1986年版，第88页。

第二，能够使以军飞行员发挥最佳的作战状态。以军以往在拂晓进行攻击训练时，飞行员在出击前 3 小时就得做好登机准备，没有睡眠时间。按照计划，飞行员需坚持 36 小时，到开战后第二天黄昏才解除战斗值班，睡眠必然不足。首批飞机若在以色列时间 7 点起飞，45 分钟后发动攻击，飞行员就可睡到凌晨 4 点。

第三，此时太阳的位置对于准确轰炸和突防最为有利。尼罗河在拂晓时多浓雾，7 点 30 分雾才会消失，如果早晨天气晴朗，8 点钟的视界是最好的。以军飞机进行大迂回后，就可借助良好的视野，从精心设计的方向发动突袭。空袭开始约 10 分钟后，埃军高炮才开始向飞临的第二批以军飞机开火，但以机是背对阳光发起攻击的，刚好使埃军防空部队尤其是高炮面对阳光、无法瞄准。①

第四，可以利用埃及上班高峰期时的混乱局面。为什么必须是 8 点 45 分？9 点或者 9 点 15 分不是也符合以上 3 点考虑吗？这是因为，埃及人通常都是上午 9 点上班；此前 15 分钟，上班的车流和人流会把埃及各城市特别是开罗的主要街道挤得水泄不通，正在上班路上的埃军各级指挥人员不会迅速到达岗位。

2. 其他打击要素的判定

在打击要点和打击顺序的选择方面，以军也考虑得非常周到。机场是个大目标，包括飞机、掩体、机库、维修站、弹药库、油库、跑道等，第一波攻击一定要打在要害处。战争爆发前，以军飞行员就被告知：他们的首要任务是炸毁机场跑道；除非半途遭到拦截，否则不准介入空战。为集中力量摧毁跑道，以军冒了很大风险：把几乎所有的飞机都投入孤注一掷的突袭行动，只给首都防卫和后备梯队留下 12 架战斗机！从 8 时 45 分到 11 时 35 分，以军飞机分 17 批次、以每次不到 10 分钟的间隔起飞，川流不息地进行轰炸。首批以军飞行员摧毁了机场跑道，随后赶到的以机则把炸弹投向陈列在机场上、已无法起飞的飞机（这些飞机，除少数几架外，大部分是假的，是用来迷惑以军的。但以色列情报部门事先已把这些情况摸得一清二楚，炸弹准确地落在真目标的位置上）。由于以机采取了多波次的轮番穿梭式打击，不仅确保了对跑道的彻底毁坏，埃及的飞行员、抢修跑道的地勤人员以及部署在机场、雷达站附近的萨

① 凑巧的是，5 日早上，埃及副总统兼武装部队总司令阿密尔元帅带着一群高级将领乘专机到西奈视察，埃军各部队都接到指令：为避免误打误撞，元帅升空期间，埃及领空实施禁空，禁止高射炮开火。这也是埃军防空部队命中率奇低的一个原因。

姆防空导弹和高射炮都成了以空军的活靶子。[①]

更值得一提的是，以空军在战前就根据侦察到的机场情况，对使用的炸弹专门进行了改装。以军主要使用了 3 种炸弹：威力巨大的 500 和 1000 磅重型炸弹被用来破坏机场设施和跑道，由于是超低空突防，为避免炸弹爆炸时产生的巨大冲击波伤及己方飞机，以军事先都在这些炸弹上拴系了小型的特制降落伞，从而减缓了它们的落地速度，使飞机有时间在投弹后迅速爬高；而对于地面战打响不久后即可攻取并利用的阿里什机场，投放的则是只破坏飞机而不破坏设施的特种炸弹。[②]

3. 战场上的情报欺骗

在确保己方“先知”“全知”的同时，以色列情报部门也在通过各种手段欺骗战场之敌，使之既不“知己”也不“知彼”，被牢牢地牵着鼻子走：

第一，根据以情报部的建议，以军方与政府步调一致地隐瞒事实真相，别有用心地对敌传播假信息，使政治与军事方面的欺骗活动相呼应。以方视情况推迟或提前发表新闻、声明的做法，大大提高了作战效果。例如，以军占领约旦河西岸重镇杰里科时，以官方明知从历史、宗教和民族各方面背景看，占领该地的消息新闻价值很高，宣传效果亦很大，却故意推迟 48 小时之内发表这一事实。这是因为，以官方将杰里科在军事上的地位置于政治考虑之上：杰里科是约旦河西岸地区通往约旦首都安曼的所有道路的连接点，地理位置甚为重要；约军只要不知道杰里科已被以军占领，为了向安曼撤退，都会经过这里。事实证明，以军在此不仅轻而易举地俘虏了约旦在约旦河西岸地区的全部残存地面部队，还顺带俘获了由于不了解情况而毫不戒备地在该地机场着陆的几架敌机！[③] 有时，以方则口径一致地播送消息，使敌人误认为其果真占领了某处实际上尚未占领的地方，从而增加对手心理上的压迫感。埃及的领导人和将军们，也把以色列所散布的假情报误认为是己方的情报而进行引用。例如，以军在西奈半岛发动地面进攻后，即散布消息称已派空降部队占领了位于西奈纵深地带的米特拉山口；埃军上层对此假情报判断失误，总司令阿密尔随即武断地

---

① 李云龙主编:《战后之战》(中册)，解放军出版社 1994 年版，第 704—706 页。

②〔日〕田上四郎:《中东战争全史》，军事科学院外国军事研究部译，解放军出版社 1985 年版，第 116 页。

③〔日〕岩岛久夫:《突然袭击的研究》，空军指挥学院研究部译，解放军出版社 1986 年版，第 93 页。

向西奈驻军下达了撤退令，致使正在阿布奥格拉、阿里什等地苦战不退的埃军一溃千里。[①]

第二，监控敌方特别是埃及的战场通信，有选择地实施干扰破坏。以色列情报部门平时就经常搜索、调查埃军通信系统的情况，从电台频率、密码到通信程序无所不包。战争打响后，以情报部就对搜集到的情况加以利用，使用战场上敌我双方的无线电通信频道进行“无线电广播游戏”：在埃军下级指挥官向上级的报告中，凡有利于以方的报告，就不加任何干扰地让其原样上报；对准确的报告则实施干扰，使其不能很顺利地向上级机关传送。这种干扰的效果不久便显示出来了：埃军的通信联络始终处于混乱状态，从战场传来的糟糕局面则使开罗司令部更为不安，埃及高层开始丧失清醒的判断和指挥能力，而这种状况又很快被以色列情报部探测到。因此，埃军虽然企图设法重新建立通信系统，想大量使用有线电或者传令兵，但都遭到了以地面部队的封锁或伏击。[②]

三、埃及方面的情报失误

在这场对局中，阿拉伯国家一方，特别是以纳赛尔为首的埃及高层的一系列战略性情报分析决策失误，是导致最终战败不可忽视的原因之一。危机爆发之初，埃及采取的是“威慑”政策。纳赛尔希望仅仅通过显示武力，就迫使以色列收敛自己的行为，从而避免战争。事实上，当时纳赛尔“既无总的战争计划，也无既定政策”[③]，发动战争绝非他的初衷。然而，事态急转直下，竟使纳赛尔始料未及，这关键是因为纳赛尔错误估计了阿以双方的实力对比，从而作出了不理智的决策。

---

①〔日〕田上四郎：《中东战争全史》，军事科学院外国军事研究部译，解放军出版社1985年版，第126—127页；李云龙主编：《战后之战》（中册），解放军出版社1994年版，第707—709页。

②〔日〕岩岛久夫：《突然袭击的研究》，空军指挥学院研究部译，解放军出版社1986年版，第94页。

③ 王绳祖主编：《国际关系史》（第九卷）（1959—1969），世界知识出版社1996年版，第297页。

（一）对国际形势判断失误

在对超级大国的意图判断方面，纳赛尔出现了重大失误：他轻信了美国，迷信了苏联，高估了苏联干预中东事务的能力以及苏联与美国对抗的决心。

在5月危机的初始阶段，美国和苏联都明确表态，支持自己的盟友。5月12日，埃及副总统萨达特访问朝鲜后回国经莫斯科时，苏联最高苏维埃主席团主席波德戈尔内建议埃及向西奈半岛增兵，苏联则将在埃叙对以作战中支持它们。萨达特14日下午回到开罗后，立即向纳赛尔通报了这一消息。苏联也曾支持埃及进军西奈半岛，并说："任何人如果试图在近东地区发动侵略，那么它不仅会遭到阿拉伯国家联合力量的抵抗，而且也将遭到苏联和一切爱好和平国家强有力的反对。"5月25日，埃及国防部长巴德兰访问莫斯科，回国后给纳赛尔带回苏联总理柯西金发出的一个信息："苏联将支持我们进行这场战斗，除非恢复到1956年时的状况，否则它将阻止任何国家进行干涉。"苏联同时还警告以色列，反对它发动军事行动。苏联的态度使埃及领导人大受鼓舞，他们确信，有了苏联的保证，他们将不用担心出现类似于1956年苏伊士运河战争期间大国的军事干涉。5月29日，纳赛尔在国民议会讲话时说："听了巴德兰关于他在莫斯科会谈的情况汇报后，今天我可以告诉你们，苏联是一个友好的国家，它正像一位令人尊敬的朋友那样站在我们一边。"阿密尔元帅在6月2日发出的第二号战斗通令中指出："由于苏联所采取的坚定立场，以及如果任何大国参加对埃战争，它将立即进行干预的决心，现在已很清楚，美国政府决不会参与以色列方面的任何军事冒险。"①

但是，当阿以双方已剑拔弩张时，苏联却出人意料地希望息事宁人了。这是因为：第一，苏联虽然也是超级大国，但它没有与美国对抗的力量，苏联领导人也没有这种勇气，这在几年前的"古巴导弹危机"中已经显露无遗。第二，苏联的领导层正在全球范围内、特别是对美国推行"缓和"战略，不希望中东影响它的全球战略部署。中东地区在苏联的战略棋盘上固然重要，但如果因此导致美苏之间的直接对抗、甚或引起一场热核战争，那是苏联所不愿的。第三，由于克里姆林宫内部"三驾马车"有着激进和稳健两种意见的分歧，苏联一时难以定夺是战是和。相信苏联的实力将能抵消美国对中东局势的影响的纳

① 参见高金虎：《大失误：20世纪重大情报战之谜》，江苏人民出版社1999年版，第137页。

赛尔，却没有意识到这些。“在战前，苏联鼓励埃及采取强硬态度；战争逼近时，苏联又向美国让步，束缚埃及的手脚；战争期间，苏联冷眼旁观，拒绝及时向埃及补充飞机和武器。美国和苏联又争夺又勾结，战时美苏领导人就中东局势使用‘热线’通话20多次，迫使埃及等国在丧失大片领土的情况下接受了无条件停火。”① 这就是苏联在这场战争中所发挥的实际作用。

在接下来的日子里，过分相信苏联的纳赛尔就被美苏两大国的幕后政治交易缚住了手脚。5月26日，苏联和美国进行接触，柯西金建议两大国同时采取行动，以缓和中东地区的紧张局势。次日凌晨3时，苏联驻开罗大使紧急约见纳赛尔，转达柯西金致纳赛尔的照会：“挑衅行动会对全世界产生不幸后果。”苏联大使说，苏联已从美国得到保证，以色列不会发动进攻，如果以色列进攻，苏联决不会坐视不管。纳赛尔因而相信，“有两大国的联合保证，谅以色列不敢轻举妄动；就算战争真打起来，有苏联在联合国及时谋求停火，以色列军队也将不能继续前进。”② 因此，尽管形势已十分严峻，军方“先发制人”的要求十分强烈，纳赛尔总觉得高枕无忧。

纳赛尔甚至对美国也抱有一丝幻想。他认为，在中东爆发一场全面战争对美国并无好处，美国当时的注意力正集中在越南，它不可能支持以色列发动战争。再说，同“犹太复国主义者”搅在一起将使美国人在中东阿拉伯国家中声名狼藉，美国不会冒这种风险。基于这种定势思维，纳赛尔对众多危险信号视而不见：美国一方面呼吁通过和平手段促使亚喀巴湾重新开放，一方面重申了历届美国政府的承诺：美国坚决保证该地区所有国家的政治独立和领土完整。如果以色列因为亚喀巴湾被封锁而向埃及发动一场突然袭击，美国并不会觉得意外。美国国务院向苏联表示：“美国政府把所有妨碍以色列船只或其他国家船只在海峡通航自由的行动视为侵略行动，美国政府认为以色列有权对此进行自卫。”③ 这分明是怂恿以色列发动战争。美国人甚至觉得，在美国不卷入的情况下，由以色列对埃及采取一场有限的军事行动，解除埃及对亚喀巴湾的封锁，不失为一种理想的解决危机的办法：它既可避免一场全面战争，又可把纳赛尔

① 王矼琳等：《战后国际关系史》，军事谊文出版社1992年版，第242页。

②〔日〕岩岛久夫：《突然袭击的研究》，空军指挥学院研究部译，解放军出版社1986年版，第96页。

③ 王绳祖主编：《国际关系史》（第九卷）（1959—1969），世界知识出版社1996年版，第292页。

到手的东西一笔勾销，让他威信扫地。当以政府内部主和的外交部长埃班抵达华盛顿访问时，美国人甚至大为懊恼，以至于让埃班在华盛顿坐了一天冷板凳。在埃班预定到达白宫前两小时，约翰逊总统曾召见以色列驻华盛顿公使埃弗隆，并直截了当地告诉他："我没有什么话要对埃班先生讲，要讲的国务卿迪安·腊斯克全都讲了！"[①]

美国的确不希望中东发生一场全面战争，但更不希望以色列被阿拉伯国家消灭。这是因为以色列是美国当时在中东唯一的桥头堡，以色列一旦被消灭，美国在中东的影响就会基本消失，中东势必成为苏联的势力范围，这是美国人无论如何不愿看到的结局。

（二）对阿以双方的力量对比估计错误

1. 过高估计埃及军队和阿拉伯国家的联合作战能力

战争爆发前，埃及上下充满着盲目乐观的情绪。诚如《金字塔报》主编海卡尔所说："我们中的某些人被我们在5月15日到20日之间调往西奈半岛的强大军事力量迷惑住了，这个毛病甚至于连像纳赛尔这样的政治家也不能避免。"[②] 5月21日纳赛尔参观位于西奈半岛季夫贾法井的空军基地时，飞行员声称他们"只需几个小时就能消灭以色列空军"，这给了纳赛尔信心，他估计，即使以军采取行动，也只能是有限的，即占领加沙地带或阿里什地区，而不可能是场全面战争。从1963年起，苏联向埃及大规模地提供米格-21、苏-7、图-16各型作战飞机以及T-54坦克等当时最先进的武器，后来甚至提供了更新式的T-55坦克及萨姆-11防空导弹；到1967年战争爆发前，苏联向埃及提供的军火总额达70亿美元，这使埃及的军事实力大为增强。尽管从纸面上看，埃军占有较大优势（如埃以飞机数量对比达到2.5:1，坦克数量比为2:1），但埃及军方和纳赛尔都忽略了一点：武器装备固然重要，但掌握武器的人更为重要。埃军恰恰在军队质量这方面远不如以军：以军训练有素，士气高昂，意志坚强，作战原则灵活，能熟练使用所配备的武器。历次中东战争都显示出以军战斗力几大支柱——卓越的空军、优势的装甲部队、迅速的动员体制，当然还

---

①〔日〕岩岛久夫：《突然袭击的研究》，空军指挥学院研究部译，解放军出版社1986年版，第96页。

② 王绳祖主编：《国际关系史》（第九卷）（1959—1969），世界知识出版社1996年版，第295页。

有情报工作的密切配合——的威力。后来，勃列日涅夫曾指责埃及人的士气说，“如果你们的每一辆坦克都能发射一枚炮弹，整个战绩就会有完全不同的写法，可你们的大炮连动也没动”。埃军的战术素养也较为低下，西奈某阵地因被以军侧翼包抄而陷落后，被俘的一名埃军营长竟对以军说：“你们太狡猾了，为什么不光明正大地从地面进攻呢？”①

埃及方面这种自以为强大的错觉，一直延续到战争期间。“一般说来，军人和官员都有一种通病，即喜欢贪功诿过，夸大成功，而把失败和损失缩小到最小限度。埃及军人这种倾向则更为严重。”② 再加上以方“战场之雾”行动的干扰和欺诈，6 月 5 日上午 9 点 50 分，开罗的广播电台向民众播送了第一批战报，但人民从广播中听到的不是失败和挫折，而是胜利。播音员报道说：“亲爱的兄弟们，告诉大家第一批胜利的消息！据来自部队的可靠消息称，以色列 23 架飞机被我们击毁。”11 点 10 分，电台公布的埃军战果达到了 42 架，20 分钟后再增至 44 架，下午 1 点 45 分则增至 70 架。人民沉浸在胜利的喜悦中，他们走上街头庆祝胜利，高喊着纳赛尔的名字，要杀向以色列首都特拉维夫。至于头顶上的轰鸣声和附近机场的爆炸声，则似乎从来没有人注意到。直到下午 4 点，一个空军高级军官闯进总统府，向纳赛尔报告“我们已经没有空军了”，因为“英国和美国的空军参与了这次袭击”，纳赛尔居然仍信以为真。这固然有以色列方面情报欺骗起的作用，但更重要的还是埃及方面的“自欺”。

纳赛尔的另一个严重失误，就是过分相信阿拉伯国家联合起来的力量。随着阿拉伯国家纷纷表示将支援埃及，5 月 26 日，纳赛尔在一次讲话中声称，他曾想等待阿拉伯国家强大起来并做好准备后再对以色列采取行动，为此他曾遭到其他阿拉伯国家的责难；“现在，我们感到我们已经非常强大，可以和以色列进行一场战斗。在真主的帮助下，我们能够获胜。正是在这个基础上，我们才决定采取实际行动。采取这一行动还意味着我们准备与以色列打一场全面战争……我们的基本目标是摧毁以色列。要是在 5 年或者 3 年前，我很可能不会谈这件事。在 1956 年已过去大约 11 年的今天，我谈起了这件事，因为我有

①〔日〕田上四郎：《中东战争全史》，军事科学院外国军事研究部译，解放军出版社 1985 年版，第 156—159 页。

②〔日〕岩岛久夫：《突然袭击的研究》，空军指挥学院研究部译，解放军出版社 1986 年版，第 95 页。

信心。"[①] 他没有看清，阿拉伯国家的暂时团结不过是表面现象。

尽管在阿拉伯世界联合自强的进程中，代表"阿拉伯民族主义"的"纳赛尔主义"曾发挥很大影响，但其他阿拉伯国家的领导人却对纳赛尔心存疑惧，故意与纳赛尔唱反调，不断给他出难题。在"阿联"的成立、对"巴解"组织的支持等问题上的吵闹暂且不论，直到"六日战争"爆发时，埃及还在和沙特为也门内战而怒目相视。[②] 因此在战争真正爆发后，本可陷以色列于"多面夹击"境地的阿拉伯各国，却仍是一盘散沙，最后落得个被以色列各个击破、丧师失地的下场。

2. 低估以色列的力量和决心

与高估己方力量形成鲜明对比，纳赛尔在分析以色列的意图时，忽视了以色列的民众心态，低估了以色列政府采取行动的能力，因而制定了消极等待政策，失去了"先发制人"的良机。纳赛尔认为，当时的以色列总理列维·艾希科尔与他的前任大卫·本—古里安不同，守成有余，闯劲不足，过于软弱，不是个想打仗的对手，不会因为海峡问题走向战争。至于以色列政府内部的反对派的影响，纳赛尔也不是完全不清楚，但他不相信反对派能左右事态的发展。但事实证明，他错了。

纳赛尔过低估计了在强大民族主义情绪支配下的民众对政府的影响。绝大多数犹太人都认为，他们有充分的理由回到他们祖先居住过的地方，建立以色列是改变他们命运的唯一途径。这就使以色列的国内政治产生了这种局面：民众们可能对政府的其他内外政策有种种不同看法，但在政府对阿拉伯国家的政策上，他们的意见却完全一致，即不会允许自己的国家在一个软弱的政府手中灭亡。[③] 面对战争压力，以拉宾、达扬和巴列夫等人为代表的以色列军方立场同样十分强硬，他们坚决主张政府对阿拉伯国家开战，而不管纳赛尔实行的是

① 李云龙主编：《战后之战》（中册），解放军出版社 1994 年版，第 683 页。

② 1962 年版，也门"自由军官组织"发动军事政变推翻君主政权后，前国王巴德尔逃到北部山区，在部落武装支持下向共和政府发动复辟战争，得到沙特、约旦和美国的支持；纳赛尔则支持萨拉勒共和派政府。埃及和沙特关系走向恶化。也门内战持续了 8 年版，埃及因出兵也门付出了很大代价，派出兵力达 7 万人，耗资 10 亿美元，影响了它对以色列的作战实力。参见王绳祖主编：《国际关系史》（第九卷）（1959—1969），世界知识出版社 1996 年版，第 292 页。

③ 孙正达：《世界列国国情习俗丛书：以色列国》，当代世界出版社 1998 年版，第 48—49 页。

"遏制"政策，还是真正的战争政策，因为在他们看来，这都是可以促成战争爆发的合法理由。因此，应该利用目前的局势给埃及一次毁灭性的打击，消除埃及方面的军事威胁。艾希科尔政府在国内各种势力的压制下，被迫一步步地退让，直到让出自己的国防部长职务，由达扬接任。纳赛尔恰恰没意识到，面对危急局势，艾希科尔能顺应民众要求，将战争的扳机交到了强硬派手上。这是因为，艾希科尔不是个真正软弱无力的决策者，因为在以色列这样一个四面皆敌的国家中，真正软弱的人是坐不到总理位置上的。蒂朗海峡刚被封锁，艾希科尔就对他的政治秘书阿迪·亚菲说，"看来没有其他出路了"。艾希科尔只是比拉宾、达扬这些强硬派显得理性一点、不愿动辄诉诸武力罢了。

纳赛尔也从电台里听到了达扬就任国防部长的消息。他虽然很清醒地告诉助手："鉴于以色列政府内部的变化，战争已经不可避免"，但他并不担心，还是认为阿以力量对比有利于埃及，埃及没有必要采取"先发制人"的进攻行动。埃及战略思想中的一个最基本的原则就是，阿拉伯人在同以色列交战时不应开第一枪；何况苏联、美国和法国都已警告过，"开第一枪的人将处于难以防守的政治地位"。埃及的军官们由阿密尔元帅领头，联合要求纳赛尔向以色列发动一场"先发制人"的空袭。空军司令穆罕默德·西德基·马哈茂德说，"如果让以色列首先发动突然袭击，埃及空军将有20%遭到毁灭"，但纳赛尔还是拒绝了。6月初，阿密尔元帅再次提出这个要求，纳赛尔仍置之不理。就这样，埃及将行动的主动权留给了以色列，和可能到手的胜利失之交臂。[①]

四、评析

（一）实施情报欺骗是达成战略突袭的有效手段

以色列方面在战前和战争过程中都实施了卓有成效的情报欺骗。战前以色列政府通过一系列欺骗活动，成功麻痹了阿拉伯各国家，达成了袭击的突然性并将埃及塑造成"侵略者"，欺骗国际舆论以期能免遭联合国的起诉。与此同时，各军种也以佯动的方式使阿拉伯国家错误判断了以军的主攻方向，将防御的力量过多地部署在了西奈半岛的南部，而使得以军在进攻初期几乎未遇到任

① 参见高金虎:《大失误: 20世纪重大情报战之谜》，江苏人民出版社1999年版，第135—137页；王绳祖主编:《国际关系史》(第九卷)(1959—1969)，世界知识出版社1996年版，第294—295页。

何有力的抵抗。

在短暂的六天战争过程中，以军同样没有停止情报欺骗活动，以军通过有选择地散播假情报，混淆敌方情报人员和决策者的视听，使情报人员不能获取及时准确的情报，决策者不能做出正确的决策，加速了阿拉伯国家的溃败。

情报欺骗在第三次中东战争中发挥了无与伦比的重要作用，但需要注意的是，以军能够成功实施情报欺骗的基础在于其对于敌方情报的“先知”和“尽知”，也就是说，只有在掌握对方准确情报的前提下才能针对其特点实施“有的放矢”的情报欺骗，才能达到事半功倍的效果。

（二）对国际形势的准确判断和合理利用是制定正确战略决策的关键

对国际形势判断的准确与否也是影响这次战争成败的关键因素。

以色列方面首先取得了美国给予军事支援的保证，又通过准确的情报分析，知会美国方面“苏联无意在中东与美起冲突”，使美国默认了以色列军事行动的意向。与此同时，以色列还利用“埃及即将发动进攻”的假情报，借美苏两大国，特别是苏联之手束缚了埃及的行动。

而埃及方面则对美苏对抗的国际形势作出了错误的判断。纳赛尔过分迷信了苏联，高估了苏联干预中东事务的能力以及苏联与美国对抗的决心，认为有了苏联的牵制，美必然不敢轻举妄动，而没有了美国的支持，以色列也不会贸然发动战争。即使战争真的打起来，有苏联在联合国谋求停火，以色列也不可进一步扩大战争。与此同时，纳赛尔甚至认为美国的注意力集中在越南而不可能有余力关注中东形势，当然也不可能支持以色列发动战争。但纳赛尔对于美苏两大巨头的战略意图判断均发生了严重错误。事实上此时的苏联在与美国的对抗中已是心有余而力不足，而美国则对中东地区的势力存在志在必得。这样的错误判断使得纳赛尔未能清醒认识到战争爆发的可能性和以色列取得胜利的决心。

只有对国际形势作出准确的判断，才可能制定正确的战略决策，才不会对战争爆发前的种种先兆视而不见，或是盲目迷信可能给予己方支援的所谓盟国。

第四章　苏联入侵捷克斯洛伐克的情报支援

英国学者 P. H. 维戈尔曾经指出，“华约部队在 1968 年夏季对捷克斯洛伐克的入侵是所有战争形式中最成功、最好的战例：在这场战争中，苏联几乎不费一枪一弹便达到了其政治目的。”[①] 如果说作战双方还存在对抗的话，那么这种对抗则集中体现在情报领域。

一、战争简介

进入 20 世纪 60 年代后，由于长期照搬苏联经济模式和受苏联强制推行的“国际分工”“生产专业化”的影响，捷克斯洛伐克经济状况严重恶化，人民群众的不满情绪日趋强烈。另一方面，由于诺沃提尼[②]长期独揽大权，推行个人崇拜，压制党内民主，在对外政策上又一味追随苏联，进一步加剧了人民群众和广大干部的不满，要求改革的呼声越来越高。在 1967 年 11 月举行的捷共中央全会上，要求改革和反对改革的斗争表面化。1968 年 1 月，改革派代表人物杜布切克接替诺沃提尼出任捷共中央第一书记，“布拉格之春”拉开了序幕，使苏联的绝对控制权受到了威胁。3 月 22 日，诺沃提尼被迫辞去共和国总统职务，由反法西斯的著名战士斯沃博达将军继任。3 月 28 日至 4 月 5 日，杜

---

①〔英〕P. H. 维戈尔：《苏联闪击战》，沈燕如、席立仁、李天林等译，军事译文出版社 1985 年版，第 124 页。

② 诺沃提尼（1904—1975），1953 年起任捷克斯洛伐克共产党中央委员会第一书记，1957 年起兼任捷克斯洛伐克社会主义共和国总统，直至 1968 年版。

布切克主持召开捷共中央全会，通过了《行动纲领》，强调捷克斯洛伐克正处于“新的转折时刻”，宣称要进行试验，赋予社会主义发展以新的形式。4月8日，捷克斯洛伐克政府改组，由积极主张改革的切尔尼克取代保守的列纳尔特担任总理。这样，捷共就从思想路线到组织上，全面作好了改革的准备。[①]

随后，苏联共产党和捷克斯洛伐克共产党之间连续开会，反复讨论两党之间存在的政治分歧。在采取种种手段干预无效的情况下，苏联于1968年8月20日深夜召集华约5国[②]军队约50万人，从北面、东北面、东面、南面分成18路悍然对捷发动了武装入侵。由于情报失误，此次军事行动完全出乎捷克斯洛伐克和北约国家的意料，沿西部边境针对北约国家分散部署的捷克斯洛伐克军队根本来不及动员。所以，在华约国家中军事力量位居第二的捷克斯洛伐克只能束手就擒。在短短一夜之内，苏军[③]几乎不费一枪一弹就占领了布拉格和捷大部分领土。捷共中央主席团向军事和国家保安部门、向工人民警下达了指示并发布了告人民书，“命令人们在任何情况下和任何地方都不要抵抗，所以没有人员伤亡，只有群众流血冲突”[④]。苏军入侵迫使捷克斯洛伐克中止了改革，继而改组了该国的党、政领导体制。

入侵捷克斯洛伐克不仅损害了苏联的国际形象，而且破坏了国际共产主义运动的威信与团结，使其在后来的发展中严重受挫。欧洲两大军事集团——北约和华约——之间的矛盾也愈演愈烈。苏联自60年代中期开始谋求欧洲缓和的努力，由于侵捷事件而化为泡影。从长远来看，由于苏联入侵打断了“布拉格之春”的改革进程，阻碍了东欧各国独立自主探索社会主义的道路，从而为日后的东欧巨变埋下了伏笔[⑤]。但是，从单纯的军事角度看，苏联此次军事行动因捷克斯洛伐克的无力抵抗而理所当然地成为“不战而屈人之兵”的完美典

① 参见王绳祖主编：《国际关系史》（第九卷）（1960—1969），世界知识出版社1995年版，第101—102页。

② 苏联、波兰、保加利亚、匈牙利和民主德国。

③ 入侵捷克斯洛伐克的部队为华约联合部队，但发起者是苏联，其他各国只起陪衬作用，故本文中用苏军代指所有入侵部队。

④ 沈志华：《苏联历史档案选编》（第31卷），《苏共中央联络部关于东欧四国对捷克斯洛伐克事态反应的报告（摘录）》（1968年4月26日），No. 01093，社会科学文献出版社2002年版，第309页。

⑤ 1989年版，波兰、匈牙利和捷克斯洛伐克的剧变就是以1968年“布拉格之春”的平反问题为导火索。

范。如果说作战双方还存在对抗的话，那么这种对抗集中体现在情报领域。需要特别指出的是，由于苏联对捷克斯洛伐克的军事行动正值北约与华约两大军事集团间的冷战如火如荼之时，情报对抗也主要在以苏联为首的华约与北约国家间展开。

二、战前苏军的情报准备

苏联领导人要下定对捷克斯洛伐克采取军事行动的决心，就必须了解以下情况：华约集团各国对武装干涉的态度，能否争得他们的支持；捷克斯洛伐克政治改革的进展情况，是否有必要动用武力；西方国家可能的反应，武装干涉是否会引起美苏矛盾激化。战前苏军的情报准备工作较为充分，获取了大量相关情报，使苏联领导人做到了“知己知彼”，促使其最终定下武装干涉的决心，并成功利用了军事演习和政治舆论欺骗了捷共和北约，隐藏了入侵意图，达成了进攻的突然性。

（一）知己

苏联吸取了1956年苏军坦克单独开进匈牙利布达佩斯、独自背上入侵恶名的教训，为避免在军事干预中被国际社会孤立，有必要联合华约各国共同行动。为确保联合军事行动的万无一失，负有情报工作职能的苏共中央联络部在战前系统分析了华约各国在捷克斯洛伐克问题上的立场和对军事干预的态度，并于1968年4月26日向苏共中央汇报了相关情况。德国统一社会党领导人乌布利希认为，“如果情况需要的话，应采取‘极端措施’以确保捷克斯洛伐克的社会主义成果”[①]。波兰统一工人党领导人哥穆尔卡认为，“我们不能失去捷克斯洛伐克，……现在看来除了派遣包括波兰军队在内的华沙条约国的部队进驻捷克斯洛伐克之外别无他途”[②]。保加利亚共产党领导人日夫科夫认为，“杜布

① 沈志华:《苏联历史档案选编》(第31卷),《苏共中央联络部关于东欧四国对捷克斯洛伐克事态反应的报告（摘录）》(1968年4月26日)，No. 01093，社会科学文献出版社2002年版，第266页。

② 沈志华:《苏联历史档案选编》(第31卷),《苏共中央联络部关于东欧四国对捷克斯洛伐克事态反应的报告（摘录）》(1968年4月26日)，No. 01093，社会科学文献出版社2002年版，第269页。

切克同志未能控制住国内局势，那里的局势紧张，社会主义各国应采取一切可能的措施，以防止事态向对社会主义国家具有危险的方向进一步发展”[①]。匈牙利社会主义工人党虽然没有明确表示支持对捷克斯洛伐进行武装干涉，但“在捷克斯洛伐克发生的事件的某些特征引起匈牙利同志的严重忧虑和不安”[②]。东欧各社会主义“小兄弟”国家对武装干涉的支持消除了苏联领导人的后顾之忧。

（二）知彼

正如前捷克斯洛伐克情报官员比特曼所指出的，在 1968 年捷克斯洛伐克事件中，苏联情报机构提供了“使苏联的入侵合法化的依据”[③]，而这些依据“对苏联领导人的感觉产生了重大影响”[④]。同时，苏联获取的有关美国态度缓和的情报更进一步坚定了苏联领导人对捷克斯洛伐克动用武力的决心。

勃列日涅夫在入侵发生后举行的捷苏两党谈判中坦白：“把军事干涉作为‘解决问题’的一种办法，这是在 1968 年 5 月决定的。”[⑤] 从那时起，入侵计划就在不断地具体化，而到 7 月间则已全部完成。而武装入侵计划之所以一再推迟，是因为勃列日涅夫感到时机还不成熟，苏共中央政治局内部还未能达成一致。此时，苏联情报机构克格勃（KГБ）向政治局提供的重要情报显示，“捷克斯洛伐克的两个代表团为了获得长期巨额贷款，将于 1968 年 11 月间访问波恩；为了寻求同样的援助，捷克斯洛伐克的部长正在做访问华盛顿的初步准备；以色列的特使也已经到了布拉格，并且提出，只要捷克斯洛伐克同以色列恢复

---

① 沈志华：《苏联历史档案选编》（第 31 卷），《苏共中央联络部关于东欧四国对捷克斯洛伐克事态反应的报告（摘录）》（1968 年 4 月 26 日），No. 01093，社会科学文献出版 2002 年版，第 270 页。

② 沈志华：《苏联历史档案选编》（第 31 卷），《苏共中央联络部关于东欧四国对捷克斯洛伐克事态反应的报告（摘录）》（1968 年 4 月 26 日），No. 01093，社会科学文献出版 2002 年版，第 272 页。

③〔美〕唐纳德·丹尼尔、凯瑟琳·赫伯格：《战略欺骗》，徐晓军、扈新生译，军事科学出版社 1991 年版，第 293 页。

④〔美〕唐纳德·丹尼尔、凯瑟琳·赫伯格：《战略欺骗》，徐晓军、扈新生译，军事科学出版社 1991 年版，第 293 页。

⑤ 曹宏：《严寒扼杀“布拉格之春”：苏联出兵捷克斯洛伐克始末》，世界知识出版社 1997 年版，第 117 页。

邦交，以色列将立即向捷提供 2000 万美元的现金贷款”[①]。另一份情报更明确地表明，杜布切克打算从捷军队、行政部门、外交部门以及党的领导机关中继续肃清诺沃提尼分子，且已拟出了一份至少 1200 名将被赶下台的旧保守派干部名单，其中包括大约 250 名高级军官，并计划于 10 月 1 日前清洗完毕。[②] 不管这些情报反映的内容是确有其事，还是有意捏造，无疑都对莫斯科最后下定决心武装入侵捷克斯洛伐克起到了某种催化作用。一直在观望形势并踌躇不决的勃列日涅夫必须作出最后决断：如果要予以打击，就必须抢在 9 月 9 日捷共第十四次代表大会选出新的中央主席团之前动手。

另外，苏联要进攻捷克斯洛伐克就不得不考虑西方国家，特别是美国的态度。捷克斯洛伐克危机期间，西德政府的发言人在一次记者招待会上说，苏联军队在捷克斯洛伐克边境地区的演习行动只不过是其更大规模入侵计划的伪装。但西德很快又否定了这一发言，说这是“助长不安定因素的毫不负责任的发言”。而且，有消息表明这一否定发言是根据美国政府的要求做出的。苏联据此判断，美国不会对苏联的军事行动作出太大的反应。而另一份情报也印证了苏联的判断。当时，苏联评判美国政府对苏捷争端重视程度的重要标志之一是看美国总统在此后每个星期五晚上的行踪。如果约翰逊总统留在华盛顿度周末，那么就可以认为他严重地关注着事态的发展；如果他回到位于得克萨斯州的农场则可以认为他对此并不重视。苏联通过各种渠道获知，约翰逊总统于 8 月 2 日即星期五离开华盛顿去了得克萨斯州农场，临行前还表示，9 月之前将一直不在华盛顿，其间除了临时性短暂逗留外，不打算返回。[③] 这一重要情报使克里姆林宫坚信，美国态度缓和且根本不打算立即作出重大决定。

---

① 曹宏:《严寒扼杀“布拉格之春”: 苏联出兵捷克斯洛伐克始末》, 世界知识出版社 1997 年版，第 114 页。

② 曹宏:《严寒扼杀“布拉格之春”: 苏联出兵捷克斯洛伐克始末》, 世界知识出版社 1997 年版，第 123 页。

③ 参见〔英〕P. H. 维戈尔:《苏联闪击战》, 沈燕如、席立仁、李天林等译，军事译文出版社 1985 年版，第 120 页。

三、战争过程中苏军的情报支援

（一）克格勃实施隐蔽行动

苏联情报机构一直担负着两项特殊的任务——实施“积极行动”[①] 和遂行特种作战任务。在入侵开始前三天的8月17日夜间，杜布切克正召开中央主席团会议的时候，以维诺库罗夫为首的一批克格勃高级军官搭乘苏联民航专机在布拉格鲁津机场着陆。与苏驻捷大使馆联系后，克格勃军官立即与他们信任的捷内务部负责国家保卫工作的官员会晤，为军事占领时应采取的措施做准备，捷内务部副部长沙尔戈维奇就是参加会晤的重要成员之一。8月20日下午4时，即捷共中央主席团会议开始后两小时，三天前到达布拉格的苏联克格勃军官与沙尔戈维奇及其内务部亲信在捷内务部召开了一次特别会议。沙尔戈维奇通知，苏军的行动将于当天夜间开始，随后布置了当夜执行的任务：负责布拉格地区国家保卫工作的莫尔纳日中校召集部下准备逮捕捷共改革派领导人，由克格勃特务穆欣监督；第二司负责人里普尔中校负责在入侵后制止“非法的”无线电台广播；第二司第七处和第十三处与捷前文化部长、现任中央交通总局局长霍夫曼配合行动，密切注意杜布切克的中央主席团可能搞出一个反对外国干涉的声明；第二处还要负责在当天夜里监视驻布拉格的西方国家及南斯拉夫、罗马尼亚大使馆，防止捷公民进入这些大使馆要求政治避难。[②] 20日傍晚，秘密警察开始行动，在逮捕捷克斯洛伐克政府主要领导人的同时，控制了所有的通信设施。

（二）实施电子干扰

作为电子情报战的一种重要形式，电子干扰在苏军入侵捷克斯洛伐克初期受到了足够重视，并成功保证了苏军行动的隐蔽性。1968年6月开始，华约部队在捷克斯洛伐克边境地区频繁举行各种军事演习。演习期间，苏联部队和通信兵专家摸清了捷克斯洛伐克的一切情况。同时，苏军不断利用通信设施对

---

① 在美国被称为“隐蔽行动”，指某国政府为追求对外政策目标，试图通过实施某种秘密的活动，来影响外国政府的行为或外国的政治、军事、经济或社会事件及环境。

② 参见曹宏:《严寒扼杀“布拉格之春”：苏联出兵捷克斯洛伐克始末》，世界知识出版社1997年版，第126—127页。

北约军队的雷达和通信进行了大规模的电子干扰，这种干扰对于北约来说早已司空见惯。8 月 20 日深夜行动时，苏军又开始了对北约雷达的有效干扰。北约方面仍然认为这是演习，并未给予足够重视。北约军队司令部发现苏军侵捷的事实时，已经过了将近两个小时。同时，苏军几乎全部实行了无线电静默，北约军队运用普通的监听方法也未能侦察到苏军的这种异常动向。

（三）利用民用客机实施情报欺骗

为了向布拉格空投部队，苏联军用飞机必须躲过捷克斯洛伐克电子雷达的扫描，而这在技术上是非常困难的。为实现空投目的，苏联使用了民用客机搭载部队骗过了捷克斯洛伐克的电子设备。8 月 20 日夜 11 点左右，布拉格鲁津机场指挥台接到两架苏联民用客机要求临时降落的信号。这两架苏联民用客机声称飞机出现技术故障，必须在鲁津机场等侯莫斯科空运配件，机上是前往南斯拉夫的乘客。鲁津机场是国际机场，按惯例应当提供这类帮助，更何况是苏联的客机。飞机安全降落后，从客机上走下来的不是手提行李箱的乘客，而是数十名身着便装荷枪实弹的苏军突击队员，他们迅速占领了机场指挥系统。鲁津机场还来不及发出一声警报，就落入了“兄弟般的”敌人手里。几分钟后，第一架苏联第 24 战术空军集团军的 AN-12 巨型运输机，就在苏军突击队员的引导下降落了。[①]

四、评析

（一）苏联情报欺骗成功但对战后局势预测失误

苏联情报机构虽然在战前为战略决策提供了有力的情报保障，作战过程中依靠成功的情报欺骗达成了突然袭击的目的，但这并不能掩饰它对战后捷克斯洛伐克政治局势预测方面的严重失误。

战前，布拉格的英德拉——比拉克集团[②]向苏联表示，他们有能力迅速成立一个新政权。苏驻捷大使契尔沃年科向勃列日涅夫保证，“捷克斯洛伐克

① 参见高金虎:《大失误：20 世纪重大情报战之谜》，江苏人民出版社 1998 年版，第 105 页。

② 捷克斯洛伐克亲苏保守派代表。

人民欢迎苏军的到来”[①]。但捷克斯洛伐克并不像契尔沃年科预料得那样一触即溃，相反，苏联的武装入侵唤起了捷克斯洛伐克人民空前的爱国热情。他们正在被迅速动员起来，进行一场全民性的政治反抗。尽管苏军迅速占领了布拉格电台等广播设施，但由捷克斯洛伐克电台台长赫兹拉尔和国家电视台台长贝利康领导的地下广播网很快投入运转。苏军指挥部派出克格勃特务、投入无线电追踪队，极力想破获这个地下广播网，但却屡屡扑空，连一个秘密电台也没有查到。因为地下电台得到了人民群众的积极配合和掩护。就连有严重叛国行为的捷内务部偶尔也会打去电话，提醒他们转移。标明街道名称的牌子或是被推倒，或是被换上了别的名称，如“杜布切克大街”，或是把许多街名的牌子加以调换。十字路口的公路标志被打碎，有的指示箭头被调换了方向，有的则被涂写上具有讽刺意味的语句，如“去莫斯科——2000 公里”。所有这些都为苏军的占领造成了极大的障碍。

捷克斯洛伐克政治家们的反应更是让苏联入侵者吃惊。苏联本以为杜布切克等捷领导人得知苏联入侵的消息时会躲进西方国家大使馆寻求政治避难，这样苏联人就可以名正言顺地成立亲苏的捷克斯洛伐克新政府。8 月 21 日，当克里姆林宫打着应捷克党和政府领导人邀请的旗号，占领了布拉格和捷克斯洛伐克全境后，却一直无法宣布据他们说是请求干预的领导人的名字，也无法组成一个亲莫斯科的捷共领导班子或政府。因为，杜布切克等中央主席团领导人坚持留在中央委员会大楼，拒绝逃走。苏联的幻想再次破灭了。

（二）北约国家情报搜集手段先进但情报传递和分析能力不足

苏联的目的，是在捷克洛伐克和北约方面展开军事和政治反击之前造成既成事实。为此，苏联方面尽量隐瞒其入侵捷克斯洛伐克的意图。也隐蔽其军事上的准备活动，计划在作战开始后立即以最快的速度占领捷全境。苏军按计划实施行动，并且获得了成功。然而，北约国家情报部门虽然拥有先进的情报搜集手段，但由于情报传递和分析能力不足，最终并没有对苏军入侵行动提供及时有效的预警。

1. 先进的情报搜集手段

苏军入侵捷克之前，华约成员国地面部队和空军部队的部署，一直处于美

① 曹宏：《严寒扼杀“布拉格之春”：苏联出兵捷克斯洛伐克始末》，世界知识出版社 1997 年版，第 118 页。

国侦察卫星[①]、U-2 高空侦察机和北约雷达的严密监视下。北约各国的情报部门还通过秘密电子设备，监听苏军的电传打字电报、微波通信和军用电台并加以破译。北约尤其是美国和西德情报部门对于苏军内部军事力量的动态，已搜集了相当准确的情报资料。从美国侦察卫星拍摄的照片、美国超高空高速侦察机拍摄的照片、潜入东欧国家内部的西德谍报人员、北约的雷达及其他电子通信系统搜集到的情报，都表明苏军准备进攻捷克斯洛伐克。

2. 情报传递不畅

英国国防部长希利指出："随着 8 月危机的发展，北约的弱点也就开始暴露出来。主要是通信传递问题。不仅各国政府之间，而且各国政府与军队之间也存在这一弱点。"[②] 北约的通信系统不完备，拖延了重要情报的传递。在苏军开始入侵前两小时，美国技术侦察系统发出了有关苏军调动的警报，但这个警报并没有及时传送到华盛顿。美国第 7 集团军司令波尔克将军最初听到苏军入侵的消息是来源于布拉格的 AP 专电，而不是美军的情报机关。约翰逊总统是从苏联大使多勃雷宁那儿知道这个事实的。事后，北约领导人才意识到，北约的协议和情报传递系统处于麻痹状态。通信处理能力太薄弱，通信设备也不充分，连硒静电复印机等设备都不能满足。即便获得情报，也不能疏通传递渠道迅速传递出去。再加上苏联对北约和捷克斯洛伐克进行的通信干扰，北约的警报手段基本处于虚设状态。

3. 情报分析能力不足

1968 年 6 月，西德情报部以非常确实的情报报告说："东欧国家部队的训练活动，是为入侵捷克斯洛伐克做准备。" 7 月 29 日，西方国家情报机构报告，苏联已完成了入侵捷克斯洛伐克的兵力部署，只是还没有得到发起进攻的命令。8 月初，北约国家情报部门甚至获得了有关苏军进攻路线的情报，而且北约情报部门还做出了苏联将发动对捷入侵的正确结论。但是，北约国家在对入侵时间的判断上出现了严重的失误，认为 9 月 1 日以前苏军不会发动进攻。因为捷克斯洛伐克共产党第十四次代表大会预定在 9 月 9 日召开，所以估计苏联的军事入侵至少不会发生在大会召开之前。有西方学者认为，北约国家错误判

---

① 20 世纪 60 年代初期，美国才开始发展电子侦察卫星。所以，苏联入侵捷克斯洛伐克时，侦察卫星属于非常先进的情报搜集手段。

②〔日〕岩岛久夫：《突然袭击的研究》，张健、贺小铭、姜培善译，国防大学出版社 1987 年版，第 101 页。

断了苏军进攻时间的重要原因可能是当时在西方各国的上层部门都有苏联克格勃的活动（例如北约、西德的情报部门和军队内部），对于捷克问题，他们巧妙而成功地控制了情报。[①]

① 参见〔日〕岩岛久夫:《突然袭击的研究》，张健、贺小铭、姜培善译，国防大学出版社 1987 年版，第 105 页。

第五章　第四次中东战争中以色列的技术侦察情报工作

第四次中东战争是二战后一次影响深远的局部战争，不仅展现了现代局部战争的诸多特点，而且在技术侦察发展史上具有划时代的意义。战争中，无论是埃及、叙利亚开战伊始的成功突袭，还是以色列之后的转败为胜，都与双方在无形战场上的激烈角逐息息相关。可以说，技术侦察情报领域的斗争与对抗贯穿战争始终。从某种意义上讲，以色列战争初期的失利和最终的胜利，均与其技术侦察情报工作的失与得息息相关。

技术侦察情报工作一般是指掌握、运用先进的技术装备和特殊技能，获取对方情报的活动，在现代则主要是指运用综合性信息技术和电子、光学侦察手段，对侦察对象的电磁信号或电磁辐射等信号源进行搜索、探测、监视、收录，并对其进行识别、定位、破译、判读等技术处理，从中获取情报的活动，包括通信侦察、电子信号侦察、雷达侦察、激光侦察、光电侦察、声测侦察、航空侦察、舰船侦察、卫星侦察、网络侦察等。第四次中东战争是“第二次世界大战后首次在两支机械化部队之间大规模使用电子战设备的战争”[①]，是大规模运用高技术武器和高技术侦察设备服务于战争的开始，在技术侦察发展史上具有里程碑的意义。

① 军事科学院世界军事研究部：《战后世界局部战争史（第二卷）：冷战后期的局部战争（1969—1989）》，军事科学出版社 2008 年版，第 197 页。

一、战争简介

第四次中东战争又称“十月战争”“斋月战争”“赎罪日战争”。1973年10月6日，以埃及、叙利亚为首的12个阿拉伯国家和组织，为报仇雪耻、收复失地，经过周密的战争准备，对以色列发动突然袭击。这个开战时间正是伊斯兰教的斋月和犹太教赎罪日（当日斋戒，停止一切公务活动），以军没有防备，损失惨重。经过一个星期的激战，埃军控制了运河东岸10到15公里的地区。以军在仓惶中调动3个装甲旅进行反扑，均遭沉重打击，其王牌军第190装甲旅[①]被全歼。到9日，叙军夺取了戈兰高地东部大片土地。以军3个装甲师步兵旅遭受重创。[②]一旦埃军攻陷以色列在西奈最后的战略要地埃特拉和吉迪山口，以色列就将无险可守，长驱直入的埃及坦克只要数小时就可以贯穿以色列全境。

在经过最初的混乱后，以军从10月10日起开始组织起有效的反击。以军先不顾西奈半岛的埃及军队，调整部署，集中优势兵力于北线阻击叙军。12日，以军在北线重新占领整个戈兰高地，并越过1967年叙以停火线，深入至叙利亚境内距离大马士革仅32公里处。然后，以军迅速将主力部队向南线集中。14日，叙以双方在运河东岸展开了一场空前规模的坦克大战。结果埃军遭受重创，被迫转攻为守。16日，以军在阿里尔·沙龙率领下从埃及第2、3军团之间的空隙偷渡苏伊士运河，进入埃及的非洲领土作战，形成了对埃及第3军团的包围之势。至此，战局已发生根本逆转，埃、叙由优势变为劣势，连埃及首都开罗的安全也受到了威胁。10月21日，美苏两国共同向联合国安理会递交了要求双方立即就地停火的提案。22日，安理会通过了赞成美苏提出的338号决议。埃、叙、以分别于22日和24日宣布接受停火，十月战争宣告结束。[③]

① 也有学者对以色列装甲部队被埃及全歼一事，提出了质疑。他们认为，被埃及全歼的是190装甲营，而不是一个旅。之所以被夸大为一个旅，是因为埃及为了夸大战果、鼓舞士气。

② 肖宪：《中东国家通史：以色列卷》，商务印书馆2001年版，第200页。

③ 肖宪：《中东国家通史：以色列卷》，商务印书馆2001年版，第200页。

二、临战阶段以色列的技术侦察情报工作

（一）临战阶段以色列的技术侦察活动

1. 信号部队截获了多份重要情报

战前埃及和叙利亚的战争准备十分隐蔽，保密和战略欺骗工作也卓有成效。为了在侦察技术愈来愈现代化的条件下达成突然性，埃及战前采取的伪装、保密等措施有 200 多项。[①] 但以色列前线的战地侦察人员还是从中察觉出蛛丝马迹，尤其是前方的情报人员对埃、叙两军貌似寻常的异常举动十分敏感，通过信号侦察获取了许多重要的战争预警信息：10 月 4 日，阿方指挥官错误地将有关军事行动的重要情报通过无线电进行传送。以色列军事情报部信号情报单位及时截获了埃及最高统率部发出的一个命令：暂停斋戒。10 月 5 日下午 5 点左右，以色列军事情报部“848 部队”的一个信号情报站从埃及和叙利亚的无线电通信中截获了一份重要情报，称埃及和叙利亚决定发动战争，不久将会从两条战线上同时开战。[②] 由于保密措施不严，叙利亚的下级军官过早地知道了战争计划，10 月 6 日早晨，以色列军事情报部截获了叙利亚基层军官们的电话通话，他们打电话给黎巴嫩的亲戚，说这个周末不要来叙利亚，这些电话被以色列人窃听到了。[③]

2. 航空侦察获取了前线态势紧张的重要情报

航空侦察是利用航空器进行的侦察，是空中侦察的方式之一，属于技术侦察范畴。[④] 战前，以色列多次派出各类侦察机对前线军事形势开展航空侦察，获取了许多表明前线态势紧张的重要情报。

9 月 11 日，以色列航空侦察显示叙军在前线除了进行常规部署外，还增加了 130 余辆坦克和 35 个火炮连。9 月 23 日，航空侦察发现，叙军已经在接

① 许方策：《20 年战争管窥：当代局部战争战例选析》，军事科学出版社 1989 年版，第 125 页。

② Rip，M. R. “*Military Photo-Reconnaissance during the Yom Kippur War：A Research Note*”，Intelligence and National Security 7，no. 2（Apr. 1992），p.127.

③ Richardson，M.R.C. “*Grand Deception Or Intelligence Blunder*”，USMC CSC 1991，http：//www.globalsecurity.org /milit Ary/library/report/1991/PRC.htm.

④ 刘宗和主编：《中国军事百科全书（第二版）：军事情报（学科分册）》，中国大百科全书出版社 2007 年版，第 56 页。

近前沿阵地的后方全面展开。[①]9月24日，北部军区空中侦察照片表明，叙军的三个步兵师已在前线紧急展开，每个师都以两个步兵旅、一个师属坦克旅和一个师属机械化旅配置在前方，坦克已增至670辆，炮兵已增至100个连，大体上达到以往多次紧急情况时的最大兵力。[②]10月2日星期二，以色列空中侦察发现叙军兵力已增至800辆坦克和108个炮兵连。在星期五的进一步侦察中发现，坦克又增至900多辆，炮兵连已达140个。叙利亚坦克开始从后方阵地前移，对准以色列前哨进行部署。还发现配有130毫米和152毫米火炮的炮兵群已部署在前沿阵地，在南部地区还发现增加了一个装甲旅。[③]

10月4日，一架以色列飞机执行了自9月底以来针对苏伊士运河区的第一次航空侦察任务。此前，从1973年9月起，为了不使边境紧张形势恶化以及由于担心飞行员面临埃及在苏伊士运河区部署的防空炮和导弹连危险，以色列国防军已大大减少了航空侦察任务。而此次航空侦察拍摄了一批苏伊士运河前线的照片，他们及时将这批航空照片进行冲洗并于10月4日晚对其进行了分析。照片表明埃及火炮部署10天内已从800辆增加到1100辆，还发现埃及渡河设备达到史无前例的高度集中。对照片的分析评估于10月5日早晨6:55做出，分析认为埃及进行了紧急部署，很可能发起攻击。从这些照片获得的情报显示：苏伊士运河区很可能会遭受突然袭击。10月5日清晨，以色列总参谋长埃拉扎尔又从空军侦察中得知，叙利亚军队正在重新调整部署，埃及人正在又一次向前线运送架桥和渡河器材。[④]

3. 美以情报交流协作机制发挥了一定作用

以色列在建国之初就非常重视与美国的情报交流协作，并形成了一套情报交流机制。美国将侦察飞机、间谍卫星以及电子窃听等手段获取的阿拉伯国家情报提供给以色列，同时以色列也向美国提供东欧、苏联以及阿拉伯国家的详细情报。

---

① 高金虎:《大失误：20世纪重大情报战之谜》，江苏人民出版社1998年版，第283页。

②〔以〕恰伊姆·赫佐格:《赎罪日战争》，于江欣、董海燕、孙熙译，解放军出版社1984年版，第74页。

③〔以〕恰伊姆·赫佐格:《赎罪日战争》，于江欣、董海燕、孙熙译，解放军出版社1984年版，第75页。

④ 肖显社:《喋血赎罪日：第四次中东战争纪实》，世界知识出版社1997年版，第137页。

第四次中东战争前，以色列得到了美国直接或间接的技术侦察情报支持。萨姆导弹防御网固然减少了以色列进行空中摄影侦察活动，但美国的“大鸟”侦察卫星[①]和美国电子侦察机战前开展的侦察活动填补了这一空白。第四次中东战争爆发前，美国驻以色列大使馆武官曾直接拿着美国“大鸟”侦察卫星拍摄到的一叠照片交给以色列军事情报部部长泽拉，并向他指出，最近埃及军队正在大批向苏伊士运河西岸调动，戈兰高地东侧的叙利亚军队也在不断增多，近期埃叙两军可能会对以色列发动进攻。

尽管埃及积极隐真示假，进行战略欺骗，但美国仍然通过高技术侦察手段获取了重要的技术侦察情报并与以色列共享了有关情报成果。早在1973年9月，美国中央情报局发现了两个不同寻常的战争征候：一是埃及的精锐突击部队悄悄地部署到了有利于渡河进攻的军事基地；二是开罗的“演习”总指挥部的通信联络突然将可以侦听的无线电通信改为难于窃听的有线电通信。1973年9月24日，中央情报局进一步发现：埃军的演习是以整师的规模进行的，这是几年来第一次，此外，埃军正在储存比以往任何时候都多的弹药，集结迄今所观察到的最为广泛的后勤支援。埃军组建的野战通信网更使他们吃惊，因为其复杂程度远远超过一次演习的需要。[②]美国情报机构要求以色列“高层人士”做出判断：这是否就是，年初以来人们担心的阿拉伯国家可能向以色列开战的迹象。

（二）以色列技术侦察情报预警的失败及主要原因

以色列军事情报部本来非常善于判断阿拉伯世界的事态发展，而且多年来已形成一个有效的情报搜集系统。特别在第四次中东战争爆发前，以色列军事情报部已从多种渠道获得了战争预警情报，但军事情报部的错误观念导致情报预警失败，给以色列带来了灾难性的突然袭击。这充分说明，即使在情报流程的搜集环节获得了很有价值的技术侦察情报素材，如果在情报的分析、分发、

① 美国的“大鸟”侦察卫星由美国洛克希德飞机公司研制成功，并于1971年6月在范登堡空军基地被送上轨道的第四代人造卫星，是美国侦察卫星的主力，主要用于获取军事部署方面的情报。“大鸟”侦察卫星代表了美国照相侦察卫星向综合型侦察卫星发展的趋势，既能普查，又能详查。

② 高金虎：《大失误：20世纪重大情报战之谜》，江苏人民出版社1998年版，第284页。

使用等环节出了问题，技术侦察情报工作仍然无法发挥其应有的作用。

1. 以色列军事情报部对预警情报的忽视

战前，以色列军事情报部利用各类技术侦察手段截获了多份重要预警性情报，这些技术侦察情报均不同程度地表明战争即将爆发。但当四面八方的警告涌向以色列军事情报部时，其判断却是：目前发生战争的可能性很小，甚至小而又小。①

9 月份的形势显得十分紧张。以色列军事情报部首先发现叙利亚开始向前线逐步增兵。7 日，以色列军事情报部发现，叙利亚已经向前线增兵一个步兵旅，叙利亚空军的预备等级也有提高。24 日，航空侦察发现，叙军已经在接近前沿阵地的后方全面展开。以色列军事情报部对叙利亚的军事部署不以为然，认为尽管在戈兰高地出现了这些战争征兆，但并不表示叙利亚会发动战争。叙利亚的军事部署可能是为叙利亚总统阿萨德出访阿尔及尔制造舆论，也可能是防止以色列的进攻，因为以色列认为，当时发生的一系列恐怖行动都是由叙利亚支持的。9 月 30 日—10 月 1 日，以色列军事情报部获悉，埃及开始大规模的渡河演习，这场演习将以真正的渡河行动而告终。叙利亚将参战，埃叙联合军事行动由埃及指挥。这个消息刺激了南部军区司令戈南，他要求取消士兵的休假。然而，以色列军事情报部部长泽拉仍然无动于衷。他说："我们从各处收到一些严重的情报。对有些人来说，昨天晚上是一个不眠之夜，但是，我从中看不到战争的可能性。"②

1973 年 10 月 1 日，以色列南部军区司令部情报处的情报参谋本杰明·西曼·图夫中尉曾向其处长戴维·格达利亚中校呈送了一份情报分析报告。他认为，埃军尽管是在演习，但这种演习很可能是战争的前奏。10 月 3 日，他又呈送了一份报告，进一步指出，埃军的演习可能是掩盖战争准备的手段。但是格达利亚没有转发这个下级军官的情报判断，而是把它从南部军区的敌情报告中删去了。③ 理由是，这份报告与"军事情报部的判断——埃军的行动是演习——

① 高金虎：《大失误：20 世纪重大情报战之谜》，江苏人民出版社 1998 年版，第 280 页。

② 高金虎：《大卫的铁拳：二十世纪以色列情报机构绝密行动》，东方出版社 2005 年版，第 207 页。

③〔以〕恰伊姆·赫佐格：《赎罪日战争》，于江欣、董海燕、孙熙译，解放军出版社 1984 年版，第 57 页。

相互矛盾”。10 月 1 日，以色列军事情报部得知，埃及已经决定渡过苏伊士运河，占领米特拉和吉迪通道，目的在于促使超级大国介入埃以冲突，以重开苏伊士运河，同以色列谈判，缔结一项永久的埃—以政治协定。但是，这个情报来源被认为进攻的具体日期还没有确定。[①] 10 月 4 日，阿方指挥官将埃及最高统率部发出暂停斋戒的命令通过无线电进行传送，这一情报被以色列军事情报部及时截获，但以色列军事情报部忽视了这份重要情报。

10 月 5 日，以色列驻守苏伊士运河一线的侦察人员发现，埃军前沿阵地的炮兵连增加到 194 个，所有步兵师已全部展开，所有架桥和渡河器材集结地点都堆满了器材，运河全线的坦克掩体已全部配置了坦克排，用于渡河的浮桥部队已进入后方地域。一位海军情报军官在分析了所有这些征候后，向上司陈述了自己的看法：战争一触即发。但是总司令部没有采纳他的意见。[②] 埃及的军事调动也引起了另外一位情报人员的注意。10 月 5 日下午 1 点钟，以色列军事情报部埃及科科长约拿·班德曼中校起草了一份情报分析报告。在报告的前 39 段，他列举了埃及的军事集结，给人的印象是战争即将爆发。但是，在写完这 39 段以后，班德曼觉得意犹未尽，又在后面写上一段自己对上述迹象的分析。他说：“即使运河沿岸的军事部署似乎反映了进攻的企图，根据我们所做的最佳估计，埃及人对于他们自己和以色列国防军之间的军事力量对比的判断并未发生任何变化。因此，埃及企图重新开战的可能性很小。”[③]

10 月 5 日 17 时，以色列军事情报部信号情报搜集部门从埃及和叙利亚的无线电通信中得知，埃及和叙利亚决定发动战争。军事情报部官员本·波拉德立即将此事报告军事情报部部长泽拉的副手沙勒夫。值班人员草拟了一份紧急报告，准备报送分发到政治、军事决策者手中，但是，部长泽拉却决定不报送分发这份情报。直到 10 月 6 日 7 点，泽拉才改变主意，此时距战争爆发只有 6 个半小时，以色列已经来不及采取任何行动。[④]

①〔以〕恰伊姆·赫佐格：《赎罪日战争》，于江欣、董海燕、孙熙译，解放军出版社 1984 年版，第 286 页。

②〔以〕恰伊姆·赫佐格：《赎罪日战争》，于江欣、董海燕、孙熙译，解放军出版社 1984 年版，第 288 页。

③ 高金虎：《大卫的铁拳：二十世纪以色列情报机构绝密行动》，东方出版社 2005 年版，第 206 页。

④〔以〕恰伊姆·赫佐格：《赎罪日战争》，于江欣、董海燕、孙熙译，解放军出版社 1984 年版，第 291 页。

情报机构并不要求预言，而是要尽可能多地了解敌人的情况及其意图。正如埃及总统安瓦尔·萨达特所言："大国和世界都认为，由于科学的进步，搜集情报和研究军队调动情况的工作，可以由人造卫星、侦察机和其他手段来完成。十月战争却证明，了解军队调动情况是一回事，弄清调动的意图是另一回事。"[①] 1975年5月以色列总参谋长埃拉扎尔提交给阿格拉纳特委员会的笔记证明，以色列军事情报部虽然掌握了表明阿拉伯国家即将发动进攻的迹象情报达400件，但这些表明战争迫近的重要资料并没有呈送给军政首脑，而在中途被"捏碎"了。[②]

2. 以色列技术侦察情报预警失败的深层原因

埃及战前开展了充分的战略欺骗，但仍然有许多即将爆发战争的征候性情报被以色列和美国所获悉，只是因为以色列军事情报部固有的"阿拉伯国家不可能开战"这种先入为主的思维定式在第四次中东战争前发展到了登峰造极的地步，从而造成军事情报部各级情报分析人员及领导对许多预警性情报未予以重视。

第三次中东战争后，以色列占领了阿拉伯国家的大片领土，获得了三倍于己的土地，其战略纵深全面扩大。[③] 战略纵深扩大，战略态势改善之后，以色列企图长期守住这一掠夺来的"安全边界"，其战略思想也随之由攻势转为守势。以色列战略思想的重大转变深深影响了以色列军事情报部的情报判断。以色列军事情报部部长泽拉依据1967年第三次中东战争后阿以双方的实力对比，对以色列军政当局做出如下两条保证：(1) 埃及在取得空中优势之前，不会发动进攻，并认为埃及在1975年以前是不会具备这一先决条件的；(2) 如果没有埃及的配合，叙利亚也没有能力单独发起一场战争。泽拉提出的这两个保证，被以色列军事情报部奉为"概念"，并被视为判断情报资料真伪的标准。[④]

---

① 高金虎：《大卫的铁拳：二十世纪以色列情报机构绝密行动》，东方出版社2005年版，第200页。

②〔日〕田上四郎：《中东战争全史》，军事科学院外国军事研究部译，解放军出版社1985年版，第387页。

③ 北面占领了叙利亚的戈兰高地，有了一定战略纵深；西南面占领了西奈半岛和加沙地区，战略纵深增大了200公里以上，接敌正面也由260公里缩小到160公里；东面占领了约旦河西岸，战略纵深增大了90公里以上，接敌正面也由500公里缩小为360公里。

④〔日〕田上四郎：《中东战争全史》，军事科学院外国军事研究部译，解放军出版社1985年版，第383页。

如果符合这两个标准，那么该情报就是真实的，否则就是假的。

为达成战争的突然性，埃及在战前为隐蔽战争企图采取了多种伪装和保密措施。尽管这样，以色列情报机构仍然通过各种途径掌握了表明阿拉伯国家即将发动进攻的多类情报，其中不乏美国提供的侦察卫星情报，以色列军事情报部直属“848 部队”以及空军、各军区情报处搜集上报的多份表明阿拉伯国家即将发动进攻的技术侦察情报，有些技术侦察情报甚至还能与其他渠道获取的情报相互印证，但都因为同泽拉提出的“概念”相矛盾而被判为假情报，有些战场侦察情报甚至还未被报送到以色列军事情报部总部，就在情报搜集单位那里被扣压下了。以色列军事情报部部长和情报分析人员依据固有的“阿拉伯国家不可能开战”的思维定式对掌握的大量表明阿拉伯国家准备发动进攻的技术侦察情报熟视无睹，仍然固执地坚持他们提出的“概念”，还常常趾高气扬地辩解说，埃军在停火线附近的军事行动是演习，叙军的行动是防御行动。对这种“概念”的坚信，直到 10 月 5 日才开始发生动摇。尽管如此，他们还是判断阿拉伯国家发动进攻的可能性非常小。这种错误的“情报判断”，致使技术侦察情报未能发挥预警作用。

以色列军事情报部僵化的“概念”和错误的认知追本溯源是军事情报部在对相关技术侦察情报进行分析时的“先入为主”和“镜像”思维所致。以色列军事情报部如果能够摆脱固有的“阿拉伯国家不可能开战”的思维定式，对所获取的技术侦察情报素材进行客观、中立的情报分析，详细了解阿方的战略、战术、作战原则、作战方法，透彻掌握阿方的现实与潜在作战能力，并能站在阿方的立场上，结合其领导人的性格特点、文化习俗、思维习惯、力量态势及国际背景等诸多因素进行综合权衡，努力理解阿方的思维过程，并不断发展站在阿方立场考虑问题的能力，就应该能够在很大程度上排除“镜像”思维对己方决策过程的干扰，避免突然袭击的发生。

三、战争初期以色列技术侦察情报对作战行动的支援（10 月 6 日—9 日）

（一）技术侦察情报发挥作用有限与战争初期地面战场的被动

1. 技术侦察情报工作遭遇重大挫折使地面部队陷入混乱

以色列在遭受阿方突然袭击之后的前 40 个小时，其在两条战线上陷入了极为被动的局面，技术侦察情报工作遭遇了重大挫折。

（1）前线众多技术侦察阵地失守

战争爆发的第一天，叙利亚第 82 突击营乘直升机突袭并夺占了被以色列称为“国家眼睛”的赫尔蒙山哨所，捕获了 18 名以色列军事情报人员，缴获了由西方和以色列制造的大功率电子对抗设备和机密电子侦察设备。赫尔蒙山监听站是以色列北线重要的技术侦察情报阵地，其在战争伊始的失守，对于以色列而言是一个重大的挫败，也是造成以军在戈兰高地初期作战失利的一个重要原因。另外，叙利亚突击队还夺取并破坏了特勒阿比亚德、特勒法拉斯地域的以军无线电侦察、干扰和指挥中心。北线这三个阵地的失守使以军丧失了对叙利亚部队的侦察能力和对叙利亚武装力量的无线电通信雷达施放干扰的能力，从而使以军在北线失去了开展电子侦察和电子对抗的基础。除缴获了以色列先进的技术侦察硬件设备外，叙利亚还获得了一整套以色列军用密码，从而使叙军能在开战后最关键的 36 小时监控以色列空军的所有通信情况。10 月 6 日和 7 日在埃及最初发起攻击并越过巴列夫防线期间，以色列沿运河的很多无线电台和雷达站遭到埃及炮火打击和潜水小分队的破坏，以军在巴列夫防线的战场侦察能力被削弱，致使其无法及时准确获取技术侦察情报。

以军前线众多技术侦察阵地的失守，使以军开战初期的技术侦察情报发挥作用极为有限，从而使以军在很大程度上成为了战场上处处被动挨打的“聋子”和“瞎子”。

（2）阿方萨姆地对空导弹防御网阻碍了以军有效的前沿侦察

由于阿方在前沿阵地部署了严密的萨姆地对空导弹防御网，致使以色列无法进行有效的航空侦察了解前线态势。以色列缺乏装甲侦察部队，从而使其在开战后 48 小时内不能抵近侦察埃及部队的情况，造成以色列指挥官对于敌人的位置了解不清。10 月 8 日星期一，以方由 2 个坦克营组织的有限反击计划是基于猜想的基础上进行的，他们猜想埃及坦克部队的位置根据“苏联教条”应该在哪里，事实并非如此。结果是，原以为埃及部队抵达运河东岸 11 至 13 公里的纵深地域，实际上仅推进了 3 至 4 公里。苏伊士运河前线的以色列指挥官被迫利用他们的直觉判断埃及部队所在位置。

以军未能开展有效的前沿侦察，无法全面准确地把握前线战场态势，导致以军战场情报支援严重不足，从而使技术侦察情报未能在开战之初为以军捕捉战机作出决策发挥作用。

（3）以军在无线电通信保密工作上的疏漏导致严重后果

作战双方的技术侦察情报战始终贯穿于战争全过程。以色列情报侦察技术水平高于埃及，但由于保密措施不严，仍然被对手找到薄弱点，遭到对方致命打击。以色列在对战时获取的大量情报资料进行分析之后发现，以色列的西奈密码地图（包括运河区及其西岸）落入了埃及人的手中。这份密码地图（于1973年共绘制了9份）泄露了以色列无线电通信的所有密码。战时发现此图已全部被译成阿拉伯文。这种有利于埃及的便利条件，加上战时以色列无线电通信保密又极为不严，造成了以色列在开战初期的许多悲惨状况。[①]

在开战之初，埃军曾利用一本缴获的以军密电码确定了以军西奈指挥部的位置，摧毁了这个指挥部，打死了以军驻西奈装甲司令亚伯拉罕·门德尔将军。[②] 1973年10月7日，当“巴列夫防线”被埃军突破，以军第一线部队的反击作战连遭挫折之后，以军统帅部迅速给190装甲旅拍发了一份重要的密码电报，要求该旅及时赶到菲尔丹，向埃军第2军团实施反突击，遏止埃军的攻势。埃军无线电技术侦察部队通过电子侦察截获了这份密码电报，并成功进行了破译。10月8日，埃军无线电技术侦察部队又接连截获并破译了以军的几份相关密码电报。埃及统帅部依据截获的这些重要密码电报拟制作战计划，全歼以色列190装甲旅。战后以色列人也不得不承认，这些情报“相当准确地反映了以色列的实际情况”。埃及对以色列190装甲旅成功实施歼灭战，正得益于埃军情报部门特别是密码破译人员所做的工作。[③] 同时也说明以色列军队在无线电通信保密上存在诸多疏漏，从而给埃及技术侦察部队以可乘之机。

2. 电子对抗发挥作用有限，导致以空军战争初期遭受重大损失

开战之初以军电子战发挥作用有限，空军损失惨重，未能在电子情报战领域夺得优势。

第一，战前缺乏埃及电子战装备方面准确详细的情报，导致以空军损失巨大。

以军开战之初固然开展了针对埃军的电子情报侦察，但由于疏于对埃军电子战装备情报的全面把握，使其无法及时找到具体应对措施，以色列开战伊始

①〔以〕恰伊姆·赫佐格:《赎罪日战争》，于江欣、董海燕、孙熙译，解放军出版社1984年版，第323—324页。

②〔埃〕穆罕默德·海卡尔:《通向斋月战争之路》，上海《国际问题资料》编辑组译，上海人民出版社1976年版，第297页。

③〔英〕B. 诺曼:《密室里的较量》，伍章编译，军事译文出版社1984年版，第86—88页。

开展的电子情报战因此也未能对以军作战发挥较大的支援作用。第三次中东战争遭到惨败后，埃及除了请苏联帮助改组其情报系统之外，还从苏联引进各种尖端的电子战设备，以及无线电侦听、电子监视和测向设备，在最短的时间内形成战斗力，从而大大提升了埃及在电子情报战方面的水平。

1973 年 10 月 6 日，在战争爆发数小时之后，以军司令部就制定出一份全面防御计划，企图依赖其 F-4“鬼怪”式、A-4“天鹰”战斗攻击机和先进的电子战设备实施反击，阻止埃及部队的攻势。这些装备有电子战设备的飞机具有突防优势。然而，埃军计划人员早已预料到以军这一行动，地面部队已经秘密装备了从苏联引进的最先进防空武器，包括萨姆 -6 防空导弹系统、雷达控制的 ZSU-23-4 型 23 毫米高炮和 SA-7 肩射式红外制导导弹。这些防空武器，高中低空相结合，组成了一个难以突破的严密防空体系。其中萨姆 -6 防空导弹系统由两辆履带式车辆装载，一辆装 3 枚“根弗”导弹，另一辆装“直流”跟踪制导雷达，具有很强的机动能力。“直流”雷达采用连续波制导方式，以色列的雷达侦察设备均为脉冲信号接收机，检测不到该系统的制导信号；雷达工作在两个不同频率，更增加了侦察干扰的难度。ZSU-23-4 型自行高炮的控制雷达工作在 16 千兆赫，已大大超出以军当时侦察干扰装备的工作频率范围。这两种装备都是在以色列毫不知情的情况下首次运用于战场。

以军飞机虽然装备有 ALQ-101-6 和 ALQ-101-8 干扰吊舱，但无论用来对付萨姆 -6 防空导弹系统的制导雷达，还是对付 ZSU-23-4 型高炮的瞄准控制雷达都无能为力。飞机在中高空受到萨姆 -6 的攻击，到低空又落入高炮和红外制导导弹的火力网。① 以空军尽管在战术上采取了电子对抗措施，但并未能给阿军防空体系以有效打击，在开战的第一天，就损失了 30 架飞机，在战争开始后的 4 天时间里，即从 10 月 6 日午后至 9 日黄昏，以色列空军总共出动了 2600 战斗架次，损失了将近 50 架战斗机，占其所有战机的七分之一多，其中大部分是被萨姆 -6 导弹击落的。

第二，战争初期电子战基地遭到摧毁致使以色列失去了开展电子情报战的重要基础。开战第一天，叙利亚空军的“霍伊”飞机猛烈轰炸戈兰高地，一举摧毁了该地区以军几乎所有的电子战基地。同时叙利亚突击队第一时间占领了赫尔蒙山上的以色列电子侦听基地，当场缴获了由西方和以色列制造的先进电子战设备。赫尔蒙山电子侦听基地的失守，致使以军丧失了对叙利亚开展电子

① 郭剑:《电子战行动 60 例》，解放军出版社 2007 年版，第 129 页。

情报战的重要基础。另外，开战当天，埃及空军对西奈半岛上的以军指挥所、电子战中心和设在比尔吉夫贾法、阿果什、纳斯拉尼角等机场上的电子设备实施空袭，击毁了西奈半岛上的以色列指挥所、电子战中心以及若干“霍克”防空导弹系统。① 以色列沿苏伊士运河建立的很多无线电台和雷达站也遭到埃及潜水小分队的破坏，致使以色列开战之初无法有效开展对埃及的电子侦察和电子对抗。

第三，埃军以假充真广泛使用假雷达站，诱使以军飞机进入伏击区。在战争准备期间，埃军建造了众多的假雷达系统，其布置得十分巧妙，其中有许多是主动式的。这种假雷达系统的优点有二：一是可以将以空军引向无用目标；二是在诱饵周围的数个地点预先配置对空武器，以击落进入“陷阱”的以军飞机。这些对空火力由高炮和经过伪装的萨姆 -6 导弹部队编成。据报道，埃军配置在苏伊士运河西岸的假雷达站比真雷达站还多。② 埃及利用假雷达击落了多架以军飞机。

第四，埃军在开战时施放了强烈的电子干扰，使以军难以有效实施地面指挥与导引飞机实施反击。埃军使用了各种电子对抗手段全面干扰和监视以军地面和作战指挥系统，几乎压制了以色列全部陆军无线电通信以及大部分远距离地面无线电通信，致使以色列军队无法向上级报告情况和传达战斗命令。③

3. 图像情报为以色列了解前线情况发挥了一定作用

开战之后，以色列军事情报部利用先进的图像侦察技术获取了前线的准确战况。为了抵近侦察，以色列的遥控飞行器和无人驾驶飞机被作为侦察和监视平台用于埃及和叙利亚前线。其他无人驾驶飞机，如从美国秘密获得的诺斯罗普公司（Northrop）生产的“石鸡”AQM-91A 型靶机被用于诱饵吸引阿拉伯地对空导弹的发射。据报道，一个遥控飞行器能在 32 枚萨姆导弹的攻击后存活下来，并能设法安全返回以色列境内。显然，遥控飞行器在侦察飞行回传有

① 军事科学院世界军事研究部：《战后世界局部战争史（第二卷）：冷战后期的局部战争（1969—1989）》，军事科学出版社 2008 年版，第 151 页。

②〔日〕田上四郎：《中东战争全史》，军事科学院外国军事研究部译，解放军出版社 1985 年版，第 274 页。

③ 袁文先、杨巧玲：《百年电子战》，军事科学出版社 2008 年版，第 164 页。

价值的原始情报方面都非常成功。[①]

从战争爆发第一天的实际战况看，以军将几乎所有的图像侦察机都派往战场，试图提供一个全面的敌军部署图。这些图像侦察飞机中，既包括能以 2.17 马赫速度飞行的附带先进多功能传感器的 RF-4E 幻影战斗机，而且还有喷气动力的达因·瑞安航空公司 147 型遥控飞行器以及“石鸡”遥控飞行器。[②] 开战初期，以军利用遥控飞行器和各类图像侦察机及时获取前线的准确情报，为其直观了解一线作战情况，成功开展战场作战部署发挥了较好作用。

综上所述，开战之初，以色列技术侦察情报工作因遭到阿方突袭，导致部分技术侦察阵地失守，侦察装备受损，再加上战前缺乏对埃叙电子情报资料的掌握，从而使以色列技术侦察情报工作未能及时有效地支援以军战场行动。虽然图像情报发挥了一定作用，但并未改变以色列技术侦察情报工作在开战之初的总体被动局面。

（二）海军开展电子情报战与海战的胜利

开战之初，以色列地面部队遭受突然袭击，技术侦察情报对以色列地面部队作战行动支援有限，但以色列海军利用电子情报战两次力克阿军“冥河”雷达制导反舰导弹的攻击，取得海上胜利。

至 1973 年 10 月，埃及和叙利亚海军拥有大量装备“冥河”导弹的“蚊子”级和“黄蜂”级导弹快艇，对以色列海军构成巨大威胁。以色列虽然拥有“加布里埃尔”反舰导弹，且命中精度较高，但射程仅为“冥河”导弹的 2/5，明显处于劣势，加强舰艇的防御成为以色列海军的头等重要问题。为此，以色列以尽可能快的速度为其所有导弹发射舰艇安装了电子支援、噪声干扰、欺骗干扰和箔条发射等电子战设备，并用吸波材料覆盖，以减小雷达波反射面积。到第四次中东战争爆发时，以色列海军已做好了开展电子情报战的充分准备。

1973 年 10 月 6 日—7 日夜间，以色列海军司令部命令 5 艘导弹攻击快艇到叙利亚外海搜索叙军舰队。同时，叙利亚也派出 3 艘导弹快艇执行巡逻任务。当以色列快艇上的电子支援设备发出告警信号时，以军迅速开展以获取敌

---

① Rip，M. R. “*Military Photo-Reconnaissance during the Yom Kippur War：A Research Note*”，Intelligence and National Security，no. 2（Apr. 1992），p.128.

② Richelson，J. T. *A Century of Spies：Intelligence in the Twentieth Century*，Oxford University Press，1995，p.332.

方电磁频谱参数为主的电子情报侦察，及时掌握了叙方攻击舰艇的类型和火炮型号，双方立即在海上抢占有利位置。在两舰队相距37,500米时，叙军发射第一批“冥河”导弹，以军快艇按预定计划打开欺骗干扰机并发射短程和远程干扰箔条，制造了大量假目标，叙军导弹全部偏离真实目标，落入大海。以军快艇避开第一批导弹后，继续全速前进，当叙利亚导弹艇进入以方导弹射程范围后，以军立即开火，将缺乏电子战保护的3艘叙军导弹快艇全部击毁，自己无一损失。以色列海军成功开展电子情报战获取电子情报继而实施电子战，实现了对叙利亚的海上胜利。

1973年10月8日—9日夜，以色列通过通信侦察获知埃及海军舰队已离开亚历山大港，驶向靠近前线的塞得港海军基地。以色列最高司令部立即派出6艘导弹艇，前往拦截并企图消灭埃及海军舰队。以色列船只在航行中始终保持无线电和雷达静默，只用电子侦察设备实施警戒和搜索敌舰。由4艘装备“冥河”反舰导弹的“黄蜂”级攻击艇组成的埃及舰队进入地中海，其中一艘攻击艇打开雷达数秒钟，以检查航线并搜索附近有无敌舰。这关键的数秒钟就让以色列海军准确地掌握了埃及海军舰艇的各类参数和准确位置等电子情报。在以色列海军导弹艇进入埃及海军24海里导弹有效射程时，埃及海军4艘“黄蜂”级攻击艇上的12枚“冥河”导弹一齐射出，但以色列的所有导弹艇立即发射噪声干扰、欺骗干扰和无源干扰箔条，12枚导弹全部偏离目标落入海中。以色列舰队借机全速驶向敌舰，并在有效射程内向埃及舰队发射了“加布里埃尔”反舰导弹。由于埃军舰队未装电子战设备，无法抵抗以色列导弹的攻击，导致其3艘攻击艇被击沉，另1艘遭重创。以色列成功利用电子侦察获取的情报开展电子战，进而实现了对埃及的海战胜利。

在这两次海战中，叙利亚和埃及向以色列舰队共发射52枚“冥河”导弹，无一命中目标。这个事实充分说明，电子战是现代舰艇的有效防御手段，没有电子战系统保护的舰艇，在现代高技术战争中是无法生存的。[①] 开战之初，以色列分别与叙利亚和埃及进行海战所取得的胜利得益于以色列及时通过技术侦察手段获取了敌方动向性情报并成功开展以获得电磁频谱领域情报优势为目的的电子情报战，继而成功遂行了电子战。由此可见电子情报战在以色列两次海战胜利中发挥着重要作用。

---

① 郭剑：《电子战行动60例》，解放军出版社2007年版，第131—135页。

四、战争中后期以色列技术侦察情报对战局转换和反攻作战行动的支援（10月10日—27日）

（一）加强战场情报侦察

以色列装甲侦察部队发现埃及两个作战部队之间的“空隙”。10月9日，一支以色列装甲侦察部队在格拉菲特（Grafit）地区西部巡逻，继续前进到大苦湖然后向北行进仍未遇到埃军。当晚，巡逻指挥官将这一情报及时上报总部，称在埃及第二军和第三军之间有一条“空隙”。[①]

航空侦察确认存在“空隙”，以军据此拟制作战行动方案。10月11日上午，以色列南部军区司令戈南少将在察看以色列航空侦察照片时，也发现了这个“空隙”，[②] 就向总参谋长埃拉扎尔中将报告，他感到前线局势发生了有利于以军的明显变化。于是，以军开始了下一步作战行动的讨论。

截获重要信号情报，促成以军快速实施作战计划。10月12日，在前线视察的总理全权代表巴列夫飞回特拉维夫，向总参谋部及内阁呈报了渡河作战计划。随后以色列总理梅厄主持召开了有总部将军们和内阁成员参加的会议，对该渡河作战计划展开了深入讨论。内阁部长以及将军们提出问题：埃军在西岸集结了两个装甲师、两个机械化师和两个独立装甲旅，共有坦克约700辆，数量大大超过以色列装甲部队，即使以军渡过运河能否保证不被埃军歼灭？以色列军政要人们正在为是否采纳这一个渡河作战行动计划而犹豫不决的时候，以色列军事情报部截获了一份重要信号情报。该情报称，埃及的军事部署发生了决定性变化，埃及国防部长伊斯梅尔开始把留在运河西岸保护其军队后方的近700辆坦克的大部分运到西奈。这一重要情报显示，这是一次大规模进攻前的准备。

根据以上技术侦察情报，以军最终确定并实施了作战行动方案：首先对埃军的进攻予以还击，然后渡河。综上所述，以色列及时获取敌方作战部署的军事情报为以军选择并确定作战方案提供了有力依据，为以军进行战略决策提供

① Kennedy, C. W. V. *The Intelligence War: Penetrating the Secret World of Today's Advanced Technology Conflict*, London: Salamander Books Limited, 1983, p. 146.

② Black, I. & B. Morris, *Israel's Secret Wars: The Untold History of Israeli Intelligence*, London: the Penguin Group, 1991, p.315.

了基础，以色列决策层利用情报缩小了决策的选择范围，从诸多不确定性中提取出确定性，在不一致的环境下帮助以色列高层作出了一致的决定。由于以军具备完备的情报系统和先进的通信网，而且以空军司令部派出的侦察机发挥作用大，再加上美国提供的技术侦察情报，以军司令部能迅速、准确地掌握埃、叙两条战线战局发展的真实情况以及后方情况，技术侦察情报成为以色列高层及时作出战略决策和战役部署的可靠依据和前提。

（二）夺回电子情报优势

1. 以色列借助美国提供的电子情报和电子设备一举夺回空中优势

以军从开战之初，就将对阿方的指挥、控制、通信及情报（即 C3I）系统的侦察探测放在首位，以便准确掌握阿方的“电子态势”。所谓“电子态势”，是指 C3I 系统的各个部分的技术、战术性能，数质量，部署位置，使用方式、方法、对抗力量对比等。[①]

在战争开始后的 4 天时间里，以色列空军损失了将近 50 架战斗机，其中大部分是被萨姆 -6 导弹击落的。遭受重创之后，以色列人转向美国盟友请求援助。为了弄清埃军的“萨姆 -6”防空导弹制导雷达的工作频率，美军在开战伊始曾多次利用侦察卫星通过中东地区的时间段，派遣高空侦察机飞临战场，引诱埃及发射“萨姆 -6”型防空导弹的雷达工作，从而窃取雷达的工作频率，获取相关电子情报。在整个战争过程中，美国将间谍卫星和高空侦察机所获得的“电子态势”都及时传输给了以军，为其作战中实施有针对性的反 C3I 作战提供了重要依据。

同时，美国政府同意从美国驻欧洲空军总部拿出 40 套 ALQ-119 干扰吊舱及大量箔条投放器和不同长度的箔条，这种箔条可以根据新型雷达的波长自动调整其长度，以达到最佳干扰效果。美国将这些设备空运到以色列，随行的还有一位技术军士帮助他们安装设备。[②] 将 ALQ-119 干扰吊舱装到以色列战机上，花了几天的时间。当干扰吊舱投入作战时，最初的危机已经过去了，空中攻击的累积效果和以色列人顽强的地面抵抗阻止了埃军和叙军的推进。

另外，以军积极开展电子侦察，获取了有关“萨姆 -6”导弹的电子数据，

---

① 郭胜伟、王鉴：《隐形战场上的对抗：反 C3I 作战之研究》，军事科学出版社 1999 年版，第 120 页。

② 战争初期，以色列空军仅使用 ALQ-101-6 和 ALQ-101-8 这两种干扰吊舱。

准确地掌握了“萨姆 -6”导弹部队行踪的信息，以色列空军战机机组人员因此能够成功避开这些导弹。这样，在这条战线上，以军飞机利用美国援助的电子战设备和器材，以及后来装备的新型雷达告警接收机，并采用新战术使以色列战机损失率降到了可接受的 0.3% 左右，重新夺回了空中优势。以色列军队在两条战线上都发起了反攻。以色列空军一直就不准备用 ALQ-119 干扰吊舱来对付“萨姆 -6”导弹系统；然而，这些干扰吊舱在对抗老式的“萨姆 -2”和“萨姆 -3”导弹系统时，确实很有效。[①]

在戈兰高地上空，以空军虽然因“萨姆 -6”导弹和其他防空武器的攻击而损失了 80 架飞机，但却终于发现了“萨姆 -6”导弹的弱点，断然采取了以下战术：采用新的电子对抗设备和改进型金属箔片，为免遭“萨姆 -6”导弹连的攻击而从高空接近，从“萨姆 -6”的盲区实施俯冲攻击，加之以空军在同叙空军的空战中也多次取得胜利，这些为北部地区以军地面部队的战术成功做出了直接贡献。[②]

以色列借助美国提供的电子情报以及先进的电子战设备开展电子对抗，有效地缓解了埃及和叙利亚的攻势，重新夺回了空中优势，为以色列扭转战局创造了有利条件。

2. 以色列的无人侦察机为获取敌方电子情报并开展电子情报战发挥了重要作用

以军曾派出“马斯蒂夫”和“侦察兵”（又译为“侦察员”）号无人侦察机，在叙利亚设于黎巴嫩的防空阵地上空侦察，故意吸引该阵地的炮火，特别是吸引叙方的地对空导弹（萨姆型导弹）。[③] 以军通过截获敌方的电磁辐射，从而获得萨姆导弹的电磁辐射源类型、数量、准确位置、技术战术参数等电子情报，进而将这些导弹一一测定，再将其摧毁。

为压制埃军的地面探测系统，以色列空军的“天鹰”飞机还利用 ALE-29、ALE-38 自动投放器大量施放无源干扰，还投放了装满偶极子反射体的航空炸弹。以军采取多种电子压制，对付埃、叙军队的侦察、探测、通信、控制系统，

---

①〔美〕阿尔弗雷德·普赖斯：《美国电子战史》，解放军出版社 2002 年版，第 303—305 页。

②〔日〕田上四郎：《中东战争全史》，军事科学院外国军事研究部译，解放军出版社 1985 年版，第 275 页。

③ 孙建民：《战后情报侦察技术发展史研究》，军事科学出版社 2008 年版，第 92 页。

有效地保证了己方安全，并为扭转战争初期的被动局面发挥了重要作用。

3. 缴获阿方武器系统并引进和部署开展电子情报战的有效装备

以色列在战争中设法夺得了阿拉伯军队的一张详细标有防御设施、沿运河的作战计划及西奈基地代号的地图，并缴获了几部完整的“萨姆-6”“萨姆-7”和 ZSU-23-4 自行高炮。缴获的这些武器系统提供了确切数据，以色列因而很快从美国得到了欺骗红外制导系统的新型红外曳光弹，它产生的红外频谱与飞机发动机喷气管产生的红外频谱相同，而且辐射的能量比喷气管辐射的能量强得多。以军在作战中多次使用“百舌鸟”反雷达导弹攻击阿军雷达和通信设备，给阿方造成了很大威胁。以军用飞机投掷金属箔条，使用电子对抗吊舱干扰阿军雷达，大大削弱了阿军地空导弹的作用。①

4. 以军使用电子战地面分队开展对敌方的电子设备侦察

在第四次中东战争中，以色列军队使用了电子战地面分队。这些电子战地面分队的主要装备是美式无线电侦察和无线电干扰装置，主要任务是在戈兰高地和西奈半岛的战术地幅内，使用电子设备侦察频率为 2,000 ～ 16,000 兆赫的地面和机载电子设备，测定敌方指挥所、雷达站和防空导弹阵地的位置，并施放无线电干扰，破坏敌方指挥。

以色列利用无人侦察机对敌开展电子侦察，缴获阿方萨姆导弹开展武器系统参数研究，借助美国提供的电子情报以及先进电子战设备开展电子对抗，使用电子战地面分队开展电子侦察，这些都使以色列拥有了电子情报优势。通过截获敌方电子设备发射的信号，经过分析、识别，得到敌方电子设备工作的频率、工作方式、信号特征参数以及配置地点和用途等电子情报，从而为以军摧毁辐射源重新夺回空中优势发挥了关键作用。战争中以色列充分开展电子情报战为以军消除萨姆导弹威胁，重新夺回空中优势并扭转战局提供了强有力的保证，电子情报战分队成为以军扭转战局过程中十分重要的作战力量。

（三）发挥通信情报作用

1. 依靠军事情报部截获的通信情报适时切断了伊拉克援军

10 月 12 日晨，以色列军事情报部截获了一份重要的无线电通信情报，称前一夜伊拉克军队一支装载着兵员和武器装备的庞大的运输部队，已开始由巴

① 许方策：《20 年战争管窥：当代局部战争战例选析》，军事科学出版社 1989 年版，第 139 页。

格达向大马士革移动，伊拉克军队即将参战。面对这一极为严峻的形势，12日10时，以军制定了一项紧急作战计划，决定使用战斗轰炸机和直升机运送空降分队，阻止伊军运输部队前进。10月12日23时，以色列空军一架CH-53C直升机，装载12名空降兵和1辆载有106毫米无座力炮的吉普车，从以色列起飞。为了避免被叙军雷达和防空基地发现，这架直升机沿黎巴嫩海岸低空向北飞行，于24时在巴格达至大马士革公路上即戈兰战线东北100公里处着陆。[①] 以军迅速在桥上安设了炸药，并在伏击地点的前方埋设了地雷。10月13日1时，伊军运输部队到达此地，以军开始攻击，成功地切断了伊军运输部队的前进。

正是由于以色列军事情报部成功截获了有关伊军运输部队行动的准确情报，才使以军这次军事行动得以成功。

2. 借助通信情报精确锁定打击目标，重创埃及第25装甲旅

10月15日下午5时，以军开始执行横渡运河计划。16日晨，以色列安农旅的两个营与随后到达的部分兵力在运河西岸会合。西岸以军一面建立桥头阵地，一面加紧袭击埃军防空导弹阵地。埃方此时真正关注的是，以军正尽全力在大苦湖以北开辟一条走廊。为此，10月17日，埃军第2集团军和第3集团军决心以果断行动封锁以军走廊，分割以军。埃军下令第16师、第21装甲师和第25装甲旅对以军实施反击。

以色列军事情报部利用信号侦听，于10月16日至17日成功追踪了埃及第25装甲旅，该旅当时正从埃及第3集团军正面北上，以期实现两个军的联合作战。该旅沿着大苦湖朝北，向以色列走廊以北的第16师桥头堡方向前进，其任务是切断走廊，消灭已渗透到桥头堡的以军。利用侦获的技术侦察情报，以军及时在此地域投入了6个装甲旅和2个步兵旅，另以2个装甲旅守卫其战线的其余地段。埃以两军经过1个小时的激战，以军以损失4辆坦克的代价，击毁埃军第25装甲旅86辆坦克，大获全胜。正是由于以色列军事情报部提供的技术侦察情报让以军用很小的损失，成功伏击了大苦湖沿岸的埃及纵队，几乎造成埃及第25装甲旅全军覆没。[②]

---

①〔日〕田上四郎：《中东战争全史》，军事科学院外国军事研究部译，解放军出版社1985年版，第293页。

② Rip, M.R. “*Military Photo-Reconnaissance during the Yom Kippur War : A Research Note*”, Intelligence and National Security, no. 2 (Apr. 1992), p.129.

在第四次中东战争中，战场态势瞬息万变，由于在时间、空间和投入兵力上的有限性，在作战中军事打击的目标选择和有效实施显得尤为重要。对打击目标的精确选择，决定了其对情报的依赖性。及时获取准确的技术侦察情报并作出研判，迅速将情报分发给相关的作战部队，会为作战部队快速拟制作战计划，确定打击目标提供重要支撑，为快速歼敌提供有力保障。以色列通过技术侦察手段清楚地了解了作战对象的具体情况，达到了知彼的目的，再加上以军正确运用情报的能力，战争结果也就泾渭分明了，这也正体现了我国古代兵圣孙子所说的“知彼知己，百战不殆”的战争哲理。

（四）重视美以情报合作

战前美国就向以色列提供了可靠的高技术侦察情报，但由于以色列军事情报部对许多预警情报未予以足够重视，导致美国提供的情报未能发挥应有效用。战争爆发后，战场的失利促使以军重新认识到技术侦察情报的重要价值，借助美以情报交流协作机制，以色列共享了美国侦察飞机、间谍卫星等获取的高技术侦察情报成果，并在战争中发挥了重要作用。

1. 借助美国侦察卫星提供的情报消除战场迷雾

以色列军队在战场上处于极为被动的时刻，美国将“大鸟”侦察卫星从空中拍到的中东战场照片及时送到了以军统帅部。以军通过分析这些照片发现：在埃及第 2 军与第 3 军的接合部即伊斯梅利亚和大苦湖之间 7-12 公里的地带无兵把守，40 公里周围兵力空虚，防守薄弱。这一情报为以色列开展战场兵力部署提供了重要的决策依据。

2. 借助美国战略侦察机提供的情报扭转战局

第四次中东战争期间，美国 SR-71 战略侦察机利用其在高空高速飞行的特点多次飞越中东地区搜集阿以双方的情报。就在埃以两军在战场上针锋相对之时，从希腊基地起飞在西奈战场上空飞行的美国 SR-71 战略侦察机报告，埃及第 2 军与第 3 军接合部的间隙仍有继续扩大趋势，埃方尚未对此察觉。美国情报部门火速将这一重要情报转送给以色列国防部。以色列国防部闻讯后高度重视，以色列总参谋部作战指挥室里的参谋军官根据美国高空战略侦察机提供的情报，立即在比例为十万分之一的军用地图上标识出埃及陆军第二和第三军团在大苦湖以北德维斯瓦附近的结合部位置，显示出了一个宽约 20 公里的缺口，以色列据此拟制了作战计划。以色列战时内阁授权沙龙将军亲率以色列国防军的一支装甲特种突击队向运河西岸发起突袭。[①] 这支特遣部队于10月16日从埃及防线空隙偷渡过苏伊士运河，进入运河西岸埃军后方，摧毁埃军防空导弹阵地，切断了埃及第三军的退路，打乱了埃军的战略部署，进而一举扭转了战局。10月22日，埃军被迫全线转入守势。美国提供的这一重要技术侦察情报有力地推动了战争进程向有利于以军的方向发展，为以军扭转战场初期的被动局面提供了强大支撑。

在第四次中东战争中，美国战略侦察机始终在监视中东战场的活动情况。1973年10月12日，SR-71战略侦察机从纽约的格里菲斯空军基地起飞，执行"巨人抵达"(GIANTREACH)军事行动。在东地中海地区，SR-71战略侦察机能搜集到南北两条战线上的资料。[②] 10月25日美国战略侦察机执行了另一次飞行任务。这些侦察活动对于美国及时了解中东战场态势发挥了重要作用。

3. 借助美国间谍侦察船获取重要电子情报

在第四次中东战争期间，一艘不明国籍的间谍船闯入地中海东部，以色列空军误认为这是一艘阿拉伯国家的船只，便对其进行扫射攻击，险些将其击沉。事后才知道，这是一艘美国帮助以色列侦察埃及军队动向的间谍侦察船。该船上装有先进、齐全的电子侦察设备，能在船上把窃听到的信号直接用计算机解密。然后把所有接收到的信号存录下来，带回总部去研究。通过分析，可以判断出敌方军事单位的驻地、兵力和备战状态，甚至还能知道指挥官是谁。对于敌方的雷达位置和特性也能进行准确的判断。船上还装有高灵敏度的"水听器"[③]，用来搜索发现某个水域中的船只和潜艇的螺旋桨声响，从而进行电子窃听侦察。[④] 在第四次中东战争中，这个"浮动的情报站"为美国和以色列提供

---

① 克苏、雨农、芳草:《世界特种部队》，内蒙古人民出版社2000年版，第157—158页。

② Richelson, J. T. *A Century of Spies*: *Intelligence in the Twentieth Century*, Oxford University Press, 1995, p.333.

③ "水听器"，英文名称为hydrophorce。水听器又称水下传声器，是把水下声信号转换为电信号的换能器。根据作用原理、换能原理、特性及构造等不同，有声压、振速、无向、指向、压电、磁致伸缩、电动等水听器之分。水听器与传声器在原理、性能上有很多相似之处，但由于传声媒质的区别，水听器必须有坚固的不透水构造，且须采用抗腐蚀材料的不透水电缆等。

④ 崔金泰、郭放:《冲破战争的迷雾：侦察与反侦察》，国防科技大学出版社2000年版，第88—89页。

了许多重要电子情报。

美国“大鸟”侦察卫星、SR-71 战略侦察机以及游弋在地中海的间谍侦察船获取的情报为以色列扭转战局，反败为胜提供了有力地保证。在关键时刻，以军及时获得反映战场态势的技术侦察情报，并不失时机地抓住了战局转换的契机，因而一举扭转了战场上的被动局面。可以说，以军进入战略反攻阶段，首先要得益于技术侦察情报发挥的至关重要作用。如果没有准确而及时的高技术侦察情报，以军就不可能作出正确的决断，美国在此次战争中为以色列获取技术侦察情报提供大量支援，从而使以色列的失败得以避免，并为以色列扭转战局反败为胜捕捉到了重要战机。可以说，很大程度上是技术侦察情报促成了以色列战场上的胜利。

美苏在第四次中东战争的全过程始终利用自己的技术侦察优势监控着阿以战场的态势发展，并在关键时刻将获取的重要技术侦察情报有选择地提供给自己的盟友。特别是美国提供给以色列的技术侦察情报以及电子战装备，为以军及时掌握战场态势，确定作战方案，精确打击对手，扭转不利战局提供了重要依据和保证。可以说，技术侦察情报是以军战场上的“千里眼”，是以军作战力量的“倍增器”，是以军扭转战局的战场“奇兵”。

五、评析

（一）科学技术在军事领域的应用极大地提升了技术侦察情报在现代情报侦察体系中的地位

科学技术的飞速发展，特别是高新技术在情报领域的广泛运用，使得情报工作进入了一个以科学技术为主要手段的时代。而技术侦察情报工作作为现代一体化情报侦察体系的有机组成部分，随着科学技术尤其是信息技术的不断进步，其作用和地位越来越重要。以色列在第四次中东战争中依靠间谍飞机、卫星、电子和通信等多种技术侦察手段获取的情报满足了战场指挥官对战场情报的迫切需求，技术侦察情报在关键时刻为以色列扭转战局发挥了关键性作用并在此次战争中的不同时期不同阶段发挥着程度不一的作用。可见，谁更好地掌握了先进的情报侦察技术，就更有可能在战场上长久地立于不败之地，这也充分说明现代情报活动越来越依赖于技术侦察情报，技术侦察情报的作用与地位与日俱增，并显示出强大的威力。随着信息技术的不断突破，技术侦察力量作为一体化情报侦察体系的重要组成部分，在现代战争中地位更加重要，技术侦察情报也由作战保障而成为直接的战斗力以及战场主导性作战要素，并在一定程度上成为决定战争胜负的关键性因素。

（二）电子情报战在技术侦察情报斗争中的地位作用日益凸显

第四次中东战争是第二次世界大战后首次在两支机械化部队之间大规模使用电子战设备的战争。[①] 雷达技术和无线电技术的快速发展，使电子战手段成为第四次中东战争中的一种决定性武器，敌对双方既可以实施欺骗性的无线电通信，还可以对对方的雷达和导航设备进行欺骗和干扰。阿以双方在第四次中东战争中广泛使用了电子侦察，从而也真正拉开了电子情报战的序幕。电子情报领域的激烈斗争，促使技术侦察情报由单纯服务于作战，向既发挥服务保障作用，又成为核心主导作战要素转变。电子情报成为了争取战争胜利的重要因素，电子情报战也成为了一种独特的作战样式。第四次中东战争电子情报战的经验表明，在现代战争中，无论是进攻还是防御，都不能无视电子情报的作用和效能。此次战争之后，许多国家都在分析和研究实施电子情报战的经验，不仅对电子战技术设备的研制方向进行调整，以便能够更加适应未来战争的发展趋势，而且纷纷加大投入，积极开发和研制电子情报侦察装置、对电子设备施放积极和消极干扰的装置、反雷达导弹和雷达与红外诱饵，以及无人驾驶电子战飞机等电子战武器和装备。电子技术的飞速发展以及电子战装备的成功研制，极大地促进了电子情报战的开展，使电子情报战成为技术侦察情报斗争的一个重要领域。电子情报战日益成为战场上重要的作战要素。

（三）技术侦察情报工作必须高度重视情报分析这一中心环节

信息只有经过情报分析人员的解读才会被赋予意义，即搜集到的信息要最终成为情报产品就必须经过情报分析人员的解读与分析。没有高质量的情报分析，技术侦察情报工作很难发挥应有的作用。客观、中立的情报分析是情报工作的重中之重，是决定情报工作成败的关键所在，情报分析的成功能够减少情报失误的发生，因此我们需要从战略高度重视情报分析。在以色列遭到突然袭击之前，以色列情报机构搜集情报信息的能力令人印象深刻，他们从各种渠道获得了一连串稳定的情报信息——阿拉伯国家即将对以色列开战。尽管以色列

---

① 军事科学院世界军事研究部：《战后世界局部战争史（第二卷）：冷战后的局部战争（1969—1989）》，军事科学出版社 2008 年版，第 197 页。

战前通过各种先进的技术侦察手段获得了很多预警性情报，还共享了美国提供的技术侦察情报成果，而且这些技术侦察情报与人力情报还能相互佐证，但以色列仍未能免遭突然袭击，所暴露出来的缺陷，不是情报的搜集问题，而是因为以色列技术侦察情报工作的情报分析环节出了问题。由此可见，即使获得有价值的技术侦察情报，情报分析人员以及领导层对所获情报的认识水平和研判出现偏差，技术侦察情报也无法发挥作用。在情报分析过程中，人的关键性作用可见一斑。

（四）探索与友好国家进行技术侦察情报合作和交流的机制，拓展情报来源

战争领域的对抗是复杂而激烈的，特别是在高技术战争条件下，一国的情报队伍和情报侦察技术在面对充满不确定性的战争时仍显势单力薄。因此构建广泛的情报联盟，动员并争取一切可用的情报力量为自己所用成为了获取情报支援的一条重要途径。以色列与盟国美国有着较长时期的情报合作关系和良好的情报共享机制，为第四次中东战争中以色列取得情报优势乃至战争胜利发挥了重要作用。第四次中东战争爆发前，美国驻以色列大使馆武官曾拿着美国“大鸟”侦察卫星拍摄到的一叠照片交给以色列军事情报部部长泽拉。战争爆发后，美国通过“大鸟”侦察卫星发现在埃及第 2 集团军和第 3 集团军的结合部有一条宽达 20 公里的空隙防守薄弱时，美国及时将此情报提供给以色列，以色列迅速调整作战部署成功地利用这个空隙扭转了战局，转败为胜。美国向以色列提供的诸多技术侦察情报为以色列取得战场上的最终胜利发挥了关键作用。由此看出，建立国家间情报交流和共享机制，有利于拓宽情报获取渠道，对于获取“全源情报”有着特殊的意义。随着人类社会的发展和科学技术的进步，战争形势越来越复杂多变，特别在当今时代，为应对国际恐怖主义、毒品走私、跨境犯罪等非传统安全威胁，建立并加强国家间情报交流与共享机制是必要的也是必须的。

第六章　苏联入侵阿富汗战争中的情报保障

阿富汗位于亚洲中西部，是个内陆国家，大部分属伊朗高原，土地贫瘠，经济不发达，在世界上算是落后的国家。然而，由于阿富汗是苏联南下阿拉伯海、印度洋的重要通道，处于欧、亚两洲的中心地带，因此战略地位十分重要，是苏联数个世纪以来就想吞并、控制的重点目标。早在17世纪，沙俄就有南下印度洋，取得暖水港，从军事上连接三大洋，控制海上通道的狂妄计划。彼得大帝曾说："当俄国可以自由进入印度洋的时候，它就能在世界建立自己的军事和政治统治。"他设想俄国南下有三条路线：一是从黑海经土耳其海峡到地中海；二是从南高加索经伊朗到波斯湾；三是从中亚经阿富汗到阿拉伯海。这三条路线中，以经阿富汗的路线最近。①二战后，随着民族扩张主义的野心膨胀，苏联终于在20世纪70年代末将其触角赤裸裸地伸向了阿富汗，悍然发动了侵略阿富汗的战争。这场旷日持久的战争在给阿富汗人民带来深重灾难的同时，也使苏联深陷战争泥潭而致国力日渐衰败，并最终走向解体。

一、战争简介

二战后，苏联为谋求世界霸权，达到南下印度洋、控制海上通道、攫取石油产地、迂回包抄欧洲的目的，从经济、军事和政治上进行了长期的渗透，力图控制阿富汗。在经济上通过经援，控制了阿富汗的经济命脉（经援17亿美

---

① 许方策：《20年战争管窥：当代局部战争战例选析》，军事科学出版社1989年版，第191页。

元，派遣经济顾问 2000 多名）。在军事上利用军事援助和军事顾问，控制了阿富汗军队。在政治上通过培植亲苏势力，不断干涉阿内政。60 年代后期，在激进派、自由主义派和各种保守势力的相互撞击下，阿富汗内部动乱频频发生。到 70 年代初，阿政局已趋于无政府状态。而此时苏联正推行勃列日涅夫的全球战略，加紧与美国争夺世界霸权，故而进一步加强了对阿富汗的控制。1973 年 7 月到 1979 年 9 月，苏联为实现其对阿富汗的控制，培植亲苏政权，曾策划了三次政变，但结果均不尽如人意。在 1979 年 9 月的第三次政变中，政府总理阿明杀死人民民主党的总书记塔拉基，自任革命委员会主任兼总理。阿明上台后，对苏怀有戒心，曾逼苏更换大使，拒绝苏向阿增兵，离苏倾向日益增长。苏联唯恐丢掉阿富汗这个战略要地，担心其由一个“亲苏派”掌权的附庸国，变成一个由“排苏派”或“独立派”掌权的、不听从其指挥的国家，更不允许它变成一个由“亲美派”掌权的国家。因此，苏联于 1979 年 12 月 27 日悍然发动了入侵阿富汗的战争。

战争中，苏军使用大量先进武器，采取多种战略战术，但由于进行的是非正义战争，遭到国际社会和苏联人民的强烈反对。阿富汗人民抵抗力量虽然在兵力兵器等方面处于劣势，但由于进行的是正义战争，得到广大人民的拥护和国际社会的支持，部队士气高昂，加上成功地开展游击战，使强敌陷入人民战争的汪洋大海。另外，由于美国积极组织、资助和装备了阿富汗抵抗苏联军队的起义者，最终形成了苏军控制大城市和主要交通线，阿富汗抵抗力量控制其他大部分地区的局面。入侵阿富汗是苏联第一次在欧洲盟国之外大规模地直接使用本国的军事力量，它加剧了亚太地区的紧张局势，遭到了国际舆论的普遍谴责，苏联的国际声誉也因此而大大下降。旷日持久的战争使苏联的国力不堪重负，最终于 1989 年 2 月 14 日撤出全部军队。

阿富汗战争历时九年多，给阿、苏两国人民带来深重灾难。战争导致阿富汗 130 多万人丧生，500 多万人流亡国外沦为难民；苏联先后有 150 多万官兵在阿富汗作战，累计伤亡 5 万余人，耗资 450 亿卢布，大大削弱了国力，并被迫改变其全球战略。

冷战期间，苏联情报机关是堪称世界一流的情报机构。在长达九年的阿富汗战争中，苏联情报机构的工作却并没有能够帮助苏联取得最终的胜利，这其中的经验教训值得深入研究和思考。

二、战前的情报工作

（一）情报成为苏联出兵阿富汗的催化剂

1. 克格勃的情报表明美国将利用阿富汗对苏联构成威胁

苏联情报机构自五十年代就开始对阿富汗进行渗透。克格勃派遣了大量的情报人员以经济顾问和军事专家的身份渗透到阿富汗。同时，苏联驻阿大使馆也有很多克格勃成员以外交人员身份四处活动搜集情报。1979 年 9 月，阿富汗总理阿明在美国情报部门的支持下，控制了阿富汗。10 月和 11 月，克格勃不断得到阿明执行亲美政策的情报，苏联反谍报机关负责人 B·C·希罗宁少将在谈到当时克格勃掌握的情报时是这样说的："据可靠材料证明，阿明早就与美国情报机关有联系，并且已经采取亲美方针。他在掌权之后曾秘密讨论过其政权获得美国支持的种种方案，甚至包括找个体面的借口让美军进驻阿富汗……美国则应阿明的请求专门制定了利用坎大哈机场实行大规模空降兵着陆的计划，并打算快速将一些小部队部署到喀布尔省和其他一些省（主要是东部各省）。"[①] 活动于阿富汗行政机关内部的克格勃驻喀布尔间谍报告说，如果不除掉阿明，反苏的伊斯兰共和国很快就会代替共产主义制度。克格勃驻喀布尔总代表鲍·谢·伊万诺夫向总部发回电报称：阿明是美国中央情报局的间谍，他和美国代办单独在郊外的饭店秘密会面、策划阴谋——讨论美国入侵阿富汗的计划。电报甚至指出美国军舰已接近巴基斯坦沿海，美军将在那里登陆后前往阿富汗。总之，根据克格勃的情报，阿明政府很快就会把阿富汗领入美国阵营。届时美国将在阿富汗部署导弹，从而对苏联构成直接威胁。

2. 克格勃主席安德罗波夫的报告促成苏联出兵阿富汗

克格勃主席安德罗波夫于 1979 年 12 月初向勃列日涅夫提交的一份报告促使其最终作出了出兵阿富汗的决定。促成该报告出台的是来自克格勃驻喀布尔总代表鲍·谢·伊万诺夫的电报。克格勃主席安德罗波夫在该报告中指出："阿

①〔俄〕奥列格·格里涅夫斯基:《苏联外交秘闻》，李京洲等译，东方出版社 2003 年版，第 245 页。

富汗事态的发展一方面威胁到‘四月革命’[①] 的成果，另一方面也威胁到我们在阿富汗的地位。现在阿明很有可能为确保个人的权利而投靠西方。”安德罗波夫提出了两点理由：（1）政府、军队及国家机关中的情况进一步恶化。它们实际上都因阿明实行大规模镇压而遭到破坏。（2）我们已得到关于阿明进行秘密活动的情报，这种活动可以表明阿明对西方的方针已经改变。他背着我们与美国代办进行接触。他答应各部族首领同苏联保持距离、实行中立政策。他在内部会议上指责苏联的政策以及苏联专家的工作。我们的大使实际上是被逐出喀布尔的。[②]

正是在掌握上述情报并进行了分析的基础上，苏联作出了出兵阿富汗的决定。

（二）在精心计划的战前情报欺骗中完成了战争准备

苏联入侵阿富汗的最后决心和入侵方案大约是在1979年12月正式确定的，从1979年11月下旬开始，苏联进入军事入侵的实际准备阶段，各项准备工作都是在欺骗伪装下隐蔽进行的。

为了迷惑阿明，苏联表面上装出“全面支持”他的样子，利用《苏阿友好睦邻合作条约》签订一周年之际，勃列日涅夫亲自致电阿明祝贺，塔斯社还宣传苏联将继续向阿富汗提供“全面而无私的援助”。苏联报纸还突出报道了阿明当选为“保卫革命全国组织”中央委员会主席，得到阿富汗绝大多数人民的“热烈拥护”等方面的消息。在此期间，苏联对西方接连发动了引人注目的外交和宣传攻势，大肆宣扬苏联从东德部分撤军，猛烈抨击北约集团决定在西欧部署中程导弹。利用伊朗扣留美国人质事件推波助澜，并以此转移人们的视线。在阿富汗问题上，则诡称巴基斯坦、美国和中国对阿进行“破坏”和“颠覆”，以混淆视听并为苏军入侵阿富汗制造借口。

除以政治、外交手段隐藏其入侵的真实意图外，苏联还以种种借口开始向阿调运先遣部队。如1979年12月14日和15日，苏军在远程空运演习的掩盖

① “四月革命”指的是1978年4月27日，苏联在阿富汗策划的第二次亲苏政变，达乌德总统在政变中被杀害，人民民主党总书记塔拉基任革命委员会主席，建立了一个亲苏的塔拉基傀儡政权。

②〔俄〕奥列格·格里涅夫斯基：《苏联外交秘闻》，李京洲等译，东方出版社2003年版，第252—253页。

下，首先把白俄罗斯军区的第 103 空降师和南高加索军区的第 104 空降师各一部调往莫斯科附近，而后又将其中一部转往中亚军区的巴尔喀什和奇姆肯特；土耳其斯坦军区第 105 空降师的一个团进驻捷尔梅兹。

苏军入侵前，南方战区指挥机构尚在初建阶段。为了统一指挥空中和地面入侵行动，1979 年 12 月 12 日，苏军在捷尔梅兹建立了相当于方面军一级的前方指挥部，总指挥为国防部第一副部长索科洛夫元帅。为保障其对阿富汗军事入侵的不间断指挥，开设了专门的指挥通信网，增设了卫星地面站，同时派出先遣电台预先进入阿境，在喀布尔、巴格拉姆、兴丹等重要军事设施基地潜伏待命。

12 月下旬，苏联顾问在喀布尔地区以清查武器弹药，检查坦克技术状况，对火炮等重型装备进行冬季检修为名，集中拆卸了阿军的主要武器装备，并限制阿作战飞机驾驶员的飞行，同时还调离了一批指挥军官，使阿军实际上被解除武装处于无法作战的状态。至此，苏军基本完成了入侵前的准备工作。①

三、战时情报保障工作

格鲁乌和克格勃在冷战期间广泛活动，为世界所熟知。以这两个部门为代表的苏联情报机构在阿富汗战争中展开了大规模的情报活动，为苏联入侵阿富汗提供了必要的情报保障。

（一）格鲁乌的情报保障工作

阿富汗地形险要，温差和地面的高度差都很大，缺少机械化部队开进所必需的道路和运输补给线，复杂的地理环境给航空侦察带来了很大的困难。针对这种情况，苏军总参谋部情报总局对现有的侦察方法加以完善并探索新的侦察方法，其中包括增加兵团侦察机构的数量、建立作战侦察分队以及为保证完成侦察任务更多地使用直升机等，还利用航空照相对作战地区进行了认真的侦察。

普罗霍普夫在其《从斯大林到普京时期的情报》一书中对苏军在阿富汗战争中的情报搜集情况进行了详细的描述：

① 参见崔金久、步伟利:《20 世纪重大军事危机述评》，军事科学出版社 1995 年版，第 255—257 页。

“通过实施无线电技术侦察和人力侦察，我们掌握了大量关于阿富汗各方力量意图的情报。这样，第 40 集团军司令部不仅可以预测近期情况，而且可以预见到事态的长远发展情况。我们对控制阿富汗各个地区的反对派非常了解，不仅知道各方领导的意图，也知道他们联合起来对抗苏军和阿富汗政府军所可能采取的行动。军事情报人员制订并实施了很多不同的搜集情报的方法，从目视观察敌方设施和地形到窃听敌方通讯和研究卫星照片。80 年代下半期技术侦察部队已经拥有了阿富汗境内的卫星侦察情报……”①

抵达阿富汗的最初几个月，苏联军方得出结论：巧妙细致地做当地居民的工作会带来意想不到的结果。因此他们要求各级指挥员不断增加间谍和线人的数量。通过情报站成功地与反对派很多野战指挥员建立了联系，按惯例，只有部队长官或参谋长本人才能亲自与他们保持联络。

（二）克格勃的情报保障工作

战争开始后，克格勃除在喀布尔的情报机构外，在阿富汗的各大城市又设了八个分处，在这些情报机关中共有 300 名克格勃军官和 100 多名技术人员。从阿富汗的上层领导到阿军队的基层连队都有克格勃人员，这就使得阿政府与军队的一举一动都在苏联的掌握之中。一般情况下，总部每月都收到大约 100 份反映阿富汗形势的报告。通过在阿富汗建立的广泛的间谍网，苏联可以了解到阿富汗战争的详细情况。

此外，隶属于克格勃的“信号旗”特种部队也在阿富汗积极开展侦察、破坏和特别任务。他们组织和实施对积极抵抗的阿富汗反政府游击队领导人及其助手的暗杀；在阿富汗不同宗教派别的反政府游击队之间制造武装冲突；解救战俘和人质（苏联人和阿富汗亲苏分子）；最重要的是，他们还努力搜集阿富汗反政府游击队的情报，配合武装直升机进行空降作战，并检验打击效果。

（三）各情报机构之间的协调

战争开始后的最初几年，格鲁乌、克格勃对外情报局、克格勃边防军情报机构和内务部情报机构存在不正常的竞争，在行动中缺乏协调。但是随着时间

① Д.П.Прохоров，Разведка от Сталина до Путина，СПб.：Нева. 2005. с. 230.（普罗霍罗夫：《从斯大林到普京时期的情报工作》，圣彼得堡：涅瓦出版社 2005 年版，第 230 页。）

的推移，各个情报机构开始变得协调和相互协作。自 1985 年开始，第 40 集团军开始召开每日协调会议，参加会议的有格鲁乌、克格勃、内务部和外交部各方的代表。其结果是各个情报 - 分析部门的联合大大提高了阿富汗战争中情报工作各环节的效率。

四、苏联出兵阿富汗的情报保障工作经验与教训

（一）情报部门协调配合，情报搜集工作突出

阿富汗战争前和战争过程中，苏联情报机构的情报工作都相当出色。他们非常重视人力情报，广泛建立谍报网，与作战部队的协同性较好。其中，军事情报机构在战争开始后不断完善并探索新的侦察方法，将人力情报与技术情报相结合，增加间谍和线人数量等做法都收到了很好的效果。克格勃的情报人员不畏风险，深入战场，他们睡觉时都在枕头下藏着手枪，床头还备有冲锋枪。几个情报机构密切配合、紧密合作，搜集了大量详实可靠的情报。

（二）对美国在阿富汗问题上的立场判断错误

促使苏联决定出兵阿富汗的主要原因是如果不出兵，苏联将会失去阿富汗，而美国将在阿富汗部署导弹和建立监听站。事实上，情况并非如此。在卡特当政时期曾任中央情报局局长的海军上将特纳坦率地回答了这个问题："有关美国和北约曾打算在阿富汗建立基地并在那里部署短程导弹、或者曾讨论入侵伊朗和阿富汗并在阿富汗建立监听站的各种推测，都与我们当时考虑的问题相去甚远。"[①] 至于中央情报局在阿富汗的秘密行动，据特纳讲，1979 年 12 月前，也就是苏联出兵阿富汗之前所批准的活动计划规定，"只进行支持起义者的宣传并提供医疗救助，不包括军事援助，即不提供武器、不进行军事训练等等"。中央情报局的另一位局长，70 年代末曾在美国总统安全委员会工作的罗伯特·盖茨在回忆录中也披露了一些情况："中央情报局最初提出在阿富汗进行'秘密活动'的计划是在 1979 年 3 月 5 日，大概也就是在此时，巴基斯坦和沙特阿拉伯向美国提出了援助阿富汗起义者的请求。安全委员会就值不值得援助的问题进行了长时间争论，一方面为将要'把苏联引入越战式的灾难'而欢

---

①〔俄〕奥列格·格里涅夫斯基：《苏联外交秘闻》，李京洲等译，东方出版社 2003 年版，第 251 页。

喜，另一方面又为提供援助能否诱使苏联公开出兵阿富汗而担心。7月3日卡特总统才签署了暗中支持‘圣战者组织’的命令，它包括：宣传上支持和其他心理方面的活动；通过第三国对阿富汗进行无线电广播；向阿富汗起义者提供资金和非军事器材。为此先拨出了一小笔钱——总共50万美金，这笔钱在以后的三周里很快便被花光。”

不难看出，在阿富汗问题上美苏双方的相互理解和沟通都出现了问题。造成这种情况的主要原因还是应该归于意识形态偏见。由于美苏双方的极度仇视和对立，很容易将对方的举动加以放大和夸张，形成错误认识。在此过程中，苏联情报机构的失误起了决定性的作用。

五、评析

阿富汗战争的失败并非情报工作之误所致，苏联情报工作的失误也并非完全因其情报能力不足所致。总体看来，虽然苏联情报机构能力出众，但由于受苏联高度的集权体制和决策者对情报的分析决断能力限制，苏联情报工作未能发挥出它应有的作用。早在战争爆发之前，苏联情报小组作出的关于战局预测的结论是完全正确的，但是由于与决策者坚持出兵的意志不符，而被搁置了。苏联决策者的过分自信、盲目轻敌最终使苏联在战争中付出了血的代价，进一步加速了苏联由胜转衰的历史进程。80年代初期，克格勃的一位将军就对后来叛逃到美国的弗拉基米尔·库济奇金说过，总部许多人都认同但决定不公开的一个观点就是：“阿富汗是我们的‘越南’，我们都深深地陷进这场战争的泥潭里了，我们战不能胜，而又难以自拔。这是件荒唐事，是沼泽，如果不是勃列日涅夫一伙人，我们决不可能滑进去！”

第七章　马岛战争中英国的情报支援

作为第二次世界大战后南大西洋地区爆发的首场大规模海空战，特别是20世纪80年代新军事革命兴起后的首场高技术条件下的局部战争，英阿马岛战争虽然在规模和场面上远不及第一、二次世界大战那般恢宏，但其中所融合并凸显出的各种战争新元素仍使其在世界战争史上留下了浓墨重彩的一笔。从此，战争开始以一种异于传统的崭新姿态展现于世人前面，昭示着新的高技术战争时代的来临。情报支援作为其中一个重要的组成部分，不仅直接影响了战争的整个进程，而且为后世各国如何在高技术战争条件下开展情报活动提供了十分宝贵的经验和启示。

一、战争简介

英阿马岛战争是指，1982年4月2日至6月14日，英国和阿根廷两国围绕以马尔维纳斯群岛（简称马岛，英称福克兰群岛）为核心，包括南乔治亚群岛、南桑德韦奇群岛及其附近海域在内的广大地区的领土主权争议所爆发的战争，因以马岛面积最大、地位最重，故命名为马岛战争。

马岛位于南大西洋，西经57°40′—62°00′，南纬52°15′—53°00′，距阿根廷东海岸最近约270余海里，距英国7100余海里。该群岛由346个岛屿组成，总面积15,800平方公里，人口约2,000人，两大主岛分别为大马尔维纳斯岛（又称西福克兰岛）和索莱达岛（又称东福克兰岛），首府在斯坦利港（又称阿根廷港）。它是扼南大西洋和南太平洋之间航道的要冲，又是前往南极大陆进行探险和科考的前进基地和理想的物资中转站，战略地位非常重要。那里虽然气候严寒，人烟稀少，但是矿藏和油气资源相当丰富，据称，群岛附近海域就蕴藏有约60余亿桶的石油和丰富的天然气。可以说，马岛是一个既有重要战略地位，又蕴藏有丰富资源的天然宝地。

英阿马岛主权之争，乃殖民主义所遗留下来的历史问题，20世纪70年代后，随着大量丰富的矿藏资源被勘探发现，问题被进一步复杂化。双方争议的焦点主要集中于“谁最早发现并有效占领了这些群岛”。根据英国的说法，英国人约翰·戴维斯最早于1592年发现该岛；1690年，英国人约翰·斯特朗发现两大主岛之间的海峡，并以时任英海军司令福克兰子爵的名字将其命名为福克兰海峡，随即，该群岛被称为福克兰群岛；1833年，为将其领土要求付诸实施，英国出兵攻占该群岛，并长期实施占领。对阿根廷来说，最早发现该群岛的是葡萄牙人，而且根据1493年的罗马教皇圣谕和次年西班牙同葡萄牙签署的《托德西里亚斯条约》，该岛属西班牙管辖范围；1816年，阿根廷脱离西班牙殖民体系宣告独立后，自然也就从西班牙那里完全继承了对该群岛的主权。

此后的近一个半世纪里，英阿双方在此问题上一直坚持强硬立场，虽经多方调解磋商，但始终收效甚微。1958年，马岛问题提到联合国。此后联合国非殖民化特别委员会多次建议两国举行谈判。1965年，联大第一次审议马岛问题，联合国4次通过决议要求英阿双方通过谈判解决争端。但在多年的马拉松式的谈判中，双方互不相让，谈判时缓时急，争执不断。1982年2月26日—27日，当英阿双方就马岛问题举行的新一轮谈判在美国纽约再度宣告破裂后，出于内政、外交和经济等方面的现实需要，阿根廷政府开始秘密备战，准备武力收复马岛，以既成事实迫使英国就范。3月19日，阿根廷工人在南乔治亚岛上挑起升挂国旗事件，导致英阿两国关系迅速恶化。阿根廷政府旋即提前启动以武力收复马岛的“罗萨里奥行动”（又称“主权作战行动”）计划，并于4月2日出兵突袭马岛，抢占了包括首府斯坦利港在内的所有据点，马岛战争正式爆发。

这场战争自1982年4月2日阿军出兵占领马岛起至6月14日英军重新夺回马岛，阿守军投降止，共历时74天，分为三个阶段：第一阶段为4月2日至30日，阿根廷派出三支特混舰队对马岛实施“罗萨里奥”行动计划，一举夺下马岛和南乔治亚岛，完全掌握战争主动权。英国对此迅速做出反应：成立战时内阁，制定战略计划，并启动国防动员体制，派遣特混舰队紧急南下，一路进行战略展开，夺取前进基地，实施海空封锁。第二阶段为5月1日至20日，英军进一步扩大和加强了海空封锁范围和力度，并制定了“萨顿”两栖登陆计划，加紧实施登陆作战准备。阿军则针对英军封锁行动积极采取反制措施。双方为争夺地区的制海权和制空权展开了激烈的斗争。英国逐步取得了战争的主动权。第三阶段为5月21日至6月14日，英军登岛作战行动全面展开，重新占领马岛和南桑德韦奇群岛，阿军抗登陆失败，并与英军达成非正式停火协议。至此，整个战事以英军的全面胜利而告终。

在整个战争过程中，阿根廷共出动兵力6.5万人左右，舰船33艘（约12万吨），飞机350架，其中亡1000余人，伤1300余人，失踪数百人，被俘约1.2万人，损失舰船11艘（其中被击沉5艘，被击伤6艘），损失飞机117架，耗资10亿美元以上，间接损失20多亿美元；英国共投入兵力约3.5万人，舰船118艘（约100余万吨），飞机340余架，其中，亡255人，伤777人，被俘210人，损失舰船16艘（其中被击沉6艘，被击伤10艘），损失飞机34架，耗资约12亿美元以上。[①]

二、战前英国的情报准备

历史上的任何战事，即便是号称最成功的突袭行动，发生之前总是有迹可寻的，这也是战前情报支援应该而且必须存在的原因。对遭受攻击的一方来说，有效的战前情报支援即便不能帮助止战，至少也能使其在应对战事时处于相对有利的地位，不至被动挨打。就此次英阿马岛战争来说，其实在战前英国获得了不少情报。

1982年2月，在英阿双方就马岛地位问题举行的谈判破裂时，阿根廷就表达了强硬立场，释放出浓重的战争气息。3月，面对阿根廷动荡的国内政局，美国提醒英国政府注意：阿根廷可能会对马岛采取行动。与此同时，英国情报部门也提供了一系列有关阿根廷人可能会以武力解决马岛主权归属问题的重要情报，英国驻阿大使馆还根据阿根廷海军舰只和陆战队的调动情况，专门向政府呈交了一份阿根廷军队可能会攻打马岛的情报分析报告。[②] 但是，这些情报并未引起英国政府和军方的足够重视。

英国当局最初认定苦于经济衰退的阿根廷不会花费巨额战争费用出兵福克

① 许方策：《20年战争管窥：当代局部战争战例选析》，军事科学出版社1989年版，第281、287页。

② 张殿清：《特殊的较量：情报与反情报》，世界知识出版社1997年版，第13页。

兰群岛，继而又认为，只要英国向阿根廷示以军威，就足以动摇并打消阿根廷武装占领马岛的企图和决心。据说，英国事先讨论阿根廷敢不敢、会不会以武力收复马岛时，某些议员由于过低估计阿根廷之民族感情和对其薄弱的国力、军力鄙夷不屑，觉得这个问题，是一个“天大的笑话”，下院竟有一位年迈的议员“真的把假牙笑到了地板上”[①]。对于敌情的错误判断，加之对己方实力的盲目自信以及国内政局不稳，经济恶化和海外殖民体系摇摇欲坠等一系列情况，使得英国在战争初期完全处于被动地位。当 4 月 2 日阿根廷出兵马岛的消息传出后，英国朝野一片哗然，仓促间只能匆忙应战。其时，尽管英军对马岛的统治已百年有余，但在英国军事最高统帅部里却连一张大比例的马岛地图都找不到。

三、战时英国的情报支援

虽然由于事先对阿根廷突然出兵攻占马岛估计不足，英国在战争初期曾一度处于被动态势，但是其快速的反应能力和高效的工作效率还是迅速弥补了战争准备的不足，震惊和慌乱很快得以消除。在获悉马岛被阿根廷占领之后，英国立即宣布与阿根廷断交，成立了以首相撒切尔夫人为主席的战时内阁，制定了“以武力为主，政治、外交和经济为辅，重占马岛”的战略指导方针，同时派出一支以航空母舰和核潜艇为核心的特混舰队开赴马岛作战，并征用部分商船担负辅助和支援任务。在此次劳师远袭的过程中，情报支援作为一个重要的组成部分发挥了独特的作用，甚至被视为仅次于人员素质的最重要的决定战斗胜负的因素。具体表现在如下四个方面：

（一）地位突出的技术侦察情报

为全面掌握阿根廷军队动向，制定正确的战略和战术决策，战争爆发后，英国依托自身已有的先进技术装备迅速建立起了覆盖阿军信号情报的全时段、多方位的立体化侦察网络。在太空，英国利用其仅有的 2 颗侦察卫星对阿军部队调动、导弹发射、电子通信等实施实时监控；在空中，从大西洋阿森松岛起飞的“猎迷”式反潜巡逻机飞临马岛海域，为英国特混舰队提供侦察预警；在

① 许方策:《20 年战争管窥：当代局部战争战例选析》，军事科学出版社 1989 年版，第 301 页。

海上，英海军侦察船在马岛海域和阿根廷近海地区不断游弋，侦察阿海军舰船进出港情况和通信信号。

同时，英国在密码破译方面所具有的传统优势也得到了淋漓尽致的发挥。先进的侦察技术辅之以高超的密码破译水平，使得英军在此次战争中的情报支援迸发出了巨大的威力。由于截获并破译了阿根廷驻守马岛军队的无线电通信情报，英军详细掌握了有关阿根廷军队作战命令、部队需求、兵力部署、部队编制、岛上交通和地形等重要内容的情报，为其制定并实施作战计划提供了可靠的依据。例如，5月2日，正是根据截获并破译的阿军情报，英国核动力潜艇“征服者”号袭击阿海军旗舰“贝尔格拉诺将军”号巡洋舰的行动才得以一举成功，并最终将其击沉。又如6月12日，原计划休整一天的英军也是在截获并破译了阿驻马岛守军发给总统的密电，获悉阿军已无力再战后，才决定对阿军实施最后一击的，最终促成了战事的提早结束。

此外，为确保伦敦能够实时、准确地了解马岛事态的发展情况，以便及时、有效地实施不间断指挥，英国不仅启用南极考察船电台承担起通信中枢的作用，同时还在直布罗陀、阿森松岛、南极、加拿大和新西兰等地迅速开设了26个无线电发射台。[①] 加之特混舰队本身电子设备齐全，以及美国通信卫星的大力援助，不仅有效地确保了前方战场与英国本土间的通信顺畅，还成功地干扰了阿军内部及其与大陆之间的通信联络，较好地破坏了其指挥作战系统。

（二）作用显著的人力情报

战争爆发后，为弥补技术侦察情报所存在的不足，英国对传统的人力情报活动也给予了高度重视，并取得了显著成效。从民间人力情报活动方面看，由于阿根廷面对战争这一特殊的斗争活动仍愚昧地坚持“光明磊落地办事”，一直未对岛内及国内的英藉人员采取任何限制措施，使得这些熟识当地情况的民间人士能够源源不断地将有关阿军部署、调动等重要的情报送到英军手中。岛内的英藉居民不仅积极帮助英军次谈岛上阿军的各类情报，在英军登岛作战开始后，他们还不断利用手中的无线电信标和小型发射装置为英军飞机和舰艇的轰炸提供定位和引导。在整个战争期间，由于阿根廷政府始终未中断与英国的商业往来，驻布宜诺斯艾利斯的英国商业机构一直与其在伦敦的总部保持电传

① 许方策：《20年战争管窥：当代局部战争战例选析》，军事科学出版社1989年版，第306页。

通信。同时，由于英国记者在阿根廷的活动并未受到限制，他们可以在阿根廷全国各地自由游走，肆意搜集各类情报，加之阿根廷政府在新闻审查方面存在的严重缺失，使得他们可以轻而易举地将所获得的战地情报发回国内。

从官方人力情报活动方面看，特种侦察屡建奇功。在登陆作战中，英军特种部队“特别空勤团”（SAS）和“特别舟艇队”（SBS）的任务除了牵制敌人、破坏敌军设施、开辟登陆阵地外，更重要的就是遂行情报侦察任务。无论是在南乔治亚岛的登陆作战中，还是在马尔维纳斯岛的登陆作战，英军首先做的都是派遣特别侦察小分队先期潜入岛内，在岛上英藉居民和内应的掩护和协助下，暗中搜集和查明有关阿根廷防守兵力、阵地编成、工事构筑、火力配置、障碍物设置、机场、通信预警设施，以及地形、地势、气候和水文条件等全方位情况，为英国大部队随后的登陆创造条件并为领导层提供决策依据。英军选择圣卡洛斯作为登陆地点的主要理由之一也是因为“特别舟艇队”发现该地区设防空虚，几乎没有什么岸防工事和抗登陆障碍。战斗打响后，侦察小分队又积极担负起了为英军飞机实施引导，为舰炮射击实施校正的重任。

（三）卓有成效的情报欺骗

为了达到震慑和误导对手的双重目的，在此次战争中英国特别重视情报欺骗的作用，并为此制造和释放了一系列假情报。主要表现为：

一是着力夸大英军实力，在阿军中制造恐慌。例如，在阿军出兵马岛后，英国曾宣称其“壮丽”号核动力潜艇正在南大西洋航行，并已受命随时对阿海军发起进攻，而事实上，当时该潜艇并不在南大西洋地区。英国在建立 200 海里封锁区的同时，就宣称核动力攻击型潜艇“征服者”号已抵达马岛附近海域。而根据战后解密材料看，“征服者”号实际上是 3 天后才抵达战区的。又如，英国新闻媒体透露，有多达 60 架的“鹞”式战机正在马岛上空逞威，而实际情况是这种垂直起降式战斗轰炸机在作战中的任何时间都没有超过 20 架。这些假情报，使得阿根廷军人的恐惧心理和胆怯情绪在潜移默化中不断滋长蔓延，信心和士气遭受严重打击。

二是极力掩藏作战意图，误导阿军防御部署。尽管登陆作战的决心早已敲定，但为达成战略和战术上的突然性，英国在登陆前还是采取了一系列欺骗举措。先是通过不知名高官（后证实为英国副国防大臣库珀）向媒体透露，英军并不打算对马岛进行一次扬言某日要发动进攻之类的入侵，而只要对阿军阵地进行一连串打了就跑的袭击。后又频频制造出英军拟在马岛南部登陆的假象，包括:(1)利用媒体大肆宣扬英军特混舰队将在斯坦利港口发动一场大规模的、正面的、诺曼底式的袭击;(2)在登陆前夕分散舰队，并将航空母舰及其护卫舰和驱逐舰调往南部地区;(3)在登陆前两天频繁出动飞机和舰船对马岛南部的达尔文港、古斯格林和狐狸湾等目标进行轰炸，并派小股突击队在古斯格林、路易斯港和达尔文港等地实施佯动登陆。英国的上述举动对于掩藏自身作战意图，转移敌方的注意力和牵制敌军的作战力量均达到了出其不意的效果，导致阿根廷在判断和部署方面出现严重失误，面对登陆的英军无法做出有效应对。

(四)不可或缺的情报联盟

为弥补自身在远离本土一万多公里外海域实施情报支援所存在的不足，英国加强了与美国、法国和智利等国的合作。

与美国的合作。在战争中，为对战况进行适时监控，美国曾先后发射了8颗电子侦察卫星，并多次将这些卫星所侦获的阿军情报传递给英国，所提供情报占英国所有卫星情报量的98%。同时，美国还为英国特种部队的突击队员配备了美国卫星通信终端，使得这些突击队员能够及时地将其所侦获的情报直接通过卫星传回国内和舰队指挥中心。

与法国的合作。从战争一开始，法国就开始为英国飞行员提供有关“超级军旗”和“幻影”式战机的特别训练，以便英军能够全面了解并有效应对装备了这两种战机的阿根廷空军。同时，法国还向英国提供了售予阿根廷的“飞鱼”式空对舰导弹的全部绝密技术资料，使得英国特混舰队能够及时采取防范对抗措施。战后，曾有专家评论说，如果没有法国提供的有关“飞鱼”导弹的技术资料，那么阿根廷空军给英军舰队造成的损失就不仅仅是击沉“谢菲尔德”号和击伤“格拉摩根”号驱逐舰这么小了。

与智利的合作。针对智利对阿根廷赢得马岛后可能对其发动攻击的严重忌惮心理，英国从战争之初就着手对智利开展秘密外交活动，并最终以象征性价格向智利出售“鹞”式垂直起降战斗机、“吸血鬼”式战斗机、防空导弹、“堪培拉”式高空侦察机等武器装备的方式换取了智利在情报支援方面的大力支持。据此，智利不仅允许英国的电子侦察机和预警飞机驻扎在其复活节岛和塔希提空军基地，利用智利的边境领空对阿根廷实施情报搜集，同时还向英国开放了智利南部的彭塔阿雷纳斯监听站，使英国能对阿根廷南部空军和海军航空兵的活动动向实施有效监控。该监听站在整个战争期间发挥了举足轻重的作用，一个典型的例子为6月6日当天，就在彭塔阿雷纳斯基地雷达进行关机检修的空档，英国海军就有两艘登陆艇和一艘护卫舰被击沉。

四、评析

尽管英阿马岛战争的硝烟早已消散殆尽，但作为高技术条件下的第一场局部战争，特别是现代远程奔袭战例的典范，其留给世人的思考和影响是十分深远的。远涉重洋的英国特混舰队在一个完全陌生的环境里，与一个占尽了天时地利因素的国家作战并最终取得胜利，除了诸如军人优秀、指挥得当、国力雄厚、体制完善和支持广泛等众所周知的原因之外，情报支援因素的突出作用也是不容忽视的，甚至可以说是决定性的。诚如美国前海军部长小约翰·莱曼1983年在美国众议院军事委员会听证会上所说：“情报似乎是仅次于人员素质的最重要的决定战斗胜负的因素。英军掌握的有关阿军实力、部署、战术和意图的情报，比阿军掌握的英军情报好得多。福克兰群岛冲突的经验表明，……必须加紧搜集和分析与一切潜在威胁有关的情报”。根据此次英阿马岛战争中英国在情报支援方面所取得的经验，可以得出如下几点认识：

（一）决策者的情报意识与情报决断能力是实现情报支援价值的关键所在

就情报而言，其本质主要在于向各级决策者提供客观事实，至于这些事实是否能产生效益、发挥效用则完全取决于决策者本身。如果决策者信任情报，并能在正确识别情报的基础上作出合乎实情的判断和决策，那么即使是再不起眼的情报也能充分体现价值。而如果决策者根本就不相信或不全相信情报所反映的事实，那么这些情报无论多及时、多准确也不过是废纸一张，根本起不到任何作用。这一点可从阿根廷出兵马岛前后英国政府决策者的表现上略见一斑。战前，英国方面所掌握的有关阿根廷可能对马岛动武的情报不可谓不多，既有自身情报部门和外交部门提供的情报，也有美国等盟友提供的情报，但由于决策者缺乏足够的情报意识和情报决断能力，并未对其给予充分的重视，使得英国在战争初期被打了个措手不及。与此形成鲜明对比的是，在战争爆发后，由于情报意识的增强，各级决策者在利用情报方面积极性大增，能够依据从各种渠道获取的情报进行决策，从而得以迅速扭转被动局势，并最终确保了战争的胜利。由此不难看出，未来发挥情报支援作用的关键还在于提高并强化决策者的情报意识和情报决断能力，这是一条久经检验且颠扑不破的真理。

（二）完善的立体化情报侦察体系是提供全面情报支援的基本前提

战场情况瞬息万变，要弄清事实，消除战争迷雾，为及时准确地制定决策提供可靠的依据，仅靠某种单一的情报侦察技术或某个独立的情报侦察手段来完成根本就是不现实的。在马岛战争中，为全面掌控阿根廷动向，英国不仅启用了无线电、卫星、雷达等多种侦察技术，还综合了技术侦察、人力侦察和特种侦察等多种侦察手段，基本构建起了一个全面覆盖陆、海、空、天、电五维空间的立体侦察体系，为全方位搜集阿根廷情报奠定了坚实的基础。在未来战争中，要想有效地实施情报支援，首先必须建立健全一整套完善的立体化情报侦察体系，利用一切先进的技术，通过各种可行的手段，尽可能多地从各种渠道搜集情报，并在此基础上对各种来源的情报进行比对、印证和补充，尽量确保情报的准确性和完整性。

（三）发展广泛的战时情报联盟成为获取情报支援的重要途径

战争领域的对抗和较量是复杂而激烈的，尤其是在高技术战争条件下，一国的情报队伍无论如何强大，技术无论如何先进，在面对充满不确定性的战争时仍显势单力薄。因此，构筑广泛的战时情报联盟，动员并争取外部一切可用之情报力量为己所用也就成了获取情报支援的一条重要途径。马岛战争中，通过联盟合作，英军不仅获取了丰富的情报信息，如美国侦察卫星所截获的阿军电子信号和法国所提供的有关出售给阿根廷的武器装备的技术参数，还得到了先进的情报技术装备，如美国提供的卫星通信终端等，所有这些对于英军强化自身情报能力，弥补不足均是大有裨益的。随着人类社会的发展和科学技术的进步，未来战争的形势只会越来越复杂多变，因此，要想向获取“全源情报”[①]的最高层次迈进，仍少不了盟友的支持和帮助。

（四）积极的情报欺骗仍是遂行情报支援的重要手段

就情报支援本身而言，其包括两层含义：一是为己方决策者下定决心，制定正确的政策提供真实可靠的信息；二是通过释放假情报，或破坏敌方的情报系统来影响敌方的判断能力，进而促使其作出错误的决策。对于后者来说，一

①“全源情报”是当今美国情报生产的一个重要思想，指的是综合了所有信息来源的情报产品和/或情报组织和活动。

个可行的办法就是实施积极的情报欺骗。马岛战争中，通过采取包括发布假消息，实施佯动等在内的一系列情报欺骗手段，英国方面不仅成功地误导了阿根廷高层的判断和决策，还极大地打击了阿根廷军队的信心和士气，为英军最终夺取战争胜利提供了重要保障。鉴于有史以来欺骗就一直是战争中一个亘古不变的主题，高技术战争条件下，实施积极有效的情报欺骗仍将是遂行情报支援的一个重要手段。

（五）注重平时的情报积累是战时有效开展情报支援的重要基础

平战结合一向是战争领域一条非常重要的原则，在情报这一特殊的斗争领域也不例外。战时许多形势的判断、政策的制定和决心的下定在很大程度上都是激活平时积累的情报资料的结果。和平时期针对与国家利益相关的国家和地区展开全面系统的情报活动，对于战时了解对象国或地区的基本情况和活动动向，并在此基础上做出准确的预测与判断意义重大。不仅能尽量减少慌乱，做到有备不乱，还能极大地提高预警时效，占据主动。英国在马岛战争前的表现也清楚地说明了这一点。如果平时英国的情报工作能再做得深入细致一些，也不至于在战争初期陷于被动，一时显得束手无策。总之，平时加强情报积累将确保战时的情报支援活动更加高效。

第八章 “黄金峡谷”行动中美军的情报支援

“黄金峡谷”行动被称为“叩开信息化战争之门的第一场战争”①。在整个行动中，美军凭借有效的情报支援获得了“制信息权”，实现了战场的单向透明，从而以微乎其微的代价取得了压倒性的胜利。纵观“黄金峡谷”行动的准备及实施全过程，可以发现，随着新军事革命的发展，高技术武器系统和情报侦察系统更加普遍地运用于军事领域，局部战争的面貌发生了质的变化，高技术条件下局部战争的情报支援呈现出一系列新特点。

一、“黄金峡谷”行动简介

1951 年 12 月 24 日利比亚独立后，美利两国一直保持着密切的关系，但自从卡扎菲上台（1969 年 9 月 1 日）后，利比亚开始逐渐倒向苏联，美利关系迅速恶化，美国的对利政策也逐渐从支持转变为孤立、打击。面对美国的打压，卡扎菲声称要“在全世界向美帝国主义开战”，并不断通过制造恐怖事件来予以反击。1986 年 4 月 2 日，美国环球航空公司的一架波音 727 客机在从罗马飞往波恩的途中发生爆炸，13 名乘客遇难，其中有 4 名美国乘客。1986 年 4 月 5 日，西柏林拉贝勒舞厅又发生爆炸事件，导致 45 名美国军人伤亡。经情报机构调查，美国最终确定卡扎菲“对此负有不可推卸的责任”。在这样的背景下，为了对卡扎菲进行报复，有效地遏制恐怖主义的气焰，美国决定对利比亚实施“外科手术式”打击。1986 年 4 月 9 日，由参联会主席威廉·克劳

① 姚有志、过毅:《百年战争评说》，军事科学出版社 2001 年版，第 334 页。

上将负责制订的以“黄金峡谷”为代号的作战计划得到批准。

1986年4月14日19时13分（利比亚时间），28架KC-10和KC-135空中加油机从上黑福德和米尔登霍尔空军基地起飞，19时36分，美军第48战术航空联队的24架F-111F型战斗轰炸机从拉肯希斯空军基地起飞，同时5架EF-111型电子战飞机自上黑福德基地起飞，担负电子干扰任务。上述57架飞机飞往英吉利海峡9100米上空集结。集结完毕后，空袭机群经直布罗陀海峡、西地中海，飞向利比亚，途中先后在英吉利海峡、葡萄牙以西海域、阿尔及利亚以北海域和突尼斯以北海域上空4次加油。4月15日零时20分，由16架F-111F战斗轰炸机、4架EF-111电子战飞机组成的空袭机群飞抵距利比亚海岸约500公里的美航母舰队上空。零时20分至1时20分，美国海军舰载A-6攻击机、A-7攻击机、F/A-18战斗攻击机、EA-6B电子战飞机、E-2C预警机、F-14战斗机、海上搜索救护直升机和其他支援飞机共100余架，先后从“珊瑚海”号和“美国”号航母上起飞，与远航到达的空袭机群顺利会和。至此，在利比亚北部上空会和的飞机达150余架，组成有攻击机、战斗机、战斗轰炸机、电子战飞机、预警机、侦察机、反潜机、加油机、搜索救护直升机及其他支援飞机的诸军兵种多机型的空中集群。

1时54分，美机编队完成空中协调，由4架EF-111电子战飞机和14架EA-6B电子战飞机同时开始实施强电子干扰。6分钟后，利比亚无线电通信中断、防空雷达全部失灵。与此同时，F/A-18战斗攻击机和A-7攻击机各6架先后发射50枚“百舌鸟”和“哈姆”型高速反辐射导弹，摧毁了的黎波里和班加西的5座雷达站，迫使其他雷达站纷纷关机，利比亚防空系统完全瘫痪。担负主攻任务的F-111F战斗轰炸机和A-6攻击机采用低空突袭战术，使用激光制导炸弹等新型炸弹，对的黎波里和班加西的五个目标实施了四个波次的轰炸。18分钟后，行动便告结束。参战飞机完成预定作战任务后迅速撤离战场。舰载机2时46分全部返降各自的航空母舰；空军飞机除1架F-111F被地面炮火击落，另1架F-111F因发动机故障返航时被迫降于西班牙外，其余全部于10时10分安全返回驻英空军基地。美军在空袭作战中，共出动海、空军飞机150余架，共投掷炸弹100余吨，完全按照“黄金峡谷”计划摧毁了卡扎菲指挥部、“突击队”训练中心、的黎波里机场军用区、卡扎菲预备指挥所、贝尼纳军用机场等5个重要军事目标，炸毁利比亚军用飞机14架，重创波音727飞机1架，炸伤米格-23歼击机、米-8和米-14直升机、伊尔-76运输机多架，摧毁利比亚防空雷达5座，炸死炸伤利比亚军民约700人，其中包括卡扎菲的养女（死）和两个儿子（伤），由于卡扎菲本人在空袭时迅速进入地下指挥所，才幸免于难。[①]

在此次行动中，美军依靠先进的技术装备实施了一场成功的情报战。战场单向透明度之大、作战效能之高、目的达成之快，展现出了高技术战争的新面貌。因此，"黄金峡谷"行动被称为叩开信息化战争之门的第一场战争。

二、美军空袭前的情报准备

早在 1986 年 3 月，美军就针对利比亚实施过代号为"烈火草原"的军事打击。在那之后，美军的"情报机关一直保持着特别警戒，且看（利比亚）下一步将采取什么行动"[②]。可见，美军的战前情报准备是十分充分的。

（一）利用先进的无线电侦破技术寻找利比亚"策划"恐怖事件的"证据"

1986 年 4 月 2 日和 5 日，先后发生了美国环球航空公司客机被炸和西柏林拉贝勒舞厅爆炸两起针对美国的恐怖袭击事件。事件发生之后，里根总统授权情报机关对此展开调查。4 月 6 日上午，美国中央情报局向里根报送了用先进的无线电侦破技术截获的利比亚"策划"恐怖事件的"证据"。据美中情局报告说，它截获并破译了的黎波里同利比亚驻东柏林人民办事处之间关于西柏林拉贝勒舞厅爆炸事件的全部来往电报，这些电报显示：3 月底，利比亚指示其驻东柏林人民办事处"执行一项秘密计划"；4 月 4 日，人民办事处复电的黎波里"行动即将开始"；西柏林舞厅爆炸事件发生后数小时，人民办事处又电告的黎波里"已执行了计划"；接着，的黎波里电示其他驻外机构，要"学习东柏林人民办事处的榜样"。中央情报局还称，他们截获的大量电子通信证明，世界范围内的其他十几起恐怖事件都与卡扎菲有关。[③]

① 参见许方策：《20 年战争管窥：当代局部战争战例选析》，军事科学出版社 1989 年版，第 362—367 页；军事科学院军事百科研究部：《血与火的百年：20 世纪局部战争纪实》，山西人民出版社 2002 年版，第 374—376 页。

②〔美〕罗纳德·里根：《里根回忆录：一个美国人的生平》，何力译，新华出版社 1991 年版，第 329 页。

③ 许方策：《20 年战争管窥：当代局部战争战例选析》，军事科学出版社 1989 年版，第 351 页。

“只要证据确凿”，美军“就可以给恐怖分子以有焦点的回击了”。[①] 因此，根据上述“证据”，里根于4月6日下午召集紧急会议，商讨了进一步打击利比亚的军事行动。

（二）部署一体化的情报搜集系统进行战前情报搜集

“外科手术式”空袭的关键在于对敌方的要害目标实施精确打击，以达到“以点打面，一招制敌”的效果。而行动的关键是获得有关战术目标的足够有效的信息，这就需要建立和启用一体化的情报搜集系统。“黄金峡谷”行动中，美军在使用一体化的情报搜集系统进行情报搜集方面提供了成功的范例。

在20世纪80年代的几场战争中，美军都把建立全方位的侦察监视网作为战争的首要环节，对利比亚的空袭行动也是如此。美军在空间配有“锁眼-11”照相侦察卫星；高空配有SR-71“黑鸟”侦察机和E-2C“鹰眼”预警机；中空配有各种电子战飞机和直升机；水面拥有AN/SLQ-27电子战系统和刚刚服役的“宙斯盾”舰载指挥控制系统与舰载的AN/WLR-8等电子侦察系统；水下则是各种对潜搜索和探测设备；在意大利佩杜萨岛上，则部署了远程大功率岸基雷达和信标台。这样，美军就形成了多层次、全方位的多维立体侦察监控体系。在空间的各个角度和时间的各个阶段上，相互支持，优势互补，实现了全实时的情报保障，为全面获取情报、提高美军情报搜集效率创造了结构基础。[②]

通过这一系统，美军详细搜集了利比亚防空导弹的部署情况以及五大袭击目标的布防情况。同时，不断更新情报数据，并将其输入作战飞机的计算机系统。这样，美军作战单元就能够更为轻易地实现低空突防，精确锁定目标，迅速予以打击。

---

①〔美〕温伯格：《温伯格回忆录：为和平而战》，封长虹译，新华出版社1990年版，第138页。

② 军事科学院外国军事研究部、第二炮兵指挥学院：《冷战后美国对外用兵研究》，军事科学出版社2002年版，第113页。

表 1 “黄金峡谷”行动中美军情报平台一览表

空军	海军
5 架 EF-111 电子干扰机	14 架 EA-6B“徘徊者”电子战飞机
	8 架 E-2C“鹰眼”预警机
除此之外，“锁眼 -11”侦察卫星，“宙斯盾”防空系统，各种对潜搜索和探测设备，以及红外及激光制导设备等等。	

（三）利用人力情报手段确定卡扎菲的位置

美军空袭利比亚的一个重要目的就在于，通过精确打击来制造“卡扎菲因意外丧生”的假象。所以，卡扎菲在军事打击时的居住位置就成了情报机构面临的一个关键问题。然而，作为极权人物的卡扎菲几乎从未在同一个地方过夜超过两晚，而且，也很少有人能够知晓他过夜的地方。这就使得美军无法像确定军事目标一样仅仅依靠技术手段就能确定卡扎菲的具体位置。在这种情况下，人力情报的作用就体现了出来。

在实施行动的当天，美国特工人员买通了卡扎菲的亲信来拖延时间，使得卡扎菲不得不在阿齐齐耶兵营过夜。通过这种手段，美军最终确定了卡扎菲的准确位置。虽然未能使卡扎菲“因意外而毙命”，但是，炸死卡扎菲养女、炸伤他的两个儿子这一结果给其心理造成了不小的打击。

（四）实施情报欺骗并严格保密达成战术突然性

温伯格在自己的回忆录里，记录了这样一句话：“虽然前一段许多报道和谣传说我们在准备对利比亚炸毁柏林舞厅实行报复，但出其不意地采取行动仍然是可能做得到的，可以做得称心如意，而且我们有能力做到这一点。”① 事实也的确如此，美军在失去战略突然性的情况下，通过传统的保密与欺骗战术依然成功实现了战役、战术的突然性。

保密和欺骗是相辅相成的，离开了保密，欺骗无法实现；而离开了欺骗，密也很难保住。它们贯穿于行动的计划和准备的全过程。在计划的制定环节上，美军高层通过保密电话来进行协商，并故意向利方施放美军将袭击 30 多个目标的假情报；在作战准备上，美军一面实施灯火和通信的管制，一面又借

①〔美〕温伯格：《温伯格回忆录：为和平而战》，封长虹译，新华出版社 1990 年版，第 139 页。

演习的名义迅速在英国集结军队。当 F-111F 从突尼斯方向突入利比亚时，“利比亚防空部队大吃一惊，他们原先估计美国人会从苏尔特湾的东部或北部实施突袭”[①]。

三、空袭过程中美军的情报支援

“黄金峡谷”行动是一场“外科手术式”空袭，“外科手术式”空袭也被称为有限摧毁，即摧毁敌人战争能力中的某一种，或摧毁敌某一项敌对政策的能力，挫败敌进行战争或推行敌对政策的意志。有限摧毁的目的是为与敌进行有限斗争的政治目标服务，动用空中力量对其若干重要设施进行摧毁性打击，迫使其放弃敌对的立场，最重要的特点是作战目的的有限性。[②] 要想达到有限摧毁的目的，就必须要有良好的情报工作来对行动加以保障。在此次行动中，美军充分发挥其高技术情报手段，确保了行动能够高效、迅速地完成。

（一）利用快速、高效的情报搜集和处理系统为战术行动提供了有力支援

高技术条件下，战场情况瞬息万变。这不仅需要有准确、翔实的情报来支援作战，同时，还必须保证这些情报能够及时地传送到各作战单元，以应对战场变化。“黄金峡谷”行动中，美国充分发挥了己方的情报搜集和处理能力，有效地保障了空袭的迅速实施。

在行动开始之前，美军即利用各种情报手段对利比亚的情况做了比较详细的搜集。行动展开后，美军依然没有间断对利比亚的情报搜集。一方面，他们利用全方位的情报搜集系统对利比亚实施不间断的情报侦察，进一步核实先前掌握的情报数据，及时调集情报资料充实战略情报，并通过计算机网络传输给作战单元，及时予以更新。另一方面，他们利用刚刚配备了电子侦察系统的战斗机搜集战场情况，并通过网络技术，将战术情报实时传送给其他的作战单元，这样就实现了信息的横向共享。作战中，F-111F 战斗轰炸机一旦发现被雷达

①〔英〕戴维·布伦蒂、安德罗·莱希特：《卡扎菲传》，马福云译，时代文艺出版社 2002 年版，第 12 页。

② 军事科学院外国军事研究部、第二炮兵指挥学院：《冷战后美国对外用兵研究》，军事科学出版社 2002 年版，第 139 页。

跟踪，便及时将截获的雷达信号进行分析处理，并向 F/A-18 或 A-7 攻击机发出信号，由其使用反雷达导弹摧毁。这样，就保证了执行作战任务的飞机能够尽量避免损失，从而为对作战目标实施致命打击，破坏利比亚支持恐怖主义的能力提供了良好的情报支援。

（二）围绕情报构建的打击力量有效地实现了有限摧毁及战场单向透明

在“黄金峡谷”行动中，美军成功地实现了有限摧毁和战场的单向透明。究其原因，主要在于围绕情报构建了一系列的打击力量，这主要包括电子战打击力量和精确制导武器两类。

1. 电子战武器

邓尼根在《现代战争指南》一书中指出：“电子战最主要的任务是搜集情报，过去如此，现在如此，将来也如此。”① 电子战中，首先要利用传感器、电子监视措施和信号处理手段以查明敌方军队的活动情况、兵力和阵地，从而找出最有利的目标，而且这种夺取制信息权的作战行动贯穿整个作战的始末。初始阶段电子战的对抗方式主要是通过通信对抗、雷达对抗来实现对敌电子战系统的欺骗和软杀伤，但是，软杀伤只能使敌方的电子战能力暂时减低和削弱。美军认为，要从根本上摧毁敌军的电子战能力必须综合运用硬摧毁从实体上摧毁敌人的电子战设备才能取得更好的效果。②

“黄金峡谷”行动中，美军充分利用自身的技术优势，打了一场漂亮的电子战。当驻扎在英国的 F-111F 飞机向利比亚集结时，美军就动用了 5 架 EF-111 电子战飞机施放电磁干扰信号来保障集结的顺利完成。空袭行动一开始，美军更是动用了包括 EA-6B 和 EF-111 在内的电子战飞机施放电磁信号来对敌方雷达实施电磁干扰，干扰频率几乎包括全部从米波到厘米波的通信系统和雷达的电磁频谱，使目标区 200 千米范围内利方雷达迷盲，不能测出美飞机的确切位置；利比亚防空指挥中心和机场等通信系统陷入瘫痪；电子干扰机还施放假雷达信号，诱骗利军防空导弹，电子干扰机持续到空袭行动结束。同时，迅

①〔美〕詹姆斯·邓尼根：《现代战争指南》，军事科学院外军部译，军事科学出版社 1986 年版，第 277 页。

② 军事科学院外国军事研究部、第二炮兵指挥学院：《冷战后美国对外用兵研究》，军事科学出版社 2002 年版，第 153 页。

速捕捉利雷达电磁信号，利用反雷达导弹对其实施精确打击，迅速破坏敌方的雷达预警系统，给利比亚造成了巨大的损失，使得利比亚不敢再将雷达打开，大量萨姆-5式防空导弹偏离目标。这样就实现了战场向美军一方单向透明，确保了飞机能够远距离低空突防实施轰炸任务。

2. 精确制导武器

根据目前较有代表性的看法，精确制导武器是指直接命中概率超过50%的制导武器。能否做到精确制导关键看目标情报支持的精度，特别是目标性质及其毁伤侦察的判明。可见，精确制导武器发挥作用的核心同样是情报。

“黄金峡谷”行动前，里根总统确立了两条作战原则，即只袭击与恐怖主义有关的目标和尽可能避免美飞行员和居民伤亡。根据这一指示，每架飞机在投弹前必须有“双保险”，即不仅用红外线夜光探测仪，而且要用探测雷达来瞄准目标。任何不能达到此要求的飞机都被命令退出攻击，将炸弹抛掷在地中海。尽管在行动中美军出现了误炸的情况，但是，总体而言，美军“有焦点”的袭击还是较为成功的。凭借精确制导武器美军提高了炸弹的使用效率，减少了飞机需要出动的架次。这样，既降低了飞行员的伤亡概率，又有效地避免了不必要的居民伤亡。

四、评析

（一）美军情报工作的成功之处

“黄金峡谷”行动中，美军的成功体现在了作战指挥、战场协调等各个方面，其中出色的情报工作尤为值得重视。

1. 合理运用高技术情报手段成功实现了战场的单向透明

“黄金峡谷”行动之所以能够在如此短暂的时间内取得重大的战果，一个重要的原因就在于美军成功地实现了战场的单向透明。而实现战场单向透明的关键就在于合理地利用了高技术情报手段。

“黄金峡谷”行动中，美军成功地运用一体化侦察系统，将战场情况数据详细、及时地传递给作战单元，保证了作战单元的准确定位。同时，创造性地将软、硬杀伤技术相互结合，迅速对利比亚的雷达等电子侦察系统实施“欺骗”和“致盲”，使得利比亚防空部队根本无法组织起有效地防御。这样，对美军来说，战争就变成了“与盲人的较量”，美军的胜利就成了顺理成章的事情。

2. 高技术情报手段同传统情报手段和战法相结合弥补了高技术情报手段的不足

高新技术并不能完全替代传统技术和战法。"黄金峡谷"行动中，美军情报部门在这方面做得非常出色，提供了许多可供借鉴的经验。

一是高技术手段与传统手段相结合避免了由于高技术手段的抗毁伤能力较弱导致的一系列问题。

20 世纪 80 年代，伴随着第三次科技革命的浪潮，美国的科技发展开始了一个新的高潮。在这一因素的刺激下，美军装备的高技术化迅速发展。然而，高技术手段也存在着一些难以克服的缺陷。一般说来，越是高技术的兵器，由于技术密集复杂，一旦出现问题，很可能导致整体功能失效。所以，高技术兵器故障率比较高，使用的条件也较为苛刻。此外，高技术情报手段也存在着不少的侦察盲区，许多重要的战术情报都无法有效搜集。

"黄金峡谷"行动中，美军对高技术情报手段的这些缺陷有着比较清醒的认识。因此，在考虑情报平台使用的时候，美军并没有一味地依靠高技术情报手段，而是将高技术手段和传统技术手段及人力情报紧密结合起来。在确定恐怖事件的主谋以及卡扎菲在行动当晚的住所时，传统情报手段都发挥了关键性的作用。

二是高技术同传统战法的有机结合。

无论任何时候，战争中的决定因素都将是也必然是人。不可否认，这次行动中，美军在情报方面的确拥有绝对的技术优势。但是，仅仅凭借美军的先进技术显然无法形成如此大的战场优势。《卡扎菲传》中详细记述了一位英国工程师"曾在的黎波里的一个掩体中观察看屏幕变化两天之久，他说，雷达丝毫没有受到干扰"①。虽然这段话的可信度值得怀疑，但是，至少说明了仅仅凭借电子战是无法完全实现对利比亚的"致盲"的。尤其是在"世界媒体早已预见到它的发生的情况下"②，实现"外科手术式"打击所要应对的防御力量就更加强大。为了成功地实现战略目的，美军将传统的欺骗与保密手段与高技术电磁干扰相互结合，从而尽可能地为精确打击扫除了障碍。

①〔英〕戴维·布伦蒂、安德罗·莱希特:《卡扎菲传》，马福云译，时代文艺出版社 2002 年版，第 10 页。

②〔英〕戴维·布伦蒂、安德罗·莱希特:《卡扎菲传》，马福云译，时代文艺出版社 2002 年版，第 10 页。

（二）美军情报工作存在的缺陷

任何事情都不可能是完美无瑕的，“黄金峡谷”行动也是如此。战后，美军对行动中出现的情报失误进行了反思，并在情报系统中进行了相应的调整与改革。

1. 地理空间情报不足导致误炸

在黄金峡谷行动中，美军出现了误炸法国大使馆以及居民区的情况。尽管事后美国一再坚称是由于被击落的那架飞机未到达目标就投弹而导致，但是美军无法回避地理空间情报不足这个问题。

在作战计划拟定时，由于美军掌握阿齐齐耶兵营的资料不是很详细，所以在军人们提出的袭击目标名单上，这个目标居于第 37 位。① 可是，由于美军企图对利比亚的支持恐怖主义的核心能力进行打击，所以不得不将这个目标列入打击范围。在这样的情报保障下，出现误炸是可以预见的。结果，它导致了美国政府在行动后非常被动，利比亚也借此大造舆论，指责美军对其国民造成了极大的伤害，利比亚人民的反美情绪也因此大大高涨。

行动结束后，美军及时总结经验，大力发展地理空间情报，于 90 年代成立了国家图像与测绘局（NIMA）。2003 年伊拉克战争后，又进一步对其改革，创建国家地理空间情报局（NGA）来集中管理地理空间情报。

2. 情报分析未获足够重视导致空袭的政治目的未能达成

“黄金峡谷”行动本身极为成功，但是，行动的胜利并没有带来相应的政治利益。究其原因，主要在于没有给予情报分析足够的重视。

在决定打击利比亚之前，中央情报局的分析专家在研究了大量的情报资料之后，给利比亚定性为并非恐怖主义的主凶。而且，他们认为，美国采取行动将带来相反的后果，动用武力不仅不能打到卡扎菲，还有让卡扎菲成为阿拉伯世界英雄的危险，从而使他在国内事务中获利。另外，由于卡扎菲面临的主要威胁来自军队中军官的不满情绪，美国动用武力反有可能使得这些军官团结在卡扎菲周围。

同时，中央情报局认为，军事行动可能会导致更大规模的恐怖活动。在给白宫的一份秘密报告里，中央情报局指出“卡扎菲因为害怕美国的报复一直在

① 马骏:《世界经典战役》，社会科学出版社 2001 年版，第 348 页。

避免把美国作为攻击目标，军事行动会将他推向更为公开的对立面”[①]。

可是，由于政策方面的原因，白宫对情报专家的意见置之不理，执意对利比亚实施打击。结果，由于里根政府的战略在手段和目的两方面的不平衡[②]，导致这次行动非但没有遏制恐怖主义反而进一步激化了矛盾，为1988年的洛克比空难埋下了祸根。

① 参见戴维·布伦蒂、安德罗·莱希特:《卡扎菲传》，马福云译，时代文艺出版社2002年版，第7页。

② Bruce W. Jentleson and Christopher A. Whytock，*Who "won" Libya*，International Security，Vol.30，No.3（Winter 2005），P.53.

第九章　海湾战争美军战前情报准备工作

海湾战争已经过去了 20 多年，但其作为“信息时代的第一场战争”，仍有很多值得进一步研究的地方。美国国防部在总结战争的经验教训时指出：“这场战争的某些特点，使我们受益匪浅，例如，我们有很长的时间部署部队和进行战前准备，这是未来战争中我们无法指望的。”在长时间的战前准备过程中，情报准备作为其中不可或缺的一部分，发挥了至关重要的作用。美军充分而有效的战前情报准备，为美国及其他联军部队在“沙漠盾牌”行动以及后续的“沙漠风暴”行动中提供了近乎完善的情报支援。

我们对情报准备的分析截至 1991 年 1 月 17 日联军开始实施“沙漠风暴”行动为止，即选取危机出现和战争爆发作为战前准备中情报工作的起止点。早在海湾危机前，美国情报界便开始关注伊拉克的情况，但由于阿拉伯复兴社会党控制下的伊拉克政权采取了严格的保密和反情报措施，使得情报搜集工作十分困难。尽管如此，美国情报界还是准确预测了伊拉克对科威特的入侵。1990 年 7 月 23 日，国防情报局开始进行每天两次的“国防特别评估”，详细研究和报告了伊拉克不断进行的军事集结，并发出伊拉克可能对科威特采取军事行动的警告。1990 年 8 月 1 日，美情报部门监视到部署在巴士拉和科威特边境之间的伊军部队，包括 8 个共和国卫队师以及至少 10 个支援他们的炮兵营，共计约 15 万人，1000 余辆坦克及所需支援部队。同日，中央情报局、国防情报局和中央总部都发出了警报：伊拉克有可能（如果）入侵科威特。8 月 2 日凌晨 1 时，伊拉克果然入侵并很快占领了科威特。美国在海湾战争战前准备中的情报工作也就此展开。

一、战争准备中全方位的情报准备

海湾危机爆发后，围绕是否出兵海湾予以武装干涉的问题，不仅美国政府内部意见不统一，而且美国国会、国内舆论也不乏反对声音，担心会再次陷入一场旷日持久的战争。

美情报部门经过评估认为：随着冷战走向终结，苏联困于国内政治、经济和外交等诸多问题而无暇他顾，不会再出现那种苏美严重对抗的局面；同时，沙特阿拉伯、科威特、埃及和土耳其等中东国家因伊拉克对其构成的严重威胁以及自身实力的相对弱小，将会对美国采取支持与合作态度；再次，美国的西方盟国因伊拉克入侵科威特严重危害到这些国家的战略和经济利益，也会同美国保持支持与合作态度；最后，伊拉克的侵略行为遭到了全世界舆论的一致谴责，处境相当孤立，加上国力、军力有限，美国完全有战而胜之的把握。

经过权衡利弊，布什认同了情报部门的战略评估，决意运用他作为美国武装部队总司令的权力，甚至不惜冒丢掉总统宝座的政治风险出兵海湾，清除伊拉克这个威胁。从此，美国情报部门围绕即将开始的军事行动，展开了对伊拉克全方位的情报搜集和评估工作。

（一）全面搜集并评估伊拉克的实力和威胁

1. 准确掌握伊军作战力量的构成

战前，美国国防情报局综合各方面的情报，掌握了伊军实力：伊拉克军队总兵力 120 万人，作战飞机 770 余架（其中近一半为第三代或第四代飞机），坦克 5800 余辆，装甲车 5100 余辆，火炮 3.8 万余门，地对地导弹 800 余枚。针对美军和多国部队在海湾的大量集结，伊拉克积极向科威特战区增兵。到 10 月中旬，伊拉克在科威特战区投入的部队占其全部战斗部队的大半，当时部署了 27 个师，包括共和国卫队 8 个师。在这 27 个师里，有 9 个装甲师或机械化师、17 个步兵师和 1 个特种部队师，总兵力达 43.5 万余人，装备坦克 3600 多辆，装甲运兵车 2400 辆，各种火炮 2400 多门。美国防情报局的估计表明，到 1990 年 10 月中旬，对伊军战前的战斗序列和实力仍不可小视。

同时，美情报部门还重点评估了伊拉克的大规模破坏性武器（尤其是化学武器）对美军作战行动的影响。美情报部门注意到，早在 1988 年初，伊拉克就已经为使用神经性毒剂制定出十分有效的进攻原则，这一原则将化学武器完全纳入火力支援计划。1991 年 1 月 11 日国防情报局估计，伊拉克一条新的化学战剂生产线即将建成，其装弹工作也在继续进行，从而使其化学武器处于高度战备状态。此外，伊拉克的大多数火炮具有发射化学炮弹的能力，其飞机也可携带化学炸弹和装备化学战剂喷洒器。伊军在训练中重视使用化学武器。

2. 有针对性地研究伊军的作战理论

敌军的作战理论，包括战术、技术与程序是敌军开展军事行动的主要理论依据，从中可以推断出敌军的作战行动方案。通过对敌军作战经验和作战理论的研究，即可判断敌军的战术选择倾向，进而评估敌军的作战能力。

在海湾战争战前准备中，陆军情报和战区分析中心即根据两伊战争的经验，详细分析了伊拉克的作战理论和战术。该中心与国防情报局合作印制了数千册题为《他们如何打仗》的无密级的小册子，分发给正在部署的美国部队。小册子介绍了伊拉克军队的装备和战术，还附有典型的伊拉克防御阵地的示意图。

（二）预先评估战场环境

1. 为作战部队绘制战场透明图

透明图是指以敌军作战理论和战区地形为依据，结合战场实际侦察到的敌军情况，在透明纸上标示敌军战斗行动的正面、纵深、梯队间隙、部队编成、部署等，借助透明图，可以较方便地判断敌军行动企图。这种透明图长期深受战术指挥官欢迎，其主要原因是作战范围内敌军兵力部署等目标一目了然，直观形象，比看冗长的敌情报告更节省时间，便于直接决策作战行动。在战争准备过程中，情报部门根据从各种渠道搜集来的当面敌军情况及图像资料，加上自己组织侦察的当面敌军新情况，综合分析后，绘制敌军目标判定透明图。

在海湾战争战前准备过程中，陆军情报和战区分析中心绘制了科威特战区内伊拉克作战师的实际防御阵地的透明图，这些图纸在地面作战中是部（分）队级情报官的重要工具，它们往往比缴获的伊拉克绘制的相同阵地的透明图还要详细和精确。参加地面作战的所有联军部队部都得到了这种透明图。

2. 为作战部队提供战区人文地理环境的分析

危机爆发后，大量美军被部署到沙特阿拉伯，这意味着西方文化将进入这一伊斯兰教的诞生地，为此中央总部需要制定相关的规定，以尽量减少可能发生的无意触犯行为。

情报机构为中央总部制订计划、颁布命令提供了大量相关这一地区独特的历史、风俗、宗教、法律及种种其他情况。如，伊斯兰教反对饮酒，中央总部为此颁布了一项命令，禁止在中央总部所辖作战地区饮酒（此命令可根据各国具体情况灵活掌握）；考虑到伊斯兰国家在着装样式上的敏感性，中央总部还制定了便衣着装规定；武装部队广播电视网播放的节目也经过了严格的审查，以避免出现冒犯性的内容等。

3. 为联军提供气象情报支援

美军动用了 3 颗国防气象卫星参与海湾战争的战场环境监测，它们能连续不断地向多国部队提供战区气象情报。远离本土作战的多国部队把气象卫星作为获取气象情报的主要手段，并用地面移动式 MK4 终端车直接接收卫星发来的实时气象情报资料，增强了气象情报支援能力。在战前准备过程中，气象卫星为驻沙特阿拉伯及周围地区的美军制定作战任务计划、准备武器系统、准备防御和调动部队提供了重要的情报支援。

此外，气象情报也是确定“沙漠风暴”行动发起时间的重要参考因素。联合国“678”号决议要求伊拉克从科威特撤军的最后期限是 1991 年 1 月 15 日，这个期限的确定，实质上就是以美国为首的多国部队对伊拉克进攻时间的选择，而这个战略决策是在充分考虑了气象因素的基础上制定的。因为 3 月以后海湾地区酷热的沙漠气候将使不适应沙漠气候的美军难以忍受。高温酷热将令人头晕目眩，皮肤脱皮，嘴唇干裂，脸上起泡，难以自由行动，丧失持续作战能力。持续高温高热还可能使武器变形，严重影响其性能。西亚沙漠地区每年春夏之交都有近一个月的沙暴和雷暴天气，沙暴将严重侵蚀各种武器装备，坦克和直升机的引擎和空气滤清器被沙土堵塞而不能发动，枪支难以发射，严重影响军事行动。[①] 而 11 月至翌年 2 月是该地区云雾和阴雨天较多时期，这个时期气温相对较低，雨量不大，沙（尘）暴较少。战前，英国气象学家根据水文、气象等资料预报，利于军事行动的最佳时间是 1 月 17-19 日、2 月 16- 18 日及 3 月 17 -18 日。最后多国部队利用准确的气象预报，1 月 17 日凌晨，天气晴朗，又无月光，多国部队数百架飞机对伊实施了空袭。

（三）为海上拦截行动提供情报支援

在海湾危机的 7 个月中，由于联军部队齐心协力，海上拦截行动非常有效。总共有 19 国海军的 165 艘舰只对 7500 余艘商船进行了盘查；对 964 艘船

① 军事科学院军事历史研究部:《海湾战争全史》，解放军出版社 2000 年版，第 186 页。

只实施登船检查，查看了货单和货舱；命令违反联合国安理会制裁决议，共装载100多万吨禁运物品的51艘船只改变航向。海上拦截行动基本切断了通向伊拉克与科威特港口的商业往来；阻止了船只前往伊拉克装载石油，同时，土耳其和沙特又关闭了通过其国土的伊拉克输油管道；这样，伊拉克的石油收益所剩无几，国际信贷的来源也大都被卡断，伊拉克丧失了入侵科威特之前国家总收入的95%。

美军战前准备中的情报工作在这次制裁行动中发挥了重要作用：海军作战情报中心利用其情报资源开列了监视清单，列出了涉嫌同伊拉克进行贸易或代表伊拉克进行贸易的各公司名单。该中心还为联军的海上拦截部队提供了很多商船的详细技术资料，并为登船检查小组开列了禁运物品清单。此外，中央情报局也向联军海上拦截部队提供有关船只活动的情报，协助了海上拦截行动的开展。

（四）为“沙漠风暴”行动空中作战计划的制定提供情报支援

美国情报部门在“迅雷”[①]以及“沙漠风暴”行动空中作战计划的制定期间，运用各种侦察手段，历经6个多月时间，在对伊拉克进行反复侦察监视的基础上，对战场目标进行鉴定筛选，提出了伊拉克战场军事目标清单，并根据“沙漠风暴”空中作战目的[②]而将其归类为12个目标群，分别为：领导指挥设施；发电设施；电信和C3枢纽；一体化战略防空系统；空军部队及机场；核生化武器研究、生产和储存设施；“飞毛腿”导弹、发射架和生产与储存设施；海军部队和港口设施；石油提炼和输送设施；铁路和桥梁；伊拉克陆军部队，包括驻科威特战区的共和国卫队；军用仓库和生产场地。情报部门不仅提供了这12个目标群的详细情报，还分析了目标价值，即打击该目标能达到怎样的目的或给伊军带来怎样的损失，如：据国防情报局的评估，对电信和C3枢纽的

① 1990年8月3日，中央总部空军部队的参谋人员即开始制定完全以伊拉克国内的战略目标为打击对象的进攻性空袭作战方案，取名为“迅雷”，该方案奠定了“沙漠风暴”行动空中作战计划的基础。

② 联合部队空中部队司令要实现的空中作战目的为：孤立伊拉克政权，使其丧失能力；获得和保持制空权，扫除空战障碍；摧毁核生化作战能力；摧毁大部分军品生产工厂、基础设施和兵力投放能力，从而消除伊拉克的进攻性军事能力；使伊驻科陆军及其机械化装备失去作战能力，并促使其崩溃。

打击可造成敌通信设施静默，或迫使伊拉克领导人使用备用系统，而备用系统常容易被窃听，从中可获得有价值的情报；海军作战情报中心“打击项目评估与反空战研究”小组提供了伊拉克一体化防空系统的全面情报，帮助确定其威胁程度和性质，找出伊拉克一体化防空系统的主要关节点，评估在战争初期摧毁这些关节点的重要性。据情报估计，到 1992 年底，伊拉克就能生产出一枚原始的核武器，因此搜寻和摧毁核生化武器设施始终被置于最优先的地位。

（五）实施广泛的情报欺骗

美军在战争准备中还利用情报进行了成功的欺骗，使伊拉克摸不清美国的军事实力与企图，促使萨达姆判断不准，定下错误决心。

1990 年 8 月 2 日，伊军出兵侵占科威特时，美国在海湾地区的军事力量非常薄弱，为“稳住”伊拉克，美军采取了一系列的欺骗措施。一是摆出欲攻先防的架式。美国一方面以经济制裁、舆论谴责和外交斡旋来牵制伊拉克，另一方面宣称向海湾派兵旨在防止伊拉克入侵沙特。在 8 月 8 日中午的记者招待会上，布什即声明美军的任务不是把伊拉克赶出科威特。这样使得萨达姆错误地认为，美国此次海湾出兵纯粹是防御性的，并不想动“真格的”，从而在一定程度上影响了伊拉克采取进一步行动的决心。二是利用新闻媒介不断造假。初期向海湾调集的只是一些先头部队，美国却利用新闻媒介，故意将美军“沙漠盾牌”某些行动的实施情况及武器装备情况公诸于众，组织记者参观神秘的 F-117A 隐形战略轰炸机，拍摄了一些关于军事情况的影片和照片，进行夸张的宣传，大肆吹嘘美国的军事能力，给萨达姆以美军已大批进驻沙特的假象，并采取严格的保密措施，隐蔽真相。美国所采取的这些战略欺骗措施，蒙骗和震住了萨达姆，使伊军不敢贸然行动，从而为美国调兵遣将，赢得了宝贵时间。[①]

为达成战争的突然性，打伊拉克于措手不及，美军还有计划地散布关于开战时间的假消息，如有关高级军政人员的谈话等。在这些错误信息的引导下，美联社、路透社都援引一位高级军方人士的口信，说美军尚未做好全部战斗准备，军队和装备仍在源源不断地运抵海湾，估计 1 月底不能做好攻击的准备。随即，美国有线电视新闻网和其他电视新闻网也援引多国部队中央司令部的高

① 军事科学院军事历史研究部：《海湾战争全史》，解放军出版社 2000 年版，第 231 页。

级军官的谈话称，美军做好准备可能至少要到 2 月中旬。此外，在空袭开始之前，美还进行了一系列空中欺骗行动，如中央总部故意形成 24 小时空中活动的明显规律，空中加油航线和训练地域的设置也故意显示出了支援正面突击部队攻打伊拉克驻壕固守的防御阵地的架势，这使得伊拉克人对沙特边界境和波斯湾的某些大规模空中活动，如大量空中预警与控制系统飞机和战斗机的战斗活动、空中加油活动等习以为常。因此“沙漠风暴”前夜在沙特上空进行的繁忙的空中准备活动，并没有引起伊拉克人的足够警觉，在较大程度上达成了空袭战术上的突然性。

二、美军在战前准备中的情报工作经验

（一）适时对情报机构的设置和运作进行局部调整以保障战争需求

情报工作讲求平战结合，即平时的情报工作也必须以战争需求为牵引。但是理论与实践滞后于战争需求是情报史上常见的现象。在海湾战争战前准备过程中，美国情报界对“沙漠盾牌”和“沙漠风暴”这样大规模行动的情报工作准备就存在诸多不足。在“沙漠盾牌”行动初期，各情报机构和部门为支援正在部署及已部署的部队而提供的情报互相重复和矛盾。

参联会和中央总部都认识到国防部 30 余个情报生产单位的工作应该有条不紊，为此美国情报界为适应战争需求对情报机构进行了增设与任务调整，如：海湾危机爆发后，国防情报局在五角大楼国家军事情报中心成立了一个特别情报工作组，其任务是为参联会作战与计划部门提供直接支援，同时处理各战区司令部向国家军事情报中心发送的情报需求单；为了协调和管理国防情报局的所有研究与分析工作，回复情报需求单，并制定专门的目标计划，国防情报局对设在哥伦比亚特区博林空军基地的国防情报分析中心的作战情报危机中心的力量进行了加强；根据中央总部情报处扩充情报组织的计划，军事情报委员会于 1990 年 11 月向战区派遣了一个联合军种小组，协助组织战时情报班子等。由此可以看出，在高技术局部战争的战前准备工作中，应当有针对性地适时对情报机构进行一定的调整，以适应战时的情报需求。

（二）以高技术侦察手段为主导进行战前情报准备

在海湾战争战前准备过程中，美军建立了以高技术侦察手段为主导、覆盖陆海空天及电磁领域的情报侦察体系，多种侦察装备互相配合，基本实现了全

波段、全天时、全天候、近实时的情报侦察。

在高技术侦察手段中，最具代表性的当属航天侦察。早在1990年7-8月间，美国发现伊拉克有军事入侵科威特的迹象后，即开始调整各种卫星的部署。至当年12月初，通过临时发射和飘移变轨，在海湾战争爆发的前15天，完成了空间侦察卫星的部署，使海湾地区可执行侦察任务的卫星总数达50余颗，形成了门类齐全、史无前例的、庞大的卫星侦察情报系统。其中，可见光侦察卫星6颗，合成孔径雷达扫描成像侦察卫星1颗，导弹预警卫星3颗，电子侦察卫星6颗，军事海洋监视卫星4组16颗，全球定位卫星16颗，国防气象卫星3颗。历史上，从来没有任何军队在离地球表面如此遥远的地方发生的事件上押上这么大的赌注。① 这些卫星利用高技术，基本实现了情报侦察空间上的全球覆盖和时间上的全天候、全天时、近实时，为美军的战争准备发挥了不可或缺的作用，如：美军用“长曲棍球”所获得的情报成功地绘制了伊军的地下军事工事设施图；电子侦察卫星向五角大楼和美空军提供了伊拉克的核、生、化设施等战略情报；海洋监视卫星为联军实施海上拦截行动提供波斯湾、红海、地中海的水面舰船和潜艇活动情报；国防气象卫星为美提供海湾地区未来24小时的气象资料。②

海湾战争战前准备中，美军依靠当代最先进的航天侦察技术，牢牢地掌握了战场情报主动权，在保障以美国为首的多国部队进行作战决策与指挥中做出了突出的贡献。

（三）充分发挥人力情报的独特作用

美国在海湾战争战前准备过程中，除了充分利用高技术侦察优势，全面展开航天、航空侦察之外，还利用特种部队、谍报和武官系统，广泛开展人力情报活动，通过各种渠道，搜集伊拉克的军事、政治、经济情报，了解伊拉克的重要战略目标、地下军事设施、军事指挥和通信中心的情况，包括萨达姆个人的行踪。

8月2日伊军入侵科威特后，美迅即做出反应，派遣特种部队人员到科沙伊边境及科威特沿海地区进行特种侦察。海军特种作战小队从8月23日至9

①〔美〕阿尔文·托夫勒、海蒂·托夫勒：《战争与反战争》，严丽川译，中信出版社2007年版，第81—82页。

② 王景全：《军用卫星在海湾战争中的运用》，载《世界导弹与航天》1991年第6期。

月12日在科威特沿海执行安全警戒任务。从10月份开始，“海豹”突击队一直在海夫吉以北活动，以便提供实时情报。如，1991年1月，“海豹”小队趁伊拉克T-43布雷艇在科威特海域进行布雷活动时对其进行拍照。此外，中央总部特种作战部队抵达西南亚地区之后，立即利用地面及空中设备，实施针对伊拉克的信号检测和无线电测向等活动。特种作战部队电子战小队建立了监听站，侦测监视伊拉克人发出的各种无线电信号。通过这些行动获得的情报进一步充实了边界地区的侦察报告，确定了伊军指挥所和火炮观察哨的位置。

美国还通过外交机构广泛搜集情报。美国驻法武官搜集了有关法国销售给伊军的飞机、导弹等武器情报；美国驻德武官搜集了德国有关帮助伊拉克制造化学武器的情况。此外，美谍报人员侦获了一些通过技术手段无法搜集的极有价值的情报，为保证联军作战行动的成功发挥了重要作用。

从海湾战争可以看出，在高技术的局部战争中，不但要靠卫星侦察等先进的侦察技术获取“硬目标”的情报，还要靠特种部队、武官、谍报人力侦察获取“软目标”的情报，技术侦察不能代替人力侦察。人力侦察可以补充验证技术侦察，两者缺一不可，所以人力情报仍然占有极其重要的地位。

（四）积极开展与盟军及相关国家的情报合作

在海湾战争战前准备过程中，美国非常重视与其他国家的情报交流与合作，获取自身难以获取的情报。早在1990年8月，美便与科威特国家安全局签订了安全合作的秘密协定，组织和训练反伊势力。布什总统于1991年1月秘密指示中情局援助伊拉克反对派，帮助库尔德人在沙特阿拉伯首都利雅得建立秘密电台，以协助美国的情报活动。美还与沙特签订情报协议，中央总部情报搜集管理人员还可以使用沙特的空中侦察力量。英国、加拿大和澳大利亚的情报官加入了中央总部联合情报中心，并与之完全融为一体。英皇家空军根据战区的需求，分配GR-1照相侦察机的情报搜集任务。在联军协调、通信与统一中心，讲阿拉伯语的美国情报官员24小时值班，一方面向联军部队提供情报，一方面接收情报信息。

美国情报机构还与过去根本没有情报交流的国家发展了关系，得到了情报援助。如，美国多次派员与苏联接触，争取与苏联情报机构的合作，从他们那里，美国得到掌握了苏向伊拉克出口武器的品种、数量、性能及伊军训练情况，美利用苏提供的伊军情况，使美空袭损失降低到最小限度。[①]

在高技术局部战争尤其在军事联盟作战的情况下，战前准备过程中，加强与盟军及相关国家的情报合作，无疑是拓展情报来源的最佳途径之一。

（五）保密工作至关重要

在海湾战争战前准备过程中，美军虽然大张旗鼓宣示发动战争，进行战争准备，但其保密工作也做得非常出色。

海湾危机爆发之初，世界上有许多人，其中显然也包括萨达姆，都认为美国不可能一下子部署几万、甚至几十万部队，这当然不是实情。在充足的重型部队到达战区之前的几周时间里，美军部队几乎是手无寸铁，极易遭受攻击，存在所谓的“易受攻击之窗”。这是一个需要不惜一切代价加以保守的秘密，士兵的生死就要看能否保密了。因此鲍威尔非常直接地向新闻界发出呼吁。他说：“我还请诸位在发布消息时要以保护部队安全、进行作战保密的必要性作为衡量标准，笔下留情。我想我们大家在头脑里都应当把这一点放在首位。”[②]

为了避免新闻传媒泄露军事机密，五角大楼还制定了12条规则，禁止公布或广播需要保密的新闻，其中包括：部队、飞机、武器、装备和补给的数字，未来的作战计划，部队的驻地以及战术；有关战况的报道一律由战地记者团在军人监督下撰写；对军人的采访均应有正式记录；未经许可，对进出沙特阿拉伯国防部的多国部队高级军官一律不许进行采访；新闻报道发出前必须经过军方严格审查等。

即使是这样严格的保密措施，美军在战前准备过程中还是发生了一件严重的泄密事件。1990年9月16日，《华盛顿邮报》在头版以《如爆发战争，美国将依赖空袭》为题报道了空军参谋长迈克尔·杜根将军关于对伊拉克作战的谈话。杜根将军在谈话中谈及了作战计划和目标的优先顺序，并对伊拉克的作战能力进行了不切实际的评论。第二日，杜根将军即被解职，理由是“泄露国家机密”[③]。由此不难看出，美军对情报保密工作的重视程度。

由于美军出色的情报保密工作，伊拉克人只得到了美军希望他们得到的情

① 参考王冬敏：《海湾战争中美军情报支援工作特点初探》，载《情报杂志》2000年第1期。

② 解力夫：《海湾战争》，军事科学出版社1992年版，第102页。

③ 解力夫：《海湾战争》，军事科学出版社1992年版，第106—108页。

报，其中存在着大量的虚假情报。卓越的情报保密工作，也为联军成功实施情报欺骗提供了有力的保障。

三、评析

在人类战争史上，情报工作一直是战争准备中的重要内容，而战前的情报准备，对于战争的进程和结局更有着非同寻常的作用。海湾战争作为机械化战争时代向信息化战争时代过渡的一场高技术战争，战前的情报准备无疑是情报工作的重要一环，对于美军尔后的军事行动起到了不可估量的作用，同时也凸显了高技术局部战争战前情报准备的一些规律和特点。美军在海湾战争中战前情报准备的成功经验说明，在高技术局部战争战前准备过程中应当以高技术侦察手段为主导，充分发挥人力情报和联盟情报的优势，构建全方位、实时立体的情报侦察网络，尽可能及时、详尽地获取敌方情报，并在对己方信息严格保密的基础上对敌实施广泛的情报欺骗，以期为后续的作战行动提供出色的情报支援。

第五编

信息化局部战争的情报战

第一章　科索沃战争中的情报战

1999 年 3 月爆发的科索沃战争是现代战争史上第一场完全依靠信息化空中力量、以远程精确打击为主要手段取胜的大规模空袭作战，开创了单一使用信息化空中力量达成战争目的的先例。这场战争的信息化特征相对于海湾战争更为明显：信息化武器装备的投入量进一步增大；信息作战贯穿于战争全过程；网电一体的全新信息攻防样式开始出现；信息火力一体化的趋势更加明显；以信息化空中力量打赢非接触作战的效能更加突出；信息作战对战争进程和结局的影响更大。在这场信息化特征明显的高技术空战中，交战双方的情报战与之前传统的情报战比较，在情报作战能力与作战方式方面有了质的提高和变化。

一、战争简介

1999 年 3 月 23 日（南联盟当地时间，下同），北约秘书长索拉纳向欧洲盟军最高司令克拉克上将下达了空袭南联盟的命令。3 月 24 日 19 时 50 分，北约开始对南联盟进行代号为“联盟力量”的空中打击。

根据北约的作战目的及打击目标的地理位置和范围，科索沃战争可分为 4 个阶段。

（一）有限打击阶段

这一阶段从 3 月 24 日空袭开始到 27 日北约基本掌握制空权为止。北约以发射巡航导弹及投掷精确制导炸弹为主要作战样式，进行有限的空中打击，其目的是掌握制空权，破坏南军的指挥控制系统，削弱南联盟的战争能力。在这一阶段，北约出动飞机 1300 余架次，使用精确制导武器达 90% 以上，基本夺取了战场制空权，但并未完全达到战争目的。南军通过机动防空等方式保存的有生力量仍能进行相当的抵抗，指挥控制系统也基本能够正常运转。

（二）重点打击阶段

第二阶段自 3 月 28 日起至 4 月 4 日止，北约将打击范围扩大到北纬 44 度以南，打击重点集中于南军防空系统和其他军事目标，特别是科索沃及其附近地区的南军部队，以削弱南军作战能力，同时开始打击南联盟各类基础设施。

这一时期，南联盟以藏为主，保存实力，加强对“科索沃解放军”的围剿，同时将国家的财政收入和物资全部用于国防，以备长期作战之需。南军针对北约飞机只进行了战术规模的空中抵抗行动，同时在科索沃与马其顿边界大量集结部队，在桥梁和道路上布设了地雷。

鉴于第一阶段的空袭成效不大，北约成员国同意将空袭目标的数量增加 20%，包括贝尔格莱德市中心。随着天气状况好转，北约由间歇式空袭改为 24 小时不间断打击。

（三）全面打击阶段

第三阶段从 4 月 5 日起至 5 月 27 日止，北约大幅扩大了空袭规模，全面打击南联盟各类目标，力求最大限度削弱南联盟维持战争的能力，震撼南联盟军民的心理，动摇南领导层的战争意志和决心。在该阶段，北约空袭作战有以下特点：一是持续时间长，历时 53 天，每天基本都是 24 小时不间断轰炸；二是空袭范围广，打击范围扩大到民用目标，包括桥梁、公路、电力系统、医院、炼油厂、总统府等（其中，5 月 7 日晚，北约悍然使用 5 枚精确制导炸弹，轰炸了中国驻南联盟大使馆）；三是作战手段多样，既有空中打击，又有特种作战；既有远程突击，又有临空轰炸；既有精确打击，又有隐形突袭；既有常规弹药打击，又有特种弹药打击；四是打击强度高，每天出动各型飞机均在 500 架次以上，并使用了贫铀弹、集束炸弹等特种弹药。

战争的第三阶段是北约打击时间最长、给南联盟造成损害程度最深的阶段。除军事打击外，北约全面展开了心理战、网络战和电子战。心理战方面，西方媒体大肆渲染所谓的“南斯拉夫制造的人道主义灾难”，并突出报道高技术武器的威力与空袭效果，对南联盟人民进行威慑。北约还派出广播电视飞机向南联盟主要城市散发传单，制造谣言，涣散军心。另外，北约又对南联盟实施信息封锁，用高分贝噪音干扰南联盟电台广播，并炸毁南联盟的广播电视设施。在网络战方面，美国不仅在互联网上进行在线宣传，而且对南军和政府的指挥控制网、金融计算机网络等实施网络攻击，扰乱其正常运作，并利用技术和网络优势打击封锁南联盟的网址。北约还广泛实施了电子战，电子战飞机的出动架次占飞行总架次的 30% 以上。每次空袭开始时，北约首先派出电子战飞机，对即将打击空域的南军预警雷达等进行强电磁干扰，使其无法进行正常的指挥通信。美国空军第 43 电子作战中队的 3 架 EC-130H“罗盘呼叫”飞机专门执行干扰南联盟通信系统的任务；北约部队还使用了大量电子干扰器材，如施放红外干扰弹和箔条弹，迷盲南军的防空雷达系统等。

北约还积极进行地面战准备。到 5 月中旬，北约在马其顿的地面部队已达 2.5 万人，并准备将部队人数增加到 4.5 ～ 5 万。27 日，克林顿指出，如果 3 周内达不成和平协议，他准备派遣美国作战部队在科索沃发动地面战争。同日，美、英、法、德、意五国国防部长在德国科隆召开会议，讨论可能发生的地面战问题。这也成为科索沃战争的一个重要转折点。

尽管南联盟军民竭尽全力抗战，却难以扭转战争态势，面临的形势越来越严峻：一是损失巨大，南联盟伤亡达 6000 余人，财产损失达 2000 亿美元，大量桥梁、道路、电厂、油库等基础设施被毁，严重影响民众生活；二是外援无望，俄罗斯对南仅限于道义上的声援和少量的人道主义救援，坚持“三原则”，即俄不会在军事上卷入战争，不会与北约公开对抗，不会回到冷战时代，使南联盟寻求外援的希望破灭；三是周边安全环境恶化，自战争爆发后，与南接壤的所有国家都站在北约一边；四是国内出现悲观失望情绪，南联盟政府不得不正视这种形势，在继续抗战的同时，积极寻求尽快结束战争的途径。

（四）配合打击阶段

第四阶段从 5 月 28 日到 6 月 10 日战争结束。为配合外交攻势，5 月 28 日北约发动了战争爆发以来最为猛烈的一次打击。从 6 月 4 日起，鉴于南联盟已接受和平协议，北约缩小空袭范围，集中打击军事目标，敦促南联盟与北约就军事问题达成协议。同时，北约声称若南联盟执意再战，将进行地面作战。

为避免遭受更大的损失，南联盟决定与北约进行停战谈判。6 月 3 日，南联盟塞尔维亚共和国议会以 136 票赞成、74 票反对、3 票弃权的表决结果通过决议，接受八国集团的和平协议。9 日，代表北约的英国迈克尔·杰克逊中将、代表南联盟的南军副总参谋长斯韦托扎尔·马里亚诺维奇上将和代表塞尔维亚共和国的南联盟内务部奥布拉德·斯捷凡诺维奇中将签署了《军事—技术协定》，对南军部队撤出科索沃、国际和平部队进入科索沃等问题作出了详细规定。10 日，南军按照撤军协议开始大规模撤出科索沃。北约欧洲盟军最高司令克拉克下令暂停对南联盟轰炸。当日，联合国安理会通过了由西方八国和俄罗斯共同提交的关于政治解决科索沃问题决议草案，即第 1244 号决议。6 月 20 日，北约宣布战争结束。

二、北约的情报工作

根据战后美国国防部关于“联盟力量”行动的审查报告及相关学者的评论可以发现，以美国为首的北约运用高技术、全方位侦察手段进行了几乎密不透风又十分精确的情报侦察，另一方面，北约被迫逐步加强空袭强度的举措也反映出其在情报运用方面的若干失误。

（一）实施全方位立体化的情报侦察

以美国为首的北约为了更好地掌握战争主动权，早在 1998 年上半年就开始利用各种手段对南联盟特别是科索沃地区进行侦察监视。在战前和空袭过程中，北约军队运用了最先进的情报侦察技术，借助其空、地、海、天、电多维一体的侦察监视体系，对南联盟实施全方位立体化的情报搜集活动，对各种目标进行精确测量与定位，对南军部署与活动情况进行跟踪监视，使战场对己方透明。

其一，航天侦察提供及时、详细的战场情报。

科索沃战争期间，北约动用了 10 多种卫星系统、50 多颗卫星为空袭作战服务。根据俄罗斯航天部队侦察到的情报分析，“每当有 10-12 颗美国的军事卫星云集南联盟上空时，就预示着美军将实施新一轮军事打击”① 。北约所使用的侦察卫星包括美国的“长曲棍球”雷达成像侦察卫星、改进型“锁眼 -11”图像和数据传输侦察卫星、“猎户座”和“大酒瓶”电子侦察卫星，以及欧洲

① 柳文华、王润补:《六场局部战争中的信息作战》，军事科学出版社 2005 年版，第 122 页。

的“太阳神 1 号”成像侦察卫星。[①] 在战争期间，侦察卫星提供了颇有价值的信息。讯号和影像卫星“最初被设计用来获得苏联的导弹和潜艇的位置以供国家决策之用，但其近似于实时的通信能力在为各层指挥官提供信息方面发挥了重要作用”。为了弥补现有航天侦察手段的不足，美国还临时发射了 3 颗小型光电成像卫星，用于补充侦察。这些侦察卫星，昼夜 24 小时不停地对南联盟进行全天候、多领域、大范围的侦察，为空袭行动提供了及时、详细的战场情报。此外，北约还使用 3 颗“白云”海洋监视卫星，侦察监视南联盟和俄罗斯海军的行动；使用 10 颗气象卫星，为北约的空袭行动提供可靠的气象保障；使用多颗 GPS 导航卫星，为精确制导炸弹和导弹的突击提供精确的导航情报，保证了空袭作战的顺利实施。

其二，航空侦察平台实施战场监视与控制。

自科索沃战争爆发到空袭结束，北约使用的航空情报侦察系统（平台）主要有 E-8C“联合监视与目标攻击雷达系统”飞机、E-3 和 E-2 预警机、U-2 和 RC-135 侦察机，以及大量其他的有人和无人侦察机。这些航空侦察平台对南联盟军队实施不间断的战略、战役和战术侦察，除了为北约实施空中打击提供近实时的侦察情报外，同时还担负着战场监控、引导、指挥和控制等任务，并对目标毁伤情况实施评估侦察。最为典型的例子当属无人驾驶飞机，在“联盟力量”行动中，这种系统得到了前所未有的使用，无人驾驶飞机除执行传统的监视与侦察任务外，还对目标进行定位、瞄准，将其获取的目标位置数据传回联军空军作战中心，帮助引导战斗飞机实施攻击，成为前方空中控制系统的一个组成部分。美国防部在战后审查报告中称：“无人驾驶飞机在科索沃的成功使用清楚表明，它可能成为未来战场上一种高度灵活而有效的情报、监视与侦察资源。”例如，在“联盟力量”行动中，U-2 飞机提供了 80% 以上空袭所需的图像资料，用于识别南联盟的目标，进行轰炸效果判定以确定联盟打击的精确度。空中的 U-2 飞机将搜集到的资料传回加利福尼亚的比尔空军基地，经过分析，送回作战中心，再送达可对目标进行攻击的飞机。美国空军的一位资深

① 美军的“长曲棍球”卫星是世界上惟一的军用雷达成像侦察卫星，其空间分辨率可达 0.3—1 米，足以识别地面车辆等活动目标，并且还可克服可见光照相侦察容易受不良气象条件限制的缺点，具备全天候侦察能力。“锁眼 -11”图像和数据传输侦察卫星，采用先进的数字成像和可见光图像和红外成像技术，并且具有轨道机动能力，可根据需要改变其轨道飞行高度甚至轨道平面参数，具有极强的任务适应性。

将军在科索沃战争后写道:“我们从来没有不经过 U-2 飞机的侦察就向目标投掷炸弹。”

其三，地、海面电子侦察系统的有益补充。

冷战时期，北约曾在塞浦路斯、希腊、土耳其和意大利等国家境内，设置了 50 多个具有很强技术侦察能力的地面电子监听站，用于对苏联的无线电信号进行监听。另外，美、英、法等国在亚得里亚海还部署了航母战斗群和电子侦察船。这些舰船都拥有先进的电子侦察设备，可对以其为中心的广大海域以及一定范围内的陆上电磁辐射源进行信号侦察和精确定位。这些众多的地面监听站以及海上侦察平台，曾在冷战时期东、西方阵营的严重对峙中以及海湾战争中发挥了巨大的作用，这次也被用于科索沃战争的情报侦察活动，以随时侦听南军最高统帅部与科索沃战地指挥官的通信联络，搜集南联盟政治和军事情报，并为北约部队准确轰炸南联盟境内的电磁目标提供大量的有效情报。此外，北约军队还向目标区投入了大量传感器，直接用于引导目标攻击。

其四，大力开展人力情报工作。

为进一步扩大情报来源、满足作战需要，北约军队还采用传统的人力情报方式，在南联盟境内广泛组织间谍网，为北约的空袭行动提供目标情报，并对轰炸效果进行评估。科索沃战争爆发之前，北约各国就派遣了大量间谍以合法或不合法的身份进入南联盟，大肆搜集有关南联盟的政治、经济、军事以及民族事务的情报。例如，“美国中央情报局就在贝尔格莱德组建了秘密的情报机构，发展了大量的间谍成员，还在普里什蒂纳建立了一个前哨基地；英国空军情报人员则混入联合国维和观察团潜入科索沃地区，搜集有关地形、南军部署、军事设施等情报；有些情报人员还以人道主义活动和新闻记者的身份为掩护，在南境内从事间谍活动”[①]。战争爆发后，出于安全方面的考虑，北约撤出了大部分地面侦察人员。但随后他们就发现地面谍报的作用是其他电子侦察器材无法完全取代的，特别是空袭目标的选择核实以及毁伤评估方面，地面谍报更是发挥了不可替代的作用。因此，在大规模空袭开始后，美国中央情报局又开始设法将其情报人员派往科索沃地区。这些情报人员通过向北约飞机发送无线电信号，直接引导轰炸行动。

除安插布置自己的间谍网外，北约还多次利用“科索沃解放军”为其提

① 柳文华、王润补:《六场局部战争中的信息作战》，军事科学出版社 2005 年版，第 128 页。

供情报。科索沃解放军可谓北约雇用的最大一支间谍队伍，是北约名副其实的“耳目”。尽管北约方面一再声称不同“科索沃解放军”进行联系，但南联盟提供的确凿证据则表明，阿族武装的确曾使用卫星电话向北约通报过南军的集结地域和炮兵方位等核心情报。

当然，北约的情报侦察并非十全十美，其中也有以下几个方面的问题：

一是有关地面动态目标的情报不足。北约方面为了避免和减少飞行员伤亡，规定飞机只能在距离地面 1.5 万英尺的高空进行轰炸，这样高的距离无疑需要更加高度准确的情报支援。根据美军野战条令，对联军空中作战中心提供地面情报的是战场协调分队，该分队所需情报主要由地面部队提供，当时美军唯一动用的地面部队是“鹰”特遣部队，也就是说，只有这支特遣部队的情报机构能提供可靠的动态情报——由于南联盟军队采用机动战术，动态目标的情报对美军而言十分珍贵——可是“鹰”特遣部队的情报部门，第 5 军情报处情报分析与控制组，却将自己所获取的敌我双方信息都列为美军专用信息。这种“专用”处理给空中作战带来了更大困难，造成动态目标情报严重不足，这也成为美军轰炸效果不明显的主要原因之一，因为塞军都及时躲了起来。这也说明单靠空军并不能很好地完成任务。

二是反伪装反隐蔽问题。科索沃战争中美军的一大窘相就是轰炸了太多的假目标。南联盟军队通过研究前几次高技术局部战争，尤其是海湾战争，发现了高技术侦察手段的弱点，即对航空航天侦察可以通过伪装、隐蔽方式来进行欺骗。例如，侦察卫星需要在目标上空过顶时刻才能对目标进行有效侦察，而由于受过境次数限制，侦察卫星难以对同一地域进行连续监视。因此，只要对进入轨道的卫星进行跟踪、观察，就不难准确计算出卫星的过顶时刻，从而进行有效规避，这一点主要是技术发展的局限，因为再发达先进的技术都有其盲点或致命弱点，弱势方只要善于总结和创新，还是可以减少损失、保存力量的。

（二）情报战与电子战密切结合

情报战与电子战本是两种独立的作战行动。电子战是 20 世纪初随着雷达的发明才开始出现在战场上的，而情报活动则很早就随着战争的出现而产生了。不过，随着电子器材的大量装备以及电子技术在情报领域的广泛应用，情报与电子战的联系越来越紧密。情报获取对技术系统的依赖使得干扰和反干扰、截获与反截获等电子战样式也成为情报战的重要组成部分。“在联合作战中，美军要求情报支援应与电子战同步实施，并与整个部队的作战行动保持一致。”①

美军认为，“电子战能极大地减少己方航空航天部队和地面部队所面临的危险，同时可提高其达成战役目的的能力。”② 科索沃战争中，为了取得制电磁权，最大限度地造成南军指挥瘫痪、协同失调、兵器失控，北约利用EA-6B、EC-130H等电子战飞机，广泛实施了以电子进攻行动为主的电子战。在78天的空袭行动中，电子战飞机的出动架次占到空袭飞机总出动量的37%以上，为3.7万余架次的飞机提供了防空压制保护，其中1/3架次是直接在南斯拉夫领空遂行攻击和防空压制任务的。正如美国国防部在《关于联盟力量行动的战后审查报告》中指出的那样：“电子战和防空压制飞机（如EA-6B和F-16CJ）几乎为所有执行攻击任务的飞机提供了支援。‘联盟力量’行动再次突出说明了制定一项全面压制防空系统战略的重要性。”

（三）积极利用计算机网络开辟情报战的新战场

克劳塞维茨曾指出：“每个时代都有自己特殊的作战形式。”计算机网络战就是在21世纪特定的时代背景和技术条下出现的一种全新的作战样式。作为情报战的一种主要形式，计算机网络战首次用于实战正是从科索沃战争开始的。

一方面，战争期间，北约利用其计算机网络方面的人才和技术优势，针对南联盟网络攻击实施了严密防御。面对来自南联盟等国家的网络攻击，美国等北约国家运用其在计算机及网络方面的领先技术，对各级计算机网络实施了严密的防护，在网上“构筑”了坚实的“防火墙”，以防止南联盟在计算机网络上进行的渗透、注毒与窃密，从而大大降低了损失的程度。为防止南联盟黑客从网络上窃取北约的军事、政治情报，美国等北约成员国还利用先进的情报反窃（解）密技术，对其网络上各种有价值的情报进行加密，增大了南联盟获取情报和解密的难度。

另一方面，科索沃战争初期，北约国家的计算机网络遭到俄罗斯、南联盟等国“黑客”的攻击之后，北约特别是美军计算机“黑客”就多次对南联盟军队和政府的指挥控制网络实施反击，企图瘫痪其指挥控制系统。美军还多次召集计算机专家同南联盟进行“网络对抗”，将大量病毒和欺骗性情报输入计算

① 张晓军：《美国军事情报理论研究》，军事科学出版社2007年版，第296页。

② 柳文华、王润补：《六场局部战争中的信息作战》，军事科学出版社2005年版，第143页。

机互联网和通信系统，以阻塞南联盟的情报传输渠道。战争期间，克林顿总统还曾授权中央情报局组织对南联盟金融计算机网络实施攻击，企图利用计算机病毒瘫痪南联盟的整个金融系统。

此外，北约的传媒还在网上进行了“立体宣传”，企图通过这种信息传递，塑造其人道主义的形象，抹煞空袭科索沃的侵略实质。如英国广播公司在其主页上设置了“北约空袭”“科索沃危机网站欢迎来信发表高见”“贝尔格莱德媒体最新消息”“贝尔格莱德来信”等多个常设链接，另外还在主页面显著位置刊登对南空袭和难民的最新消息。而美国有线新闻网在其主页上设了“科索沃难民”“南斯拉夫最新发展”等链接，他们都大量报道了科索沃阿族难民的困境，甚至在网上为这些人设了捐款箱，但对遭受轰炸的南斯拉夫和塞族难民的情况则要简单得多甚至不加以报道。①

（四）强化情报安全保密措施

为防止南联盟获取情报，北约特别加强了情报安全保密措施。

其一，加强情报防护。例如，空袭开始后，美空军航天司令部就宣布，以前公开的有关美国军用卫星轨道的所有参数现在都属于保密数据，这就切断了南联盟人民军情报分析人员获取美航天器坐标的途径。

其二，严格控制战况新闻报道。空袭开始后，美军一反战前大肆宣传的做法，对每日的作战方案、空袭状况、兵力调动等情况闭口不谈，北约甚至在开战 3 天后才开始举行例行的战况发布会。

其三，严防内部泄密。北约总部实行严格的保密措施，严禁军事指挥官同新闻界接触，接受新闻采访。即使需要向媒体发布消息，也必须经克拉克将军本人批准。在美军内部，各军种之间也禁止互相交流战争情况。

（五）后备役情报力量首次投入实战使用

1995 年 1 月，美国国防部批准在和平时期使用后备役情报力量，当时很少有人会感觉到这会对变革后备役力量支援现役部队产生积极影响。1999 年，美军派遣了一个原驻扎在美国本土的谢里顿堡后备役战斗毁伤评估小组到英国皇家空军 Molesworth 基地联合分析中心（JAC）的计算机终端工作，支援“联盟力量”行动，目的是满足现役部队的日常任务需求。联合后备役情报计划

① 王孝华：《20 世纪十大高科技战场》，解放军出版社 2000 年版，第 176 页。

（JRIP）直接支援来自美国的联合后备役情报中心（JRIC）和美国欧洲总部的作战指挥官。[①] 例如阿拉巴马州的空军国民警卫队的第 117 情报中队就被融入联合分析中心的 U-2 图像使用小组。该中队与来自位于 Gillem 堡的联合后备役情报监视部队（JRISE）的海军后备役图像小组，在阿拉巴马州的伯明翰进行训练。这些单位为欧洲总部、联合分析中心以及国防情报局的导弹与航天情报中心提供图像使用、分析和情报报告。该中队列编有 76 名军官和士兵，其中一半是优秀的图像分析人员，其余的是技师和管理者。

三、南联盟对抗北约情报优势的主要做法

高技术局部战争“发现即摧毁”的作战特点决定了战争制胜的关键是情报。因此，在高技术战争中，弱势方的获胜机率直接取决于其情报战胜利的程度。在科索沃战争中，南联盟作为弱势的一方，充分利用其自身优势，扬长避短，在与以美国为首的北约进行的情报战中取得了一定的胜利。

（一）立足现有装备实施情报战

由于在经济实力、技术水平等方面的差距，南联盟缺乏北约军队那些多维一体、先进实时的情报获取手段。南联盟陆军只编有少量的电子侦察与干扰分队，装备有 88 辆比较落后的侦察车；空军只编有 2 个侦察机中队；预警机系统装备有部分前苏联以及东欧国家制造的雷达，其防空导弹系统的制导雷达都是前苏联 20 世纪 80 年代以前的装备。所以，南联盟的情报获取装备不仅数量少，并且大多比较落后。

由于南联盟军队的信息化程度与北约相差比较大，南军在情报对抗中基本上是以防为主。一方面，他们能够立足现有装备并充分利用一些简易器材，将本国与外国装备相结合，构建高低并用的情报对抗系统，与敌进行情报斗争，也取得了明显效果。另一方面，南军通过战前建立的谍报、技术侦察、武装侦察、群众侦察相结合的多渠道侦察情报体系，并充分利用外部情报支援，较为成功地掌握了北约空袭的不少情报。

战争过程中，在北约优势情报能力的干扰和打击下，南联盟的地面雷达等

---

① Donald C. Devries，*Reserve Intelligence Support for Operation Allied Force*，JFQ，spring 2000，p.82.

情报侦察系统大多难以正常工作，不得不采取无线电静默等措施以防探测、防打击。为抵抗北约的空袭，南军组建了前沿观察站和技术侦察小分队，派遣了谍报人员并发动群众，利用因特网，通过网络渗透等方式从北约国家获取有关情报并进行情报传输，从多种渠道进行情报保障，提供空袭预警。例如，在开战之前，南联盟就从北约内部获取了其空袭意图和动向，准确掌握了敌预定轰炸的200个目标的编目表，以及敌战术技术方面的一些资料，为指挥决策提供了可靠依据。

（二）开展积极的反情报工作

面对强大的北约，南联盟积极开展反情报工作。通过积极有效的反情报工作，阻止对方获取情报，是南联盟情报战的重要内容。

一是清除耳目。为确保反空袭作战的地面安全与稳定，南联盟采取各种手段，防止境内的敌特和相关人员进行袭击破坏或实施对空支援。波黑战争时，英法等国特工人员曾用激光器引导北约飞机对塞族实施精确打击，并对空袭效果进行评估。南联盟吸取了这个教训，组织群众采取拉网式的昼夜巡查，清除对方可疑的特工人员，搜寻敌空投的卫星定位系统和投放式一次性干扰机。为了防止分离主义分子的破坏，南联盟还查封了科索沃部分报纸和广播电台等。此外，在北约宣布对南联盟实施空袭后不久，南联盟就将所有参战国记者驱逐出境；同时大力加强新闻检查，严格控制对空袭地点的采访，避免北约通过新闻报道评估其轰炸效果。

二是隐真示假。为了对付北约的先进技术侦察手段，南联盟客观分析敌人形势，灵活采取了藏打结合的方针，努力做到飞机进洞、导弹进山、坦克进村舍、雷达间歇开机、兵力分散配置、隐真示假等，使北约在目标搜索、实施攻击和核查攻击效果及掌握战场实时情况时遇到较大困难，以致前几轮的空袭效果不甚理想。南军还借鉴海湾战争中伊拉克的经验，组装了数以千计的假目标来迷惑对方的空中侦察，如假高炮阵地、假导弹、假反射器等，并用各种运载工具往来机动。各种隐蔽伪装措施，有效地欺骗了敌人，北约飞机炸毁的许多南军重装备之中有相当数量是假目标。

（三）以计算机网络为平台的不对称作战

南联盟通过因特网对北约实施的网络情报对抗，成为此次战争中的最大亮点。如果说在电子战中南联盟一直处于守势的话，那么在网络战上却是处于攻势。俄罗斯等国“黑客”的加入更增强了南联盟网络战的力量。可以说，因特网这一高新技术产物使南联盟在情报对抗中找到了一条“蹊径”。尽管从严格意义上说，南联盟在科索沃战争中实施的还只是初级的网络对抗，还存在种种缺陷，但毕竟开辟了网络战这样一个全新的领域，实验了一种全新的作战方式。

其一，网络攻击。

战争爆发后，在政府的支持下，南斯拉夫的电脑爱好者自发行动起来，在网上不断用“电子炸弹”回击敌人。他们通过向北约国家以及军队的情报系统倾泻大量伪情报、废情报，制造“情报洪流”，阻塞、挤占其情报传输通道，最终导致其网络瘫痪，以达到迟滞北约部队情报流通的目的。此外，南联盟的计算机“黑客”还通过公用商业网的计算机终端联接到对方军事计算机网络系统上，对北约的指挥通信系统进行病毒攻击。1999 年 4 月 4 日，北约的计算机通信网因受到“梅利莎”“疯牛”等病毒攻击而一度陷入瘫痪，美海军陆战队所有作战部门的电子邮件系统均被“梅利莎”病毒阻塞，美“罗斯福”号航母的计算机也曾瘫痪 3 个小时。

其二，网络侦察。

南联盟组织了一批精通网络的计算机专家，从网上侵入北约的电子情报系统。他们破译了北约特别是美国一些政府和军事机构计算机网络的密码，并从这些机构的网络中搜集了部分有利于反空袭作战的情报和资料，从而使己方在作战过程中掌握了一定程度的主动权。

其三，网络宣传。

面对北约国家在网络上片面的甚至是歪曲事实的宣传报道，南斯拉夫奋起抗争，捍卫真相。南主要的报纸、电台和一些要害部门都在网上设立了自己的主页，宣传南斯拉夫的政策，反映南斯拉夫遭北约空袭后的实际情况。南斯拉夫新闻办的主页名为“塞尔维亚信息”，它上面的新闻和政策等信息一天要更新数次。南斯拉夫还有不少人设置了个人主页，反对北约空袭。[①]

（四）谋取国际情报援助

南联盟充分借助俄罗斯的情报支援，为反空袭行动提供情报支援。俄罗斯有着庞大的情报搜集系统，在空间部署 80 颗侦察卫星，海上有 60 艘侦察船，地面有可以监听美国卫星通信的监听站或监听车。由于俄南双方有情报交换合

① 王孝华：《20 世纪十大高科技战场》，解放军出版社 2000 年版，第 177 页。

作协议，因此，俄罗斯情报总局将他们掌握的关于北约军队的情报通报给了南联盟。此外，俄罗斯还曾命令其驻华盛顿、伦敦、巴黎、罗马等地的情报人员为南联盟提供情报。

在网络情报对抗中，俄罗斯同样给了南斯拉夫以有力的支持。他们在俄最大的网站上张贴了一张脚踢北约屁股的漫画。他们还入侵北约网站，包括英国和西班牙等国的一些网站。俄罗斯黑客出入北约网站如入无人之境，有的只是在网页上打出一些嘲弄北约的标语便扬长而去，有的则破解管理员密码，并公布给其他网友，让大家都能进到网站里折腾，有的干脆让一些网站彻底瘫痪。①

四、评析

科索沃战争中，以美国为首的北约凭借先进的情报侦察技术，取得了对南联盟的绝对情报优势。但是，南联盟立足现有技术装备，通过综合建设和运用情报力量，全盘统筹与指导，谋求对己有利的态势，在这场不对称的情报战中也取得了一定的胜利。综合分析双方的得与失，对于研究高技术局部战争中的情报攻防有着重要的指导和借鉴意义。

（一）情报战的地位和作用更加突出

情报在战争中具有至关重要的作用。在现代战争中，情报战更是一种重要的作战样式，其核心是夺取战场“制情报权”。与传统的情报战比较，现代情报战的一个突出特点是情报直接作用于作战行动。信息技术的不断发展，使得现代战场变得更为透明，情报的作用已从准备战役延展为控制战场。这种转变反映在信息报告渠道上的变化就是原来向高级指挥机构提供情报，现在也直接向下级提供作战情报，直接用于作战行动。美国把对目标设施的精确侦察与定位的能力叫做“主导性作战空间感知能力”。其含义就是对作战空间所有具有军事意义的情况都了如指掌。

科索沃战争中，盟军认为，实施空中打击的首要条件是掌握有关目标的性质和位置的高度准确和最新的信息。作战前需要对对方的目标进行精确侦察和定位，作战中需要电子干扰机实施对敌电磁干扰和压制、全球卫星定位系统对

① 王孝华:《20世纪十大高科技战场》，解放军出版社2000年版，第178页。

导弹的精确引导和各种适时的通信保障，攻击后需要航天侦察系统及时侦察对方阵地情况、通信传输系统适时反馈打击效果，从而对打击效果进行精确评估，以确定下一次袭击的目标和打击方案。因此，科索沃战争中，情报作战不仅渗透、贯穿于战争的全过程，而且已经从作战保障的“幕后”，走到参与作战的“前台”。正如1999年7月20日，国防部长科恩在参议院军事委员会听证会上所指出的:“军事行动……显著地突出了情报、监视、侦察的重要作用，事实上，能为我们成功提供这些重要因素的设备处于紧缺状态。此次军事行动显示了精确攻击武器以几年前梦想不到的有效性和准确性参与可能发生的战争的无穷潜力。而且，我们必须确保我们有足够的此类武器。”

同时，情报斗争与对抗水平的高低还直接影响到战争的进程与结局。比如，尽管北约最终实现了其战争目的，即迫使米洛舍维奇从科索沃撤军，削弱了其进行军事行动的能力，但付出的代价也较高昂，至少长达78天——两个半月的轰炸超出了北约的预期。战事之所以持续如此之长，与北约选择的分阶段逐步升级的战法有直接关系，但从根本上来讲，这涉及的是战略情报评估问题，即米洛舍维奇的抵抗意志有多大。北约没有料到米洛舍维奇会支撑如此之久，以为只要对科索沃进行惩罚式的打击，米洛舍维奇就会认输投降，当时美国国务卿奥尔布赖特认为，米洛舍维奇不过是个校园混混儿，遇到挑战就会后退。1999年3月，在法国的和平谈判破裂后，以美国为首的大多数北约国家确信，米洛舍维奇只要闻到空中打击的火药味之后，就会妥协并在协议书上签字。这一想法大大低估了塞尔维亚的民族感情，也完全忽视了科索沃的历史象征意义。

尤其是，虽然在战前以美国为首的北约主要国家对科索沃进行了充分长期的侦察，不管是卫星侦察还是人力侦察，并确定了主要的打击目标，但情报的意义不仅在于目标有哪些、在哪里，更在于哪些目标具有决定性作用。恰恰在这方面，北约第一阶段的空袭不仅打的不是米洛舍维奇的“所爱”，而且很多还是假目标。

（二）侦察打击一体化成为情报战的新方式

随着信息技术和武器打击系统的迅猛发展，为适应突发战争环境的需要，侦察打击一体化系统这种特殊军事装备应运而生。侦察打击一体化系统的优点在于，“将侦察系统和打击系统的功能有机地结合起来，可以在各种气候条件下、在任意时刻，大大减少从发现重要地面目标到将其摧毁的时间”[①]。

科索沃战争中的信息作战突出表现为侦察、监视、打击一体化。由于采用综合集成的方法，各类情报系统的一体化程度越来越高，同时，C4I 系统与各类武器系统、甚至与单个进攻性武器的结合更为紧密，逐步形成一体化的 C4ISR 系统。例如，美军在科索沃战争中大量使用的由 GPS 制导的巡航导弹、联合直接攻击弹药和激光制导炸弹，就是把 GPS 跟踪定位、激光测距、卫星远程通信、实时数据快速处理与弹头一体化设计，实施综合应用的典型。

（三）计算机网络战开辟了情报战的新领域

在科索沃战争的情报对抗过程中，南联盟军队一方面抗击北约的“软杀伤”和“硬摧毁”，一方面采取巧妙的策略，实施网络进攻，取得明显战果，使计算机网络战成为南联盟实施以劣抗优的最大亮点之一。针对北约各国计算机网络的弱点，南联盟计算机专家在其他国家计算机专家的帮助下，频频使用各种计算机病毒实施攻击，致使北约的部分计算机网络系统遭到重创。面对南联盟等国的网络攻击，北约一方面强化其网络防护措施，一方面实施反攻击，将大量病毒和欺骗性情报输入到南联盟军队的计算机网络和通信系统之中。科索沃战争中发生的这场大范围网络攻击，使得情报作战又开辟了一个全新的作战领域——计算机网络。

（四）高技术侦察监视装备并非无懈可击，实现以劣抗优是可能的

科索沃战争中，南联盟在情报侦察监视技术明显处于劣势的情况下，针对现代高技术武器装备的弱点和不足，对现有装备进行了合理部署和使用，并采取了灵活的战术技术措施，弥补己方的不足，取得一定的战果。

其一，隐真示假，实施情报欺骗。南联盟进行的战场伪装欺骗就是很好的例证。虽然以美国为首的北约国家战场侦察系统十分先进，并占有绝对优势，但南联盟对地面目标采取的有针对性的伪装措施，使北约部队的战场监视系统真假难辨，以至于进行了一些毫无作用的轰炸，造成极大的战场消耗。这种情报欺骗手段的有效实施，使得南联盟的雷达、通信以及防空导弹系统得以保存。

其二，瘫痪节点，削弱对方优势。占有情报优势的一方投入战场空间的情

---

①〔俄〕萨布林、瓦切斯拉夫、尼卡拉伊维奇:《侦察打击一体化系统和对地观测雷达系统》，吴飞译，国防工业出版社 2005 年版，原著前言。

报系统运转的好坏，是“非对称作战”行动能否成功的前提。而要获取情报优势，必须建立复杂的支援设施体系。但这些复杂而庞大的情报系统由于节点众多、比较脆弱，极易受到干扰或破坏，反而成为战争体系中容易被敌方攻击的“软肋”，一旦遭到干扰、破坏，情报优势就会削弱。在科索沃战争中，北约军队空袭的攻击程序一般是目标侦察、数据输入、实景对照、实施攻击，这一过程至少需要几个小时的时间，而 C4ISR 系统中的众多节点在这一时间段中极易遭受攻击。

其三，灵活机动的战术。现代侦察手段受距离、天候等因素的影响，对移动目标的侦察效果不是十分理想，这也为实施反侦察提供了一条“捷径”。在抗击北约空袭中，南联盟军队充分利用了轰炸间隙，灵活机动地将导弹、火炮、装甲车辆等便于机动的目标随时进行转移，当北约飞机或导弹抵达目标空域时，北约卫星和侦察飞机原先发现的目标已不知去向，使得不少飞机不得不携弹返回。

这些都充分说明，高技术侦察监视武器装备并非无懈可击，只要找准其弱点，攻其不备，击其要害，仍可获得以弱胜强的最佳作战效能。

第二章 “蟒蛇”行动中美军的情报支援

“蟒蛇”行动是阿富汗战争中主要军事冲突结束后，以美国为首的联军在阿富汗东部山区清剿塔利班和“基地”组织武装残部的一场联合军事行动，也是整个阿富汗战争中作战规模最大的一次地面行动，纵观此次军事行动的全过程，情报工作作用独特。开战之初，情报工作的不足即导致联军交战首日受挫，地面部队被迫撤出峡谷。此后，美军及时改进情报工作，增强情报的准确性、实时性，加强作战情报支援的灵活协同，为及时扭转战局进而取得胜利奠定了基础。

作为美军联合军事行动情报支援的典型个案，“蟒蛇”行动情报工作对于我们更好地认识整个阿富汗战争的情报工作，乃至美军联合作战中的情报支援问题，都具有十分重要的意义。

一、“蟒蛇”行动简介

2001 年 9 月 11 日，美国遭受有史以来最严重的恐怖袭击。美国政府认定此次袭击是以本·拉登为首的“基地”组织所为，随即要求庇护该组织的阿富汗塔利班政权交出拉登。遭拒绝后，美国以打击恐怖分子及其庇护者为名，于阿富汗当地时间 10 月 7 日对阿富汗发动了代号为“持久自由”的军事打击行动，阿富汗战争爆发。

阿富汗战争大致经历了大规模作战阶段和非正规战阶段两大阶段：在大规模作战阶段（2001 年 10 月 7 日—12 月 22 日），美军及盟军主要通过突袭对阿富汗进行非接触打击，同时以特种部队和空中火力支援阿富汗反塔利班联盟发动地面进攻。虽然美军在这一阶段基本实现了推翻塔利班政权和摧毁“基地”组织的目标，但并未能抓获“基地”首领拉登。而且，塔利班和“基地”组织的武装人员纷纷逃入山区，伺机组织反击。美军不得不继续搜剿被击溃的塔利班和拉登“基地”组织残余力量，进入非正规战阶段。在这一阶段，美盟军曾发动了五次大规模作战行动，以彻底清剿逃窜至阿富汗东、南部地区的塔利班与“基地”组织的残余力量。“蟒蛇”行动（Operation Anaconda）即属于该阶段五次山区搜剿行动中的一次重要军事行动。

根据美英联军情报，2002 年 1 月至 2 月，“基地”组织在阿富汗帕克提拉省的夏希—科特山区完成了重组。3 月 2 日，美国和阿富汗部队对该地区的塔利班和“基地”组织武装分子发起攻势行动，代号“蟒蛇”行动。3 月 2 日至 4 日，联军一直处于腹背受敌的境地，人员伤亡不断，武器毁损严重。据统计，联军共有 14 死 70 多名伤。另有 6 架“阿帕奇”直升机，5 架 MH-47 和 1 架“黑鹰”直升机严重受损。3 月 4 日晚，参战部队着力对作战计划[①]及参战部队部署[②]进行一定的调整。3 月 5 日，联军逐步扭转战局，并取得最后的胜利。一方面联军空袭配合地面特种部队有北向南逐步拿下 7 个据点，另一方面重返战场的北方联盟军和联合特遣部队展开对“威尔”地区的搜剿行动。3 月 5 日下午，联军在“冯格尔”南部空袭中取得首次胜利。3 月 5 日晚至 6 日，联军由北向南拿下逐步拿下除南端“冯格尔”之外的 6 个目标地区。3 月 8 日至 10 日，联军先后对“冯格尔”展开大规模的空袭及地面进攻。3 月 12 日，联合部队夺取“威尔”，并开始向“马扎克”方向展开地面搜剿行动。3 月 18 日，美军阿富汗战场最高指挥官弗兰克斯将军宣布“蟒蛇”行动结束。

“蟒蛇”行动是开战以来最大规模的地面搜剿作战，参加此次行动的美军包括第 10 山地师、第 101（空中突击）空降师一部及各军种的特种部队约 1000 人，此外还包括澳大利亚、加拿大、丹麦、法国、德国、挪威等国的少量部队和阿富汗地方武装数千人。在为期 17 天的行动中，联军参战总人数达 3750 余人，共击毙塔利班和“基地”组织武装分子 520 余名，俘虏 20 余人。

---

① 新的作战计划由两部分任务组成：空军部队与特种部队合力拿下 7 个据点并对峡谷西部地区实施搜剿，之后由北方联盟军进一步全面控制峡谷。

② 空中部队一改之前的从属角色，在后期行动中参战比重明显增加，空地协调作战取代大规模的地面作战成为主角。

联军方面，美军有10多人阵亡，数十人受伤，4名加拿大士兵受伤，阿富汗北方联盟军方面约有数百人伤亡。沙希果德峡谷及其周边的塔利班武装和“基地”组织，除少量逃往巴基斯坦境内，绝大部分被消灭。

二、美军围绕“蟒蛇”行动的情报准备

自2002年1月获悉第一份关于塔利班和“基地”组织武装分子在加德兹地区重新集结的情报，到正式开始“蟒蛇”行动，美军围绕“蟒蛇”行动的情报准备历时近2个月。但从后来作战情况来看，情报评估与事实相距甚远，情报准备收效不佳。

1月底，联军目标协调委员会（Coalition Target Coordination Board，CTCB）要求“加强空中ISR系统侦察并开展战场情报准备”[①]。各参战部队情报单位通过多种手段着手此项工作，有的广泛搜集公开资料，内容涉及阿富汗周边国家包含整个中东地区的相关情况，涵盖地理、天气、文化、军事及革命等其他内部事务；有的印发一系列有关该地区的文化入门书，主要讲述伊斯兰教的历史及其对目标地区的影响，这样有利于参战部队每一名士兵了解该地的文化特征[②]；有的联合中情局准军事部队深入战区开战实地侦察等。除此之外，美军还重点针对该地区有关塔利班武装和“基地”组织（下文简称“敌军”）的情况及战场环境进行情报评估。

（一）战场侦察和敌情评估工作

“蟒蛇”行动前美军开展的敌情评估主要由两个内容组成，即对敌数量、活动范围的评估和对敌军动向意图的评估。

1. 对敌军数量及活动范围的评估

整个评估过程主要由两部分组成，即先由参战各方分别进行评估，再由联合山地特遣部队进行最终评估。参与“蟒蛇”行动的各级指挥机构和参战部队都参与了敌情评估，但由于情报侦察开展的不顺利，没有获悉与敌情相关的情

① Headquarters United States Air Force AF/XOL，*Operation Anaconda：An Air Power Perspective*，2005，p.22.

② 参见 Gregory J. Ford，*Lessons Learned from Afghanistan：A Battalion S2's Perspective*，Military Intelligence Professional Bulletin. Vol.30，No.1，January-March 2004，p.19.

报，使美军参战各方在评估敌军数量和活动范围的过程中受到各自主观因素的影响。因此，各方在评估中出现较大分歧。

2月9日，陆军和特种作战部队汇集在阿富汗首都喀布尔进行会议讨论，会议报告指出那里大概有1000名外国武装分子。保罗·马克拉谢克（Paul Mikolashek）中将[①]的第03-007号指令文件也指出，加德兹及周边地区极有可能成为“基地”组织重新集结的地区，人数可能达到1500至2000名。最终，美军中央司令部初期估计集结人数在1500—2000名之间。但有的部队却不赞同这一评估。他们认为，先前在阿富汗的经历表明情报有时会过高估计敌方人数。一位曾参与之前行动的第20空中支援行动中队指挥官表示：“我们把这些估计称作‘塔利班数字’，因为，这些数字对你进行计划没多大价值。”[②]他还举了个例子说，如果战前情报估计可能有200—2000名敌军，那么行动开始后，会发现其实只有不到200人[③]。2月中下旬，负责制定最终情报评估的联合山地特遣部队将敌军数目评估从1500—2000名锐减至150—200名。最后军方一致认为霍斯特——加德兹地区有200—300名携带轻型武器的武装分子。

“蟒蛇”行动即将开始之际，敌情评估出现重大改变。当联合山地特遣部队的行动指令[④]发布后，对目标范围的评估由之前霍斯特——加德兹地区缩少为只有沙希果德峡谷的三个村庄，敌军数量减少为200人以下。而实际情况是：敌军人数规模更大，活动范围更广，力量更强大，约有700—1000名塔利班武装和“基地”组织携带重型武器，活动于沙希果德峡谷及周边，大多数人生活在山上，而不是谷底的村庄里。

2. 对敌军动向和意图评估

对于塔利班和“基地”组织武装分子在加德兹地区重新集结的意向，美军各部队在评估过程中也产生较大分歧，先后形成三个观点阵营：

以美军中央司令部为代表的一方认为，沙希果德峡谷中“基地”组织分子

---

① 保罗·马克拉谢克中将是盟军地面部队统一指挥官（CFLCC）。

② Headquarters United States Air Force AF/XOL, *Operation Anaconda*：*An Air Power Perspective*. 2005, p.23.

③ Headquarters United States Air Force AF/XOL, *Operation Anaconda*：*An Air Power Perspective*. 2005, p.23.

④ 行动指令中包含联合山地特遣部队生产的最终情报评估产品。

"如果遭袭会殊死战斗，会为圣战献身"①。一些参战部队则认为，塔利班和"基地"组织武装分子会逃跑，其可能会选择一条能躲避空袭和近地火力攻击的行动路线并进行移动攻击，"试图金蝉脱壳，利用险峻的地形沿着沙希果德海拔较低的山路逃往巴基斯坦"②。联合山地特遣部队发布的行动指令认为，峡谷内敌军混杂在数量相对更多的平民中，丧失斗志、不堪一击。该指令认为："一旦行动开始，无论如何他们最有可能会落荒而逃。"③

最终，第三种观点占了上风，美军对该行动中敌军动向意图的情报评估结果为：塔利班武装和"基地"组织很可能会从峡谷逃走，而一旦失败，可能会与美军进行谈判，和平投降。事实证明，该情报评估与事实完全相悖：塔利班武装和"基地"组织并未打算在不战斗的情况下放弃这一峡谷，而是准备痛击联军。其在战斗区域内所有有利于射击的隐蔽位置，都安放重机枪和手持火箭筒。当"蟒蛇"行动开始后，塔利班武装和"基地"组织非但没有弃谷而逃，反而有更多的武装分子从外部向谷内聚集，并高呼"圣战"口号，誓与联军决一死战。

3. 敌情评估失败原因分析

综合来看，美军"蟒蛇"行动前的敌情评估是失败的，未能达到"知彼"。究其原因，既有客观的，也有主观的。

客观上，美军多种情报侦察手段无法施展，情报侦察的展开困难重重，为敌情评估增添困难，影响敌情评估的质量。首先，加德兹地区地势崎岖，加之美军不熟悉地形，故其难以展开近距离人力侦察；其次，1 月份该地区正处于严冬季节，气候恶劣，时常出现雨雪天气，加之塔利班武装及"基地"组织充分利用地形优势进行隐蔽和伪装，美军的空、天侦察平台难以发挥作用；再次，塔利班武装及"基地"组织并不将通信线路（lines of communications，LOCs）作为主要的联络方式，该地区几乎找不到什么通信联络信号，故通信

① Headquarters United States Air Force AF/XOL，*Operation Anaconda：An Air Power Perspective*. 2005，p.28.

② Richard L. Kugler，*Operation Anaconda in Afghanistan：A Case Study of Adaptation in Battle*，Case Studies in National Security Transformation Number 5. National Defense University，Center for Technology and National Security Policy，2007，p.32.

③ Richard L. Kugler，*Operation Anaconda in Afghanistan：A Case Study of Adaptation in Battle*，Case Studies in National Security Transformation Number 5. National Defense University，Center for Technology and National Security Policy，2007，p.6.

拦截无法展开，无法搜集信号情报。受限于以上条件，美军只能根据之前对阿富汗洞穴和掩体的情报侦察与搜集的经验，勉强开展地面情报搜集行动，但收效不大。

主观上，美军在评估过程中过于轻敌，从而影响了评估结果，导致敌情评估的失败。这主要表现在：一是草率应付分歧，对存在的质疑不以为然。事实上，在评估敌军数量、活动范围、动向和意图的过程中，都出现参评部队观点不一的现象，有的还对最终评估结果提出质疑，而联合山地特遣部队作为生产最终情报评估的单位，在“轻敌”思想的影响下，对于这些迥异的评估并不重视，反而以经验作出不符合实际的论断。二是，片面评估敌军力量。在敌情评估中，美军只对敌军数量、活动范围以及动向意图进行评估，却忽视了敌军作战能力的评估。如整个评估过程中，美军一直认为他们的作战对象只是一群携带轻型武器的武装分子，却从来没考虑过他们携带重型武器的可能，实际上塔利班和“基地”组织不但携带大型机械枪炮，还包括火箭推进式榴弹（rocket-propelled grenades，RPGs）、迫击炮和一些火炮。

可以说，美军此次敌情评估在情报侦察开展困难的前提下，整个评估过程深受“轻敌”思想影响，评估结果差强人意，与事实极不相符，成为美军开战前一大败笔，并成为联军开战即挫的一个主要原因。

（二）战场环境评估

“蟒蛇”行动前，美军虽综合运用各种手段，绘制战场情报图及评估战区人文环境，但因地形、气候等原因影响，该情报评估开展的并不理想。

1. 战场情报图并不完整

情报图（Intelligence Picture）主要包括两方面内容：战场地区水文、地形、地貌情况及战场内敌军可疑的目标位置、火力据点。美军在“蟒蛇”行动中的情报图是根据美国国家地理空间情报局及其他参战部队提供的图像情报（IMINT）与地面侦察部队开展近距离侦察获取的情报合力绘制而成。

由该情报图得知，坐落于巴基斯坦边境帕克蒂亚省内的沙希果德峡谷，海拔 7500 英尺，西南——东北走向，位于喀布尔东南方向约 80 英里，加德兹东北方向约 18 英里处。谷内空间较小，长约 5 英里，宽约 2.5 英里。峡谷底部有 4 个村庄：马扎克（Marzak），巴布尔科尔（Babul Khel），塞克翰克尔（Serkhan Khel）和卓凯卡尔（Zerki Kale）。该峡谷由几座高大山脉环绕而成：西部有一块驼背状“威尔”（Whale）山脉，约 4 英里长，1 英里宽，9000 英尺高。东部是一条名叫塔库尔加尔（Takur Ghar）的山脉，峡谷最高峰位于该山脉北部，海拔约 10469 英尺，那里终年覆盖白雪。峡谷南部是一座名叫“冯格尔”(Finger)的箭状山脊。[①]（地图参见附录）

尽管情报图上有关该地区地理地形呈现的较为清楚，但并未清楚标示出可疑的目标位置及地点。原因在于：一方面，崎岖而高海拔的地形、低温多雾恶劣的天气影响美军技术侦察效果，使美军的各种空天侦察装备的侦察能力受限，分辨率、精确度降低，只能获取沙希果德峡谷地形地貌，而对侦察装备要求精确度更高的目标位置及据点却无法获悉。另一方面，塔利班武装和“基地”组织成员充分利用沙希果德峡谷地形特征进行掩护，增加了美军情报图绘制的困难。战斗开始两周前，美国特种部队曾派遣几支侦察分队靠近峡谷展开近距离观察，希望获取更详细的目标信息，绘制更清晰的情报图，但收效甚微。美军只观察到有少部分人定期在谷内村庄里聚集，只能从表面迹象判断出，这个峡谷里似乎有一群“狡猾”的人住在村庄里[②]。

2. 未能为作战部队提供详细的战区人文环境分析

因为高技术侦察装备难以有效发挥作用，“蟒蛇”行动前，美军对战区人文环境的评估主要由地面部队实施地面侦察结合图像情报分析进行。比如，美军认为大约谷内约有数千名民众生活在 4 个村庄，他们可能会为塔利班和“基地”组织提供援助和庇护。实际上，那些村庄几乎是荒废的，少有敌军，甚至鲜有平民。

总之，从“蟒蛇”行动整个情报准备过程来看，情报侦察与评估的开展困难重重，情报评估产品与事实相差甚远，并成为联军在开战当日遭受重创的主要原因之一。

---

① Richard L. Kugler, *Operation Anaconda in Afghanistan*：*A Case Study of Adaptation in Battle*, Case Studies in National Security Transformation Number 5. National Defense University, Center for Technology and National Security Policy, 2007, p.5.

② Richard L. Kugler, *Operation Anaconda in Afghanistan*：*A Case Study of Adaptation in Battle*, Case Studies in National Security Transformation Number 5. National Defense University, Center for Technology and National Security Policy, 2007, p.5.

三、“蟒蛇”行动中的情报支援

“蟒蛇”行动，作为一场联合军事行动，情报支援贯穿始终，联军对该地区的陌生使得情报支援在作战中发挥至关重要的作用。从整场军事行动的情报工作来看，情报支援与之前的情报准备一脉相承，前者是后者的延续，后者为前者的基础。与情报准备不同的是，情报支援需紧贴作战的指挥及实施，并与其他作战行动密切配合，才能发挥最大作用。然而，此次行动中情报支援对作战行动发挥的作用并未因不充分的情报准备而减弱，反而有良好表现。

（一）地面作战与情报支援

地面作战行动作为“蟒蛇”行动原始作战计划和行动前期的主要作战方式，在没有空中作战的配合下，单独作战效果并不突出。经过作战计划的调整，空中作战力量的增强，使得后期的空地协同作战表现可嘉。在这一过程中，情报支援发挥了重要的作用，并表现出其在地面作战中的关键地位。

1.“蟒蛇”行动中的地面作战情况

参与“蟒蛇”行动的地面部队主要指在富兰克林·哈根贝克（Franklin Hagenbeck）① 将军领导下的联合山地特遣部队，人数总计约 3700 余人。由于情报评估的失误，联军没有准确掌握沙希果德峡谷内塔利班武装和“基地”组织的情况，所以，参与初期行动的联军只装备轻型手持武器。

美军最初制定的作战计划代号“锤与砧”（Hammer and Anvil），并将这次行动定位为一次以大规模地面行动为主的作战行动，空中部队主要进行输送兵

① 原为陆军第 10 山地师（10th Mountain）师长。作为美军在阿富汗境内的最高指挥官，哈根贝克少将直接听命于陆军联合指挥部。虽然是行动的总指挥，却只能指挥地面部队，需要通过空军联合指挥部（Combined Forces Air Component Commander，CFACC）和空中作战中心（CAOC）才能对参与“蟒蛇”行动的空中部队进行间接指挥，且无权指挥参与行动的阿富汗北方联盟部队。

力物资等辅助的支援行动，然而，该作战计划在开战之初就遭挫败[①]。在行动的前72小时内，美军和北方联盟军组成的联军伤亡惨重。据统计，联军方面共有14死70多名伤。毫无疑问，联军在“蟒蛇”行动前期是失败的，不但作战任务没有完成，还造成意想不到的伤亡。出现这种情况有以下两方面原因：一是失败的作战计划。正如空军中将密切德·莫斯利（Miched Moseley）[②]所说：“前几次战斗中作战计划都是有问题的，不完整，没经过论证，没经过审查，也没有做好充分的准备。”[③]二是战场情报准备工作的不足。一名参战的士兵还在其战后的回忆录中提到：“开战后发现，战前的战场情报准备没有想象中的好。”[④]

为扭转战局，美军采取一系列措施。除制定新的作战计划[⑤]以外，还大力

① 3月2日拂晓时分，由阿北方联盟军和美特种部队组成的“锤头”部队乘坐卡车由峡谷南部向“威尔”地区开进。与此同时，由美第10山地师和第101空降师步兵团组成的“砧板”部队，兵分两路分别搭乘直升机前往北部谷底地带和南部地区，试图堵住峡谷向东南方向的出入口。不料途中，两支部队纷纷遭袭，“锤头”部队的北方联盟军原路撤退，“砧板”部队与塔利班和“基地”组织成员在着陆地区附近激战一整天。因此，行动开始第一天，“锤与砧”计划宣告失败。

第二日，美军按计划陆续派出特种部队向峡谷南方向逐步开进，以控制提前计划好的7个阻截据点，都采取搭载直升机直接机降到着陆地点的方式。然而代价依然惨重，要么直升机即将着陆到目标地区时被敌反坦克火箭弹击中造成机身人员伤亡，要么未能降落到预定的目标地区，要么特战部队在机降过程中就遭到埋伏在周围的火力攻击，机降成功率很低，且特种部队机降后就必须马上寻找掩护。总之，和塔利班和“基地”组织武装分子的组织能力和预先部署的防御准备力量令美军应接不暇，行动计划被全盘打乱。参见 Richard Kugler, *Operation Anaconda in Afghanistan：A Case Study of Adaptation in Battle*, Case Studies in Defense Transformation Number 5. Washington, D.C.：National Defense University, Center for Technology and National Security Policy, 2007, < http：//www.dtic.mil/cgi-bin/GetTRDoc？ Location=U2.>, pp.14-15.

② 密切德·莫斯利中将统管空军联合指挥部。

③ Headquarters United States Air Force AF/XOL, *Operation Anaconda：An Air Power Perspective*. 2005, p.79.

④ Robin Moore, *The Hunt for Bin Laden-Task Force Dagger-On the Ground with the Special Forces in Afghanistan*. Random House Inc, New York, 2003, p.89.

⑤ 由两部分任务组成：拿下目标地区“冯格尔”并对峡谷的西部地区（“威尔”）实施搜剿，之后由阿富汗北方联盟军进入沙希果德峡谷全面控制峡谷。

增援地面部队兵力并补充重型武器装备[①]。自3月5日开始，重返战场的阿富汗北方联盟军和联合山地特遣部队开始了对“威尔”地区的搜剿行动。3月12日，联合部队夺取“威尔”，并开始朝着“马扎克”（Marzak）方向对谷内其他地方进行搜剿。这次地面部队采取步坦结合的方式，并在空中部队的配合下，取得了一定的战果。

可以看出，尽管联军地面部队在行动初期遭受惨败，但其及时总结经验，改变对策，并与空中部队开展灵活作战，终于逆转局势，于半个月之内结束了“蟒蛇”行动。其中，美军情报工作并未因前期挫败而受到负面影响，反而其灵活细致的情报工作及较强的支援作战能力在这一系列转变中发挥重要作用。

2. 地面作战中的情报支援

美军在“蟒蛇”行动地面作战中良好的情报支援能力主要表现在两个方面：一是基层情报单位情报工作及作战能力，二是情报侦察对地面火力打击的支援能力。

（1）基层情报单位参与作战情况

营级情报单位作为“蟒蛇”行动中参战部队的基层情报单位，在作战中充分发挥自身优势，不但执行了本身担负的情报侦察任务，还完成了多样化的作战任务；不但积极向上级情报部门和其他军种情报部门提供所获情报，还负责所在部队的安全保障。为更清楚体现这一情况，该部分主要就美军第101空中突击师第187团第1营[②]（以下简称“该营”）的参战情况展开分析。该营的情报力量在国家级情报机构（如国家图像与测绘局，National Imagery and Mapping Agency，NIMA[③]）、上级部门（师团级情报部门和空军）的情报支援下，在“蟒蛇”行动中表现出综合灵活的情报工作能力。这种能力不但是行动中提供及时准确作战情报的基础，而且使得在行动中作战方案发生改变的情况

① 具体情况为：1000名曾数次参战的阿富汗北方联盟军，300名美军士兵组成的3支地面支援部队，加拿大陆军第2特遣队和“帕特丽莎公主”轻步兵团一部约500人也前来增援。而北方联盟军携带了坦克和装甲车，美特种部队增配数辆T-55和步兵战车及重型迫击炮。

② 本身只有3人构成，即情报参谋、战场信息协调中心军官和一名军士长。但参与阿富汗战争后，又配属了一支由4名士兵组成的地面监视雷达和战场远程监视传感器分队。

③ 该机构于2004年更名为美国国家地理空间情报局（National Geospatial-intelligence Agency，NGA）。

下，美军情报工作依然能够协同作战的顺利实施。

一是与其他情报部门合作，生产支援作战的情报产品。作为一支情报部队，在作战中的主要工作之一就是为作战行动生产情报支援产品。“蟒蛇”行动中，该营与第10山地师第3旅情报科的情报人员一起，根据己方作战任务的需求，对山地师情报科提供的情报和来自上级和国家情报机构的图像情报，进行有效地分析整合，为下一步的作战行动提供相关情报产品[①]。这些情报产品主要以作战地图为主，其中，“福尔肯维尤”（Falcon View）软件是生产作战地图的关键。相比普通地图，“福尔肯维尤”提高了美军的可视化能力，能够更清晰、更生动地展现作战地区的地形地貌。

二是在进行情报侦察的同时执行其他作战任务。对于情报部队来说，情报侦察作为战争中开展的一项重要工作，具有一定的危险性。在之前的阿富汗战争中，情报侦察行动离不开作战部队的掩护。而在“蟒蛇”行动中，有时营级情报单位不但能够单独开展情报侦察，而且还能同时执行其他作战任务。如3月3日，该营派出一支分队参与执行了一次作战行动。行动中，该分队携带小型手持武器，如AK-47步枪、机枪和杜什卡高射机枪，奉命在峡谷内两个山间路口建立火力据点，防止“敌军”出逃，并对塞克翰克尔（Sherkan Khel）、“马扎克”和“冯格尔”进行监视以搜集相关情报[②]。

三是利用先进技术，随时向上级和其他军种情报部门提供情报。该营情报人员在执行作战任务期间，除了开展必要的情报侦察并执行其他作战任务之外，还及时向上级情报部门提供情报。行动中，该营情报人员不仅持有轻装武器，还有一部便携式电脑。通过该电脑和情报传输系统（详见第一章相关内容），该营实现与上级部门的及时联系，能将侦察到的情报及时向上级传送。与此同时，上级情报部门也能及时向该营提供相关的情报支援产品。例如，该营能将前线得到的情报直接通过情报传递系统传递到联合空中作战中心（Combined Air Operations Center，CAOC）。而作为该营的指挥机构之一，即该营战术指挥中心的终端攻击控制人员（Enlisted Terminal Attack Controller，

① 参见Gregory J. Ford, *Lessons Learned from Afghanistan：A Battalion S2's Perspective*, Military Intelligence Professional Bulletin. Vol.30, No.1, January-March 2004, p.21.

② 参见Gregory J. Ford, *Lessons Learned from Afghanistan：A Battalion S2's Perspective*, Military Intelligence Professional Bulletin. Vol.30, No.1, January-March 2004, p.21.

ETAC）能为其提供随叫随到的弹药及通信能力[①]。这种通信能力，还能使前线直接得到机载预警和控制系统和联合空中作战中心的近地支援。通过终端攻击控制人员与AC-130武装攻击机等战机的直接联络，该营还能直接得到AC-130等战机的近地支援，其夜间作战的能力得到有效提高，从而对敌实施有效地威胁和压制[②]。这种先进的情报传递技术，提高了营级情报单位的情报能力和上级指挥作战效率，并保障了部队作战和行军安全。

作为美国陆军建制内最小的情报机构，营级情报单位能在行动中充分发挥自身作用，利用上级的情报支援及友军的情报协作，灵活展开情报工作，并能将情报侦察与其他作战行动结合。这体现了美军在作战中强大的情报搜集、分发与生产能力和美军情报部队的综合作战能力。同时，上下级和同级间及时的情报传递和情报协作能力，也从一定程度上反映出美军的通信技术水平。

（2）情报侦察与地面火力打击中的目标选定

火力打击，作为战争行动的关键一环，其准确与否与目标选定情况息息相关。如果目标选定出现偏差，精确度再高的武器实施打击都会出现问题。在阿富汗战场之前的作战中，美军主要依靠空军ISR系统和地面情报侦察合力进行目标选定，而在“蟒蛇”行动期间，气候恶劣再加上沙希果德峡谷复杂的地形，令ISR平台发挥作用有限。因此，“蟒蛇”行动中，综合多种情报侦察手段对于选定地面火力打击的目标显得尤为重要。

沙希果德峡谷崎岖的地貌为塔利班和“基地”组织提供良好的掩护，任何一种情报侦察手段都不能单独发挥重要作用，为更好地进行目标选定，必须综合利用各种情报侦察手段，开展全方位立体侦察。首先，同属空中侦察平台ISR系统和“捕食者”无人侦察机，在行动中提供“一定距离的侦察”，对一些移动目标进行跟踪定位，但对藏匿于掩体、洞穴内的敌军却无计可施，只能划定可疑范围。这种情报获取手段最大的特点是安全性极高，几乎不会造成人员设备的毁损，但很明显的是ISR系统和“捕食者”提供的图像情报在目标选定中发挥作用有限，不能对所有类型的目标进行选定。其次，联军特种部队或中情局的准军事部队通过前期渗入目标地区周围，建立了人力情报网，可为联

① 参见Gregory J. Ford，*Lessons Learned from Afghanistan*：*A Battalion S2's Perspective*，Military Intelligence Professional Bulletin. Vol.30，No.1，January-March 2004，p.22.

② 参见Gregory J. Ford，*Lessons Learned from Afghanistan*：*A Battalion S2's Perspective*，Military Intelligence Professional Bulletin. Vol.30，No.1，January-March 2004，p.22.

军提供一些可疑目标位置及范围。这种方式虽然不受天气、地形等因素影响，但危险性极高，提供目标信息还需利用其他侦察手段辨别真伪。最后，在“蟒蛇”行动中，根据其他情报侦察手段提供的可疑目标范围等情报，地面情报侦察部队可通过定点侦察监视及开展侦察行动的方式，对移动或定点的目标进行选择与确定。与前两种方式相比，这种方式比第一种适用范围广，比第二种安全性高，是“蟒蛇”行动地面作战中最常见的目标选定方式。然而，想要提高地面侦察行动的工作效率，就离不开前两种侦察手段为其提供有关战场情况及可疑目标范围等相关情报。简而言之，地面侦察行动的开展需要其他情报侦察手段的协助。

情报侦察手段的多样性对目标选定起到重要影响。针对“蟒蛇”行动中战场及目标的特点，地面作战行动中的目标选定需要综合利用多种情报侦察手段，使得各种手段之间取长补短、相互作用，才能获得准确性较高，损失较小的目标选定结果，从而产生 1+1>2 的效果。

总的来说，“蟒蛇”行动中情报与情报工作对整场行动中的地面作战发挥重要的保障作用。基层情报单位灵活开展情报搜集与侦察，及时与上级及同级间进行情报传递，并表现出一定的作战能力及良好的战场适应能力，体现了美军情报部队较高的综合能力。此外，综合利用多种情报侦察手段对火力打击中的目标选定发挥重要作用。

（二）空中作战与情报支援

“蟒蛇”行动前期，空中作战并不是行动的主角，直到联军受挫，空中力量才受到重视，跃升为空地协同作战中的重要组成部分，担负着目标打击与掩护地面作战部队的双重使命。而空中作战及后期空地协同作战中的空中作战部分中的情报支援，对空中作战指挥与目标选择打击发挥不可替代的作用。

1.“蟒蛇”行动中空中作战情况

参与“蟒蛇”行动的空中部队主要有美国空军第 101 空中突击师，海军第 13 海军远征部队（SOC）的空中战斗联队（ACE），装备有各类天基侦察通信卫星，AH-64“阿帕奇”直升机，AC-130，B-52，B-1，F-14，F-15，F-16 和 F/A-18，A-10，AH-1W，CH-53E，MH-47，MQ-1“捕食者”无人侦察机。此外还有 22 架法国战机参与，包括 16 架 Super Etendard“超级军旗”和 6 架“幻影 2000”。

行动初期，参与行动空中部队的主要任务是配合地面部队开展辅助性工作。例如在地面部队到达目标地区之前对目标地区进行一轮空袭，确保地面部队的安全；负责将地面部队运输到目标地区等。但因美军对作战地区及敌军的不了解，空中部队损失惨重，6架“阿帕奇”直升机，5架MH-47和1架“黑鹰”直升机严重受损。导致这一情况出现的原因，除美军对战场及敌军情报评估不准确之外，还存在两方面原因：第一，临时建立的空对地火力支援是导致失误频出的关键。本来空中部队没有此项任务，但开战当天的战局迫使地面部队向空中部队发出急迫而持久的空中火力支援请求，故只能临时建立空对地火力支援程序。第二，地面部队未装备重型武器也是“元凶”之一。通常，在战争中，配备火炮等重型武器的地面部队，能在作战时迅速形成具有一定规模的火力覆盖，与实施空袭的空中部队交相呼应。而此次行动中，当空中部队对目标实施精确打击时，却因地面部队没有配备火炮等重型武器，火力配合不到位，导致任务无法完成，损失严重。因此，该行动中，空中部队不但需要完成自己的目标打击任务，需要替代原本火炮和重型武器的角色，还要进行自保。这使得肩负“三重使命”的空中部队在前几天的行动充满艰辛。

为此，作战计划有了一定的改变，空中部队在后期行动的参战比重增加，盟军空中部队统一指挥官采取一些措施[①]加强空中作战部队的近地支援能力，空地协调作战取代大规模的地面作战成为主角。

---

① 1. 空中作战中心能力的增强。增设陆军协调官，提高空地协调和空中管理能力。2. 作战飞机指派权的移交。盟军空中部队统一指挥官和联合空中作战中心将作战飞机的指派权移交给联合山地特遣部队，这使得对目标的指定和轰炸更加贴近地面部队的需求。3. 对可能的目标进行预先计划。根据盟军陆军联合指挥部指示，联合空中作战中心设置3个地区作为主要作战地区。一个在“威尔”地区，一个在战场东北部边缘地带名为Rat Line的深谷，另一个作战区域分布在战场各地区，是开放式的，如果有联军出现，就会自动排除。这种预先计划的目标使任何参与近地支援的战机甚至能在地面指挥者没有做出及时请求时就投弹。结果，3月5日对预先计划的目标投弹数达到50枚，3月8日接近100枚。而3月10日以后到“蟒蛇”行动结束时，对这种预先计划的目标实施近地支援的投弹数甚至超过由经地面部队请求空中支援的投弹数。4.CFACC增派17架AH-64直升机、数架A-10攻击机和AC-130武装攻击机，并增加CBU-87和MK-82这些炸弹的使用。另外，美国海军派出第13海军远征部队的空中战斗联队驾驶着他们的AH-1W和CH-53E，在CFLCC的战术指挥下参加近地支援和空中打击行动，直接对联合山地特遣部队进行为期一周的支援。参见Headquarters United States Air Force AF/XOL，*Operation Anaconda*：*An Air Power Perspective*. 2005，pp.84-89.

作战计划的更改，空中部队的增援以及投弹数量的不断增加，不但扭转了战局，而且使行动后期空地协同作战进展顺利。3月5日，“冯格尔”南部山谷大捷。在空中部队的配合下，联军顺利的在阻塞据点“艾米”“辛迪”和“戴安”上端建立掩护位置。10日，拿下“冯格尔”地区；11日，“威尔”地区清理工作基本结束；15日，联军基本实现了对沙希果德峡谷的掌控；18日，“蟒蛇”行动结束。

行动中及时调整作战计划以及空地协同作战的作战方式是“蟒蛇”行动中联军取胜的关键。对于空中部队来说，“蟒蛇”行动为其积累了重要的作战经验，让其意识到即便作战计划将地面战设为主要作战方式，也必须做好随时应对突发性空对地火力支援任务的准备工作。而面对作战中出现的突发情况，其还要具备迅速适应战场环境的灵活作战能力。同时，美军较强的情报支援能力也为空中作战部队具备这种灵活作战能力打下一定的基础。在“蟒蛇”行动中，这种情报支援能力主要体现在空中作战的指挥控制和目标选择打击环节中，前者对后两者的实施发挥重要作用。

2. 空中作战中的情报支援

信息与情报技术的发展以及现代空中作战对时敏性的要求，决定了情报支援在空中作战中的地位。而在“蟒蛇”行动中，情报支援能力直接影响了空中作战的指控能力和目标选择打击效果。

（1）情报支援与空中作战中的指挥与控制

在“蟒蛇”行动中，作战前线获取的情报能迅速作用于空中作战中的指挥与控制环节。行动中，在战区执行侦察任务的侦察机和其他任务的战机，可将其在战区获得的最新战况、敌方和己方受损等情报信息通过空中作战指挥控制系统（国防信息系统网、国防卫星通信系统[①]、全球指挥控制系统[②]和情报传

① 国防卫星通信系统是美军平时战时均使用的骨干卫星通信系统。阿富汗战争中，该系统在国家指挥当局、参谋长联系会议、各联军司令部尤其是中央司令部下属各部队以及有关的预警站和情报站之间提供大容量、高速率的保密话音、数据和视频通信。参见柳文华、王润补:《六场局部战争中的信息作战》，军事科学出版社2005年版，第230页。

② 全球指挥控制系统是美军新一代战略C4I系统。首次投入使用是在1997年的韩国“乌尔奇聚焦透镜”大型演习中。此次在阿富汗战争中，主要用来保障各种图像信息和其他情报数据的融合处理与共享，为各军种多级指挥官提供高度融合统一的战场空间态势。参见柳文华、王润补:《六场局部战争中的信息作战》，军事科学出版社2005年版，第228—229页。

输系统）传送到巴格拉姆联合山地特遣部队指挥部和美国弗罗里达州坦帕的中央司令部指挥中心。这些情报多为图像情报，在经过一定的情报融合处理后，形成综合的战场态势图，传回指挥中心。另外，无人机可将这些图像直接由卫星传回指挥中心。这两个渠道的图像可直接显示在指挥中心作战室的大屏幕上，让指挥者实时或近实时地了解到最新的战场情况，协助指挥者对作战情况作出准确判断并实施战场指挥。此外，由战场传来的最新情报还能通过该系统传到相关情报单位，其中一些有价值的情报能帮助情报分析人员及时进行情报更新，完善动态情报并促成战场情报评估的生成，从而协助作战部队进行下一步的作战部署和作战决策。

3 月 4 日，2 架 MH-47 直升机从第 160 特别行动航空团（代号“剃刀 3”和“剃刀 4”）负责将 2 支海豹突击队和一名空军战斗指挥员运送到目标地区“冯格尔”的山顶。但当“剃刀 3”接近山脊上一小片洼地准备着陆时，遭到意外袭击。1 架在附近执行任务的“捕食者”无人侦察机立即飞临事故地点，向巴格拉姆联合山地特遣部队的指挥官和坦帕高层传回实时战场图像画面。图像上任何细节都显示的很清楚。哈根贝克将军后来回忆道，“当时，我们通过‘捕食者’看到一名从直升机上坠落的海军陆战队员与 3 名‘基地’组织武装分子赤身肉搏。”① 随后，6 名特战队员搭载“剃刀 4”前来支援，但是战况依然不利于联军。对此，指挥中心随即派遣 1 架代号“剃刀 1”MH-47 载着 10 名陆军快速反应部队成员、空军战斗指挥员、终端攻击控制人员和营救小队，另一架代号“剃刀 2”载着另外 10 名陆军突击队员赶往“冯格尔”地区进行火力支援。

尽管情报在空中作战的远距离指挥控制中起到重要作用，但在空中指挥控制过程中，情报与情报工作只能辅助决策，而不能直接决定或完成指挥控制。“蟒蛇”行动中，在一次“捕食者”传回巴格拉姆联合行动指挥部的实时图像中，指挥部意外发现战场外沿有一辆可能装载敌军补给的卡车。联合山地特遣部队立刻要求空中支援作战中心将其击毁。据一位空中联络官描述：“我们当时试图派遣一些战机前去袭击这辆穿梭在狭长深谷中的卡车。第一架战机是 F-16，但还没找到卡车就因没油而被迫返航。指挥中心的每一个人看到这一幕都很焦

① Bradley Graham, *Bravery and Breakdowns in a Ridgetop Battle*, Washington Post. May 24, 2002, <http : //www. washingtonpost.com/ac2/wp-dyn?pagename= article&contentId=A1951-2002May23&notFound=true.>, p.A01.

急。我们又派出了一架F-18，一直在当地保持飞行的最低限度，却没有发现卡车踪迹。”[①] 当时，根据“捕食者”无人机提供的图像情报，指控中心已得到较为准确的目标信息，并向下级传达了打击目标的命令，但行动依然失败。这就表明，在“蟒蛇”行动中，情报及情报工作能够帮助指挥者发现目标甚至跟踪目标，却不能代表指挥者进行指挥控制与决策，更不能单独完成目标打击。

因此，“蟒蛇”行动中高效的情报工作虽然不能直接完成空中作战中的指挥控制，但后者离不开前者，前者还直接决定了后者的有效性及准确性，并影响了后者乃至整个作战的效率。

（2）情报支援与空中作战中的目标选择打击

情报支援除了对空中作战的指控发挥重要作用之外，还影响了空中作战目标的打击效果，其主要载体为战区作战管理核心系统（Theater Battle Management Core System，TBMCS）[②]。“蟒蛇”行动的空中作战中，情报对其目标选择打击的影响主要包括两个内容。

首先，修正战机的目标信息并对实施打击的武器进行目标引导。在执行空中任务中，当飞行器携带武器按预定目标坐标出航后，目标发生变化，即情报图显示的目标信息（主要指目标坐标）发生变化，飞行器的飞行轨道或路线就要发生改变，这就需要在情报侦察装备的引导下实现这一改变以实施目标打击。这些侦察“向导”可能来自空中侦察平台，也可能是地面侦察部队。

其次，为近地支援中的空中作战部队提供目标信息。“蟒蛇”行动中，近地支援作战作为空地协同作战方式的代表，是行动取胜的关键。在近地支援作战中，执行目标打击的主要是空中部队，而战场独特的地形、气候和美军不够精确的情报图决定了空中部队不能单独执行打击任务，还需要情报侦察的支援。情报侦察主要为近地支援中的空中作战部队提供目标信息，并协助其进行目标选择打击。而在“蟒蛇”行动中，主要由地面侦察部队执行该任务，有以下两个原因：第一，峡谷崎岖的地形和恶劣的气候决定了空中侦察平台很难获

---

① Unite Stated Air Force，*Command and Control*：*Air Force Doctrine Document 2-8*. June1，2007，p.28.

② 战区作战管理核心系统：该系统在阿富汗战争中首次投入实战运用，是美空军实施空战的主要信息系统。在作战中进行威胁评估、目标选择和图像管理，目标选择方面，主要进行自动选择和自动摧毁该目标的武器系统。参见柳文华、王润补：《六场局部战争中的信息作战》，军事科学出版社2005年版，第229页。

得目标信息的具体坐标。第二，数百名塔利班武装和“基地”组织时常以2-3人为作战单位分散在山里，一旦空中火力来袭，塔利班武装和“基地”组织武装分子就会躲进山洞，这就需要掩藏在附近的地面部队向执行近地支援的战机提供目标的最新信息。

因此，“蟒蛇”行动空中作战中的目标选择打击过程中离不开情报的支援。尤其在行动后期的近地支援中，更离不开这种侦察——火力的组合。这种方式虽然费时费力，但精确度极高，有效提高了空中打击的准确性。而这种情报支援作战的方式也体现了情报支援的灵活性和情报部队较强战场适应能力。

总之，“蟒蛇”行动中，空中作战方式的改变，以及空中部队所具备的良好的战场适应能力，是联军反败为胜的关键。这其中，情报工作的作用不容小视。情报支援是实现这种变化及其具备这种能力的基础和表现。一方面，高效的情报工作提高了空中作战指挥控制的效率，实现了空中作战中实时或近实时的远距离指挥控制，是空中作战方式发生变化及空中部队具备良好战场适应能力的基础。另一方面，及时准确的情报提高了目标选择打击的准确性，更成为调整后的空中作战方式中不可或缺的重要因素，而美军灵活的支援作战的情报能力也是空中部队具备良好战场适应能力的表现。由此可以看出，在“蟒蛇”行动这样复杂多变的战场环境下实施空中作战，更需要高效的情报保障，这也凸显了情报及情报工作在此次空中作战中发挥的作用。

四、美军“蟒蛇”行动情报工作的特点

（一）灵活运用各种搜集手段，但总体效能发挥有待加强

“蟒蛇”行动情报准备期间的情报来源丰富，但质量不高。早在行动开始之前，美国各国家级情报部门和参战美军的各情报单位就“各显神通”，分别通过高空侦察、通信拦截和人力情报等手段获取大量相关情报，进行战场情报准备，但成效并不明显。主要有以下三方面原因：首先，该地区地势崎岖，美军的高低空侦察设施发挥有限，很难在山间发现塔利班武装和“基地”组织的踪迹；第二，该地区并不是美国关注的热点地区，几乎没有平时侦察和情报工作的积累，战前的情报搜集和侦察工作几乎从零开始，难度很大；第三，该地区位于阿富汗东部与巴基斯坦的交界地带，历来就是塔利班武装和“基地”组织的势力范围，其能有效利用地形优势隐蔽自己的行踪，令美军难以展开有效地地面侦察；最后，当地文化传统及人文环境令美军很难进行渗透，人力情报

工作的开展困难重重。因此，在“蟒蛇”行动情报准备期间，美军的多种情报搜集手段发挥效能有限，难以获取具有较高价值的情报，且很难在短时间内生产出高质量的情报准备产品。

而在行动开始后，美军的情报搜集呈现更加灵活的形式。情报搜集不再是情报部队的专属任务，各种灵活形式的展开大大提高了情报工作效率。首先，情报搜集贯穿作战行动始终，执行其他作战任务的人员可在条件允许的情况下进行情报搜集。“蟒蛇”行动中，执行其他任务的部队如果发现一些情况，能进行有意识的情报搜集。如行动开始第一天，1 架空军 F-16 战斗机的驾驶员，在执行任务期间，发现实际中塔利班武装和“基地”组织的人数要比战前情报评估的 150—200 人要多出许多，于是在多次执行近地支援行动期间，细心观察目标地区的塔利班武装和“基地”组织，对人员数量进行整理统计，并做出了敌军人数约为 600 人的情报评估[①]。这是自“蟒蛇”行动开始后第一份有关敌军人数的情报评估，比联合山地特遣部队做出的相关情报评估产品更贴近事实。其不但对后者进行有效修正，而且减轻了后者对联军作战带来的不利影响。然而，这种情报获取方式具有很大的随意型，即不确定性。参战过程中，对于其他作战人员来说，展开情报搜集工作并不是其首要任务，只是在确保自身任务完成的基础上进行的“额外”工作。因此，这是一种随意性很强的情报搜集方式。但就是这种随意性很强的情报搜集方式，在“蟒蛇”行动中发挥重要作用，体现了行动中美军情报搜集方式的灵活性，大大提高了情报工作效率。

其次，行动中情报搜集不只属于正面战场，在战场周围依然存在有价值的情报。情报搜集可在其他作战行动的掩护下展开，即通过看似与情报搜集无关的途径展开情报搜集。如在“蟒蛇”行动中，联军医务人员在执行救护任务的同时开展情报搜集工作。3 月 11 日，一支隶属于阿富汗北方联盟军的医疗救护队在参与“蟒蛇”行动期间，常常会在沙希果德峡谷周围一些村落附近为被塔利班武装和“基地”组织伤害的阿富汗士兵实施手术。手术过程中，周围总会围绕着一些当地民众。这一救死扶伤的场景对于朴实的当地人来说，无疑是一种神圣而伟大的举动，有利于赢得民众的同情心。通常在每一轮医疗援助过后，一旁观看的当地普什图民众会自发地告诉医护人员有关塔利班武装和“基地”组织的情报。这种情报搜集方式并不是在“蟒蛇”行动中首次出现。早在

① 参见 Benjamin S. Lambeth，*Air Power against Terror*：*America's Conduct of Operation Enduring Freedom*. RAND，2005，p.178.

越南战争中，美军就曾通过这种医疗援助方式，与当地山民和其他部落民众建立了亲密的关系，并构建了一定的人力情报网[①]。这种情报搜集属于人力情报搜集的一种，其充分利用人类富有同情心的特点，激发当地人对“残忍施暴者”的憎恶，获取当地人的信任与同情，从而获得具有一定价值的情报。尽管这种情报搜集方式会出现得到假情报的情况，一方面源于民众本身掌握的情报不准确，另一方面可能是“敌人”伪装成民众故意提供假情报，但这种情报搜集方式安全性较高，几乎不费一兵一卒。针对其缺点，可以通过其他情报来源，对其真实性进行验证。因此，类似这种情报搜集手段，大大丰富了美军的情报来源，从一定程度上体现了情报搜集方式的灵活性。

由此可以看出，在“蟒蛇”行动情报准备阶段，美军情报搜集工作效果并不突出，影响了情报产品的生产和行动的展开。尽管在行动开始后，美军的情报搜集手段推陈出新，但各种手段各有利弊。只有综合灵活利用各种情报搜集手段，将人力情报与其他技术情报搜集手段相结合，实现各种情报获取方式之间的配合与补充，以及各种情报来源的情报相互印证，才能产生最大的效果，才能为作战实施提供最准确的情报保障。

（二）图像情报所占比重较大，其他情报所占比重较小

图像情报（IMINT）作为美军七大情报门类之一[②]，是对通过光学照相、红外传感器、激光、光电和雷达传感器搜集到的内容加工后所得到的情报，其中物体的影像以光学或电子方式重现在胶片、电子显示器或其他媒体上[③]。图像情报的主要来源包括卫星、各类有人侦察飞机（装有先进战术机载侦察系统，Advanced Tactical Airborne Reconnaissance System，ATARS，）以及无人侦察机等。它能够提供有关地形特征、地面基础设施等情况，被美国视为“情报

---

① 参见 Robin Moore，*The Hunt for Bin Laden-Task Force Dagger-On the Ground with the Special Forces in Afghanistan. Random House Inc*，New York，2003，p.116.

② 张晓军:《美国军事情报理论研究》，军事科学出版社 2007 年版，第 57 页。

③ U. S. Joint Chiefs of Staff，Joint Publication 1-02，*Department of Defense Dictionary of Military and Associated Terms*. Washington，D.C.：GPO，12 April 2001（as Amended Through 20 March 2006），<http：//www.dtic.mil/doctrine/jel/new_pubs/jp1_02.pdf.>，p.248.

界21世纪的支柱”[①]。

在“蟒蛇”行动有关战区环境的情报评估中，美国国家图像与测绘局在美军侦察部队的帮助下，绘制出沙希果德峡谷及周边的地形地貌图。图中准确详细地绘制出峡谷的地形特征和地理走向，这些都为决策者制定作战计划和作战部署提供了重要依据，是行动中各军种的各级作战中心指挥作战和部队进行作战行动的基础。如果没有这份地形地貌图，战事很难展开；如果这份地形地貌图不准确，联军就不能在屡屡受挫之后有效地调整作战计划和军事部署。由此可见，战区的地形地貌图对作战，尤其是对陌生地区作战的重要性。

行动中，无论是空中部队还是地面部队在执行作战任务时，图像情报的利用率最高，部队对图像情报的需求也最大。对于实施空袭和近地支援的空中部队来说，图像情报可以让其形象地了解目标地区情况，直观地掌握战局，从而完成作战任务，地面部队亦是如此。此外，“蟒蛇”行动中美军情报传输能力可以实现图像情报直接满足基层部队的需求。营级情报单位能直接利用国家图像与测绘局和“福尔肯维尤”软件提供的图像数据，识别战区环境，协助执行作战任务。例如，在一次行动中，上级命令该营去沙希果德峡谷一座村庄执行侦察任务。行动前，该营充分利用图像情报和其他情报资源，根据自己的任务需求，制作了有关目标地区的作战地图。图中村庄里几乎每一座建筑物和道路都标示地很清晰，这对后来任务的实施有极大帮助。[②]

在“蟒蛇”行动中，美军作战部队上下级之间，作战部队与指挥中心之间，以及作战部队之间传递的情报中，图像情报占了很大比例。与测量与特征情报（MASINT）、信号情报（SIGINT）等其他情报相比，图像情报对于情报传输系统的带宽要求要高的多，但它的可视化程度和直观性对作战的帮助却是其他情报不能比拟的。尽管如此，其他情报也是作战中不可或缺的部分。每种情报侧重点不同，针对的情况不同，用于满足作战过程中的情报需求也不同。例如，在作战中，测量与特征情报常常用于提供实时的态势感知和目标设定；信号情

① Permanent Select Committee on Intelligence, House of Representatives, 104th Congress, IC21 : The Intelligence Community in the 21st Century. Washington : U.S. Government Publishing Office, June 5, 1996, <http : //www.access.gpo.gov/congress/house/intel/ic21/ic21006.html.>, p. #IC21006.

② 参见 Gregory J. Ford, *Lessons Learned from Afghanistan : A Battalion S2's Perspective*, Military Intelligence Professional Bulletin. Vol.30, No.1, January-March, 2004, p.21.

报则用于截获他国的通信信号、非通信电子辐射和仪器信号，以了解有关敌军编成、特征和方位信息。总之，在“蟒蛇”行动中，较其他情报，图像情报的用途更广泛。可以认为，此次行动是以图像情报为主，但也不能否定其他情报在行动中发挥的作用。因此，在“蟒蛇”行动中，各类情报的利用情况是以图像情报为主，其他情报为辅。

（三）建立灵活的情报协作机制，情报合作能力有很大提高

早在之前的阿富汗战争中，美国就已在本国情报机构间、情报机构与作战部队间、国与国情报机构间，这三个层级建立了的情报协作机制，具备了一定的情报合作能力，使各级情报协作机制共同发挥积极的作用。

而在“蟒蛇”行动中，情报协作机制有了新的发展，情报合作能力有了很大提高。首先，美国根据作战需求，灵活调整情报合作机制，保留适用于作战的情报合作方式。如由国防情报局、中情局，国家安全局和联邦调查局曾合作建立的美国情报界情报搜集中心，在“蟒蛇”行动中，该中心继续发挥作用；在阿富汗的汉阿巴德基地，中情局和国防情报局的部分专家合作进行情报分析，共同研究来自战场的资料和信息；中情局的准军事部队继续保持与作战部队的合作，前者继续为后者提供作战必需的情报保障。不但如此，这一合作机制还有所加强。行动中，中情局准军事部队还充分发挥自身装备及专业优势，参与营救行动并协助建立运输渠道便于战区部队及武器装备的供给。

其次，行动中美军还根据作战需求而临时组建新的情报合作机制。如由中情局，国防情报局、国家图像与测绘局等美国情报界情报机构共同参与组建的联合缴获器材加工中心，就是专门负责为作战行动提供战术情报，并将有价值的情报信息传回美国本土情报机构进行详细情报分析与评估，生产战略情报。此外，第 101 空中突击师第 187 团的第 1 营情报部门与同样参与地面行动的第 10 山地师第 3 旅情报科在情报搜集与分析工作中展开情报合作，为己方作战任务的需求提供相关的情报产品。

可以说，“蟒蛇”行动中美国的情报合作机制具有很强的灵活性，可以根据战斗事态的发展进行调整，这对于参与协调的情报机构及部队来说，要求具备良好的协作和适应能力。尽管美国情报界是从“9·11”事件发生后才意识到情报协作的重要性，距“蟒蛇”行动开展仅半年时间，也许这种“组建即工作”的合作机制在协作的体制及规范化程度上还存在一定的问题，但单从美军能根据作战需求灵活调整情报合作机制这一点，就在一定程度上反映出美国情报界

各情报机构和部队能在短时间内具备良好的情报合作能力，并在情报合作方面表现出所具备的较强发展潜质。同时，也表明“蟒蛇”行动这种联合军事行动对情报协作能力的需要。

（四）渗入多个作战环节，情报工作体现良好的协同作战能力

作战中的情报工作主要围绕作战的实施而提供必要的支援保障。而在“蟒蛇”行动中，情报工作与多个作战环节表现出极为密切的联系，两者之间已达到相互渗透，密不可分的程度。主要体现在以下三个方面：

首先，侦察与作战相结合，情报侦察装备和情报部队表现出很强的综合能力。“蟒蛇”行动中，发挥重要作用的“捕食者”无人机，不但能够执行战场侦察任务，充分发挥自身优势，能根据作战情况灵活参与多项作战任务，如向作战中心和其他作战部队提供实时图像，协助战场指挥，进行目标选择与打击和协调己方人员的营救行动，还能为其他作战部队发出安全预警，有效保障了部队的安全。而参与“蟒蛇”行动的第 187 团第 1 营的情报单位还与其他部队混编组成作战行动分队，深入战区执行目标打击、建立火力据点的作战任务，在执行作战任务的同时，将获取的情报及时上报给上级部门及其他军种情报部门。可以看出，“蟒蛇”行动中，情报侦察装备和情报部队能够有效地将侦察与作战结合在一起，具备在侦察中开展其他作战行动，在执行作战任务中贯穿情报工作的能力。这不但体现了“蟒蛇”行动中，美军情报装备和人员已从一定程度上具备这样的能力，还表明像“蟒蛇”行动这种战场环境复杂的联合作战行动，对情报侦察装备和情报部队能力的要求，即要求其具有情报工作能力与其他作战能力合为一体的综合能力。

其次，情报工作在作战指挥中发挥关键作用。“蟒蛇”行动中情报工作对作战指挥，尤其是空战中实现实时或近实时的作战指挥，起到很大的帮助。行动中，在战区执行任务的侦察机和其他作战飞机将获取的敌情、战情和己方情况以及其他有用信息通过先进的情报传递系统直接传回巴格拉姆和坦帕的指挥中心。这些情报多为图像情报，可以直接显示在作战室的大屏幕上，让指挥者实时或近实时地掌握前线战况，以便作出下一步军事部署和作战计划与决策。在地面作战中，执行作战或侦察任务的部队可以通过携带的通信工具将获取的最新情报信息向上级部门传送，帮助地面指挥者了解前线战况，进行指挥作战。发生在 21 世纪初的“蟒蛇”行动，美军的情报信息传输系统较之前有了长足的进步，信息运载和数据处理分发能力有了很大提高，有效地缩短情报信息传

输与处理的时间，令指挥者能具有实时或近实时的战场感知能力，大大提高指挥作战的效率。尽管这一情报传输与处理系统仍存在一定的问题，为整个情报流程的实施带来额外的麻烦，但其为情报工作与作战指挥之间带来的变化和由此产生的影响不容质疑。

再次，“蟒蛇”行动中情报工作在目标的选择与打击过程中发挥重要作用。该行动中，实施目标打击的主要是空中作战力量。之前的阿富汗战争中，空中作战力量打击的目标主要为临时计划产生，空中作战力量在执行任务之前，得到的大多只是目标大概位置的坐标范围。而“蟒蛇”行动对这种方式提出更高的要求，即对地面侦察部队选定目标并实施引导精确打击的能力要求更高。一方面，沙希果德峡谷恶劣的天气令美军的空中侦察和打击武器“视力降低”，依赖地面侦察部队的引导；另一方面，美军没有掌握有关沙希果德峡谷详细的情报图，而当地复杂的地形对空中及地面侦察部队执行目标选定工作雪上加霜。因此，“蟒蛇”行动中目标的选定与打击对情报工作的依赖性更强，对情报部队要求更高。不但要求地面侦察部队在空中侦察力量难以展开情报工作的情况下，肩负目标选择和确定的重任，而且在同样的前提下实时引导空中打击武器进行精确打击。因此，在“蟒蛇”行动这种战场环境复杂，战场突发状况多，需要空地协同作战的行动中，对目标实施有效打击不只要求打击武器的精确打击能力，还要求情报的及时更新与情报支援保障。

从以上这三个方面可以看出，“蟒蛇”行动的情报工作与作战实施、作战指挥以及目标选择打击之间密不可分的关系。这种关系不仅体现在情报工作保障、协助其他作战行动方面，而且表现出情报工作已经参与到这些作战行动过程中，成为其顺利实施不可缺少的一部分。不难看出，情报工作与作战的关系不再是情报支援与保障作战，而是在两者间已形成了一定的协同性。

五、评析

随着军事技术的迅猛发展和战争样式的深刻变化，联合作战成为基本作战形式，登上信息化战争舞台。在“蟒蛇”行动这场联合军事行动中，美军情报工作从战前失利到行动中发挥作用凸显这一转变过程，是对新的战场环境条件下如何开展情报工作的积极探索，其中的经验教训，给我们带来诸多启示。

（一）重视多种情报侦察的配合，加强各军种情报部门之间的融合

情报信息的融合是联合作战的基础，多种情报侦察手段的配合和情报部门的合作成为联合作战的必要前提。"蟒蛇"行动作为一场联合军事行动，美军的情报侦察手段配合有限，但情报部门之间的合作较为成功。在情报准备期间，美军情报侦察手段发挥效能有限，难以获取具有较高价值的情报。尽管行动中美军情报侦察的灵活性和展开程度较情报准备时期有所提高，但多种情报侦察手段之间仍然缺乏有效配合，没有发挥出最大效能。而在情报合作方面，美军已将情报界情报机构与机构之间的协作逐渐扩大为情报机构与情报部队的合作；将同一军种内情报单位之间的协作逐渐扩大为各军种情报单位之间的合作。各种情报合作机制，有的是从阿富汗战争中沿用下来，有的是在行动之初临时建立，这些都对作战行动产生积极影响。此外，行动中美军因片面化的情报传递引发的情报失误问题，也从侧面反映出加强情报机构之间、机构与情报部队之间协作能力的重要性。

（二）增强情报侦察部队独立作战能力，大力发展单兵作战系统

现代信息化战争中多样化的特征日益明显，无论是战场环境多元化还是作战任务多样化，都对参战部队的作战能力提出更高的要求，既强调参战部队的整体作战能力，也对参战部队的独立作战能力提出较高要求，情报侦察部队也不例外。"蟒蛇"行动中就发生过因情报侦察部队单独作战能力不强而吃亏的战例[①]，而行动中美军营级情报单位在开展情报侦察的同时执行火力打击行动的例子也充分说明情报侦察部队具备单独作战能力的可能性。面对复杂多变的战场环境，侦察部队已经不能只依靠后方火力掩护执行侦察任务，自身也应具备一定的作战能力，才能应对各种突发状况，确保侦察任务的顺利进行。因此，情报侦察部队在开展自身情报工作的同时，还需要具备一定的单独作战能力。

① 一支只携带侦察设备和轻武器装备的联军特战部队侦察分队试图进入沙希果德峡谷塔库尔加尔附近的高山时，突然遭到藏匿在周围山洞里的塔利班武装和"基地"组织大批大口径武器、火箭推进式榴弹等武器攻击，最后在空军近地支援的协助下才成功脱险。参见 Headquarters United States Air Force AF/XOL，*Operation Anaconda：An Air Power Perspective*. 2005，p.8.

（三）重视无人机等高性能侦察装备的研发，加强高性能侦察装备的使用力度

自20世纪60年代投入实战以来，无人侦察机安全快速有效地获得有关战场情况、敌方目标信息及其强大的战场生存能力，使其倍受各国军队青睐。如今，无人侦察机在作战中的地位不断提升，针对不同空域、地域研发的各种无人侦察机不断涌现，并已逐步覆盖战略、战役及战术侦察范围。在“蟒蛇”行动中大放异彩的美军“捕食者”无人侦察机，其装备的“地狱火”空对地导弹[①]，使其具备单独完成发现确认即摧毁的整个作战过程的能力，大大缩短了发现——打击的时间，提高了作战效率。此外，作战中，“捕食者”无人侦察机还向作战中心传回战场情况的实时图像，辅助作战中心进行作战指挥，并能利用自身良好的侦察能力，保障附近其他战机的安全。因此，“捕食者”这种高效能的侦察武器装备能够在战场环境复杂，突发状况频发的作战中发挥积极作用。这种具备良好战场适应能力及全面灵活作战能力的侦察装备体现了未来情报侦察装备发展的一个方向，也体现了研发出适合国情需要和实战需求的高性能侦察装备，扩大高性能侦察装备的使用范围，不断拓展和深化军事斗争准备的重要性。

（四）重视平时情报积累，提高情报准备能力

从美军在近几次局部战争中的情况来看，平时情报工作和战场情报准备有时可以直接决定战争胜负。早在海湾战争之前，美国情报界就一直关注伊拉克的情况，再加之长期有效的情报准备，为美国及其他联军部队在“沙漠盾牌”行动及后续“沙漠风暴”行动的开展打下良好的基础。而在“蟒蛇”行动前阿富汗战场的主要作战中，虽然平时情报积累基本为零，战前情报准备时间较短，但全面高效的情报准备也为作战计划的顺利实施奠定一定的基础。伊拉克战争中，尽管美军对伊拉克有十几年的情报积累，但因情报积累过于片面，对伊拉克民众的立场态度及是否具有大规模杀伤性武器的情况了解不透彻，使得战事发展出乎意料，问题频发。而在“蟒蛇”行动中，原本前期阿富汗战争中美军情报工作为其情报准备打下了一定基础，但因一些主客观原因，导致情报准备

①“捕食者”无人侦察机装备“地狱火”空对地导弹是美军在阿富汗战争中的首次尝试。

工作不够充分，生产出一系列与事实相距甚远的情报评估产品，直接影响作战行动的展开。这一教训说明平时情报工作和战场情报准备对于作战的重要性。当今国际环境复杂多变，重视平时情报积累，加强情报准备能力，方能增强军队应对多样化军事任务的能力。

（五）加强情报处理及传递系统建设，重视情报及情报工作与火力打击结合的作战方式

“蟒蛇”行动中美军自动化的情报处理系统与高速的情报传递系统深化了情报及情报工作对火力打击的作用。受战场环境复杂等原因影响，火力打击的目标情况容易发生变化，针对目标情况的这一特点，采取即时目标选定与打击成为主要的火力打击方式。自动化的情报处理与高速的情报传递系统对实现即时目标选定与打击提供了基础。尽管这些系统仍存在一些问题，但情报工作对这种火力打击方式产生的作用不容置疑。因此，美军的这种情报工作与火力打击相结合的作战方式，既能针对现代战争中目标的特点实施有效打击，又是情报工作灵活配合作战行动的开展，情报支援作战能力不断深化的一种表现。这就说明，情报工作在作战行动中，不只是协助作战行动开展的辅助性工具，而是已经深入到作战的主要环节，并影响整个火力打击过程。这是信息化战争中情报地位的重大转变。我们需要认识到作战中情报工作地位的转变，把握发展规律，大力发展情报处理与传递系统，重视情报与情报工作在火力打击方面的作用，在平时军事训练中继续深化情报工作与火力打击之间的配合，逐步实现情报对指挥控制、目标选定与打击的即时作用。

第三章　伊拉克战争中美军的全方位情报支援

2003年的伊拉克战争是美军军事转型以来按照其最新作战理论实施的、充分体现其联合作战水平的局部战争。虽然还没有达到“网络中心战”的理想状态，但基本可以将其视为信息化战争的样板，而且反映出信息化条件下局部战争情报战的新发展。

美国发动伊拉克战争的借口有两个：伊拉克藏有大规模杀伤性武器和萨达姆政权与恐怖组织有染。但直到战争结束，美军也没有在伊拉克发现大规模杀伤性武器，以及萨达姆与塔利班关系过密的确证。授权发动战争的美国总统小布什将战争责任推到了2003年美国的《国家情报评估》上，于是，“情报门”事件不幸再次降临，各界对情报工作的问责声不断。被严重政治化的情报使情报部门又一次成为政府的替罪羊。

抛开“情报门”问题，在伊拉克战争中，战争过程中美军的情报工作无疑对实现快速决定性作战发挥了极其重要的作用。战争期间担任中央总部司令官弗兰克斯将军副手的约翰·阿比扎伊德将军曾说：“战术级情报是我所见过的最为精确的一次，战役级情报可能也是我所见过的最好的一次……”

一、伊拉克战争与美军新型作战理论

海湾战争以后，美国军界并没有对海湾战争的胜利洋洋得意、故步自封，一群退役的将军经常在华盛顿的郊外聚会，高谈阔论现代战法，“海湾战争刺激了他们的想象力，他们提出能不能用比海湾战争少得多的部队和在更短一些的时间里打赢一场如此规模的地区战争。”一段时间的讨论使他们的观点趋于一致并基本成型，1996 年，哈伦·厄尔曼（Harlan K. Ullman）、詹姆士·韦德（James P. Wade）等人出版了一本名为《震慑与畏惧——迅速制敌之道》(Shock & AweAchieving Rapid Dominance）的书，该书被称为“美国版的《孙子兵法》”，他们在这本书中提出的理论就是伊拉克战争以来被人们热议的“震慑论”。

“震慑论”的产生有一个最基本的动因。冷战两极对垒、势均力敌的局面结束后，美国一超独霸，拥有其他对手无法与之匹敌的军事能力。因此，怎样才能以比“鲍威尔模式”[①] 更经济的打法获得绝对胜利，成为美国军事理论界思考的重点，而其基点又在于“战争的效益”，也就是如何更经济地赢得胜利，实现美国的政策目标。至于实现“震慑”的具体方法，哈伦·厄尔曼等人认为，战争发动者要通过广泛使用政治、经济、战略、战役、战术层次的全方位力量，形成一种综合力量，向敌人发出要么毁灭、要么投降、抵抗是毫无意义的信号。可以看出，“震慑论”所提出的打击要害是目标国家特别是国家领导层以及该国军民的抵抗意志，从而达到“不战而屈人之兵”的理想境界。这其中，“震慑”是手段，“迅速制敌”是目的。为了达到“迅速制敌”的目的，开战者必须充分利用一切可以利用的“震慑”手段。[②]

震慑理论提出之初，并没有受到国防部的关注，当时国防部的指导思想是以集中优势兵力消灭敌人有生力量为核心思想的“鲍威尔主义”。但实施“鲍威尔主义”会对双方都造成巨大的人员伤亡。拉姆斯菲尔德是最早主张震慑理论的人，而且是 1999 年上书克林顿总统解释震慑理论的四位前国防部长之一。小布什上任后，提出了“先发制人”战略，震慑理论开始受到重视，尤其在拉姆斯菲尔德的积极推动下，美军根据这一理论制定了《快速决定性作战》的一系列联合作战理论文件。

美军的《快速决定性作战白皮书》充分体现了震慑理论的思想，“快速决定性作战”要求以战略目的为中心，实施“快速”和“决定性”的作战行动，

① 美国人喜欢把某位领导人的主要观点冠之以“×× 主义”，如“卡特主义”，这里军界也将持不同观点的鲍威尔和拉姆斯菲尔德的主张称为“鲍威尔主义”(或“鲍威尔模式”）和“拉姆斯菲尔主义”，实际上鲍威尔和拉姆斯菲尔德本人都不承认有什么“主义”之称，鲍威尔并不是军事理论上的保守派，拉姆斯菲尔德的观点也不是他一人所独创，但因为拉氏对军队转型态度更激进，所以将传统战争中需要集中更多兵力消灭敌人的观念视为“鲍威尔主义”。

②〔美〕哈伦·厄尔曼、詹姆士·韦德等:《震慑与畏惧：迅速制敌之道》，滕建群、王春生等译，新华出版社 2003 年版，第 5 页。

通过打击敌人的凝聚力和摧毁其抵抗意志和能力，把自己的意志强加于敌人。美军的定义是:“快速决定性作战”指综合运用“知彼知己”“指挥与控制”和“基于效果作战”，以达成预期军事目的的联合作战。要实现快速决定性作战，其核心并不在于双方军队数量上的对比，而在于一方是否有足够的震慑力，能否实现“迅速制敌”。

显然，在美伊战争这场力量对比悬殊的战争中，美军有理由有能力去实践一下以“震慑论”为核心思想的“快速决定性作战”理论，使美军的胜利赢的更有效益。

伊拉克战争自3月20日开始，5月1日主要作战行动结束，历时43天。美英联军投入参战兵力28万余人、飞机1100余架、舰船130余艘、坦克和装甲车3000余辆、直升机500余架。伊拉克军队战前估计约为35万人，作战飞机约240架，坦克和装甲车3000余辆，火炮3000余门。战争可分为“斩首行动”“震慑行动”、夺占城市、搜索清剿四个阶段。首次“斩首行动”是美军根据临时情报获得萨达姆所处的位置后，果断采取的除掉萨达姆的行动，时间在2003年3月20日凌晨5时35分（巴格达）。3月21日至4月3日，美英联军综合运用陆、海、空、天、电等多维力量，以空袭、地面进攻、心理战等多种手段集中攻击伊政治和军事等重心目标，强化震慑效果，成功实现了震慑瓦解和攻心夺志的目的。4月以后，美英联军在伊全线展开了城市作战，并在较短时间内控制了沿途主要城镇。美军针对伊军城市防卫特点，有针对性地采取了相应战法。如先围后攻，逐步夺取巴士拉；夺而未控，反复攻打纳西里耶；打保结合，相机夺占纳杰夫；四面合击，快速拿下卡尔巴拉；打围结合，速夺巴格达。巴格达之战结束后，美英联军随即在伊全境展开搜捕伊军政要、消灭各种反美武装、收缴民间散落的武器等搜索清剿行动。

二、美军新型作战理论的情报需求

按照震慑理论，要实现“迅速制敌”，美军必须发展和具备以下四种能力：一是对自己、敌人和环境的认知能力，包括对社会的领导阶层、文化与价值观、战略、政治、经济和自然环境、军事能力和战场命令、整个战场信息的认知能力；二是迅速行动的能力，要求在制定作战计划、下定作战决心、部署和使用兵力上再最短时间内作出迅速反应；三是拥有卓越的关键性技术，关键性技术主要指传感技术、计算机技术、通信技术和系统一体化技术；四是环境控制能力，既控制敌人对战场的感知，包括其对威胁、部队状况和作战环境的看法。

实际上，这四种能力在很大程度上也是对美国、美军情报系统提出的更高要求。

（一）情报搜集内容要全面、具体、充足、准确

震慑理论的提出者认为“除了提高美国的部队能力之外，美国还必须建立起一个远比冷战时期广泛的情报体系，其范围涵盖全世界几乎所有的重要地区和组织机构”[①]。其对情报搜集内容的要求表述如下：

“美国应全方位地了解美国的潜在对手、美国的盟友以及相关中立国家的情况，尤其是对相关国家的文化、领导特点等要有深入详尽的了解。也就是说，要能够及时地‘深入到他们的头脑’中去。”

“及时收集充足的环境信息对‘迅速制敌’至关重要。这些集体的环境信息包括：地理环境、道路、桥梁、铁路等交通情况、公用设施、工厂、政府所在地、军事和准军事设施、人口统计、重点经济目标（比如油井或金矿），还包括主要的大坝和大桥等。概括而言就是后勤、人口统计以及基础设施等方面的信息。”

“我们既要对部署美国部队的地区的情况有所了解，还有对一些‘热点’地区保持警戒和跟踪，随时了解当地的情况和事态变化，从而确保可以迅速灵活地做出反应。”

“一旦危机出现……必须对目标、战损评估、天气、地形、基础设施、特殊目标的方位、后勤、己方的布势、敌我识别以及物资情况等一系列信息进行收集和整理。”[②]

可见，震慑理论作为一种新型作战理论，对情报的要求可以用全面、具体、充足、准确来概括，即既要对对象国战略文化、战略思维有所了解，又要对战场环境信息具体掌握，并保持对热点地区的警戒和跟踪，随时了解当地的情报和事态变化，确保信息的准确性。

①〔美〕哈伦·厄尔曼、詹姆士·韦德等：《震慑与畏惧：迅速制敌之道》，滕建群、王春生等译，新华出版社2003年版，第89页。

②〔美〕哈伦·厄尔曼、詹姆士·韦德等：《震慑与畏惧：迅速制敌之道》，滕建群、王春生等译，新华出版社2003年版，第92—93页。

（二）情报搜集、处理、分发和使用的技术设备要能够适应“迅速制敌”的作战节奏

在情报搜集技术上，要根据不同的搜集对象选用适当的技术系统。对对象国文化传统和思维方式的了解需要使用双向语言自动翻译技术、交互式自主计算机模拟技术、高级数据库系统等；能够提供环境信息的技术包括侦察卫星和国际互联网；要完成时效性强的任务则要使用轻型可快速部署的卫星、高空无人驾驶航空器、人工操作平台、自动地面传感器等。搜集到各种信息后，必须对其进行处理。情报的处理包括过滤器、融合、自动目标识别和图像识别等。同时，作者高度强调情报的分发和使用。“在‘迅速制敌’中，情报分发的重要性无论怎样夸大都不过分。在运用‘震慑论’的过程中，要求美国能够进行一系列敌人无法预测的进攻和袭击。但是，在很容易出现严重的情报瓶颈或信息过载的战场环境下，美国必须有效地实施各种作战行动，尤其是攻势行动。”[①] 在对情报进行高效率的分发任务中，各种商业通信技术，如全球广播卫星和网络协议技术已经被美国军方广泛采用。

《震慑论》的作者还强调：“要想在最短时间内达到‘震慑’效果并使附带损伤降到最低限度，必须对有价值的关键性目标进行清楚或摧毁，必须让敌人陷入无计可施、无能为力、无法做出有效反应的境地……最为重要的是，要对敌方的战略目标、军队、领导和重要社会资源的位置做好定位、跟踪和瞄准。这一切均需要足够充分的传感技术、计算机技术和通讯技术等的支持。”[②] 显然，传感技术、计算机技术、通信技术和系统一体化技术才是情报的搜集、分发与使用的关键性技术。

（三）要控制敌人的感知能力

震慑理论提出的第四种能力“环境控制”，也就是在保障己方拥有全面认知作战环境的能力同时，阻碍敌方拥有这种能力，从而达到对作战环境的全面控制。重点在于控制敌人对战场的感知能力，包括其对威胁、部队状况以及作

①〔美〕哈伦·厄尔曼、詹姆士·韦德等：《震慑与畏惧：迅速制敌之道》，滕建群、王春生等译，新华出版社 2003 年版，第 94 页。

②〔美〕哈伦·厄尔曼、詹姆士·韦德等：《震慑与畏惧：迅速制敌之道》，滕建群、王春生等译，新华出版社 2003 年版，第 96 页。

战环境的看法。实现的方法主要是有选择地阻滞敌人获得信息，同时向他提供有误导性的或可以为我所用的信息。在此过程中还要了解和反馈敌人领导层对形势的看法。因为，“达成这种‘震慑’效果，并不总是需要摧毁大量的目标，重要的是要给敌人造成这样的一种印象，即根本不存在可以躲避打击的避难所，他的人和目标随时都可能遭受美国的打击。……为了使敌人陷入混乱的境地，美国只应给敌人提供那些有助于控制其看法、摧毁其意志的信息。”①

这一点所使用的相关技术包括隐性技术、激光反传感武器系统、嵌入式计算机病毒等，目的在于使敌人在行动的各个层次都无法获得任何有用信息，同时给敌人提供各种假信息。此外，对战场会上评估系统的需求也不断增大，“美国不仅有必要了解目标是否已被摧毁，还有必要了解对方领导层、军队和社会如何看待这种毁伤。”②

三、伊拉克战争中的全方位情报支援

（一）情报直接决定了战争的提前打响并影响了美英军事行动的展开顺序

伊拉克战争是以 2003 年 3 月 20 日凌晨的“斩首行动”为开端的，但战前美国向伊拉克发出的最后通牒是要萨达姆必须在 3 月 20 日晚上 8 点之前离开伊拉克。而美国之所以会提前发起战争，则直接缘于一份情报。3 月 20 日零时，中央情报局的一个内线获得萨达姆将于凌晨 5 时在巴格达南郊的一个私人住宅里召开会议的情报，美国总统布什不顾最后时限的承诺，下令实施“斩首行动”，轰炸萨达姆所在之处。如果这次“斩首行动”成功的话，可以说一份情报不仅直接决定了战争的提前打响，还直接决定了战争的结局。

美军的突袭完全出乎伊拉克方面的意料，美英接下来展开的军事行动更打破了原有模式。按照 1990 年海湾战争的经验，美军在战争初期将进行长时间的空中轰炸，那么在空袭这段时间，伊拉克还是可以进行伪装、躲藏和消耗敌人的。但这一次，美军没有按照前几场战争的行动方式展开，在使用巡航导弹

①〔美〕哈伦·厄尔曼、詹姆士·韦德等：《震慑与畏惧：迅速制敌之道》，滕建群、王春生等译，新华出版社 2003 年版，第 104 页。

②〔美〕哈伦·厄尔曼、詹姆士·韦德等：《震慑与畏惧：迅速制敌之道》，滕建群、王春生等译，新华出版社 2003 年版，第 105 页。

和隐形飞机对萨达姆进行“斩首行动 ”的16个小时之后，美军地面部队就开进了伊拉克。这超出了所有军事评论家的预测，因为美军尚未与伊军进行大规模的空战就出动了地面部队。美国中央总部司令弗兰克斯将军说，美军的行动顺序是最先实施特种作战，而后是地面作战，再是空中作战。“这种顺序是以我们的情报判读，我们怎样看到敌人和对我们自己部队的能力的认识为依据的。”

（二）战前长期的情报积累为打击目标选择做了充分准备

自20世纪90年代初的海湾战争结束以来，美国始终没有放松过针对伊拉克的情报工作，不仅建立了对伊作战情报数据库，而且完成了伊全境的地形数字化，从而将伊境内所有战略、战役级固定目标和大部分战术级固定目标以及伊军部署情况均输入了数据库。作战目标数字化，并分发至相关作战单位，确保战时不失时机地进行打击，起到了关键作用。此外，1998年，美英曾对伊拉克实施了“沙漠之狐”行动，并在1998年到2003年间多次派侦察机进行侦察，对伊拉克实施空中打击以加强对“禁飞区”的控制。所获情报信息和战斗经验相结合，使联军在战前就对战场情况掌握得十分清楚。

从战争发起后联军突击目标的情况看，美军早已将伊拉克各方面的目标进行了整理分类。其中主要有：包括总统府、萨达姆官邸、新总统府、阿巴西德宫、复兴社会党总部、国防部等在内的指挥目标；包括伊拉克邮电通信大楼、电讯发射塔、指挥中心、情报大楼、新闻部大厦、伊拉克广播电台、电视台和各种建筑物顶部的天线及卫星接收系统等在内的通信系统目标；包括10个空军基地和机场、2个海军基地、4个防空区、战术导弹发射场等目标的位置、兵器部署等重要兵器装备目标；包括伊拉克陆军常规部队、共和国卫队和共和国特别卫队各师旅的具体部署位置等兵力集团目标；伊拉克电厂、炼油厂、桥梁和交通枢纽等经济及交通目标，等等。美军情报和作战部门不仅将这些目标不仅分门别类，而且按其重要程度进行了等级划分。[①]

美军还在掌握几乎所有伊拉克重要目标的基础上，不断对这些目标实施跟踪监视，弄清了其变化的情况及规律，当战争临近时，只需在平时掌握的基础上进一步核实其情况，这不仅大大减少了战时情报搜集的工作量，而且可以比

① 展学习：《伊拉克战争》，人民出版社2004年版，第231页。

照和验证战时所得的各种情报，使情报的准确性更高。[①]

此外，从2002年5月开始，美国中央情报局就向伊拉克境内派遣了多名特工。这些特工打入伊拉克的军队、政府、安全部队和一般民众内部进行活动，重点搜集伊拉克的军事和政治情报。2002年9月，中央情报局又向伊拉克境内增派了约50名特工。同月，美军还向伊拉克境内派遣了150名特种作战部队人员。至开战前，美军在伊拉克境内的特种作战人员已有500多人。这些特种作战部队人员利用先进的通信器材和全球定位系统，在伊拉克境内搜寻伊军机动导弹发射装置，查证伊拉克高级官员的住处并跟踪其活动，还搜集了大量关于伊拉克军队火炮阵地、指挥控制设施、通信系统等方面的情报，从而为大规模军事行动做先期准备。

（三）战时全方位的情报侦察监视确保了“战斗空间感知”

战斗空间（battlespace）是指“为了成功地运用战斗力、保护部队或完成任务而必须了解的环境、因素和条件，包括作战地域和关心地域内空中、陆地、海洋、太空，及其所涉及的敌友部队、设施、气象、地形、电磁频谱和信息环境等”。[②] 美国前参联会副主席比尔·欧文斯认为：“如果军事指挥官在传感器网络的协助下能够看到作战区的所有具有军事意义的东西，那么他就具有作战空间感知能力。但是，感知（知道什么在哪里）还不是知识。具有主导性作战空间知识的指挥官不但有基本信息（敌军位置和移动形态）带给他的对作战情况的感知，他还掌握了使他能更深入了解敌军意图、计划采取的行动、能力和弱点的额外信息。”[③]

在联合作战中，美军使用了“全源”这一术语来形容对情报的需求，“主张建立一个空间、空中、地面、海上、水下等各种侦察手段相结合，图像、信号、人力、测量与特征、公开情报、技术、反情报等多种情报门类相补充的全天候、

---

① 展学习：《伊拉克战争》，人民出版社2004年版，第232页。

② Joint Chiefs of Staff, *Joint Publication 1-02*（*JCS JP1-02*）: *Department of Defense Dictionary of Military and Associated Terms*, December 4, 2001, p.51.

③〔美〕比尔·欧文斯：《拨开战争迷雾》，胡立平、李耀宗译，国际文化出版公司、北方妇女儿童出版社2001年版，第131页。根据伊拉克战争中美军遇到的实际情况，只能认为做到了“感知”。

全天时、全方位的立体侦察网络。”[①] 伊拉克战争中，美军基本上已经做到了。

1. 卫星侦察

这次战争，美英联军共投入了100多颗卫星。其中，在美国使用的50多颗空间卫星中，有20颗左右专门用于侦察。这些卫星组成严密的监控网络，成为美军行动的“天眼”。在光学成像卫星方面，美军在战争中使用的主要是KH-12“锁眼”。该卫星可在不同光照条件下对伊拉克的目标区进行扫描，白天和黑夜各两次飞越伊拉克上空，一般是当地时间上午10点左右、中午12点左右和晚上10点左右、夜里12点左右。在雷达成像卫星方面，美军使用的“长曲棍球”雷达成像卫星。这种卫星上所携带的高分辨率合成孔径雷达能发现深埋地下的目标和地下工事，具有全天候、全天时的侦察能力，能够跟踪装甲部队、机动导弹的行动，并将拍摄的图像在30秒内传输到美军在卡塔尔的联合作战中心。伊战中，“长曲棍球”卫星每天多次飞越伊拉克上空进行侦察，为联军提供了大量伊军发射导弹的信息，并对伊空中打击情况进行反馈。在电子侦察卫星方面，美军使用了包括“大酒瓶”“号角”等在内的多颗电子侦察卫星，主要用于监听伊拉克的无线电通信和广播。同时，美军使用了导弹预警卫星，主要是对伊拉克的“阿巴比尔”和“萨穆德”等战术导弹发射情况进行实时预报和跟踪。该卫星从发现导弹发射到将该信息传送到“爱国者”导弹部队不超过5分钟。“爱国者”导弹的反应时间不到半分钟，完全有足够时间对导弹进行拦截。美军还动用了多光谱测地卫星对伊拉克的一些特定地区，特别是重要交战地区进行侦察。该卫星能够拍摄出交战地区的详细图片，反映出伊拉克地面部队的部署和调动情况，为美军制订作战计划和实施行动提供依据。此外，还有气象卫星和商业遥感卫星。美军不仅动用了“诺阿”国防气象侦察卫星，而且动用了部分民用气象卫星来搜集海湾地区和伊拉克战场的气象情况。气象卫星能为美军部队的作战行动提供准确的气象保障，对沙尘暴进行预报，并可对各种化学战剂进行及时探测。为弥补军用侦察卫星的不足，美军租用了两颗“伊科诺斯”商业遥感卫星。这种高分辨率的卫星能够拍摄重要城市和地区以及敌对双方激烈交火情况的清晰图像。[②]

2. 空中侦察

战争中，美军动用的有人侦察机和无人侦察机及预警机共计100余架，对

---

① 张晓军等:《美国军事情报理论研究》，军事科学出版社2007年版，第296页。

② 展学习:《伊拉克战争》，人民出版社2004年版，第232—233页。

伊拉克进行了全时段、全方位、大纵深的侦察活动。有人侦察机主要是U-2高空侦察机和RC-135电子侦察机。1架U-2侦察机以每小时700千米的速度在伊拉克上空飞行4-6小时，就能侦察到伊拉克的所有通信情况。早在战争爆发前，美军U-2侦察机就对伊拉克全境进行了多次反复侦察。战争爆发后，又使用U-2侦察机对伊拉克战场的情况进行昼夜监视。RC-135侦察机主要用于对伊拉克进行电子侦察，监听伊拉克重要领导人之间以及伊拉克部队之间的无线电通话。自开战起，这种侦察机就对伊拉克战场一直保持不间断的侦察。此外，美军还使用其他各种侦察机对伊拉克战场进行了广泛的侦察活动，如海军的P-3和EP-3侦察机等，就有力保障了作战的情报。

伊拉克战争中，美军在战场上投入的无人侦察机是历次战争中最多的一次，达10余种，其中比较重要的有下列几种：一是“捕食者”，主要为指挥官提供有关敌军部署及动向的重要信息。在理想条件下，它可为用户提供3英里距离内可区分出军人和平民的图像。几乎每一次主要的行动都有“捕食者”提供的支援。二是“全球鹰”，它是一种高空无人侦察机，可以在10000米以上留空侦察，最高升限达19812米。它携带的合成孔径雷达可以透过云层拍摄图像，在沙尘暴天气也能进行目标定位。三是“龙眼”无人侦察机，作为一种小型、全自动、可返回的手持式发射无人机，该型侦察机可以对山后和建筑物背后的目标进行侦察，且十分灵巧，噪音低，翼展小，难以被发现，更重要的是它直接配属到了美军师一级单位，为战场指挥官提供了重要的战术情报。四是“阴影200”小型隐形无人机，能对敌方地面阵地连续侦察4个小时，提供近实时的准确信息。“龙眼”和“阴影200”都是美军在战场上首次使用的新型无人机。此外，美军还使用了“猎人”“指针”“先锋”等无人侦察机。

战争中，美军使用了3种预警飞机，即E-3B/C预警机、E-8C联合监视目标攻击雷达系统飞机和E-2C预警机。由于战争中伊拉克空军飞机始终没有起飞，美军E-3B/C和E-2C两种预警机主要担负对伊拉克导弹侦测和预警的任务。E-8C飞机一般可在空中持续飞行十几个小时，其上装备的联合监视目标攻击雷达系统（JSTARS“联合星”）是一种十分先进的侦察监视系统，主要用于侦察监测伊拉克地面的机动目标，能在240千米以外探测到敌方的坦克、车辆和导弹发射车的运行情况，并将情报实时发送给己方战机的飞行员，在最短的时间里对目标进行打击。“联合星”受到了战场指挥官的高度肯定。第1陆战师在经验教训报告中说道：“没有任何一种情报手段能像‘联合星’那样用活动目标显示雷达提供如此大面积的全天候战场态势图像。”“联合星”的通用地面站使部队能够与情报搜集平台实时互动，关注联军的紧急情报需求，"'联合星'向我们显示出所谓'不可通行'的地形上的敌交通情况，通过估算敌在特定地形上开进的速度而为我们的部队预估开进的速度，验证什么样的桥梁可以通过，等等"。

3. 地面侦察

地面侦察包括利用布撒的传感器侦察、特种部队和特工间谍进行的侦察以及通过审讯战俘获得情报。其中特种部队是在地面进行侦察的主力，布撒传感器的工作也主要由特种部队完成。

战争中，许多时效性极强的情报都由专门的地面情报人员和特种作战部队提供。最典型的是美军两次"斩首"突击的情报和反映巴格达已丧失抵抗的情报，均来自地面情报人员。英军作战行动的许多重要情报，也是其军情六处派特工深入伊拉克纵深所获得。在伊拉克南部城市巴士拉，联军也曾进行过两次针对伊军南部战区司令"化学阿里"马吉德的"斩首突击"。第一次是马吉德与数百名阿拉伯复兴社会党成员在巴士拉总部集会，在英军特工的引导下，美军两架F-15E战斗机炸死了许多与会人员，但马吉德逃脱。第二次是一周之后，军情六处特工又发现马吉德在巴士拉家中的消息，这次因英军的通信线路故障而耽误战机，又使马吉德幸免一死。①

（四）全方位情报支援帮助实现了精确作战

精确作战是"基于效果"作战的必然要求。因为"基于效果"作战要求打击目标时只打击对达成作战目的有较大作用的目标，既要减少附带损伤，又要保证打击的有效性。要达到这一要求，必须实施精确作战，而战场情报是实现精确作战的重要保障。

首先，战场情报提供了打击目标的精确方位。前文提到的卫星侦察、航空侦察及地面侦察除了提供战场固定目标的数据外，更主要的是引导精确制导武器对目标进行精确打击。如GPS制导武器依赖太空中的GPS卫星，"捕食者"无人机携带有多光谱目标探测系统，可以为内置的"地狱火"反坦克导弹提供目标定位。

其次，战场情报提供的战损评估可确保精确打击的有效性。战损评估是信息化条件下实施远距离精确打击的重要环节。因为精确制导武器作为一种技术

① 展学习:《伊拉克战争》，人民出版社2004年版，第237页。

系统，不可避免地会出现失误，敌方也可能用伪装、隐蔽等手段躲避打击。要实现“基于效果”轰炸，必须判断对特定目标的轰炸效果如何，这就需要进行战损评估。战损评估可能由卫星、高空侦察机、无人机进行，也可能需要特种部队或情报人员完成。比如 2003 年 4 月 7 日的第二次“斩首行动”，轰炸的硝烟还没有散尽，就有美国特工赶到现场，抢走了带血的军装，据称是要拿回美国进行 DNA 检测，以确认萨达姆是否已经遇袭身亡。[①]

此外，在阻止伊军获取情报，实现“环境控制”方面，美军拥有绝对的战场情报优势，而伊军的情报工作相形见绌。在使用双面间谍、隐形飞机的同时，美军大打心理战、舆论战可以说进一步实现了“环境控制”。

综上所述，美军在伊拉克的全方位情报支援是其得以快速决定性完成作战任务的重要前提，这也基本满足了“震慑”理论所提出的情报要求。安瑟尼·戈德曼等人在《伊拉克战争经验教训报告》中指出，太空情报与不断提高的近实时的空中平台的照相能力、电子情报侦察能力、信号情报侦察能力、人力情报处理能力、来自于诸如特种部队的地面部队情报能力和公开的情报资料相结合，形成了一种新型的以太空为中心的联合情报活动，从而在态势感知和目标定位能力上有了巨大进步，并且这也是实现精确作战和快速机动的关键之所在。

四、评析

虽然美国式战争具有独一无二性[②]，但的确反映出了信息化条件下局部战争中情报工作的新特点和新需求。

（一）必须树立信息化战争条件下新的情报观念

“伊拉克自由行动”中，情报对美军实现精确打击，快速决定性地完成作战任务所发挥的重要作用给世人留下了深刻印象。情报在作战中的关键作用，

① 王德兴主编:《伊拉克战争评析》，军事科学出版社 2003 年版，第 150 页。

② 美国学者格雷格·格兰特在《未来的“混合战争”》一文中提到，“独一无二的美国式战争”是指能购买得起大量昂贵的高技术武器装备，如无人机、导航卫星、有超级运算能力的指挥中心等，实施情报与远距离操纵的精确打击。而大多数国家不可能拥有与美国同等实力的军事技术装备。

表明其不再是作战的辅助工具，而已深深融入作战的各个环节，从目标选择到精确定位再到战损评估，都需要情报完成。这是信息化战争中情报地位、角色的重大改变，也就是说，情报已成为赢得战争胜利的关键要素。新的情报观念的改变也体现在这里。信息化战争中，信息成为继物质、能量之后的第三种战争制胜因素，情报作为高质量信息的代表，必然成为战争制胜的关键。

（二）必须重视平时的情报积累

正如《震慑论》中提出的那样，平时的情报积累要做到：既要对对象国的战略文化、战略思维有深刻地了解，尤其是领导人的性格、思维、习惯，又要能事无巨细地掌握对象国的基本情况，还要关注热点地区的动态。伊拉克战争中，美国虽然对伊拉克有十几年的情报积累，对伊拉克境内的各种目标进行了侦察和分类，几乎实现了战场透明，但是，对于伊拉克民众的立场态度，伊拉克高级指挥官的情况以及伊拉克到底有没有大规模杀伤性武器，伊拉克会不会使用化学武器等了解得并不透彻。

美军入侵伊拉克之后，发现伊拉克人民的态度并不像他们想象的那样对美国人的到来欢欣鼓舞，夹道欢迎，而是充满了抵触情绪。美军也不知道伊拉克指挥官有多大的抵抗决心，他们对与其交手的同级伊军指挥官知之甚少，甚至不知道对方的名字。关于伊拉克拥有大规模杀伤性武器的情报，多是捕风捉影，未加充分印证，其中还有萨达姆有意进行欺骗威慑的因素，这导致美国人犯下了最大的情报失误。美军也不清楚伊军是否会使用生化武器，所以准备了笨重的生化服，一些战地报道表明防护装备使士兵极度疲劳并严重干扰了作战行动。

此外，平时的情报准备还包括对情报外语人才的培养，美军官兵外语能力欠缺已成为美军一大“软肋”，严重影响了战斗力。由于缺乏外语人才，他们只好招募伊拉克当地人充当翻译，结果多次受骗。

（三）必须提高侦察监视装备研发水平

技术决定战术。法国战略家博福尔在《战略入门》中曾指出：“在当前的权力平衡中，技术优势是一个重要的因素，这是千真万确的事实。很明显，步枪不足以阻挡坦克，弓箭无法击落飞机。大家都知道罗马人能够征服当时世界的大部分，主要应归功于罗马兵团的武器和战术的优越。很明显，哪一方面在技术上和战术上领先，哪一方就拥有相当的优势，这主要是由于优越的武器和战术给战略增添了更多可供利用的物质。”①

从伊拉克战争可以看出，美伊双方侦察监视技术水平的差距很大程度上导致了伊拉克部队的失败，“麦地那”师的惨败即是典型。在美军高技术情报侦察体系覆盖战区的情况下，伊拉克以为沙尘暴可以阻挡美军的空袭，遂发起反攻，结果没想到“麦地那”师的一举一动都难逃美军侦察卫星和“联合星”预警机的“火眼金睛”。

随着技术发展进步越来越快，侦察监视装备的能力也越来越强，不了解侦察监视技术的最新进展，无视情报侦察驾驶技术的发展来指导战争和进行作战，其结果将必败无疑。“在每一个时代，谁最善于使作战方法适应当代的技术和社会环境，谁就在历史上巍然屹立。”②

（四）C4ISR系统是实现情报价值最大化的理想系统

C4ISR系统是为适应现代作战空间广阔、时间短促、破坏力大、攻防转换迅速等特点，而集指挥（command）、控制（control）、通信（communication）、计算机（computer）、情报（intelligence）、监视（surveillance）、侦察（reconnaissance）于一身的自动化指挥控制系统。它实质上是人机结合的智能化信息处理系统，旨在充分利用各种侦察手段和情报来源，加快情报处理速度，减少指挥控制层次，促进情报、指挥和武器系统之间的密切联系，全面提高指挥机构的工作效率和作战部队的反应能力。③

20世纪90年代以来所发生的高技术局部战争已经充分表明，作为军队神经中枢的C4ISR系统是获取战场信息优势的基础，正在成为军队作战能力的“倍增器”。实际战场作战的需要为侦察技术向系统一体化发展提供了强有力的推力，同时也表明，仅将侦察系统相连接是远远不够的，必须将侦察系统和指挥控制系统、作战人员以及武器紧密联系在一起，三者合一，组成C4ISR系统的网络，才能充分发挥侦察监视能力，获得美国“军事革命之父”欧文斯所提出的“主导性作战空间知识”，从而提升战斗力。所以，随着现代战争的高

---

①〔法〕安德烈·博福尔：《战略入门》，军事科学院外国军事研究部译，军事科学出版社1989年版，第39—40页。

②〔美〕小戴维·佐克、罗宾·海厄姆：《简明战争史》，军事科学院外国军事研究部译，商务印书馆1982年版，第64页。

③ 李耐国：《信息化战争与军事情报》，军事科学出版社2008年版，第142页。

技术化和战争节奏的加快，如何将一体化的情报侦察系统，与指挥控制系统、精确武器打击系统紧密结合，协同动作，组成一个更大范围的“系统集成”，成为发达国家近些年着力探索与实践的问题。

当前，即使在情报大国美国，一体化 C4ISR 的建设还任重道远，美军要先实现各军种各情报机构的ISR一体化，破除各军种之间妨碍情报共享的藩篱，然后向 ISR 与 C4I 的融合方向发展，使情报优势转化为决策优势。

第四章 “奥德赛黎明”行动中的多国部队情报工作

一、“奥德赛黎明”行动简介

（一）行动背景

2011年初，“阿拉伯之春”导致利比亚国内局势动荡，当局领导人穆阿迈尔·卡扎菲对反对派实施武力镇压，利比亚内战爆发。

为了扶持利比亚反对派以推翻卡扎菲政权，美、英、法等国反应迅速，积极开始着手对利比亚的军事行动准备。2月23日，美国参谋长联席会议发布利比亚应急反应第一号命令：“在利比亚地区设立联合作战区域（Joint Operations Area，JOA），该作战区域由非洲战区司令部负责，欧洲战区司令部和中央战区司令部则根据需要同非洲战区进行协调，以确保利比亚的应急作战行动的顺利实施。”①3月3日，美国非洲战区司令部在利比亚联合作战区域的基础上成立了“奥德赛黎明”行动联合特遣部队（Joint Task Force Odyssey Dawn，JTF-OD），包括英国、加拿大、比利时、丹麦、意大利、荷兰、西班牙、挪威、卡塔尔、阿联酋在内的10个国家参与由美军领导的此次军事行动。②

2月26日和3月17日，联合国分别通过了对利比亚实施武器禁运及制裁卡扎菲政权的1970号决议和设立禁飞区、保护平民的1973号决议。3月19日，

---

① 李晨：《利比亚战争中美国与欧洲军事力量的运用》，载《国际政治研究》2014年第1期。

② 法国作为多国部队军事打击利比亚的主体之一，在战争初期并没有加入联合特遣部队的行动，而是独立地发起了一系列空中打击行动。

美欧及阿拉伯国家召开针对利比亚危机的巴黎峰会，会议最终决定自当天起开始对利比亚实施空中军事打击。

（二）行动过程

“奥德赛黎明”行动旨在通过空中打击利比亚政府的军事力量，以完成联合国安理会决议确立的在利比亚保护平民、设立禁飞区的目标，同时支援利比亚反政府武装的地面作战，以推翻卡扎菲政权。根据分工，美军负责行动前期的空中打击任务及 80% 的空中加油和战场侦察监视等作战保障任务，其他盟国负责行动后期的打击以及海上封锁、禁飞区巡逻等其他任务。[①] 行动主要分为两个阶段：

1. 第一阶段（3 月 19 日至 3 月 22 日）

国际标准时间 3 月 19 日 21 时，美英舰队发射 124 枚“战斧”巡航导弹对政府军重要的指挥控制目标及沿海防空设施进行打击，由此正式拉开了“奥德赛黎明”行动的序幕。3 月 20 日 2 时 30 分，3 架从美国本土怀特曼空军基地起飞的 B-2 隐形轰炸机在 F-15E 和 F-16J 战斗机的配合下，利用联合直接攻击弹药摧毁了苏尔特附近的 45 个战机掩体。[②] 随后，比利时、丹麦、意大利等多国部队的其他成员也对利比亚进行了打击。

经过 72 个小时的连续打击，利比亚指挥控制系统及沿海防空设施已被基本摧毁，3 月 22 日，行动联合特遣部队宣布禁飞区建立完毕，行动第一阶段宣告结束。

2. 第二阶段（3 月 23 日至 3 月 31 日）

3 月 23 日，北约发起“联合保护者”行动（Operation Unified Protector，OUP）正式介入利比亚军事行动，开始负责对利比亚的海上封锁及禁飞区巡逻任务。在此阶段，美军开始逐步减少在利比亚的空中军事力量投入，并向北约进行行动指挥权的让渡。3 月 31 日 14 时，非洲战区司令部宣布将利比亚的军事行动指挥权完全移交给北约，“奥德赛黎明”行动宣告结束。

---

① Joe Quartararo，Sr.，and Michael Rovenolt：*Libya's Operation Odyssey Dawn：Command and Control*，PRISM，Vol.3，No.2，March 2012，p.147.

② Karl P. Mueller：*Precision and Purpose：Airpower in Libyan Civil War*，RAND Corporation，2015，p.124.

（三）行动结果

在持续近13天的行动中，多国部队总共完成空中行动1990架次，其中空中打击行动952次，剩余1000多飞行架次主要执行情报监视侦察、空中加油任务①。此次行动基本上摧毁了利比亚的指挥控制体系及防空体系，实现了联合国1973号决议要求设立禁飞区的目标，有效遏制住了利比亚政府军对反对派的攻势，而多国部队仅损失了一架F-15E战机和一架RQ-1“捕食者”无人机，且没有人员伤亡。行动无疑取得了巨大成功，这与多国部队出色的战前情报准备和战时情报支援是分不开的。

二、“奥德赛黎明”行动前的情报准备

克劳塞维茨在《战争论》中指出：“情报是我们对敌人和敌国所了解的全部材料，是我们一切想法和行动的基础。”② 战前充分的情报准备，使多国部队提前了解利比亚国内的各种情况，有针对性地谋划行动，同时依据此协调各国之间的情报工作。

（一）密切关注利比亚局势，准确研判国际形势

一方面，在2010年12月突尼斯爆发革命后，美国国务院就指示美国驻利比亚大使馆密切关注利比亚的国内动态。在利比亚内战爆发前，美国驻利比亚大使馆就向国内汇报称：“利比亚国内局势持续升级，可能出现暴力冲突和人道主义灾难。”③ 美国中央情报局（Central Intelligence Agency，CIA）和英法的情报机构都认为利比亚的局势将在短期内恶化。正是有了对利比亚局势的密切关注，在利比亚内战爆发后，美、英、法等国反应迅速，立即开始部署在利比亚的撤侨行动，并为对利军事行动做准备。

另一方面，多国部队要发动对利比亚的军事干预必须考虑到国际形势。为

---

① Anthony Bell, David Witter：*The Libyan Revolution - Escalation and Intervention*, Institute for the Study of War, 2011, p.27.

②〔德〕克劳塞维茨：《战争论》，军事科学院译，商务印书馆1978年版，第118页。

③ Karl P.Mueller：*Precision and Purpose：Airpower in Libyan Civil War*, RAND Corporation, 2015, p.116.

此多国部队情报机构广泛搜集有关北非革命的情况与各国对利比亚国内局势的态度和反应，在此基础上，对国际形势做出了准确判断：国际社会，特别是阿拉伯国家不会对多国部队在利比亚的军事行动采取过激反应。而阿拉伯联盟于3月12日的声明中称将支持在利比亚设立禁飞区，这也印证了多国部队情报机构的判断。随后，3月17日，美、英、法推动联合国安理会通过了1973号决议，也为多国部队军事打击利比亚提供了法理依据。对利比亚国内动向掌握和对国际形势的准确研判，促使多国部队快速下定了对利比亚发起军事行动的决心。

（二）长期开展情报搜集工作，重点评估利防空实力和威胁

自2001年以来，西方国家就以反恐为名义，利用多种手段加强在利比亚的情报工作。美、英、法等国的卫星每日都在利比亚上空拍摄其军事基地照片，海军信号侦察舰船及电子侦察巡逻机长期截获了大量来自利比亚的电子通信数据，这使得西方国家掌握了大量有关利比亚的作战目标信息[①]。此外美国中央情报局等多国的情报部门通过长期的谍报工作，掌握了利比亚各类重要指挥控制中心和军事基地的信息。

为了保障空中打击行动的顺利开展，多国部队又对政府军的防空实力及其威胁进行了针对性的搜集评估。根据战前多国部队收集的情报显示：利比亚空军共有现役飞机190架，主要为米格-21、米格-23、幻影F1等第二代战斗机，但其机载武器及雷达火控系统都十分陈旧，且卡扎菲对本国空军的建设重视程度不足，平均每个飞行员的年飞行训练时间仅有85小时[②]，其空军的战斗力低下可见一斑。利比亚的防空系统主要由包括SA-2、SA-3、SA-5、SA-6在内的苏制“萨姆”系列防空导弹组成，这些装备多为20世纪80年代采购，技术落后，年久失修，绝大部分都不能形成作战能力。由卡扎菲儿子哈米斯·卡扎菲率领的精锐第32旅装备有SA-7和SA-24便携式地对空导弹，这些防空武器隐蔽性、机动性较强，对多国部队空中力量威胁较大，被列为了打击重点。此外，利比亚政府军缺少有效的雷达系统，加上反政府武装的扰乱，仅在的黎波里国际机

① 王劲松：《利比亚战争中的情报支援》，载《外国军事学术》2012年第2期。

② Jeremiah Gertler, *Operation Odyssey Dawn（Libya）: Background and Issues for Congress*, Congressional Research Service, March 28, 2011, pp.9-10.

场有一台ARSR-103D民用航路监视雷达能够发挥正常效用[①]，一旦被干扰，也无法提供有效的预警。

因此，根据以上对利比亚防空实力的分析，以美国国防情报局（Defense Intelligence Agency，DIA）为首的情报部门评估认为：一方面，利比亚政府军的空军及防空部队的装备落后，疏于训练，战斗力低下；另一方面，利比亚政府军缺乏有效的电子防空力量，既不能对多国部队的空中力量实施电子干扰，也不能对自己境内的目标进行电子伪装，在行动开始后，利比亚政府军的重要目标将成为"活靶子"。因此，单纯依靠"火力防空"的政府军无法对多国部队的空中力量实施有效反击，只能面临被动挨打的局面。[②]

（三）及时调整情报机构，统筹情报力量服务作战行动

情报机构的临战调整是情报资源配置中的重要内容，在面临战争威胁时，情报需求往往发生剧烈变化。为了保障"奥德赛黎明"行动的顺利实施，多国部队围绕战时情报需求对情报机构进行了相应调整。

其一，统筹国家情报力量服务作战。在利比亚危机爆发后，美国国防情报局向非洲战区司令部派遣了国家情报支援小组，该小组是为了应对危机，请求国家情报界对联合情报支援分队和战役层级联合情报行动中心进行支援的组织。该小组为"奥德赛黎明"行动联合特遣部队提供加工好的、国家级的全源情报产品，主要包括提供国家情报数据库服务，协调图像支援、目标情报和战损评估方面的支援，担任联接国家情报机构和联合部队之间的专用情报通道。此外，美国中情局、英国秘密情报局（Secret Intelligence Service，SIS）和法国对外情报总局（General Directorate for External Security，GDES）于行动前都同多国部队建立密切合作，在联络利比亚反对派、发展当地谍报人员等诸多工作方面发挥了作用，为行动提供了重要的情报支持。

其二，调整战区情报力量支援战场。在行动准备过程中，"奥德赛黎明"行动联合特遣部队通过建立联合情报支援分队，以弥补其情报参谋部门力量的不足。同时，多国部队建立了"多国情报中心"以保证各国之间情报交流与共

① Karl P. Mueller，*Precision and Purpose：Airpower in Libyan Civil War*，RAND Corporation，2015，p.46.

② Karl P. Mueller，*Precision and Purpose：Airpower in Libyan Civil War*，RAND Corporation，2015，p.46.

享，这是多国部队之间协调空中情报搜集和监视活动的重要平台。

三、“奥德赛黎明”行动中的情报支援

（一）构建立体多维的情报监视侦察网络，确保战场态势感知

情报、监视与侦察是搜集、处理加工和分发准确、及时的信息的综合能力，其目的在于为成功的计划和实施作战提供必要的战场感知。为了建立高效的情报监视侦察网络，必须综合利用多种侦察和监视资源。在“奥德赛黎明”行动中，多国部队综合利用航天侦察、航空侦察、人力情报侦察等情报能力形成了立体多维的情报监视侦察网络，确保了战场态势感知。

1. 航天侦察覆盖全面，提供详实的重要目标及气象信息

多国部队主要采用卫星变轨、应急发射及购买商用卫星资源的方式向利比亚地区部署航天侦察资源，开展航天情报搜集。首先，在 2010 年末“阿拉伯之春”开始后，美国国家侦察办公室（National Reconnaissance Office，NRO）就迅速调整了部分卫星的轨道位置，降低了“锁眼”系列侦察卫星的轨道，以详细侦察包括利比亚在内的北非地区情况。利比亚危机爆发后，多国部队将更多的侦察卫星派往利比亚上空进行侦察。其次，2010 年 9 月 20 日至 2011 年 4 月 11 日，美国国家侦察办公室陆续发射了 5 颗侦察卫星和一颗配合使用的数据中继卫星[①]，以强化对利比亚地区的航天侦察能力。最后，多国部队还租用“国防气象支援计划”的气象卫星和“诺阿”气象卫星等商业卫星，以完善航天侦察。

在空中打击利比亚的行动中，多国部队总共动用了包括光学成像卫星、雷达成像卫星、电子侦察卫星在内的近 90 颗侦察卫星。其中包括：美国的“锁眼 -12”和法国的“太阳神 -2B”光学成像卫星，它们具备红外成像和夜间侦察功能；美国的“长曲棍球”、欧洲的“宇宙 - 地中海”及“哨兵”系列雷达成像卫星，其中“长曲棍球”成像分辨率可达 0.3 米；美国的“大酒瓶”“水星”“号角”电子侦察卫星，其可以广泛收集利比亚政府军的电子装备信号及电子通信信息。此外，多国部队还使用以美国“国防卫星计划”为代表的气象卫星，“白云”“奥林匹亚”海洋监视卫星，及时掌握战场天气、海面环境，保证空袭行

① 祝利、王劲松、赵明：《多国干预利比亚情报制权问题研究》，载《国防科技》2012 年第 4 期。

动的顺利精确实施。通过全天候、多层次的航天侦察，多国部队基本掌握了利比亚境内 9 个空军基地及分布在的黎波里、苏尔特、米苏拉塔等地的重要指挥控制中心的信息，同时也查明了利比亚政府军的防空力量部署，保证多国部队高效率的实施打击。

2. 航空侦察类型多样，提供实时的高精度情报

行动时多国部队对利比亚实施了全方位、不间断的航空侦察。按照种类主要可以分为有人驾驶侦察机和无人侦察机。

多国部队使用的有人驾驶侦察机总计 30 余架，有包括 CN-235、GR-4、CP-140、E-2、E-3、E-8、EC-130J、EP-3、P-3C、RC-135、U-2 等在内的 10 余种机型。其中，E-3 预警机自 3 月 7 日起就开始对利比亚开展 24 小时的全天候侦察监视①；RC-135 负责对利比亚政府的雷达、无线电通信进行监听；U-2 通过升级换代，以时速 700 公里在利比亚上空飞行 3 小时，就可以对利比亚全境进行照相侦察并监控利比亚境内的部分电子通信情况。

无人侦察机主要包括美国的 RQ-4“全球鹰”和 RQ-1“捕食者”，英国的“哨兵”和“猎人”，法国的“雪鸮”。其中，RQ-4“全球鹰”可以在距离基地 5500 千米范围内的目标上空连续侦察 24 小时，并且能够在 1 万米高空透过云层对沙漠中的目标实施搜寻定位；“哨兵”配备具有全天候侦察能力的合成孔径雷达和先进的传感器系统，可以锁定上百公里范围内的目标，“哨兵”“猎人”通过将侦察获取的目标信息经数据链传输至附近的作战平台，引导战机对目标进行打击；法国的“雪鸮”主要进行中近程侦察任务，可以实时地为多国部队提供目标监视跟踪和战场毁伤评估。

此外，多国部队还广泛利用直升机和航空侦察吊舱实施侦察。例如，英国派出了 5 架 AH-1“眼镜蛇”和 AH-64“阿帕奇”武装直升机用于情报侦察和战损评估。比利时空军 F-16 战机配备了“狙击手”目标吊舱（AN/AAQ-33 SNIPER），丹麦空军 F-16 战机配备了夜间低空导航和瞄准红外吊舱（LANTIRN），英国空军战术图像情报联队（TIW）的 GR-4“狂风”侦察机配备了目标瞄准吊舱（LIGNTENING）。这些侦察吊舱系统主要收集有关利比亚政府军的图像情报，从采集的图像中可以准确地分辨出建筑物的高度、距离及

① Anthony Bell, David Witter, *The Libyan Revolution - Escalation and Intervention*, Institute for the Study of War, 2011, p.20.

车辆的类型。[①]

表 1 “奥德赛黎明”行动中多国部队航空侦察力量使用情况[②]

类型	型号	使用国 / 组织（数量）	执行侦察任务类型
有人侦察机	U-2	美国（▲）	图像侦察
			信号侦察
	E-3 A/B/C/D/F	美国（3）、英国（3）、法国（1）、北约（3）	空中监视指挥控制
	E-2C	法国（2）	空中监视指挥控制
	E-8C	美国（3）	指挥控制
			地面监视
	EC-130H/J	美国（2）	空中监视指挥控制
	RC-135	美国（2）	信号侦察
	EP-3E	美国（1）	信号侦察
	P-3C	美国（4）	海上巡逻
	CN-235	西班牙（1）	海上巡逻
	CP-140	加拿大（2）	图像侦察
			信号侦察
	G222VS	意大利（1）	信号侦察
无人侦察机	RQ-1“捕食者”	美国（8-10）	图像侦察目标监视
	RQ-4“全球鹰”	美国（3）	图像侦察
			目标监视
			信号侦察
	RQ-9“死神”	意大利（2）	图像侦察
			目标监视
	Nimrod R.1“猎人”	英国（1）	图像侦察
			目标监视

① Royal Aeronautical Society，*Lessons Offered from the Libya Air Campaign*，July 2012，p.9.

② 该表数据综合整理自 Karl P. Mueller，*Precision and Purpose：Airpower in Libya*，2015，RAND Corporation，pp.403-405.“▲”表示仅知道该装备使用过，但不知具体数量。

续表

类型	型号	使用国 / 组织（数量）	执行侦察任务类型
	Sentinel R.1“哨兵”	美国（2）	图像侦察
			目标监视
	Harfang“雪鸮”	法国（1）	图像侦察
			目标监视
侦察吊舱	吊舱名称	搭载机型	
	SNIPER “狙击手”目标吊舱	F-16，F-15E，A-10，B-1B	图像侦察
	LANTIRN 夜间低空导航瞄准红外吊舱	F-15E，F-16	图像侦察
	LITENING 目标瞄准吊舱	AV-8B，F-16，A-10，F-15E，GR-4	图像侦察

3. 人力情报侦察抵近部署，重点发挥引导空袭和战损评估的作用

人力情报侦察不仅可以获取许多时效性和针对性极强的情报，而且在引导多国部队空袭和战损评估方面独具优势。其一，多国部队在行动前就派遣情报人员和特种部队潜入利比亚境内，美国中情局特工和英国特别空勤团（Special Air Service ，SAS）及特别舟艇队（Special Boat Service，SBS）重点收集有关机场、雷达站、防空系统等重要的指挥控制目标信息，在行动开始后，他们利用便携式激光指示器为多国部队的战机提供目标引导，在打击结束后提供近距离的目标毁伤评估。其二，这些情报人员和特种部队积极同利比亚反政府武装建立联系，如法军特种部队在利比亚东北部地区活动，并在反政府武装的协助下进行情报收集和目标引导行动。

（二）综合使用多种手段，限制利比亚政府军情报能力

为了确保战场空间单向透明，保证行动的顺利开展，多国部队采用多种手段，全面限制利比亚政府军的情报能力。

1. 重点打击和干扰利军情报、指挥和通信系统

现代战争的开展极其依赖情报、指挥和通信系统，通过打击这些关键节点对于取得战争进展是事半功倍之举。多国部队通过软硬兼施的方式对利比亚政府军的情报、指挥和通信系统进行打击，使得政府军成为“聋子”“瞎子”。其一，在行动前，多国部队就明确了首轮打击的主要目标，即对利比亚的指挥控

制中心、预警雷达和防空系统实施“硬摧毁”。在3月19日晚行动开始时，美国和英国发射的“战斧”巡航导弹基本摧毁了利比亚在的黎波里和米苏拉塔的指挥控制设施及“萨姆”防空系统，而利比亚在的黎波里国际机场的唯一一台侦测范围较大的ARSR-103D民用航路监视雷达也在行动开始后不久就被美军的精确制导炸弹摧毁，这使得利比亚的指挥控制系统失效，预警雷达无法提供侦察监视，更无法引导防空系统进行打击。[①] 其二，多国部队十分重视利用电子战手段对利比亚的情报侦察系统进行“软杀伤”，为此，美军出动了EA-18G和EC-130H电子战飞机，对利比亚的预警雷达和通信系统进行了电子干扰和压制[②]，这使得利比亚政府军的情报设备无法正常使用，其指挥官同自己部队之间也很难进行有效的通信，政府军作战体系被割裂，只能孤立地各自为战。

2. 积极实施欺骗、心理战、策反等行动

在2011年初利比亚国内局势出现动荡之后，西方国家的政要和各大主流媒体纷纷表达了支持反对派、谴责卡扎菲的立场。以美、英、法为首的多个国家利用各种媒体大肆宣传有关卡扎菲政权的负面新闻，对卡扎菲的形象进行“诋毁”和“抹黑”，不仅让了国际舆论呈现“一边倒”的态势，同时也造成了利比亚民众思想的混乱，使卡扎菲政权逐渐失去民心。这种舆论宣传也造成了利比亚政府情报部门人员的思想波动，从而干扰了利比亚情报部门的工作。[③]

多国部队利用其网络情报技术优势，对利比亚政府军实施震慑。例如，英国情报部门掌握了大部分利比亚军官的电子邮箱和电话号码，他们利用电子邮件和电话通知这些军官，“我们的导弹早已将你们的指挥所锁定，放弃抵抗，不然就将被消灭。”[④] 通过这种方式，很大程度上动摇了利比亚政府军的军心。

多国部队还通过积极策反利比亚政府人员，为己方搜集重要情报。多国部队情报部门准确地分析掌握了卡扎菲政权的内部关系，利用其政权内部的矛

① Karl P.Mueller, *Precision and Purpose : Airpower in Libyan Civil War*, RAND Corporation, 2015, p.46.

② 祝利、王劲松、赵明：《多国干预利比亚情报制权问题研究》，载《国防科技》2012年第4期。

③ Karl P.Mueller, *Precision and Purpose : Airpower in Libyan Civil War*, RAND Corporation, 2015, p.49.

④ 李寿其：《全方位透析利比亚战争之心理战》，载《国防科技》2011年第6期。

盾，采用多种渠道成功地策反了利比亚政府的司法部长贾利勒和内政部长尤尼斯，还让卡扎菲的精锐部队“闪电”（Lightening）特种部队倒戈，使卡扎菲政权逐渐从内部分崩离析。

（三）建立联军间的情报交流与合作机制，实现战场情报互通

美军认为，为了尽可能就受威胁的利益达成共识，确定相关的、可以实现的作战目标，实现对敌行动的统一，每次多国作战行动必须建立相应情报结构以保证战场信息敌方情况的共享。正是由于联军间密切的情报交流与合作，才保证了行动能够顺利实施并最终取得成功。

在组织机构层面，在“奥德赛黎明”行动联合特遣部队建立后，多国部队经过协商，决定在充分考虑多国部队作战特点的前提下成立“多国情报中心”，以较为集中地调配情报资源，各国通过向“多国情报中心”派遣国家情报小组参与筹划与指导情报的搜集、处理与分发。同时，为了解决语言障碍及文化与作战差异所造成的问题，在多国情报中心内还有 28 名美军的联络官和 10 名来自英、法、意的外军联络官[①]，他们负责进行联络与沟通以保证情报工作的正常运转。“多国情报中心”下属的各国情报分支为情报中心提供情报资源。例如，在“奥德赛黎明”行动中，美军的空军目标中心（Air Force Targeting Center，AFTC），通过设立在美国本土的各个情报中队对多国部队所要打击的目标进行实时处理，再将处理结果传输至“多国情报中心”，整个行动中空军目标中心总共收集处理了 78% 的有关利比亚的空中打击的目标信息。此外，多国部队在利比亚各重要地区设立了“作战行动室”（Operations Rooms）[②]，不同地区由不同国家负责，将收集到重要目标信息情报上传至“多国情报中心”。

另外，在技术层面，美军利用在 20 世纪 80 年代开发的“战场信息搜集与加工系统”（Battlfield Information Collection and Exploitation System，BICES），该系统可以将美军使用的“保密互联协议路由网”（Secret Internet Protocol Router Network，SIPRNET）和其他联军使用的网络实现互联，这是多国部队联合作战情报支援行动中实现信息交换与共享的主要技术手段。

---

① Jason R.Greenleaf，“*The Air War in Libya*，” Air and Space Power Journal，March-April 2013，p.31.

② Karl P.Mueller，*Precision and Purpose*：*Airpower in Libyan Civil War*，RAND Corporation，2015，p.48.

（四）同反政府武装地面力量实现情报通联，扩大情报来源

利比亚领土面积较大，单纯依靠联军的技术力量及有限的人力手段很难做到全面的情报侦察与搜集，为此，多国部队同利比亚反政府武装建立了情报通联，实现了多国部队的空中侦察力量与反政府武装的地面侦察力量的有机结合。

在“奥德赛黎明”行动发起在即之时，美国总统奥巴马授权中情局为反政府武装提供武器装备及其他方面的援助[①]，其中就包括同反政府武装进行情报交流。随后，英国的秘密情报局及法国的对外情报总局都派遣了行动小组前往利比亚，这些行动小组的成员中包括情报联络员[②]，联络员一方面将多国部队获取的有关政府军的军事情报分享给反政府武装，另一方面将反政府武装收集到的不易通过技术手段侦察到的重要情报上报给“多国情报中心”。

在实际作战中，反政府武装人员利用移动电话、谷歌地球软件、“Skype”网络电话、“推特”和电子邮件等媒介，将战场上侦察到的有价值信息及时上报就近的“作战行动室”[③]，有效增加了多国部队空中打击选择的主动权。

四、“奥德赛黎明”行动中多国部队情报工作的特点

（一）高效有力的临战情报准备工作确保作战行动的顺利实施

临战情报准备是情报力量实现平战转换并针对特定国家或地区而进行的情报工作，直接影响战略决策、战争计划制定乃至战争进程与结局。为了确保行动的顺利实施，各国在较短时间内为“奥德赛黎明”行动联合特遣部队提供了大量的情报资源支持，情报准备工作可谓是高效有力。时任美国参谋长联席会议主席的迈克尔·马伦（Michael Mullen）称：“从来没有出现过如此短的时间内动员如此多的力量参战的情况。”[④]

---

① Anthony Bell, David Witter, *The Libyan Revolution : Escalation and Intervention*, Institute for the Study of War, 2011, p.22.

② Anthony Bell, David Witter, *The Libyan Revolution : Escalation and Intervention*, Institute for the Study of War, 2011, p.22.

③ Karl P.Mueller, *Precision and Purpose : Airpower in Libyan Civil War*, RAND Corporation, 2015, p.61.

④ House Hearing, *Operation Odyssey Dawn and U.S. Military Operations in Libya*, March 31, 2011, p.6.

其一，统筹情报力量，充分保障行动需求。除了对情报机构进行临战调整外，美军中央战区司令部、欧洲战区司令部为行动联合特遣部队提供了情报分析及技术操作人员上的支持，美军战略司令部联合美国国家侦察办公室、国家地理空间情报局（NGA，National Geospatial-Intelligence Agency）和国家安全局（NSA，National Security Agency）为联合特遣部队提供了太空、通信、网络侦察上的情报资源支持，中央情报局（CIA，Central Intelligence Agency）和国防情报局（DIA，Defense Intelligence Agency）也为行动提供相应的情报保障。

其二，预设情报侦察体系，涵盖多种情报手段。多国部队主要通过优先调配并集中使用航天侦察力量，在利比亚地区快速部署航空侦察力量，灵活地开展人力情报活动等方式预设情报侦察体系，为全方位的情报搜集工作奠定了坚实基础。

其三，同步开展反情报工作，攻防手段并举。一方面，多国部队利用网络、报纸、广播等媒体大造舆论，扰乱利比亚军心民心，同时积极对利比亚政府机构及情报部门进行渗透和策反；另一方面，多国部队还加强保密措施，严防军事秘密的泄露。实现了进攻型反情报与防御型反情报工作的结合。

（二）集中与分散相结合的多国情报协调机制保障情报搜集处理的实时高效

“当多个临时联合体伙伴或盟国参与作战行动时，与他们的情报信息共享就变得极其复杂”[①]，因此，必须建立与多国部队作战相适应的情报协调机制才能够及时处理并传输行动所需的情报。

同以往科索沃战争、伊拉克战争依托较为严密的军事联盟作战不同，“奥德赛黎明”行动参加国多，准备时间短，给多国部队的情报工作带来了较大挑战。为此，“多国情报中心”对各国的情报监视侦察资源进行了整合，保证了情报能力能够集中发挥效用。与此同时，考虑到在这种“临时联合体”的作战行动中，部分国家并不愿意与其他国家共享它们的情报来源途径，也不愿将过多情报资源置于“多国情报中心”中，所以“多国情报中心”并不控制各国所有的情报资源，而是让各参战国尤其是非北约国家保留情报自主权。以卡塔尔和阿联酋为例，两国负责在利比亚班加西的“作战行动室”（Operation

① 任国军：《美军联合作战情报支援研究》，军事科学出版社2010年版，第420页。

Rooms），它们并不把收集到的情报上报“多国情报中心”，而是供本国空军直接使用。

（三）高技术侦察装备广泛运用实现行动的精打评控

同近几场美军及其联军进行的局部战争相比，海湾战争中多国部队动用的卫星总数达 70 余颗；科索沃战争中北约共动用了 10 多种卫星系统、50 多颗卫星为空袭作战服务；阿富汗战争中美国及其他参战国也动用了 50 颗左右的卫星。而在“奥德赛黎明”行动及之后对利比亚的空中打击行动中，多国部队动用的卫星总数达 90 多颗，比前几次局部战争中的卫星使用数量都要多。虽然“奥德赛黎明”行动中动用的航空侦察力量较前几次局部战争中数量较少，但通过侦察设备的更新升级，使得航空侦察效率更高。

此外，多国部队利用先进的指挥控制和通信系统保障情报的处理与传输。多国部队的 E-3 预警机使用的“空中警戒和控制系统”（Airborne Warning and Control System）及 E-8 对地联合指挥与控制飞机使用的“联合监视目标攻击雷达系统”（JSTARS，Joint Surveillance Target Attack Radar System），24 小时不间断接收有关利比亚的各种战场信息。多国部队使用美军开发的 LINK16 数据链，该数据链可以在英军的“台风”、法军的“阵风”及其他国家采购的美国作战飞机上使用，保证了多国部队更有力地指挥各相关平台的侦察与打击力量。

可见，以美军为首的多国部队在行动中更加重视高技术侦察装备的作用，以保证战场态势感知，实现精打评控。

（四）利用互联网等公开来源获取大量有价值情报

通过公开渠道获取情报是军事情报搜集的重要方式，特别是在信息发达的现代社会，这种方式获取的情报不仅数量大、内容丰富，而且有的价值也很高。[①] 在利比亚战争中，以互联网为代表的各种信息时代的交流方式已经飞速发展，多国部队充分利用互联网等公开来源搜集有关利比亚的军事、政治方面的高价值情报。

利比亚虽然现代化程度较低，网络覆盖率不高，但在其大中城市仍然存在大量的互联网用户。由于利比亚政府军保密意识较差，利比亚“推特”（Twitter）网用户经常上传有关政府军的视频和图像资料，多国部队通过保持对网络空间

① 张晓军：《军事情报学》，军事科学出版社 2000 年版，第 22 页。

的实时监控，收集了大量有关政府军的部署和行军情况，同时还搜集到有关卡扎菲本人的动向信息。利比亚政府官员还曾经在公开场合表达过对自身防空系统的悲观："我们的防空系统中只有 SA-5 是有效的，而这其中也只有 10% 的 SA-5 能够准备好投入战斗。"[①] 这些公开的信息都被多国部队的情报机构敏锐地捕捉到。此外，多国部队还利用利比亚当地的图书馆、报纸和书籍乃至民间传闻收集有价值的情报信息。

五、"奥德赛黎明"行动中多国部队情报工作的经验与教训

（一）对政府军实力和威胁的分析评估存在失误

多国部队行动前对利比亚政府军军事实力的评估显示：利比亚军队名义上一共有近 10 万军队，2000 多辆坦克，374 架飞机，而到 3 月初，多国部队估计利比亚政府军只剩下 10000-12000 人忠于卡扎菲的部队[②]，而且缺乏先进装备和训练，战斗力较低；政府军防空设施基本无法对多国部队的空军产生威胁；政府军军心涣散，抵抗意志薄弱。

实际上，虽然在行动开始后的前几日利比亚的指挥控制系统和防空能力就被基本摧毁，政府军基本失去同反政府武装在正面战场上的对抗能力，但政府军并没有像伊拉克战争中的伊军一样整建制溃散、投降，而是化整为零，隐蔽到一些重要城市和荒漠绿洲中同反政府武装周旋，使得这场战争最终持续了超过 7 个月的时间。长期的战争造成武器扩散并使利比亚民不聊生，也促使了恐怖主义在非洲的蔓延。[③]

（二）非洲战区司令部建设尚不完善阻碍情报工作的顺利开展

虽然"奥德赛黎明"行动取得了巨大的成功，但作为行动开展的指挥主体美国非洲战区司令部由于自身存在的缺陷，对多国部队的情报工作开展产生了阻碍。

---

① Karl P.Mueller，*Precision and Purpose*：*Airpower in Libyan Civil War*，RAND Corporation，2015，p.47.

② Karl P. Mueller，*Precision and Purpose*：*Airpower in Libyan Civil War*，RAND Corporation，2015，p.48.

③ 贺文萍：《利比亚战争相关影响及启示》，载《亚非纵横》2011 年第 6 期。

非洲战区司令部正式成立于2008年，作为一个成立之初“没有作战任务职责”[①] 的战区，在利比亚联合作战区域成立之前，非洲战区司令部的人员构成有超过50%的文职人员，不仅没有常备的作战部队还缺乏必要的情报资源，只能通过向欧洲战区司令部、中央战区司令部和其他盟国寻求支援才能满足其行动需求。

此外，非洲战区司令部在行动伊始并没有装配美军的“战场信息搜集与加工系统”，需要临时调用，这对多国部队的情报互通造成了阻碍。而非洲战区司令部的美军使用的“保密互联协议路由网”无法同北约使用的“北约作战危机反应系统”（Crisis Response Operations in NATO Operating System，CRONOS）进行互联，这也对行动后期非洲战区司令部同北约进行指挥权交接产生了不利影响。

（三）各国情报能力的不对称导致联军打击失误

在“奥德赛黎明”行动中，美军的情报力量完成了近80%的情报搜集任务[②]，而在行动接近尾声，美军将要减少在利比亚的直接军事行动之时，英、法等其他参战国强烈要求美军继续参与对利比亚的情报监视侦察，为其提供情报支援。例如，英、法等国由于缺乏在复杂环境下识别地面目标的能力，对于一个在行动初期就被美军“战斧”导弹袭击过的一个经过伪装的指挥所进行了重复打击，而英军也对一个他们误认为是指挥所的医院进行了打击。[③] 实际上，在利比亚的后续军事行动中，没有美国的情报支援，北约无法正常进行空中打击。这客观上反映出其他参战国的情报支援能力的严重不足[④]，导致联军在利比亚的后续军事打击中出现了失误。

① Joe Quartararo，Sr.，and Michael Rovenolt，*Libya's Operation Odyssey Dawn：Command and Control*，PRISM，Vol.3，No.2，March 2012，p.144.

② Jason R.Greenleaf，“*The Air War in Libyan Civil War*，” Air and Space Power Journal，March-April 2013，p.36.

③ Karl P.Mueller：*Precision and Purpose*：*Airpower in Libyan Civil War*，2015，p.169.

④ Jason R.Greenleaf，“*The Air War in Libyan Civil War*，” Air and Space Power Journal，March-April 2013，p.33.

六、评析

对利比亚的军事干涉不同于海湾战争和伊拉克战争的模式，多国部队没有出动大规模的地面部队，而是依靠空中力量配合反政府地面武装达成了战争目的，为了实现精确的空中打击，情报工作的地位与作用也就更加突出。“奥德赛黎明”行动中，多国部队在战前情报准备、情报监视侦察力量的部署使用、联军间的情报合作交流、限制利比亚政府军情报能力和与利比亚反政府武装协同等方面都有许多创新之举，保证了多国部队牢牢掌握情报优势，确保行动的顺利开展。

从美军主导的近几场局部战争可以看出，情报在战争中的主导作用日益凸显，情报与作战一体化愈加明显，多国部队始终把夺取和建立情报优势作为谋求决策优势、战争胜势的关键途径。利比亚战争是一场典型的“混合战争”，复杂的安全形势、多样化的作战环境及威胁手段使得今后的战争中将呈现出传统战争与非常规战争的混合状态。伴随着信息技术的发展及现实的政治需要，未来战争的作战方式也会继续向非接触、非线性、非对称方向发展，全面提高我军打赢信息化条件下局部战争的能力迫在眉睫，而这其中的情报工作尤其值得我们进一步地去关注与深入研究。